U0800860

本书系北京市教育科学规划重点课题“指向育人价值的高中数学概念教学研究”(项目编号:CDAA2020053)的研究成果之一

基于学生理解的高中数学概念教学研究

——以函数相关概念为例

马淑杰 著

首都师范大学出版社
CAPITAL NORMAL UNIVERSITY PRESS

图书在版编目(CIP)数据

基于学生理解的高中数学概念教学研究：以函数相关概念为例/马淑杰著．—北京：首都师范大学出版社，2023.12

ISBN 978-7-5656-7606-2

Ⅰ.①基…　Ⅱ.①马…　Ⅲ.①中学数学课—教学研究—高中　Ⅳ.①G633.602

中国国家版本馆 CIP 数据核字(2023)第 098989 号

JIYU XUESHENG LIJIE DE GAOZHONG SHUXUE GAINIAN JIAOXUE YANJIU

基于学生理解的高中数学概念教学研究

——以函数相关概念为例

马淑杰　著

责任编辑　王兰玉

首都师范大学出版社出版发行

地　　址　北京西三环北路 105 号

邮　　编　100048

电　　话　68418523(总编室)　68982468(发行部)

网　　址　http://cnupn.cnu.edu.cn

印　　刷　北京印刷集团有限责任公司

经　　销　全国新华书店

版　　次　2023 年 12 月第 1 版

印　　次　2023 年 12 月第 1 次印刷

开　　本　710mm×1000mm　1/16

印　　张　20

字　　数　335 千

定　　价　59.00 元

版权所有　违者必究

如有质量问题　请与出版社联系退换

序

数学概念之于数学自身以及数学学习者的意义是不言而喻的。在学校教育各个阶段中，数学概念教学都是实践领域与学术研究领域共同关注的问题，历久弥新。概念教学的关键是学生能够正确理解概念，把握概念的实质。我们眼前这部书《基于学生理解的高中数学概念教学研究——以函数相关概念为例》即是从认知角度探索学生对数学概念的理解可能遇到的障碍以及障碍产生的原因，并力图对学生数学概念理解的评价有所突破。

细细读来，这是一部作者针对学生数学概念学习与理解进行教育教学研究的专著，研究所要解决的问题是清晰的，分析问题的视角是明确的，研究过程中关于各种研究方法的运用也是比较规范的。这部书的特点之一是案例鲜活，无论是呈现的教学场景(片段)，还是师生有针对性的对话，都将读者带入了真实的数学教育情境，读者可以依据场景或对话，产生自己的感悟，做出自身的判断。特点之二是数据详实，数以千计学生函数概念理解水平的测试，50 多位学生的访谈，使作者获得了大量的数据，并较为详实地运用部分数据作为论据呈现于书中，体现了作者的循证意识。特点之三是论理缜密，要解决数学概念教学质量提升问题，须知学生概念理解的水平与障碍为何，如是需要先构建学生数学概念理解的评价问题。于是，作者从研制评价标准、评价工具入手展开研究，直至概念教学改进的课堂试验，逻辑清晰，每一步的研究论理充分。特点之四是研究结论既有对实践改进的启示，也有理论发展的惊喜。研究得出的高中生函数概念理解的障碍及其影响因素，对把握学生其他数学概念的学习与理解具有一定的普适意义。加之作者的实践者身份，能够将基于研究获得对数学概念教学提质的思考付诸实践，并对实践效果从研究者的角度进行了评判。研究对基于 SOLO 理论对数学概念理解水平评价的细致思考，明确了不同水平间存在的“过渡性阶段”；从把握学生的认知水平和已有数学经验的角度提出了三条数学概念教学原则；证实了学生数学概念意象具有一定的“抗变性”特征。

上述特征使这部书有了较为广泛的读者群。一线教师读之，能够受到实践与理论研究的双重启发，并结合自己的实践经验，投身于改进数学概念教学的实践研究。数学教育研究者乃至教育心理研究者读之，可以引发对学生概念理解水平的评价以及数学概念教学原则等问题的深入研究。数学教育相关专业研究生读之，可以获得对理论联系实际研究问题的提出、研究方法的选择与运用，乃至研究者所应具备的研究品质的启迪。学生家长读之，能够更好地理解孩子的数学学习是怎样发生的，懂得如何"支持"孩子数学学习的不断进步。

拿到这部书的书稿后，我边读边不由得回忆起自2017年本书作者马淑杰作为北京市中小学名师发展工程学员进入首都师范大学培养基地学习，至今近6年的时间里，我们彼此相互认识、不断交流、加深理解、合作学习的历程。淑杰做事认真，对数学教育有自己的信念与理想，并执此信念为实现理想不懈努力。她不因自己是一线教师而羁系于实践者的经验之中，而是针对实践中的问题，寻求科学的、理论的解释；她也不因自己是"教"者而强势地从教者的视角看待学生学习中的问题，而是清晰地认识到"学"是"教"的基础和必要条件，因而从"学习"者的立场去探索教学的真谛。她做事努力与坚韧的品格，常常成为鼓励我与她一起探索问题的动力。这沉甸甸的书稿，是作者近几年学习、研究的成果，为之高兴并衷心祝贺！

是为序。

张景斌
2023年初春于北京

目　录

前　言

一、研究背景

(一)新课程改革的育人目标诉求

当今世界，科学技术的飞速发展，特别是人工智能时代的到来，凸显了提高国民素质、培养创新人才的重要性和紧迫性。《国家中长期教育改革和发展规划纲要(2010—2020年)》要求“树立科学的质量观，把促进人的全面发展、适应社会需要作为衡量教育质量的根本任务。”2014年，在深入总结和反思我国第八次基础教育课程改革的宝贵经验与不足，充分借鉴国际课程改革优秀成果的基础上，以普通高中课程标准修订为标志的基础教育课程改革深化工程正式启动。2017年北京市开始启动高考综合改革，通过推进考试内容与形式改革，体现立德树人根本要求，加强情感、态度、价值观的引领。考试命题更加贴近社会实际，贴近课程教学改革实际和学生生活实际，突出考试的能力导向，着重考查学生独立思考和运用所学知识分析问题、解决问题的能力，引导教学摒弃“死记硬背”“题海战术”，促进素质教育深入实施和学生全面而有个性地发展①。《普通高中课程方案(2017年版2020年修订)》中明确指出，普通高中的培养目标是在义务教育的基础上，进一步提升学生综合素质，着力发展学生核心素养，使学生成为有理想、有本领、有担当的时代新人②。由此可见，普通高中的培养目标进一步指向学生的发展，更加关注课程最终留给学生的是什么。这也是我国传统的“学科本位”课程开始向“学生本位”课程的真正跨越的开始③。

数学学科在落实立德树人根本任务、发展素质教育方面发挥着独特的育人价值。《普通高中数学课程标准(2017年版2020年修订)》(以下简称《高中数学

---

① 北京市教育委员会：《北京市深化考试招生制度改革的实施方案》，http://jw.beijing.gov.cn/.

② 中华人民共和国教育部：《普通高中课程方案(2017年版2020年修订)》，人民教育出版社，2020年，第1—3页。

③ 刘月霞、郭华：《深度学习：走向核心素养(理论普及读本)》，教育科学出版社，2018年，第5—7页。

课标(2020)》)指出：数学课程的基本理念是学生发展为本，立德树人，提升素养。高中数学教学应以发展学生的数学学科核心素养为导向，创设合适的教学情境，启发学生思考，引导学生把握数学内容的本质。高中数学学习评价既要关注学生学习的结果，更要重视学生学习的过程；既要关注学生知识与技能的掌握，更要关注数学学科核心素养的形成与发展①。

(二)高中数学概念教学的实践诉求

我国基础教育课程改革的成效是有目共睹的，然而，正如《国家教育事业发展"十三五"规划》中总结的那样："我国教育改革发展虽然取得了显著成就，但尚不能完全适应人的全面发展和经济社会发展需要，仍存在一些突出问题，主要表现为：科学的教育理念尚未牢固确立，促进学生全面发展的育人模式与环境有待完善……"

特别值得关注的是，当教育改革的目标与任务最终必须落实在学校办学和课堂教学之中时，改革的异化现象在教学实践中普遍存在：教学变革的"形式化""浅表化"问题突出，很多老师做研究课或公开课时的设计实施与日常课堂教学迥异，甚至老师们一致认为"研究课是表演给别人看的，上完一节研究课还得再用另外一节课补一补双基"；很多教师忽视或放弃了对教学与学习领域诸如学生认知特点与学习规律、学科特点与本质、教学规律等重要方面的认知与探索；"三维目标"或"素养目标"停留在教案上，课堂教学仍然是重知识传授，以"满堂灌"为主，忽视学生的思维过程，学生独立思考、参与活动与反思的时间极为有限②。

作为一位"实践研究者"，深入反思当下高中数学教学存在的问题，可以发现数学概念教学能否基于学生的认知基础，引导学生在参与数学活动的过程中理解概念的本质和知识之间的联系性，有效提升学生对数学概念的理解水平，是一个比较突出的问题。长期以来"应试教育"学业评价更多关注学生学习"量"的方面，致使整个高中数学教学中关注解题训练，强调形式运算与技巧，不重视概念理解的现象普遍存在③。教师经常忽视课程标准要求、忽视教材意图、

① 中华人民共和国教育部：《普通高中数学课程标准(2017年版2020年修订)》，人民教育出版社，2020年，第18—25页。

② 刘月霞、郭华：《深度学习：走向核心素养(理论普及读本)》，教育科学出版社，2018年，第4—5页。

③ 苏洪雨、章建跃、郭慧清：《数学学科核心素养视野下的高中函数概念教学"再创造"》，《数学通报》，2020年第8期。

忽视概念本质、忽视学生现实等①，将数学概念教学目标定位于关注自己是否讲清楚，学生对题型是否清晰、方法运用是否熟练。教师往往会基于经验"合理地"压缩学生的概念生成过程，以教师的理解代替学生的理解，而后将节省下来的时间用于重点或常考题型的解题训练。然而，由于学生缺少概念生成过程中思维活动的参与以及相应经验的积累，头脑中留下的是具体的题型与解法，知识是碎片化的，概念本质的理解不足、概念图式残缺、概念图式间的关联性与整体性缺乏。因此，造成学生对概念理解的低水平，从而会影响学生综合能力与数学素养的提升。

事实上，在数学概念教学中造成上述问题的原因是多方面的，例如：有的教师没能树立起科学的数学概念教学理念，没有真正理解概念教学对学生数学学习与能力培养的意义与价值；有的教师能够在一定程度上知道数学概念教学的重要性，并能够为学生理解概念而努力，但事实上教师自己却不能充分理解概念；还有一个更为普遍的原因，即教师往往从教的立场而非从学的立场考虑问题，表现为对学情的分析与把握严重不足，很难进行有效的概念教学设计与实施。

对于学情分析，一方面，有的教师不够重视，或是学情分析环节缺失，或是学情分析流于泛化，教师仅对学情进行一般性的表述，是一种理论解说；另一方面，有些教师关注学情，但缺少了解学情和准确把握学情的基本方法与策略，单纯依赖于经验。依赖于经验的教师知道学生学习这部分概念会出现问题，但疏于思考为什么会出现问题，因此有效解决问题的方法匮乏。特别地，一般情况下教师只是通过阶段检测和统一考试的成绩评价学生对知识的理解与掌握，并不能对学生具体数学概念的理解水平有实质性的把握，从而会影响教师后续知识的教学，影响学生数学理解水平的提升。根据维果茨基(Lev Vygotsky)的最近发展区理论，诊断学生对数学概念的现有理解水平、确定教学目标所要求的理解水平以及二者之间的差距是实现学生最近发展区的关键环节，这也是学情分析的目的所在。因此，如何合理、有效地开展学情分析是改进数学概念教学实践的关键一环。只有对学情的准确把握才可能真正基于学生的理解，开展以促进学生数学概念理解为目标的概念教学实践。

(三)数学概念是数学与数学学习的基础

数学家陈省身曾说："数学是一门演绎的学问，从一组公设出发，经过逻辑

---

① 潘超：《数学概念深度教学须"五理解"——以人教版"一次函数"为例》，《数学通报》，2021年第4期。

的推理，获得结论。”这说明逻辑基础在数学发展中具有重要作用。中学数学的逻辑基础主要包括概念、命题、推理与证明，而数学概念是命题、推理和证明的基础①。因此，数学概念是数学的逻辑起点，既是构成数学知识体系的基础，也是运算、推理、判断和证明的基石，更是学生认知的基础、数学思维的核心、交流的工具，在数学学习与教学中具有重要地位。可见，理解数学概念是一切数学活动的基础，概念不清就无法进一步开展其他数学活动。数学教学实践证明，学生在解决问题时出现错误或产生困难，往往是因为对概念的理解产生了障碍。为此，曹才翰先生也特别强调数学教学要重视学生数学概念的学习。概念教学是数学教学的核心。理解数学概念、掌握和应用数学概念是学生数学思维发展与学科核心素养形成的基本要求，对培养学生逐步形成正确的价值观、必备品格和关键能力具有重要意义。学生的数学概念理解和应用水平也是衡量教学质量高低的最重要标准②。由此，概念教学将直接影响学生数学学习的全过程。概念教学如何在充分了解学情的基础上，通过适当的教学设计与实施有效促进学生对概念本质的把握，不断提升学生的理解水平对于深化数学教育改革，提升数学教育质量有着十分重要的作用和积极的意义。

理解“学”是教的前提，只有掌握了学生相应数学概念理解的水平，了解了学生学习的认知过程、主要认知障碍以及导致这些障碍的原因，才能更加有效地进行教学。

数学概念是抽象思维的结果。根据奥苏伯尔(D. P. Ausubel)等的观点，从数学自身的发展而言，数学概念主要有两种来源，一种是直接来源于客观事物的数量关系和空间形式的反映，另一种是在抽象的数学理论基础上经过多级抽象获得。与之相应，学生数学概念的习得主要有概念形成与概念同化两种方式，且这两种方式相互关联。一方面，概念形成是以学生的直接经验为基础，用归纳的方式抽取出一类事物的共同属性。由于概念形成的核心是理解，而理解是一种心理结构的构造过程，因此概念就是理解状态的某种心理表征；另一方面，概念同化以学生的间接经验为基础，以数学语言为工具，依靠新旧概念间的相互作用来理解概念。概念同化需要学生主动地与原有认知结构中的有关概念相联系去学习和掌握概念。因此，从学生学习的角度看，数学概念的习得并不完

① 刘晓玫等编著：《中学数学教学研究》，教育科学出版社，2016 年，第 61 页。

② 曹才翰、章建跃：《中学数学教学概论(第 3 版)》，北京师范大学出版社，2018 年，第 282—283 页。

全是一个逻辑的过程。就同一个概念而言，不同学生可能会存在不同的理解，它会受到学生个体思维发展水平、认知结构特点，甚至情感、环境等多种因素的影响。但毫无疑问，认知因素是影响学生概念理解最重要的因素。因此，本书将从认知学习的视角就"如何基于学生的理解改进数学概念教学，进而提升高中数学概念教学质量"这一核心问题展开研究。

二、本书的主要内容与章节构成

学的质量是教的质量的重要体现，概念教学质量提升与否关键是要看学生概念理解的水平是否得到不断提升，而教学改进的实质是教学思想指导下的教学设计的改进及其有效实施。改进教学设计需要准确把握学生概念理解存在的主要认知障碍及其影响因素，而学生认知障碍及其影响因素的揭示需要通过对学生在阐释概念、运用概念解决问题的过程中呈现的理解水平和随之暴露的问题的研究而实现。本书在对数学概念理解及其相关研究进行概述、对与数学理解相关的认知学习理论进行介绍的基础上，从以下四个方面开展研究：

- 基于 SOLO 分类理论的高中学生数学概念理解水平评价标准研究；
- 高中学生数学概念理解水平评价研究——以函数相关概念为例；
- 高中学生数学概念理解的认知障碍研究——以函数相关概念为例；
- 高中数学概念教育设计研究——以函数相关概念为例。

以上四个方面的研究以递进的方式展开。其中，研究制定高中学生数学概念理解水平评价标准的目的，在于解决高中学生数学概念理解的评价问题，为进一步评价学生的数学概念理解水平提供依据。通过评价研究，不但能够了解学生对相应数学概念的理解处于怎样的水平，还能够为进一步研究学生对数学概念理解的主要认知障碍及其影响因素提供依据。在摸清了学生相应概念理解的认知障碍及产生这些障碍的原因的基础上，本研究运用教育设计研究法开展了函数相关概念教学设计与实施的迭代改进，以提升教学质量。

本书由如下章节构成：

第一章，对数学概念理解的内涵以及函数概念理解的相关研究进行概述。

第二章，在对认知心理学简要介绍的基础上，对与数学理解研究相关的认知学习理论，包括 APOS 理论、概念意象、认知负荷理论以及 SOLO 分类理论的内涵及主要研究内容进行介绍。

第三章，较为详细地展现了基于 SOLO 分类理论的高中学生数学概念理解水平评价标准的研制过程与最终研制形成的评价标准。

第四章，以高中函数主题中函数相关概念为例，通过调研的方式实施了高中学生数学概念理解水平评价研究。文中对于调研问卷的设计过程、预调查和正式调查的实施等进行了较为详细的介绍，并依据调研结果构建了高中学生数学概念理解水平发展图式模型。

第五章，以函数相关概念为例，实证地研究了学生数学概念理解的主要认知障碍有四种类型，分别是：概念表征与解释障碍、抽象数学符号或语言理解障碍、思维定势以及关联障碍。研究发现导致学生理解认知障碍的主要影响因素既有原有知识与经验、认知发展水平、个人所持有的概念意象以及学习认知负荷等学生自身认知学习的因素，也有教师及其教学和学习材料的特征等外在因素。基于研究结果，构建了高中学生数学概念理解认知障碍及其影响因素关系图。

第六章，在对教育设计研究进行概述的基础上，阐述了数学概念教育设计研究的实施方案、具体研究实施过程以及在研究的迭代改进中研制形成的数学概念教学原则。

第七章，以函数概念和函数的单调性与最大(小)值为例呈现了数学概念教育设计研究的两个具体实施案例。

第八章，分别从学生的数学概念理解水平、教学效果的增值性评价以及理解的定性分析三个不同侧面讨论了教育设计研究的教学实施效果。

第一章　数学概念理解研究概述

本章首先介绍了理解、数学理解以及数学概念理解的内涵与相关研究，而后在对为何以函数相关概念为代表开展研究进行论述的基础之上，对函数概念的发展及其理解的相关研究进行了概述。

第一节　数学概念理解及其相关研究

一、理解

对于理解，现代汉语词典中的解释是“明白，了解”①，而《辞海》中的解释是“了解，领会”②。但是根据上述解释，我们很难回答理解到底是什么。古往今来，不同领域的研究者都试图从各自的研究视角对理解的内涵进行界定，然而却未能达成共识。巴甫洛夫(Иван Петрович Павлов)认为，理解就是由旧联想形成新联想，即联想的联想。格式塔学派认为，理解就是“顿悟”，是对事物之间关系的突然领悟。以皮亚杰(Jean Piaget)为代表的日内瓦学派认为，个体对新事物的理解就是新刺激被个体已有的知识结构同化或顺应的过程。认知心理学派奥苏伯尔则认为理解就是将新信息纳入原有认知结构，新旧知识发生意义同化的过程③。斯根普(Skemp)认为，理解某个事物就是将它同化到一个适当的认知图式④之中，也就是在感知的基础上，通过思维加工，把新学习的内容同化于已有的认知结构中，或者改组扩大原有的认知结构，把新学习的内容

① 商务国际辞书编辑部：《商务国际现代汉语词典(彩色插图版)》，商务印书馆国际有限公司，2016 年，第 636 页。

② 辞书编辑委员会：《辞海》，上海辞书出版社，1979 年，第 2777 页。

③ 陈琼、翁凯庆：《试论数学学习中的理解学习》，《数学教育学报》，2003 年第 1 期。

④ 斯根普认为图式是一组相互联系的概念。

概括进去逐步达到认识事物的本质和规律的一种思维活动①。现代认知心理学认为，理解的实质是学习者以信息的传输、编码为基础，根据已有信息建构内部的心理表征，并进而获得心理意义的过程②。也有研究者将理解定义为个体运用已有知识、经验，认识事物的联系、关系直至其本质规律的思维活动。③

《布鲁姆教育目标分类学(修订版)》将"理解"界定为认知过程的一个维度，指从口头、书面和图像等交流形式的教学信息中建构意义，并进一步指出，理解需要在获得的"新"知识和已有知识间建立起联系，即理解是获得的新知识与现有的心理图式和认知框架的整合。该书中进一步指出，理解的具体认知过程包括：解释(Interpreting)、举例(Exemplifying)、分类(Classifying)、总结(Summarizing)、推断(Inferring)、比较(Comparing)以及说明(Explaining)。解释是将信息从一种形式(如数字的)转换为另一种形式(如文字的)；举例是找到概念或原理的具体例子或例证；分类是确定某事某物属于一个类别(概念或类别)；总结是概括出主题或要点；推断是从呈现的信息中推断出合乎逻辑的结论；比较是发现两种观点、两个对象等之间的对应关系；说明是构建一个系统的因果关系。④《教育目标的新分类学》指出：认知系统内的理解负责把知识转化为适合在永久记忆存储的形式。理解涉及整合与象征两个相关过程。整合是指学生能够识别信息、心智程序或心理动作程序的基本结构，区分关键和非关键的特征。象征是指学生能够构建准确的符号表征来区分信息、心智程序或心理动作程序的关键和非关键因素。⑤

布劳耐尔和希姆斯(Broenell & Sims，1946)在研究的基础上指出了理解的几个必要特征：理解一个概念指在一定情境中能够操作、感觉和思考它；理解不是一个全有或全无的概念，而是一个或多或少的问题，可以对理解的水平进行区分；理解会随着情境的变化而变化；学习既需要理解实际意义，也需要理解形式(符号)意义；大多数理解需要语言表述，但语言又常常词不达意；理解

① Skemp Richard R. Relational understanding and instrumental understanding. *Mathematics teaching*，1976(77)：20—26.

② 李新成：《现代认知心理学关于理解过程的研究》，《教育理论与实践》，1997 年第 2 期。

③ 陈琼、翁凯庆：《试论数学学习中的理解学习》，《数学教育学报》，2003 年第 1 期。

④ [美]洛林·W. 安德森等著，蒋小平等译：《布鲁姆教育目标分类学(修订版)》，外语教学与研究出版社，2011 年，第 48—58 页。

⑤ [美]罗伯特·J. 马扎诺等著，高凌飚等译：《教育目标的新分类学》，教育科学出版社，2020 年，第 97—102 页。

的发展取决于不断更新的经验，而不是机械的重复训练；成功的理解在很大程度上得益于教师的教学方式；从学生的语言和行为中可以推断其理解的类型与水平。①

二、数学理解

弗赖登塔尔(H. Freudenthal)指出：理解是数学教育之价值所在。② 与数学理解相关的问题一直是数学教学研究和教学实践的热点问题，然而，对于什么是“数学理解”在学术界尚无统一的定义。

卡彭特(Carpenter)与赫伯特(Hietert)认为数学理解是一个非线性的、动态的发展与建构过程。数学概念或事实被理解，是指个体运用自己已有的知识结构，建立起恰当的心理表征，并将其同化到适当的图式之中，使之成为个人内部认知网络一部分的过程③。李士锜等认为：学习一个数学概念、原理、法则，如果能够在心理上组织起适当、有效的认知结构，并使之成为个人内部知识网络的一部分，那么就说明是理解了④。鲍建生等认为，很难给数学理解下一个精确的定义，从数学学习心理学的角度，理解本质上是个体内部的心理现象，其中既有个性的差异，也有水平之分，具有系统性、抽象性、层次性等特点⑤。根据对数学理解的认识，实现数学理解需要将新旧知识建立起恰当的联系，需要建构起比较准确的概念心理表象，需要与其他概念之间形成比较合理、丰富和紧密的联系⑥。张文辉和王光明研究认为，数学理解是指学生在已有数学知识和经验的基础之上，建立知识的恰当心理表征，逐步形成丰富的、融会贯通的知识网络的思维过程。⑦ 黄燕玲与喻平研究认为，数学理解是“对数学知识的正确、完整、合理的表征，应该涵盖对陈述性知识、程序性知识以及过程性知

① 鲍建生、周超：《数学学习的心理基础与过程》，上海教育出版社，2009 年，第 96—129 页。

② [荷兰]弗赖登塔尔著，陈昌平、唐瑞芬等译：《作为教育任务的数学》，上海教育出版社，1995 年，第 29 页。

③ [美]格劳斯著，陈昌平等译：《数学教与学研究手册》，上海教育出版社，1999 年，第 75 页。

④ 李士锜、吴颖康：《数学教学心理学》，华东师范大学出版社，2011 年，第 35—51 页。

⑤ 同①。

⑥ 同④。

⑦ 张文辉、王光明：《数学认知理解的研究综述》，《曲阜师范大学学报(自然科学版)》，2005 年第 1 期。

识的理解三个方面”①。

虽然尚无统一的定义，但是学术界对于“数学理解”却存在一些共识：理解的最终目的都是获得对事物的本质规律的认识；理解是个体运用自己已有的知识结构，对新知识建立起恰当的心理表征，并使之成为自己认知结构一部分的过程；判断学生对某个数学概念是否理解的证据包括感知、表征、联结和应用；对某一数学知识理解了，就能够在一定情境中操作、感觉和思考它，也能够正确、恰当地表征和应用它。

基于已有文献对理解以及数学理解的阐述，本研究中，数学理解是指学生运用自己已有的知识结构，对所学数学内容建立适当的心理表征，并使之成为自己认知结构中的一部分的思维过程。数学理解具体表现为：对所学数学内容能够用自己的语言进行描述或解释；能够用适当的形式进行表征，以及在不同表征形式之间进行转换；能够与相关知识或方法建立起一定的联系，并能够在一定的情境中进行应用。

三、数学概念理解

概念是哲学、逻辑学、心理学等许多学科的研究对象。不同学科背景的研究者对“概念”的定义存在一定的差异。奥苏伯尔将概念定义为：用某种记号或符号来标志的，具有共同的标准属性的客体、事件、情境或特性②。桑切克(John Santrock)则认为概念是基于共同属性对物体、事件和特征进行分类后形成的类别③。哲学上把概念理解为人脑对事物本质特征的反应。目前对概念较为一致的定义是：概念是反映事物本质属性的思维形式④。数学概念则是反映人类对现实世界的空间形式和数量关系的本质属性和特征的思维形式。⑤

自 20 世纪 40 年代起，概念理解逐渐成为教育心理学研究的一个主要课题。

① 黄燕玲、喻平：《对数学理解的再认识》，《数学教育学报》，2002 年第 8 期。

② [美]D. P. 奥苏伯尔著，佘星南、宋钧译：《教育心理学——认知的观点》，人民教育出版社，1994 年，第 64 页。

③ [美]约翰·桑切克著，周冠英等译：《教育心理学》，世界图书出版公司，2007 年，第 294 页。

④ 曹才翰、章建跃：《中学数学教学概论(第 3 版)》，北京师范大学出版社，2018 年，第 177 页。

⑤ 齐建芳：《学科教育心理学》，北京师范大学出版社，2012 年，第 271 页。

关于数学概念理解的研究一般都基于如下几个方面的假设①：学生的理解是数学教学的根本目的；数学概念有其自身的特点；学生对数学概念的理解存在于他自己的头脑之中；可以通过一些外部行为来诊断学生头脑中的理解；无论从质量上还是从数量上，学生对数学概念的内部理解都超过其外部的行为特征；学生的理解是按水平发展的，不同学生的理解有不同的水平；适当的教学可以提升学生的理解水平。

著名数学教育心理学家莱什和兰多(Lesh & Landau，1990)认为，有关数学概念理解的主要目标是：确认学生各种数学概念和程序上初始概念的形成过程；研究学生头脑中的概念结构和正规概念结构之间的异同；描述这些概念化过程怎样逐步演变直至成熟；辨别影响概念理解发展过程的种种因素。他们认为，对于某一概念理解发展研究的主要目标之一是研究促使其从一种理解水平向另一种水平转化或产生转化的因素与过程。②

(一)数学概念理解的层次性与评价

数学概念理解具有层次性，这种层次性既与数学概念本身的特点有关，也与学生个体的心理发展水平有关。对某一个体而言，数学概念的本质特点使得数学概念理解的层次性显得尤为突出。学生数学概念发展抽象过程中的层次、表征数学概念的方式以及头脑中对概念系统化的程度等，都能够在一定程度上反映其数学概念理解的层次水平。

莱什和兰多认为，判断学生对某个数学概念是否理解的证据应该包括：感知、表征、联结和应用四个方面。其中感知(conception)是指学生对这个概念的认识与信念；表征(representation)是指学生对概念的描述与表示，包括书面的、图形的、表格的和口头的；联结(connection)是指学生在概念的各种表征系统之间建立联系；应用(application)是学生运用这个概念去解决问题。③

以往有关数学概念理解的评价研究，运用较多的理论框架主要有：斯根普(Skemp，1987)的工具性理解、关系性理解与形式性理解，皮瑞—基伦(Pirie & Kieren，1989)关于数学理解的递归模型，希尔平斯卡(Sierpinska，1994)的理解

① 鲍建生、周超：《数学学习的心理基础与过程》，上海教育出版社，2009年，第96—139页。

② 同①。

③ 同①。

模型以及赫伯特—卡朋特(Hiebert & Carpenter，1992)的理解模型等。①

除以上理论框架外，在数学概念理解水平评价中运用较多的理论还有 APOS 理论和 SOLO 分类理论。这两个理论将在本书第二章进行较为详细的介绍。

用于评价学生数学概念理解的途径主要有测试、问卷、访谈、出声思维以及概念图等。

(二)促进数学概念理解的相关研究

以往研究者从不同的视角对如何有效促进学生数学概念理解提出建议。如：鲍建生等研究认为数学概念教学可以通过概念探析、变式教学和数学联结三个基本环节促进学生的概念理解。其中概念探析的途径是在特定的背景下，通过合理设置"脚手架"，探究概念的外延与内涵；变式教学是通过各种概念变式和非概念变式，对概念进行多角度的辨析与理解；数学联结是构建概念的表征体系，并将获得的概念与相关的概念广泛联系。② 顾泠沅等通过变式教学促进学生获得对概念多角度的理解。③ 韩诗贵在研究的基础上指出：概念意象与概念定义在概念形成及运用的不同阶段起着不同的作用，二者相互影响，相互补充。因此，教学中正确处理好二者的关系，有利于促进学生的概念理解，提高概念教学效率。基于此，他给出建议：要依据学生已有的概念意象确定教学的起点、设计教学活动；教学中，首先应该帮助学生建立正确、丰富、典型的概念意象，然后利用概念意象帮助学生形成概念定义；通过学生对概念的理解进一步清晰与完善概念意象④。钟志敏和李士锜研究指出：数学概念教学中要更新教学观念，注重理解，要掌握有利于促进理解的教学方法等⑤。

除以上研究外，国内外还有研究者应用教育设计研究法，研究如何通过设计教学来加深学生对数学概念的理解。如国外研究者权、君、金、朴等运用教育设计研究法开展了一项致力于支持八年级学生数学论证与几何图式概念理解

① 鲍建生、周超：《数学学习的心理基础与过程》，上海教育出版社，2009 年，第 96—144 页。

② 同①。

③ 鲍建生、黄荣金、易凌峰等：《变式教学研究》，《数学教学》，2003 年第 1 期。

④ 韩诗贵：《概念意象与概念定义的教学思考》，《中学数学杂志》，2020 年第 12 期。

⑤ 钟志敏、李士锜：《高一学生函数对应关系的理解的研究》，《数学教育学报》，2010 第 1 期。

发展的研究①；斯泰莲妮德斯等也运用该方法开展了致力于加强本科生数学证明理解与使用的研究。② 我国研究者高雪芬运用教育设计法研究了如何设计微积分的概念教学，以加深学生对概念理解的研究③。

第二节 函数概念及其理解的相关研究

一、以函数相关概念为代表开展研究

本研究希望从一般意义上对"如何基于学生的理解，改进数学概念教学进而提升高中数学概念教学质量"开展研究，在具体研究中为了使问题更加聚焦，本书中将以高中函数主题中函数概念与性质单元中的主要数学概念为代表开展研究，理由有如下四个主要方面：

第一，函数概念是数学学习中最基本和普遍的概念之一。函数是现代数学最基本的概念，是描述客观世界中变量关系和规律的最为基本的数学语言和工具，有着广泛的应用，在解决实际问题中发挥着重要作用。1905 年德国数学家 F. 克莱因(F. Klein)把函数称为数学的灵魂，并谈到应将养成函数思想作为数学教育的基础之一。自从其提出"以函数为纲"的教学改革之后，函数在课程中就一直处于核心地位④。数学家们广泛认可函数概念是数学学习中的一个基本概念(Even，1998⑤；Gagatsis & Shiakalli，2004⑥)，是学生在中学和高等教

① Kwon，O N，et al.，Design research as an inquiry into students' argumentation and justification：Focusing on the design of intervention. Educational design research-Part B：Illustrative cases. Enschede，The Netherlands：SLO，2013.

② Stylianides，Gabriel J.，Andreas J. Stylianides. Facilitating the transition from empirical arguments to proof. *Journal for Research in Mathematics Education*，2009(40)：314－352.

③ 高雪芬：《一元微积分概念教学的设计研究》，华东师范大学博士学位论文，2013 年。

④ 梁宗巨等：《世界数学通史》，辽宁教育出版社，1999 年，第 635 页。

⑤ Ruhama Even. Factors involved in linking representations of functions. *Journal of Mathematical Behavior*，1998(17)：105－121.

⑥ Athanasios Gagatsis，Myria Shiakalli. Ability to translate from one representation of the concept of function to another and mathematical problem solving. *Educational Psychology*，2004(24)：645－657.

育中遇到的最重要的概念之一，它几乎可以应用于数学的所有领域(Eisenberg，1992①；Kalchman & Case，1998②)。李欧先生也曾指出，由于函数概念直接和具体地反映现实世界中的一些现象，体现出合乎形式逻辑和辩证逻辑的数学思维，几乎是现代数学每一分支的主要研究对象，能多方面地促使数学向前发展，因此，全部数学中最重要的概念当属函数③。很多国家和地区的数学课程标准都体现了函数的重要性。例如：美国数学教师协会(National Council of Teachers of Mathematics，NCTM)的课程标准中把函数作为代数学习的重要组成部分之一，强调学生学习函数及其图象的目的不只是掌握流畅的运算，而是要学会对函数进行定量和定性的分析，将概念理解作为函数学习的关键目标④；在2010年颁布的《美国洲际数学课程标准》同样强调了函数的重要性，并着重强调函数教学应与实际情境紧密结合⑤。英国中学数学课程标准中也同样将函数作为重点教学内容之一，明确要求学生掌握一次函数、二次函数、指数函数、反比例函数以及三角函数的图象画法、图象变换以及对图象变化趋势的理解等⑥。在国际重大测评项目如PISA和TIMSS中函数均被作为重要的评价内容之一。在我国普通高中数学课程中，函数是贯穿高中数学课程的主线，其内容包含：函数概念与性质、幂函数、指数函数、对数函数、三角函数、函数的应用、数列以及一元函数的导数及其应用⑦。函数几乎与其他所有知识领域都有关联，而且函数思想是问题解决中的重要思想。

---

① Eisenberg T. On the development of a sense for functions. *The Concept of Function: Aspects of Epistemology and Pedagogy*，1992(25)：153－174.

② Kalchman M，R Case. Teaching mathematical functions in primary and middle school: An approach based on neo－Piagetian theory，*Scientia Paedagogica Experimentalis*，1998(35)：7－54.

③ 李欧：《函数》，《数学通报》，1985年第4期。

④ NCTM. *Principles and standards for school mathematics*，VA：Reston，2000.

⑤ NGA & CCSSO. *Common Core State Standards for Mathematics*，accessed Apr. 01，2020，http：//www. corestandards. org/Math/Content/HSF/LE/.

⑥ Department for Education，*UK. Education*，*training and skills*，accessed Apr. 01，2020，https：//assets. Publishing. Service. Gov. uk/government/uploads/system/uploads/attachment _ data/file/254441/GCSE _ mathematics _ subject _ content _ and _ assessment _ objectives. pdf.

⑦ 中华人民共和国教育部：《普通高中数学课程标准(2017年版2020年修订)》，人民教育出版社，2020年，第18－25页。

第二，函数概念的特征，使得对其进行教学研究能够给其他数学概念的教学提供有价值的借鉴。多位国外学者研究认为：尽管函数概念在高中数学教与学中非常重要，但对于教师教学和学生学习而言函数都是最具挑战性的课题之一(鲍建生和周超，2009)。究其原因主要有以下三点：

其一，高中函数概念是基于“对应”给出的定义，具有高度的抽象性和形式化。

其二，数学中有很多概念是“过程性概念(procept)”，过程性概念是指一个数学概念符号既可以作为过程，也可以作为概念①。例如符号“1＋2”既可以作为一个(加法)过程，也可以作为一个(和)概念。格雷和韬尔(Gray & Tall，1991，1994)认为一个初等数学的过程性概念由三种“物质”组成：数学“对象”、产生这个数学对象的“过程”以及同时表示对象和过程的符号。函数是典型的过程性概念之一。

其三，函数的对应法则具有多种表示形式，学生要建立完整的函数概念不仅要把函数理解为刻画变量之间依赖关系的数学语言和工具，而且要把函数理解为实数集合之间的对应关系；其不仅能用代数形式表示，也可以用图象、表格形式表示，甚至还可以用文字语言来描述(鲍建生和周超，2009)。

第三，函数是学生在初中学习的基础上进一步学习的数学概念的典型代表。如何从高中阶段函数概念的抽象高度进一步理解函数，以及学生初中学习形成的概念意象会对高中学习产生哪些影响，都对其他概念教与学的研究具有借鉴意义。

第四，对于一般意义的函数性质，即函数的单调性、奇偶性、最大(小)值的教与学进行研究，对其他具体函数(幂函数、指数函数、对数函数、三角函数等)性质的研究具有统领作用和指导意义。

根据以上分析，如果以函数概念与性质单元中的数学概念(以下简称函数相关概念)为例开展数学概念学习与教学研究，并在此基础之上改进教学实践，那么不但会给其他概念的教学提供有价值的借鉴，而且对教师数学概念理解水平提升、以发展学生数学学科核心素养为核心的数学教学意识的形成以及正确的数学概念教学观的建立都具有重要意义。

---

① Gray E，Tall D. Duality，ambiguity and flexibility in successful mathematical thinking. Paper presented at The Program Committee of the 18th PME Conference，1991.

二、函数概念的发展及其理解的相关研究

(一)函数概念的历史演变

在描述函数时，弗赖登塔尔(1995)强调依赖的思想，他指出我们的世界不是一个僵化的关系系统，而是一个变化的领域，一个变动对象互相依赖的领域。函数是一种特定的依赖关系，也就是在区分为自变量和因变量的变量之间的依赖关系①。函数概念的出现要比其正式定义早很多，其历史可谓源远流长。公元前2500年左右，巴比伦人广泛使用的60进制的各种数表②；古希腊人根据弧的度数确定弦长的正弦表；14世纪法国人奥雷斯姆(N. Oresme)运用曲线表示的速率与时间之间的关系等都是函数的早期形态③。

17世纪，科学家们致力于运动的研究，如远距离航海中对经度和纬度的测量，天体位置的计算，炮弹的速度对于其高度和射程的影响等。诸如此类的问题都需要探究变量与变量之间的关系，并根据这种关系对事物的变化规律做出判断。在这样的背景下，函数概念得以进一步的发展。德国数学家莱布尼茨(G. W. Leibniz)在1692年首先使用了"function"一词，表示依赖于一个变量的量。这个函数的定义实质上指出了函数就是两个变量之间的依赖关系。我国清代数学家李善兰在1859年与英国传教士伟烈亚力(Wylie Alexander)合译的《代微积拾级》中首次将"function"译成"函数"。莱布尼茨用"函数"表示随曲线的变化而改变的几何量，如坐标、切线等④。这种变量间依赖关系的表达常常要借助于曲线，这不利于函数参与运算，函数概念必须由几何形态走向代数形态⑤。

1718年，莱布尼茨的学生贝努利(J. Bernoulli)给出了函数的解析定义：函数就是由变量 x 和常数组成的式子。之后，数学家欧拉(L. Euler)、达朗贝尔(Dalembert)等进一步刻画了函数的解析定义：函数是指一个变量与一些常量通

---

① [荷兰]弗赖登塔尔著，陈昌平、唐瑞芬等译：《作为教育任务的数学》，上海教育出版社，1995年，第247—274页。

② A. P. Youschkevitch. The concept of function up to the middle of the 19 th century. *Archive for History of Exact Sciences*, 1976(16): 37—85.

③ 贾随军：《函数概念的演变及其对高中函数教学的启示》，《课程·教材·教法》，2008年第7期。

④ 濮安山：《初中生函数概念发展研究》，东北师范大学博士学位论文，2011年，第5—7页。

⑤ 同③。

过任何方式(有限的或无限的)形成的解析表达式。这个函数定义描述的对象明确了，但限制了外延，也就是把用图形、表格表示的函数限制在了函数之外，同时也掩盖了函数的本质。1755 年，欧拉进一步给出了函数的变量说定义，即如果某个变量以如下方式依赖于另一个变量，即当后者变化时，前者本身也发生变化，则称前一个变量是后一个变量的函数①。函数的这种定义方式具有一定的局限性，因为有的函数中因变量并不随着自变量 x 的变化而变化，也有的函数并不能用解析式表示。此外，这个定义虽然指出了函数的实质，但是不够抽象，不利于研究函数的性质。比如依据这个定义很难判断函数 $f(x)=1$ 与 $g(x)=\sin^2 x+\cos^2 x$ 是否是同一函数。

在 18 世纪，函数是由一个解析式给出的认识仍然占统治地位，很多数学家对于不用公式表示的函数很不习惯，甚至抱怀疑态度。随着人们对函数概念认识的深入，德国数学家狄利克雷(P. G. Dirichlet)注意到，函数的理解重要的不是“自变”所引起的因变现象，应该是变量间的“对应关系”。他于 1837 年，给出函数的定义是“如果对于 x 的每一个值 y，总有一个完全确定的值与之对应，则 y 是 x 的函数”。其他数学家，如斯托克斯(S. G. G. Stokes)和黎曼(G. F. B. Riemann)等也提出了类似的函数概念②。

狄利克雷的上述定义，成功地引进了“单值对应”这个概念，巧妙地避免了过去函数定义中的不明确的“依赖关系”的描述，以清晰完美的方式表达了变量间的依赖关系。特别地，在这个定义中涉及了取值的概念，所以容易定义函数的定义域和值域，而且用函数的这个定义容易解释上面的两个函数是等价的。此定义的缺点是函数原有的物理直观背景逐渐消失了，而且对于定义中的“对应”没有给出明确的定义。

19 世纪 70 年代，康托(Georg Cantor)的集合论的诞生使得函数概念的研究突破了“数”的界限。20 世纪初美国数学家维布伦(Oswald Velben)，首先使用集合给出了变量、常量、区域(变域)等概念的定义。利用这组定义，他给出了函数的如下定义：若在变量 y 的集合与另一变量 x 的集合之间有这样的关系成立，即对 x 的每一个值，有完全确定的 y 值与之对应，则称变量 y 是变量 x 的函数。这个定义可以称为是函数的现代定义，和以前的定义比略有差异但却是

---

①　濮安山：《初中生函数概念发展研究》，东北师范大学博士学位论文，2011 年，第 5—7 页。

②　贾随军：《函数概念的演变及其对高中函数教学的启示》，《课程·教材·教法》，2008 年第 7 期。

函数概念的重大发展，是数学发展道路上的重大转折。1939 年，布尔巴基(N. Bourbaki)学派的数学家认为函数的定义应该强调关系。于是，将函数定义为：若 X，Y 是两个集合，二者的笛卡儿积是指 $X\times Y=\{(x, y) \mid x\in X, y\in Y\}$，$X\times Y$ 中的任何子集 S 称为 x 与 y 之间的一种关系。如果关系 F 满足：对于每一个 $x\in X$，都存在唯一的一个 y，使得 $(x, y)\in F$，则称关系 F 是一个函数①。

可见，从 200 多年来函数概念的发展历史来看，函数概念的演变经历了萌芽时期、解析定义时期、对应定义时期、集合定义时期以及关系定义时期。它孕育了变量思维方式、集合对应观点、函数分析方法、等价交换方法等重要思想方法②。函数概念的每一次发展都标志着人们对其认识的不断深刻与完善。

代钦等对中国中学数学函数概念的百年演变进行了深入研究，并指出我国对“函数”的名词采用了函数、倚数、方程图解表示、应数等术语，最终统一为“函数”。表 1-1 列出自 1922 年以来我国中学数学函数概念的演变过程③。

表 1-1　函数的定义方式以及名词术语等的变化

时间(年)	定义方式	变量名称	概念描述的差异	简要图示
1922	变量说 定量说	自变数 函数	两量，一变则变，一定亦定	x 变⇔y 变 x 定⇔y 定
1924	限定说	变数	x 以一值即可限定 y 之值	x 限定→y
1927	变量说 定量说	x 和 y 互为倚数	多个变量，此变则变，此定则定	x_1，x_2…变⇔y 变 x_1，x_2…定⇔y 定
1935	变量说 对应说	变数 函数	变数 y 依变数 x 之值而变，x 的任一值，y 有一个或多个对应	x→y_1，y_2，…，y_n
1938	变量说	自变数 因变数	两个变量，一个数变，另一个随之变	x 变⇒y 变

① 濮安山：《初中生函数概念发展研究》，东北师范大学博士学位论文，2011 年，第 5—7 页。

② 简冬梅：《函数概念的演进与函数教学》，《四川师范大学学报(自然科学版)》，2004 年第 3 期。

③ 代钦、邹岩：《中国中学数学函数概念百年演变考》，《数学通报》，2011 年第 7 期。

续表

时间(年)	定义方式	变量名称	概念描述的差异	简要图示
1946	变量说	自变数 依变数	甲乙两个变数，甲数变，乙亦随之变	甲变⇒乙变
1956	对应说	自变数 函数	提出自变量有范围，且自变量变化时，另一个量有确定值与之对应	$x\in A$，$x\xrightarrow{\text{对应}}y$
1960	变量说 对应说	自变量 因变量	自变量的每一个所能取的值都有变量 y 的一个确定的值与它对应	每一个 $x\xrightarrow{\text{对应}}$确定的 y
1979	变量说 对应说	自变量 函数值	强调变量 y 依赖于变量 x 的依赖关系，每一个 x 确定值 y 都有唯一确定的值与它对应	每一个 $x\xrightarrow{\text{对应}}$唯一确定的 y
1980	对应说 一一对应	自变量 函数	明确函数的对应关系为一一对应，即对 x 的每一个确定的值，y 都有唯一确定的值与它对应，并强调函数与函数值	任一 $x\xrightarrow{\text{对应}}$唯一确定的 y
1994 (初中)	变量说 对应说	自变量 函数	一个变化过程中有两个变量 x 与 y，如果对于 x 的每一个值，y 都有唯一的值与它对应	每一个 $x\xrightarrow{\text{对应}}$唯一确定的 y
1995 年后 (初中)	对应说	自变量 函数值	x 在某一范围内的每一个确定值，按照对应法则，y 都有唯一的值与它对应。强调 x 的范围	某范围内的每一个 $x\xrightarrow{\text{对应}}$唯一确定的 y
1995 (高中)	对应说 集合论	自变量 函数值	自变量 x 在定义域 A 内的任何一个值，在集合 B 中都有唯一的函数值 y 和它对应	$x\in A$，$y\in B$，$x\xrightarrow{\text{对应}}$唯一确定的 y，原象→象
2004(人教B版)	对应说 集合论	自变量 因变量	强调集合 A 中的任意数 x，按照确定的法则 f，都有唯一的数 y 与它对应	$x\in A$，$x\xrightarrow{\text{对应}}$唯一确定的 y，$y=f(x)$
2007(人教A版)	对应说 集合论	自变量 因变量	强调两个非空数集 A、B，按照确定关系 f，x 对应 $f(x)$	$x\in A$，$y\in B$，$x\xrightarrow{\text{对应}}$唯一确定的 $f(x)$，$y=f(x)$

从表 1-1 可以看出，从 1995 年开始，我国高中教材中函数概念的表述只有细微的差别，都运用了集合、法则、对应关系等术语，很接近美国数学家维布伦给出的函数概念。

（二）函数概念的相关研究

基于在数学与数学教育中的核心地位，函数概念一直是不同研究者关注的焦点。本书从概念学习与教学的视角，将相关研究文献梳理为函数概念复杂性的理论研究、学生函数概念认知发展的相关研究、学生函数概念认知困难或错误的相关研究以及函数概念教学的相关研究四个方面。

1. 函数概念复杂性的理论研究

韬尔等（Tall，McGowen & DeMarois，2000）研究认为函数是一个典型的“认知根源”，其主要原因在于函数概念在两个维度上具有“丰富的联系”，其一是“面（facets）”（表示方式）上，其二是“层（layers）”（水平）上①。

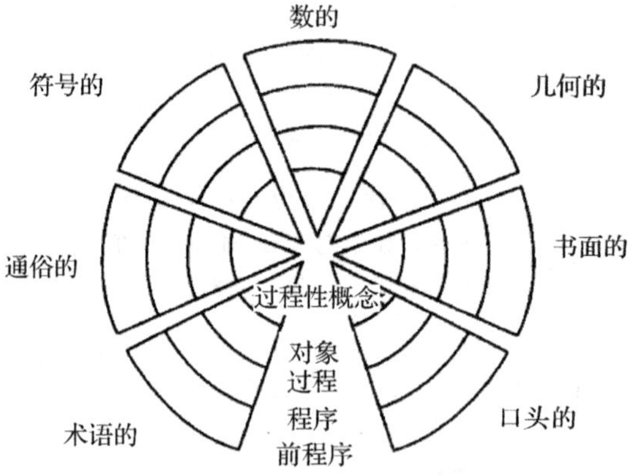

图 1-1　函数的层与面

从“面”的方面看，函数的表现方式包括作为形式概念的函数符号 $y=f(x)$，作为通俗概念的函数机（输入—输出箱）；既有代数特征（函数的解析式表示），又有数的特征（函数的列表表示），还有几何特征（函数的图象表示）。从“层”的方面看，函数还涉及前程序、程序、过程、对象和过程性概念五个层次。

前程序（pre-procedure layer）指学生没有获得相应程序的预备期。程序层次（procedure layer）上，学生依赖于“一步一步（step-by-step）”的操作步骤。在过

① 张奠宙等：《数学教育学导论》，高等教育出版社，2002 年，第 180—182 页。

程阶段(process layer)，学生不需要知道具体步骤，就可以认识到“输入-输出”过程的存在。在对象层次(object - layer)上，学生可以把过程作为一种心理操作对象，而处于过程性概念层次(procept layer)的学生已经可以在过程与心理对象之间进行灵活的转换。

很多研究表明，函数的多元表征是学生学习函数的一个难点。如果学生能够处理好函数的多元表征，那么他就能够对函数概念形成一个更加全面的理解①。

2. 学生函数概念认知发展的相关研究

学生学习函数概念的认知发展阶段与思维特征研究一直是函数概念认知发展研究的焦点课题。以往的相关研究，大致有侧重于学生函数概念不同发展阶段划分的研究和侧重于学生函数概念认知发展比较的研究两个方面。

(1)侧重于学生函数概念不同认知发展阶段划分的研究

对学生函数概念认知发展的研究，不同研究者往往划分的阶段或层次也不同。

韬尔等(Tall & DeMarois，1996)在研究中将函数概念的认知水平分为前程序、程序、过程、对象和过程性概念。丹尼尔等(Daniel et al.，1992)则把学生对函数的认知分为函数前、动作和过程三类。日本学者矶田(Isoda，1996)将学生对函数概念的认识划分为五个水平，其中前三个水平处于中学及以下阶段要求的范围，分别是：日常语言水平，即学生能用日常语言模糊地描述现象中的关系；算法水平，即学生能用表格来描述函数的对应法则，并通过一定的算法来制作和探索表格；代数和几何水平，即学生能够用方程和图形来描述函数②。托马斯(Thomas，1998)使用含单变量的实值函数，调查研究了 11 至 14 岁学生函数概念的发展情况。他研究认为，学生对于函数概念的理解水平从低到高可以分为三个阶段，分别是：将函数理解为指派的程序；根据不同的背景识别函数，并能够在这些背景之间转换；将函数理解为有一定的性质且可对其施加运算的对象③。

曾国光(2002)在对初三、高一、高二学生函数概念的认知发展研究的基础

① 鲍建生、周超：《数学学习的心理基础与过程》，上海教育出版社，2009 年，第 318—338 页。

② 同①。

③ Stein M K, Smith M S. Mathematical tasks as a framework for reflection: From research to practice. *Mathematics Teaching in the Middle School*, 1998(3): 268—275.

上，认为学生对函数的理解可以分为：作为“算式”的函数、作为“变化过程”的函数和作为“对应关系”的函数三个阶段。① 贾丕珠(2004)根据函数概念的特点和学生的认知结构，将学生函数的学习认知发展划分为六个层次，依次是：理解变量、突出关系、区别函数与算式、掌握“对应”、把握形式化描述、形成函数对象。其中前三个层次以变量之间的关系为核心，宏观地体现函数的动态过程，是初中函数教学应达到的目标。后三个层次以“对应”和“形式化表示”为核心，在微观上标志函数的精细含义，是高中数学课程的任务②。

(2)侧重于学生函数概念认知发展比较的研究

我国研究者关于学生函数理解发展的研究，主要集中在对不同年级、不同类型学校以及性别等发展特点和比较的研究。其中比较共性的研究结论主要有：学生函数概念的发展水平，随着年级的升高呈上升的发展趋势；重点中学学生的函数发展水平整体普遍高于普通中学学生的函数发展水平。存在分歧的主要研究结论有：不同性别学生函数概念发展水平是否存在显著性差异；虽然学生对函数概念的理解会随着年级的升高呈上升的发展趋势，但是不同年级之间的发展水平是否存在显著性差异；学生对函数的不同表示方式理解水平存在差异。③④⑤⑥ 濮安山(2011)研究认为，初中学生对函数的不同表示方式理解存在显著差异，其中对用表格表示的函数认识水平最高，对解析式表示的函数认识水平最低，对表格表示函数、图象表示函数的认识水平高于解析式表示的函数⑦。而郝妍琴(2006)则研究认为，中职学生对解析式表示的函数掌握最好，图形表示次之，对表格表示的函数理解存在困难⑧。

---

① 曾国光：《中学生函数概念认知发展研究》，《数学教育学报》，2002 年第 2 期。

② 贾丕珠：《函数学习中的六个认知层次》，《数学教育学报》，2004 年第 3 期。

③ 朱文芳、林崇德：《初中生函数概念发展的特点》，《心理科学》，2000 年第 5 期。

④ 濮安山：《初中生函数概念发展研究》，东北师范大学博士学位论文，2011 年，第 36—55 页。

⑤ 濮安山、史宁中：《从 APOS 理论看高中生对函数概念的理解》，《数学教育学报》，2007 年第 2 期。

⑥ 钟志敏、李士锜：《高一学生函数对应关系的理解的研究》，《数学教育学报》，2010 年第 1 期。

⑦ 同④。

⑧ 郝妍琴：《关于中职生函数概念理解的调查研究》，《教育与职业》，2006 年第 17 期。

3. 学生函数概念认知困难或错误的相关研究

1)学生函数概念认知困难或错误类型的相关研究

在以往的研究中，函数概念认知困难或错误的类型主要有以下几种：

(1)不能把握住函数概念的本质。已有研究表明，学生在简单例子中不能分辨出是否为函数的正例；当函数被定义为一对一或多对一形式的对应关系时，经常对函数是多对一，还是一对多哪种形式感到困惑(Lovell，1971①)；对于许多函数，学生对“对应关系”认识模糊，认为对应关系就是解析式，或者对应关系就是函数，函数就是对应关系；不清楚函数的对应关系、定义域、值域三者之间的关系②。

(2)忽视函数的定义域与值域。马考维兹等(Markovits，Eylon & Bruckheimer，1986)对14～15岁学生函数概念的认知研究发现，无论问题中是否明显地提出要注意函数的定义域和值域，学生一般都容易忽视它们③。

(3)函数学习与实际情境分离。学生会背函数定义，但却不会从具体问题中抽象出函数模型，不会选用恰当方式去表示函数；或者不会正确选用恰当的函数模型去观察、分析并解决实际问题④。

(4)函数图象与解析式之间的灵活转换存在困难。对于函数，学生首先想到的概念表象是函数解析式，图象很少被使用；函数图象与函数解析式常常被孤立对待；函数图象到解析式的转换，比从解析式到图象的转换更困难。⑤⑥

(5)函数概念历史发展过程中的认识论障碍也会成为课堂上学生的认知障碍。⑦

2)学生函数概念认知困难或错误原因的相关研究

以往相关研究指出：对中学生而言，除了函数的高度抽象性和形式化以及

---

① Lovell K. Some aspects of the growth of the concept of a function. *Piagetian Cognitive Development Research and Mathematical Education*, 1971: 12—33.

② 苏洪雨等:《数学学科核心素养视野下的高中函数概念教学“再创造”》,《数学通报》，2020年第8期。

③ Zvia Markovits，Bat-Sheva Eylon，Maxim Bruckheimer. Functions today and yesterday. *For the Learning of Mathematics*，1986(6)：18—28.

④ 同②。

⑤ 同③。

⑥ 曾国光:《中学生函数概念认知发展研究》,《数学教育学报》，2002年第2期。

⑦ 任明俊、汪晓勤:《中学生对函数概念的理解——历史相似性初探》,《数学教育学报》，2007年第4期。

表征的多元性等特点外，还存在其他一些导致他们理解困难或错误的因素，主要有：

(1)函数本身包含的子概念多且类型复杂。一方面，函数本身包含很多子概念，如定义域、值域、对应、关系、自变量、因变量、常数、函数的解析式、函数图象、最大(小)值、极大(小)值、零点等。学生对每一个子概念以及子概念之间关系理解的准确性都会对函数的理解产生影响。另一方面，中学阶段学生要学习的函数种类比较繁杂，如现阶段初高中教材中涵盖的函数有：一次函数、二次函数、反比例函数、幂函数、指数函数、对数函数、反函数、三角函数、奇(偶)函数、单调函数、周期函数、分段函数、常值函数、离散的点函数等。

(2)学生思维发展水平的局限是构成函数理解困难的根源之一。函数概念是发展的、运动变化的、联系的。要形成函数概念，必须要冲破形式逻辑思维的局限，进入到辩证思维的领域。然而中学阶段学生的思维还处于辩证逻辑思维发展的初级阶段，这二者之间的矛盾是构成函数概念学习认知障碍的根源之一。①②

(3)一些函数的形式特殊是造成学生函数学习困难的一个因素，例如常值函数、分段函数等。马考维兹等(Markovits，Eylon & Bruckheimer，1986)对14～15岁的学生函数概念的认知研究发现常值函数、分段函数和以离散点表示的函数会让学生感到非常困难，并猜测原因可能是学生常误认为函数都是线性的。③

(4)学生对函数错误或片面的概念意象是造成函数理解困难的一个原因。任明俊、汪晓勤(2007)研究认为，中学教材中函数的抽象定义不易于理解和记忆，学生往往不从定义出发来理解函数④。曾国光通过对初三学生的调研发现，几乎所有被试学生在解决与函数有关的问题时，是根据大脑中函数的表象，而不是利用函数的定义来解题⑤。郝妍琴对职业中专学校学生函数概念理解的研究

① 朱文芳：《函数概念学习的心理分析》，《数学教育学报》，1999年第4期。

② 章建跃：《数学学习论与学习指导》，人民教育出版社，2001年，第34页。

③ Zvia Markovits，Bat-heva Eylon，Maxim Bruckheimer. Functions today and yesterday. *For the Learning of Mathematics*，1986(6)：18－28.

④ 任明俊、汪晓勤：《中学生对函数概念的理解——历史相似性初探》，《数学教育学报》，2007年第4期。

⑤ 曾国光：《中学生函数概念认知发展研究》，《数学教育学报》，2002年第2期。

结果也同样表明，多数学生根据自己头脑中函数概念的表象来判断一个对象是否为函数①。

学生对函数错误或片面的概念意象主要体现在以下几个方面：

学生在遇到函数问题时，会首先想到线性函数。马考维兹等在研究不同情境对学生作函数图象的影响时发现，当要求 9 年级学生(学生们都在数学和科学课中学习过用图象表示函数)通过描点画出坐标平面内非共线的点构成的函数图象时，大部分学生画出的是分段的线性函数。他们将相邻的两点之间用线段连接，而不是画成光滑的曲线形状。② 此外，学生以“是否学习过，是否熟悉”作为判断函数的标准。

巴尼斯(Barnes，1988)通过判断以下三个表达式：(1)$y=4$；(2)$x^2+y^2=1$；(3)$y=\begin{cases}0, & x\leqslant 0\\ x, & 0<x\leqslant 1\\ 2-x, & x>1\end{cases}$是否定义了 y 是 x 的函数的问题，对 11 名高中生和大学生进行了调查和访谈。其调查结果为：大多数人认为(1)中表达式不是函数，因为 y 的值不随着 x 的变化而变化。许多人因为(2)的表达式是他们所熟悉的一个圆，所以认为其是函数。而学生感觉比较困难的是(3)，他们认为(3)中的表达式定义了几个函数。同时，巴尼斯还借助于图 1-2 提出“以下图形中哪个表示 y 是 x 的函数?”的问题，调查学生对图象表示函数的认知情况。调查结果表明：有学生认为第一个图形更像 y 是 x 的函数，认为它是一个旋转了的函数，或直接认为它是 $xy=2$ 的图象，故认为它是一个函数。对第二个图形则普遍认为不是函数，但原因并不是因为有垂直的线段，而是因为它看上去很陌生，或因为它不是光滑和连续的，或认为它太难了无法判定③。

也有研究者(İlyas Yavuz and Tuğba Hangül，2016)对大学本科一年级的 77 名学生的函数概念意象进行研究发现：学生在脑海中形成的关于函数的概念意象大致可以分为 10 个不同的类别，学生对函数概念的认识存在一定的误区。特

① 郝妍琴：《关于中职生函数概念理解的调查研究》，《教育与职业》，2006 年第 17 期。

② Zvia Markovits，Bat-heva Eylon，Maxim Bruckheimer. Functions today and yesterday. *For the Learning of Mathematics*，1986(6)：18—28.

③ Barnes M. Understanding the function concept：Some results of interviews with secondary and tertiary students. *Research on Mathematics Education in Australia*，1988：24—33.

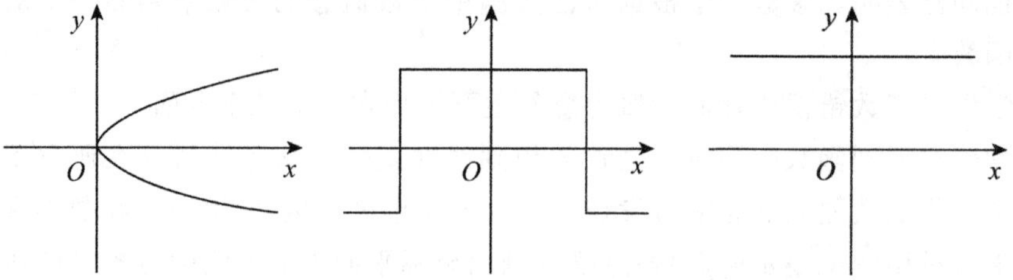

图 1-2　巴尼斯(Barnes，1988)调查问题的图形

别地，学生把函数比喻为机器、操作机制、一套规则、关系、匹配、方程等①。

4. 函数概念教学的相关研究

长期以来，教育心理学工作者、一线数学教师和教学研究人员等，都试图揭示函数概念的本质与学习规律。各类人员有的基于认知心理学的某个(些)理论对于函数概念的教与学开展研究，有的则从实践经验的视角对函数概念的教与学提出建议。

1)侧重于实践经验的相关研究

匈牙利数学家杜澜・巴尔(Turán Pál，1954)在谈到中学函数教学时强调：由于函数的概念来自实际，当介绍函数概念时也应从实际出发，特别是从日常生活讲起。他还指出，应举出一些不连续的函数的例子。② 闽杭(1962)在论述函数概念在中学数学中重要性的基础上指出，函数概念的教学应划分为：感性认识、理性认识、巩固与深化以及发展三个阶段，并通过具体实例对函数概念的理性思维阶段的具体教学方法进行说明。③ 克莱门特(L. L. Clement，2001)提出，在上课期间学生和老师应该深入地钻研函数的概念、几种函数的表达方法以及它们之间的关系。特别地，他进一步建议老师可以变换各种各样的形式评估学生对于函数的理解，根据评估可以帮助同学有效地掌握函数。④ 李吉宝(2003)分别从微观和宏观层面对函数概念的教学给出指导意见。他指出，在微

① Yavuz İ, Hangül T. A Study on engineering students' concept images: What is a function? . *Adıyaman Üniversitesi Eğitim Bilimleri Dergisi*, 2016(6): 231－254.

② [匈牙利]杜澜・巴尔：《在中学中讲函数概念的经验介绍》，《数学通报》，1954 年第 9 期。

③ 闽杭：《谈谈中学数学教学中的函数和函数概念的教学》，《数学通报》，1962 年第 7 期。

④ Clement L. What do students really know about functions. *Mathematics Teacher*, 2001(94): 745－748.

观上应按照“早、实、清”进行函数概念导学。所谓“早”，是指应抓住相关内容及早向学生渗透函数的思想方法；“实”是指要由实例引入函数概念；“清”是指要向学生讲清函数定义的“语言框架”。在宏观上应把握好“与其他数学思想方法、其他数学知识相结合、与生活实际密切联系”三个基本途径来渗透函数思想方法。① 吕世虎和王尚志(2008)从宏观上对高中函数的教学提出如下建议：整体把握函数的内容要求，不断加深学生对函数思想的理解；关注从三个维度，即“变量说”“映射说”和“关系说”来认识函数，引导学生全面理解函数的本质；重视函数模型的作用，帮助学生在头脑中“留住”一批函数模型；揭示函数与其他内容的内在联系，强化学生对函数思想的认识。② 章建跃等(2009)以“突出函数的概念本质和构建过程、为学生概括和领悟函数概念搭建‘脚手架’、加强建立函数模型的活动，深化函数概念理解”为立意，进行注重学生思维参与和感悟的教学设计与实施，对教师思考与进行函数概念的教学有很好的启迪。③ 朱成万(2011)研究认为，函数教学既要解构，也要建构。要从整体上把握高中数学课程中的函数，必须对函数及其相关概念、思想方法构成的网络体系进行解构，找出概念的核心所在；根据学生的认知水平和认知规律，对学习函数可能产生的思维障碍进行分析，寻求学习支撑条件；在寻求联系中螺旋上升地构建函数的结构体系，并给出图 1-3 所示的构建函数概念的流程图。除此之外，他还指出高中学生在函数概念学习中存在两个思维的断档处，分别是对抽象符号 $f(x)$ 的理解和函数是否要有解析式。④

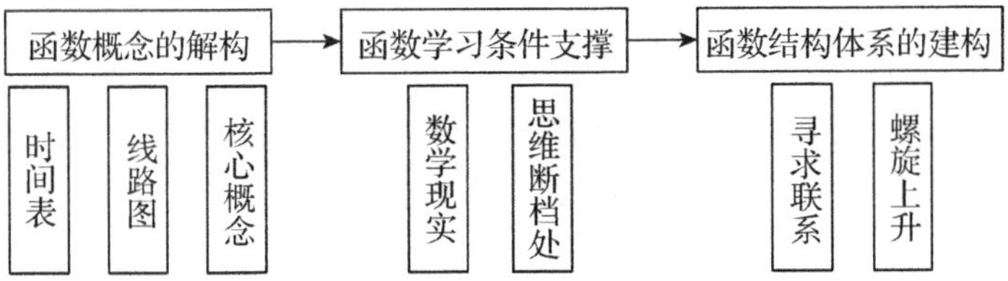

图 1-3　构建函数的结构体系流程图

① 李吉宝：《有关函数概念教学的若干问题》，《数学教育学报》，2003 年第 2 期。

② 吕世虎、王尚志：《高中数学新课程中函数设计思路及其教学》，《课程·教材·教法》，2008 年第 2 期。

③ 章建跃、陶维林：《注重学生思维参与和感悟的函数概念教学》，《数学通报》，2009 年第 6 期。

④ 朱成万：《函数概念的教学解构与建构》，《数学教育学报》，2011 年第 4 期。

黄险峰等(2013)根据学生函数学习中存在的主要问题，指出函数教学中函数概念的理解、函数性质的掌握以及函数知识的应用三个方面，可以通过 6 个“关键节点”的研判和处置来帮助学生克服学习困难，提高学习效率。其中在函数概念的理解方面，要处置好“在概念形成的难点处预设问题”“用图形直观理解函数概念”；在函数性质的掌握方面，要处置好“研究函数性质的思考角度”“在运动变化中培养学生思维的条理性”；在函数知识的应用方面，要处置好“在反思中提高抽象和概括能力”“用函数模型研究变化规律的方法”。① 索云旺等(2013)在高效数学教学行为特征理论的指导下，构建以“知识”为载体，“引导学生自主发展数学概括能力”为主线的函数概念课堂教学模式。② 苏洪雨等(2020)在函数概念的教学设计中，通过“从现实到变量”“变量之间的关系”“建立对应的概念”“形成函数的概念”“理解辨析概念”以及“问题解决，概念运用”，共 6 个数学活动引导学生“再创造”函数概念，解释函数内涵，理解函数思想，掌握与函数相关的数学语言。③

2)基于认知心理学理论开展的相关研究

(1)以 APOS 理论为基础开展的相关研究

APOS 理论是由美国学者杜宾斯基(Dubinsky，1991④)等提出的关于如何学习数学概念的构建主义理论。国内外基于该理论开展的数学概念教学研究中，绝大多数均反映出良好的教学效果。

卡尔森(M. Carlson，1998)对大学本科毕业生进行了一项关于函数概念发展的典型性调查研究结论显示：由于进行了构建活动，学生对函数的理解得到了改善。⑤ 布雷登巴赫等(Breidenbach，Dubinsky，Hawks，Nichols，1992)应用 APOS 理论，并使用计算机进行教学处理，结果大大改善了学生对函数概念的理解，而且学生似乎发展了函数的过程概念，并能够将其应用于特定的数学

---

① 黄险峰、昌明：《高一函数教学中“关键节点”的处置》，《数学通报》，2013 年第 3 期。

② 索云旺等：《高效数学教学行为特征指导下的数学课堂教学设计——以“函数概念”教学设计为例》，《数学教育学报》，2013 年第 5 期。

③ 苏洪雨等：《数学学科核心素养视野下的高中函数概念教学“再创造”》，《数学通报》，2020 年第 8 期。

④ Dubinsky E. Reflective abstraction in advanced mathematical thinking. *Advanced mathematical thinking*，1991：95－126.

⑤ Carlson M P. A Cross-sectional investigation of the development of the function concept. *Research in Collegiate Mathematics Education* Ⅲ，1998(3)：114.

任务。① 艾尔斯等(Ayers，et al.，1998)根据 APOS 理论应用 ACE 教学循环，研究了利用计算机程序语言 ISETL 和合作学习(cooperative learning)促进学生对函数组合的反射性抽象，结果表明：相较传统教学，学生获得了更好的分数。②

易树湘(2009)以 APOS 理论为指导，进行函数性质教学方案的研究与设计，研究表明：根据 APOS 理论进行教学设计与实施可以从现实原型、抽象过程、形式化、数学思维方法等多方位引导学生理解函数性质，符合学生主动建构的教育原理。③ 孟世才(2011)在深入分析函数概念的本质特征和内容结构的基础上，基于 APOS 理论探讨了函数概念教学的四个阶段，即活动阶段——通过实例，渗透变量思想；过程阶段——体验函数概念的形成过程；对象阶段——加深理解函数概念的本质；概型阶段——建立综合的心理图式。研究结果表明：经过以上四个步骤的学习活动，学生会对函数概念形成一个比较完整的认识，能够更深入地理解函数概念的本质。④

(2)以认知心理学的其他理论为基础开展的相关研究

汤服成、王兄(2001)以图式理论为基础，研究认为：函数概念图式具有层次性、综合性与关联性等特征，其习得需要经过图式的获得以及图式的精制两个阶段；函数概念图式具有图式对输入刺激的解释功能、图式的缺席赋值功能以及图式的迁移功能；在函数概念学习中，图式理论有利于函数概念知识结构化和形成良好的认知结构。基于以上研究，他们认为学生学习函数概念困难的原因有两方面：一是学生虽然具有适合于函数概念学习的图式，但当输入的刺激所提供的线索不能激活已有图式时，会出现函数概念学习困难；二是从图式的层次看，在上位图式和下位图式之间有嵌套和具体化的过程，学生往往不清楚两种层次的图式之间的区别和联系，从而难以使这种嵌套和具体化得以实现。因此，他们建议：在函数概念学习中要充分重视图式的功能和作用，根据学生

---

① Daniel Breidenbach, et al., Development of the process conception of function. *Educational Studies in Mathematics*, 1992(23): 247－285.

② Ayers T, Davis G, Dubinsky E, et al., Computer experiences in learning composition of functions. *Journal for Research in Mathematics Education*, 1988(19): 246－259.

③ 易树湘：《基于 APOS 的函数性质教学研究》，《湘潭师范学院学报(自然科学版)》，2009 年第 9 期。

④ 孟世才：《基于 APOS 理论的中学函数概念的教学研究》，《教学与管理》，2011 年第 21 期。

图式形成、发展和活动的规律进行学习指导；教学中应为学生多提供一些变式练习，使学生在练习中发现图式、激活图式和选择适当的图式来同化、理解、吸收、整合新概念。①

丁银凯(2017)以“先行组织者”策略为基础，用理论与实践相结合的方式，对高中函数概念教学在概念同化、问题化归、概念再识三个方面的应用及其相关注意事项②进行了研究。

① 汤服成、王兄：《图式理论与函数概念学习》，《辽宁师范大学学报(自然科学版)》，2001年第3期。

② 丁银凯：《“先行组织者”在高中函数概念教学中的应用：“同化”“化归”与“再识”》，《数学教育学报》，2017年第6期。

第二章　数学理解研究相关的认知学习理论

认知心理学(Cognitive Psychology)的研究范围，主要包括知觉、注意、表象、学习记忆、思维和语言等心理过程或认知过程，以及儿童的认知发展和人工智能。认知心理学的核心是揭示认知过程的内部心理机制，即信息是如何获得、贮存、加工和使用的。①

本书以认知心理学的相关理论为基础，从认知学习的视角研究学生的数学概念理解。在本章中，将分别对 APOS 理论、概念意象、认知负荷理论以及 SOLO 分类理论及其相关研究进行介绍。

第一节　APOS 理论及其教学研究框架

数学内容的抽象性和数学知识体系的结构性决定了数学学习是一种特殊的学习。有学者指出，数学抽象就其本质而言就是一种建构活动，数学的研究对象正是通过这样的活动得到建构的。由美国学者杜宾斯基等提出的关于数学学习的 APOS 理论，对理解数学学习的本质和促进数学学习的科学性有一定的启示和帮助。②

一、APOS 理论

APOS 理论是关于如何学习数学概念的构建主义理论，其提出基于以下基本假设：个体的数学知识是其在解决所感知到的数学问题的过程中，通过反思并构建或重新构建心理活动(actions)、过程(processes)和对象(objects)，并将其组织成用以理解问题情境的图式结构(schemas)。③ 杜宾斯基等将理解数学概念(特别是抽象数学概念)的这四个阶段分别用其首字母 A、P、O、S 来表示，

---

① 王甦、汪安圣：《认知心理学》，北京大学出版社，2003 年，第 1—5 页。

② 乔连全：《APOS：一种建构主义的数学学习理论》，《全球教育展望》，2001 年第 3 期。

③ Arnon I, Cottrill J, Dubinsky E, et al. *APOS theory: A framework for research and curriculum development in mathematics education*, New York: Springer, 2013: 5—15.

将之称为 APOS 理论。APOS 理论的主要组成部分是活动、过程、对象和图式等心理阶段和结构，以及内部化、协调、逆转、压缩和主题化等心理机制。①

杜宾斯基等认为，APOS 理论扎根于皮亚杰关于儿童学习的"反思性抽象(reflective abstraction)"，并尝试将其扩展到大学数学学习水平。皮亚杰指出，反思性抽象可分为两部分。第一部分涉及在意识和沉思思想的意义上对其所指的内容和对该内容的操作的反思，以及从较低的认知水平或阶段到较高的认知水平(例如从过程到对象)。第二部分包括在较高阶段对内容和操作进行重建和重组，这导致操作本身成为可以应用于新操作的内容。② 这种一般的框架(内容和对该内容的操作导致操作本身成为新内容)为更细微地区别物质行为和内部操作之间的区别奠定了基础，它们构成了行为和过程的心理结构之间的差异。活动、过程以及诸如内部化和压缩等心理机制如何导致不同的概念形成，构成了 APOS 理论的发展。

杜宾斯基认为，活动、过程、对象和图式中每一种都基于皮亚杰的特定结构，只是名称不完全相同。其中"活动"接近于皮亚杰的动作图式或基本"应用程序"，而皮亚杰的"内部化操作"成为 APOS 理论中的"过程"。也就是 APOS 理论中"内部化"的心理机制，是在主体的思想中重建外部(即物理)动作，而不是在外部。对象是皮亚杰用于描述行为和过程的术语之一，是其所指"可以应用于新的更高阶段操作的操作"。图式这个术语源于杜宾斯基对皮亚杰的"系统"的理解③。此外，皮亚杰的"反思性抽象"概念也影响了 APOS 理论中如何通过压缩和协调的心理机制，将过程(内化操作或动作)转换为对象的发展。

(一)APOS 理论四个基本成分及其相互关系

杜宾斯基等认为，理解一个数学概念始于操纵先前的心理构建或者物理对象构建的活动，然后活动被内化为过程，进而过程被压缩为可以应用于新活动的对象，最终活动、过程和对象能够被组织成认知图式。其中对象也能够被解

① 鲍建生、周超：《数学学习的心理基础与过程》，上海教育出版社，2009 年，第 96—103 页。

② 乔连全：《APOS：一种建构主义的数学学习理论》，《全球教育展望》，2001 年第 3 期。

③ Ilana Arnon, et al. *APOS Theory A Framework for Research and Curriculum Development in Mathematics Education*, New York: Springer, 2014: 6—15.

压缩回原来的过程。①②

"活动"是指个体对感知到的客观数学对象的转换，这种转换是通过一步一步(精确细节)的外显性指令来实现的。"活动"是理解概念的开端，当"活动"经过多次重复而被个体熟悉后，就可以通过反思将其内化为一种称之为"过程"的心理操作。有了这种"过程"性的概念之后，个体就可以不需要通过外部的刺激而想象这个"活动"，以及不需要具体操作而在头脑中实施这个过程。个体还可以将两个或多个过程进行组合或将这个过程进行逆转。当个体能够把"过程"作为一个整体进行操作时，则称这一过程就被压缩(encapsulation)成了一种心理"对象"。一个对象执行活动或过程时经常需要解压缩(de-encapsulate)回原来其形成时的活动或过程，从而应用其性能来操作它。一个数学概念的"图式(或者说图式结构)"是指由相应的"活动""过程""对象"以及与某些一般原理相联系的其他"图式"所形成的一种个体头脑中的认知框架，它可以用于解决与这个概念相关的问题。图式也可以被作为对象处理，从而被纳入到更高水平的图式。③

以研究一个函数在给定区间上的单调性为例，学生首先通过在一些特殊点上利用函数解析式计算并比较函数值的大小，这是处于离散状态的"活动"阶段。当学生对上述"活动"经过多次重复后，经历反思会慢慢地将"活动"内化为一种心理结构，即达到"过程"阶段，它的功能就是在头脑中实施相应的"活动"。在"活动"阶段，学生只能单个地计算函数值，进而比较其大小，而在"过程"阶段，学生则可以同时考虑多个函数值的大小关系及变化趋势。当学生多次运用"过程"后，一旦他们对整个区间上的函数值随自变量变化的趋势有了整体的认识，则这一"过程"就已经被"压缩"为一种"对象"。

在"活动""过程""对象"和"图式"四个阶段中，可以认为前三者是数学知识的三种状态，而"图式"则是由这三种知识构成的一种认知结构(Cottrill，et al.，

---

① Ilana Arnon，et al. *APOS Theory A Framework for Research and Curriculum Development in Mathematics Education*，New York：Springer，2014：6—15.

② 鲍建生、周超：《数学学习的心理基础与过程》，上海教育出版社，2009 年，第 96—103 页。

③ Arnon I，Cottrill J，Dubinsky E，et al.，*APOS theory*：*A framework for research and curriculum development in mathematics education*，New York：Springer，2013：5—15.

1996)。① 此外，上述四个阶段的排列虽然在理论上具有一种等级结构，即在一般情况下，前一阶段的构建是后一阶段的基础，但实际上，个体对某个数学概念的理解并不一定遵循这种线性的途径，而是个体可以根据自身情况在各个阶段之间来回移动。例如，在函数概念的学习中，学习者开始的"活动"是把函数看作一个简单的公式，其中含有一些可以运算和赋值的变量(字母)；然后，函数被看作是一种可以"输入—输出"的机器，从而初步得到了"过程"。然而，当学生遇到更为复杂的函数解析式时，往往又回到了"活动"阶段，并在"活动"的基础上，又进一步完善了函数"过程"。如此经过多个循环之后，学生才最终形成明确而完整的函数"对象"②。活动、过程、对象是三种基本建构，这些心智结构又以某种方式组织成处理问题情境的图式。一个人数学知识的发展既表现为从低层级的心智结构向高一层级心智结构的序列发展，又表现为不同水平上心智结构之间灵活、协调的相互作用。

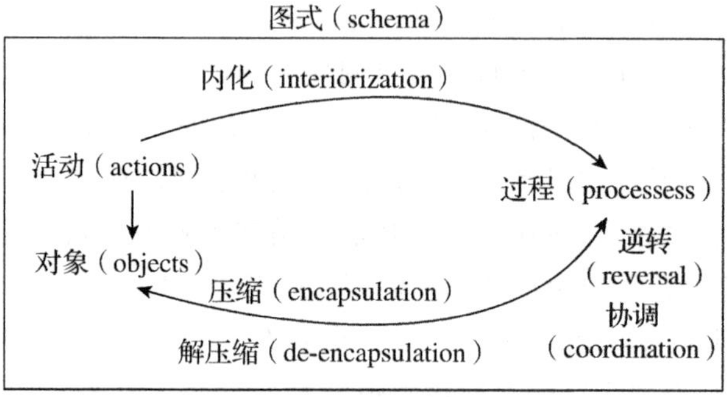

图 2-1　APOS 理论(Asiala et al. 1996)

在上述过程中，最核心的是图 2-1 的循环③。其中包括活动、过程、对象和图式四种心理结构，以及用于构建这些结构的内化(Interiorization)、协调(coordination)、逆转(reversal)、压缩(encapsulation)、解压缩(de-encapsula-

① Cottrill J, Dubinsky E, Nichols D, et al., Understanding the limit concept: Beginning with a coordinated process schema, *Journal of Mathematical Behavior*, 1996(15): 167—192.

② Ilana Arnon, et al. *APOS Theory A Framework for Research and Curriculum Development in Mathematics Education*, New York: Springer, 2014: 6—15.

③ 鲍建生、周超:《数学学习的心理基础与过程》，上海教育出版社，2009 年，第 96—103 页。

tion)等心理机制。在此循环中，活动的内化是指为了建构所知觉的现象的意义，把一连串具体的活动转换为可以在头脑中进行的运算。学生因此获得每一步操作的意义，而不仅仅是形式的操作各种数学的符号、语言、图象以及各种表象。协调或反演，即通过组合或协调已有的运算过程建构一个新的过程。“压缩”，即把一个动态的过程转换为一个静态的对象。外部活动或心智运算此时成为思维或同化的对象。而对于“压缩”过程而言，一方面，根据 APOS 理论，只有当个体主动地反复运用“过程”去实施相应的“活动”时，“压缩”过程才可能出现；另一方面，在数学活动中，“解压缩”的过程同样十分重要。运用“压缩”和“解压缩”的过程去实施某个“活动”是数学思维的一个基本特点。例如，在将两个函数 $f(x)$ 和 $g(x)$ 相加得到一个新函数 $f(x)+g(x)$ 的过程中，必须把原来的两个函数和结果函数都看作“对象”，但在实际讨论函数的性质或者进行变换时又必须先把它们“解压缩”为原先的“过程”而分别进行操作，然后再形成新的“过程”。在新的“过程”中，又会涉及更多的其他数学概念，如原来两个函数的单调性与新函数的单调性的关系等。这样，围绕这个“对象”就逐渐形成了一个关联的认知结构，也就是“图式”。

（二）APOS 理论发展的潜在新阶段

随着新的研究和复杂研究项目的进行，有研究人员发现了两个新的心理结构或机制：一个是图式的主题化，另一个是在过程和对象之间的可能的新阶段，即“整体性”(totality)。

在 APOS 理论中，主题化是将图式转换为对象的机制，以便可以对其执行操作或对其应用新的程序。“整体性”作为 APOS 理论的一个潜在的新阶段，位于过程和对象之间(图 2-2)①。在基于 APOS 理论的两项研究(分数和无限循环小数 0.999…)中产生了整体性作为单独阶段或水平。例如对于无限过程，从过程到对象的难度很大，而且学生遇到的困难普遍存在。在对没有完成从过程到对象转换的学生的研究中发现，解释他们之间的差异的一种方法是假设在过程和对象之间存在一个新阶段——“整体性”，然后研究从过程到整体性和整体性到对象的进展。

① Ilana Arnon, et al. *APOS Theory A Framework for Research and Curriculum Development in Mathematics Education*, New York: Springer, 2014: 6—15.

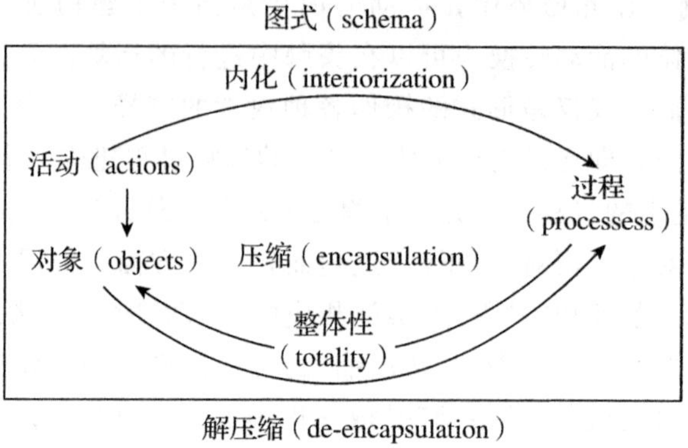

图 2-2　具有整体性的 APOS 理论

从数学学习心理学角度分析，APOS 理论反映了学生学习数学概念过程中真实的思维活动，其四个学习阶段(活动—过程—对象—图式)是合理的。“活动阶段”是学生理解概念的起点，是一个必要条件。“过程阶段”是学生经历观察、联想、归纳等过程，对“活动”进行描述和反思。学生经历思维的内化、压缩过程，抽象出概念所特有的性质。过程阶段进行的是否顺利直接影响概念的概括和生成，因此“过程阶段”是学生概念学习的关键阶段。过程恰恰就蕴含了数学概念的本质特征，是学生最需要知晓的部分。“对象阶段”是通过前面的抽象认识到了概念本质，对其赋予形式化的定义及符号表示，使其达到精致化，成为一个具体的对象，在以后的学习中以此为对象去进行新的活动。所以“对象”在某一个层次和更高一级层次之间起着一种枢纽作用，它既是概括的结果，又是新的概括的起点。经过前三个阶段，概念可以作为对象，是学生整个认知结构的一个节点，它需要与认知结构中其他知识节点构成的知识网络逐渐建立联系，形成新的知识网络，即学生对前面几个阶段的经历及大脑中原有相关方面的图式进行不断的整合、精致，最终形成综合的图式结构①②。

可见，APOS 理论基于学生数学学习的认知特点，揭示了数学概念的学习是循序渐进的建构过程。运用其开展数学概念教学，更能体现“学生主体、教师主导”的建构主义理念。

① 鲍建生、周超：《数学学习的心理基础与过程》，上海教育出版社，2009 年，第 96—103 页。

② 濮安山、丁嘉雯：《基于 APOS 理论的高中数学概念教学案例设计——以“任意角”的概念教学为例》，《中学数学研究(华南师范大学版)》，2018 年第 2 期。

二、应用 APOS 理论进行数学概念教学的 ACE 循环

杜宾斯基等的观点是，任何一个数学教育中的理论或模型都应该致力于对“学生是如何学习数学的”及“什么样的教学计划可以帮助这种学习”的理解，而不仅仅是陈述一些事实。基于这样的理念，美国大学数学教育研究小组（Research in Undergraduate Mathematics Education Community，RUMEC）长期致力于将 APOS 理论运用于各种高等数学概念的学习及课程材料的开发，并研究形成数学概念教学框架。该框架主要包括由三个基本环节组成的循环，称为 ACE 循环（图 2-3）。①

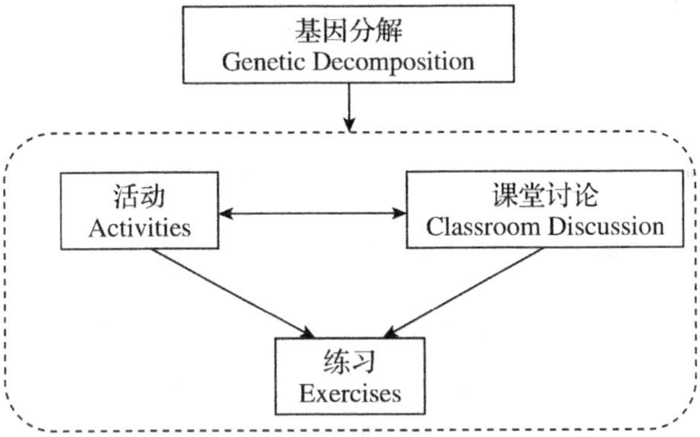

图 2-3　ACE 教学循环及与基因分解的关系

学生数学概念学习的理想状态是能够实现从活动到过程，再到对象，进而形成图式的建构循环。这要求教师进行教学设计的第一步是要对数学概念进行“基因分解（genetic decomposition）”②，要剖析出数学概念的“活动”“过程”“对象”三种“状态”，以及由概念的这三种“状态”构成的认知结构——“图式”，而后才能在此基础之上，进行教学活动的设计与实施。

图 2-3 中，从基因分解到虚线框的箭头说明了基因分解影响 ACE 教学周期的每个组成部分。活动与课堂讨论之间的双向箭头的意义是：一方面，活动是课堂讨论的主要主题，另一方面，课堂讨论为学生提供了对活动进行反思的机

---

① Ilana Arnon，et al. *APOS Theory A Framework for Research and Curriculum Development in Mathematics Education*，New York：Springer，2014：6—15.

② 杜宾斯基等认为基因分解是个体构建对数学概念的理解时可能产生的心理构造和心理机制的描述。

会。从活动和课堂讨论到练习的箭头反映了练习的主要目的是加强学生通过活动和参与课堂讨论时所建立或已经开始建立的心理结构。

三、应用 APOS 理论进行教学研究的框架

基于 APOS 理论的研究框架包括三个组成部分：理论分析、教学设计和实施、数据收集和分析(图 2-4)。框架中，研究从数学概念认知的理论分析入手，理论分析的目的是对数学概念进行初步基因分解。

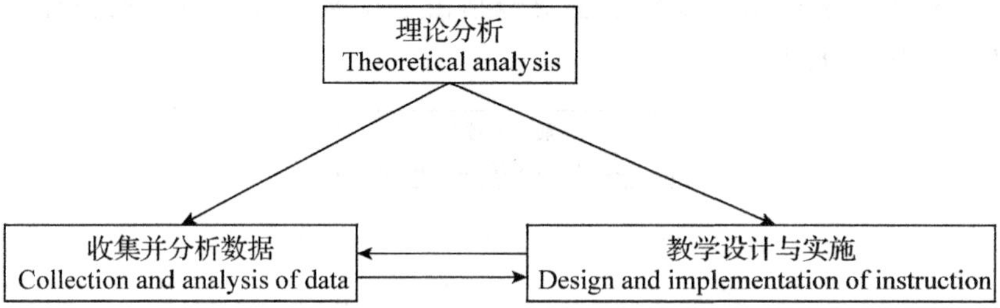

图 2-4　APOS 的研究循环（Asiala et al. 1996）

图 2-4 中的箭头表示研究周期的三个组成部分之间相互影响。理论分析通过对概念进行基因分解，分析学生学习所要求的心理结构的活动来驱动教学设计和实施。教学中活动和练习旨在帮助学生构建活动(或操作)，将活动内化为过程，将过程压缩为对象，并协调两个或多个过程以构建新的过程。教学的实施为第三部分数据的收集和分析提供条件。数据分析是为了回答两个问题：第一，学生是否按照理论分析的要求进行了心理建构？第二，学生对数学内容的学习与理解是否达到目标？如果第一个问题的答案是否定的，那么就需要重新考虑并修改教学设计与实施。如果第一个问题的答案是肯定的，而第二个问题的答案是否定的，则需要重新考虑和修正理论分析。在任何一种情况下，循环都要重复，直到这些问题得到肯定的回答，并且教师或研究人员对学生数学概念的学习感到满意。也就是直到实践证据和理论分析指向相同的心理结构，循环才能结束①。

国内外的相关研究，主要将 APOS 理论应用于提供有效的教学设计和分析学生对概念的理解。本研究，将 APOS 理论作为数学概念教学设计研究改进的

① Ilana Arnon，et al. *APOS Theory A Framework for Research and Curriculum Development in Mathematics Education*，New York：Springer，2014：6—15.

理论基础，运用其进行数学概念教学的设计与实施研究，以促进学生在经历数学活动的过程中不断内化对概念的理解，从而顺利实现学生对数学概念理解从活动到过程、对象，乃至图式的转化。

第二节　概念意象

数学概念意象在学生个体数学概念的理解与运用中发挥着重要的作用，它构成了学生个体数学概念理解的关键部分。学生概念意象的建立过程就是其数学概念的内化过程。在一定意义上讲，学生数学概念学习障碍的产生与消除是数学概念意象从贫乏到丰富，从片面到完善的过程。①

一、概念意象的内涵

维纳和赫绰维茨(Vinner，Hershkowitz，1980)在研究数学概念是如何定义以及如何使用的区别时，为了对概念的形式、公众界定和个人的心理认知结构(包括所有与概念关联的例子、事实、命题和关系)加以区别，提出了“概念意象(Concept image)”和“概念定义(Concept definition)”。② 韬尔和维纳(Tall & Vinner，1981)认为：概念意象这一术语通常用来描述与这个概念相关的整个认知结构，其中包括所有相关的心理表象、性质和过程。它是通过多年的经验逐渐建立起来的，并随着情境的变化及个体成熟而变化……并在特定的时候被“激活(activated)”。③ 概念定义，则是用以刻画概念的文字形式。它既可以通过机械学习获得，也可以通过有意义学习的方式形成。

二、概念意象与数学概念理解

已有研究表明，概念意象比概念定义处于更重要的地位，在解决问题的时

① 郑翔：《数学概念学习过程中的心理障碍分析》，《中国成人教育》，2005 年第 4 期。

② Vinner S，Hershkowitz R. Concept images and common cognitive paths in the development of some simple geometrical concepts. *Proceedings of the fourth international conference for the psychology of mathematics education*，1980：177—184.

③ David Tall，Shlomo Vinner. Concept image and concept definition in mathematics with particular reference to limits and continuity. *Educational Studies in Mathematics*，1981(12)：151—169.

候，通常是概念意象而非概念定义在发挥作用。概念定义在学生的认知结构中是惰性的，甚至常常被遗忘，而概念意象会在思考的时候被唤起(Tall & Vinner，1981①)。通过概念意象和概念定义的对比，维纳认为概念意象通常不是建立在定义上，而是由一些典型的示例所决定(Vinner & Deryfus，1989②)。通过在头脑中操作概念，学生发展了其个人的“概念意象”，这些概念意象往往是基于经验的。概念意象的形成是一个动态过程，因人而异，甚至有一些是错误的。实验研究表明，一些概念意象会产生认知障碍的冲突，并阻碍学生学习一些形式化的定理(Vinner，1991③)。维纳在微积分教学研究中，研究了学生由于早期所接受的局限的概念意象所产生的学习中的困难。例如：切线通常是通过圆引入的，当学生在遇到切线新的定义的时候，这个概念意象就会产生困难，因为有的切线与曲线不只有一个交点。

在概念形成过程中，概念意象与概念定义之间的关系是双向的，对于任何概念而言，概念意象和概念定义都存在于个体的认知结构中，不可割裂，互相作用形成一个双向式的转化过程(图 2-5)。④

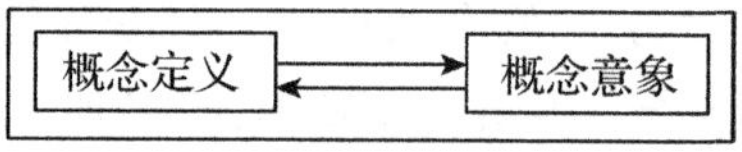

图 2-5　概念的双向形成过程(Vinner，1983)

然而，在概念教学中，教师往往只是简单地、单向地对概念进行解释，即教师只关注了从形式化的概念定义到概念意象的过程(图 2-6)，而没有让学生经历概念的形成过程，没有形成自己的想法，并建立概念之间的联系。

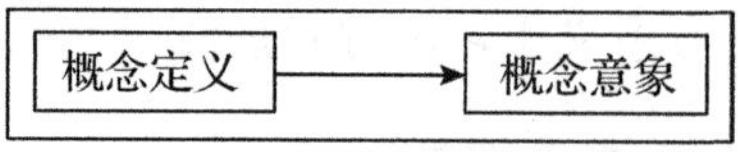

图 2-6　形式化概念的形成过程(Vinner，1983)

① David Tall，Shlomo Vinner. Concept image and concept definition in mathematics with particular reference to limits and continuity. *Educational Studies in Mathematics*，1981(12)：151－169.

② Vinner S，Deryfus T. Images and definitions for the concept of function. *Journal for Research in Mathematics Education*，1989(20)：356－366.

③ Vinner S. The role of definitions in the teaching and learning of mathematics. *The Advanced Mathematical Thinking*，New York：Kluwer，1991：65－81.

④ 高雪芬：《一元微积分概念教学的设计研究》，华东师范大学博士学位论文，2013年，第 20－24 页。

学生的概念意象往往建立在原有知识与经验之上，当需要解决一些数学任务时，对于不同的学生个体激活的首先是该概念的一部分或者片段的意象，而不是形式化的概念定义(图 2-7)。

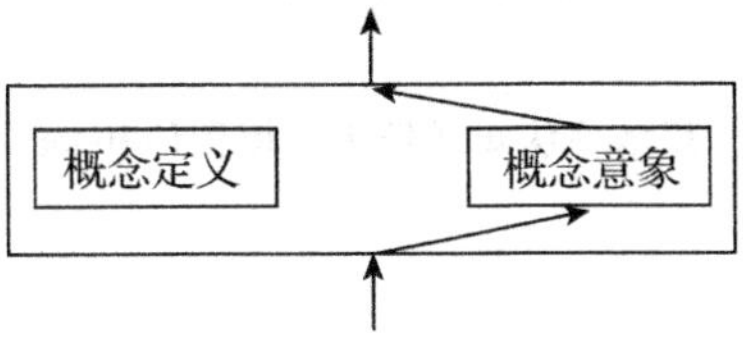

图 2-7　依赖概念意象认知模型(Vinner，1983)

学生学习一个新概念时，需要建构起丰富的概念意象，必须要求在教学中能够充分表征这个数学概念的特征、本质以及实际意义(Tall，Vinner，1981)①。执行具体数学活动时，学生可以激活概念意象，并借助丰富的概念意象进行形式化的思考和演绎，利用概念定义完成大脑的输出活动(图 2-8)。

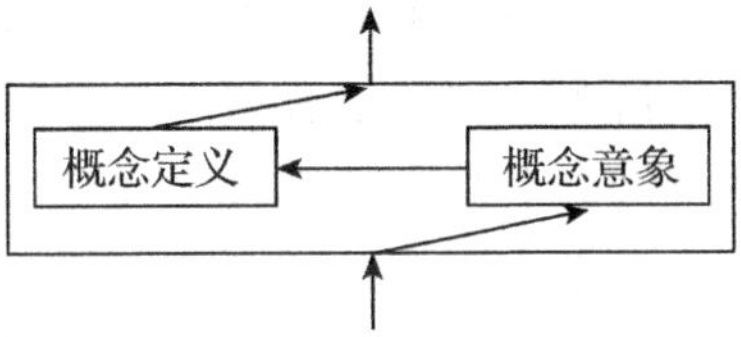

图 2-8　认知任务架构模型(Vinner，1983)

在理想的高水平认知任务建构过程中，个体接受概念定义，形成概念意象。在解决具体的数学任务时，首先激活的是概念意象然后成功转化为概念定义并得以输出(图 2-9)。如果学生能够拥有丰富的概念意象，并且在认知任务建构过程中能够激发概念意象，可以认为是达到了概念理解的高级层次(Dahlberg，Housman，1997)②。

当然，在有些认知任务的建构过程中，缘于概念本身的复杂性和形式化，可能无法激活学生的概念意象，只能进行形式化的演绎和思考(图 2-10)。

有研究者发现，教学中即使老师清晰地为学生讲解了概念的定义，或者通

---

① Tall D O，Vinner S. Concept imagine and concept definition in mathematics，with particular reference to limits and continuity unity. *Educational Studies in Mathematics*，1981(12)：151－169.

② Dahlberg R P，Housman D L. Facilitating learning events through example generation. *Educational Studies in Mathematics*，1997(33)：283－299.

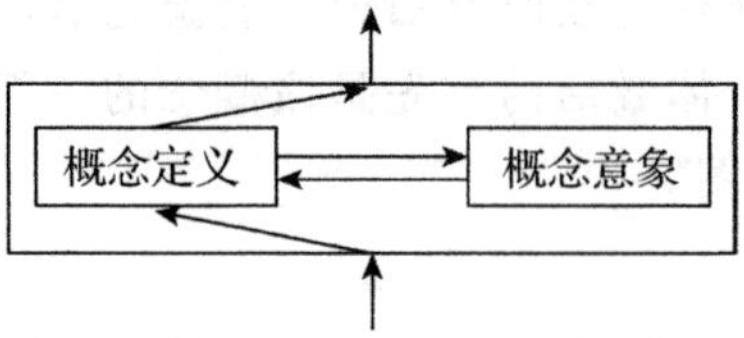

图 2-9　高水平认知任务构建模型(Vinner，1983)

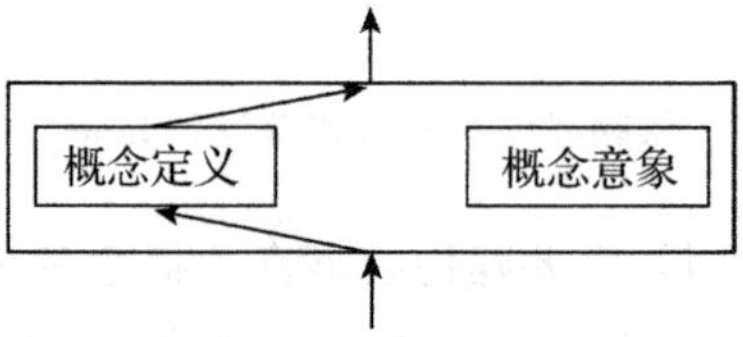

图 2-10　形式化演绎的认知模型(Vinner，1983)

过归纳概括的形式来发展学生对概念的认知，然而学生脑海中的概念意象仍然会受到典型例子、问题或者任务的影响和限制。学生头脑中一旦建立了不准确的、片面的，甚至是错误的概念意象，这种概念意象就很难转化为正确的概念意象，有时还会影响到对概念定义的理解(Niss，1999，2017)。① Rösken 和 Rolka(2007)以德国中学 12 年级的 24 名学生为样本进行研究，结果表明：定义在概念学习中发挥着微小的作用，而概念意象中固有的直觉却在概念学习中占有重要地位，这些主观的信念导致了学生的学习困难。②

本书将概念意象作为研究的理论基础之一。一方面，研究学生所持有的概念意象、影响概念意象形成的原因、相应概念意象对学生数学概念理解的影响，从而为新授课的设计提供有用信息；另一方面，研究在概念教学过程中如何通过充分表征数学概念的特征、本质以及实际意义等，帮助学生建构起正确而丰富的概念意象，以实现其高水平的概念理解。

---

① 朱琳：《基于发生教学法的线性空间概念的教学研究》，华东师范大学博士学位论文，2017 年，第 14—18 页。

② Rösken，Bettina，Katrin Rolka. Integrating intuition：The role of concept image and concept definition for students' learning of integral calculus. *The Montana Mathematics Enthusiast*，2007(3)：181—204.

第三节　认知负荷理论

一、认知负荷研究的理论基础

认知负荷理论与现代认知理论有着密切的联系，工作记忆理论、认知资源理论和图式理论等为认知负荷理论奠定了基础。

（一）工作记忆理论

记忆系统由工作记忆(Working memory)和长时记忆(Long-term memory)构成。工作记忆是一个允许同时储存和管理临时信息过程的有限容量系统，是在对短时记忆(Short-term memory)进行研究的基础上逐步发展起来的一个重要的研究领域。① 很久以前，心理学家就已经注意到，即使不受额外的认知活动的影响，学习者在学习过程中的认知容量以及所能付出的心理能量也是有限的。自从米勒(Miller，1956)发表《神奇的数字 7±2：我们信息加工能力的某些局限》一文后，关于人类信息加工容量有限性的观念就被逐步确立为现代信息加工心理学的理论基石。这个有限的容量就是工作记忆的广度：7±2 个组块(chunk)。② 由于工作记忆是信息加工的操作平台，因此可以把这个工作记忆的广度看作是评价认知容量的一个指标。工作记忆容量的有限性对信息加工有着重要影响。③ 由于这种有限性的存在，“认知负荷”的大小就成了能否成功解决问题乃至获得相应图式和技能的重要影响因素。

（二）认知资源理论

认知资源理论(cognitive capacity theory)旨在解释人是如何协调不同的认知任务或认知活动的。认知资源理论认为：人的认知资源总量是有限的，主要表现在工作记忆容量的有限性和注意的选择性两方面。不同的认知活动都需要占用认知资源，工作记忆容量和认知资源的有限性使得个体很难同时加工多种信

---

① 赵俊峰：《解密学业负担学习过程中的认知负荷研究》，科学出版社，2011 年，第 13 页。

② 在信息加工心理学中，组块是指将若干较小单位(如字母)联合而成熟悉的、较大的单位(如字词)的信息加工，也指这样组成的单位。这里的组块是指工作记忆的容量是以组块为单位的。

③ 辛自强：《问题解决与知识建构》，教育科学出版社，2005 年，第 47—48 页。

息。若同时从事几种认知活动，则存在资源分配的问题，资源分配遵循“此多彼少，总量不变”的原则。

根据认知资源理论，人的认知资源是有限的，而任何学习或问题解决都要消耗认知资源，这就有可能造成认知超负荷，从而影响学习的效果和效率。如何在教学过程中最大限度地降低阻碍学习的认知负荷、优化促进学习的认知负荷，使学习者合理利用有限的认知资源，达到最好的学习效果，成为认知负荷理论研究的主要目的。①

（三）图式理论

德国心理学家巴特莱特（Bartlett）在20世纪二三十年代提出图式（Schema）概念和图式理论。目前“图式”已经成为现代认知心理学的核心概念之一。虽然不同的认知心理学家对图式的定义不尽相同，但都认为它是用以表征客观事物及其关系的某种知识或心理的结构、组织、框架，它是对一类事物的抽象概括，可以用来组织零散的刺激、信息和数据。图式是个体的知识结构，它对输入的新信息进行选择和组织，并将其整合到一个有意义的框架中，以促进对信息的理解。②

图式是知识与信息存储的一种经济方式。图式理论认为，知识是以图式的形式存储在长时记忆中，也就是个体一生要学习和掌握大量知识，这些知识并不是杂乱无章地贮存在大脑中，而是围绕某一主题相互联系起来，并形成一定的知识单元，这种知识单元就是图式。图式的获取和规则自动化是学习与问题解决的两大机制。图式理论研究的就是知识的表征以及关于这种对知识的表征如何以其特有的方式有利于知识的应用。图式理论认为，图式是有空位的知识包，即可以用相关的、有联系的细节填充到空位上。在个体学习新知识时，长时记忆中的图式可以根据所面临的情景进行快速而正确的归类，这种归类是一种自动化的过程，它不需要有意识控制和资源消耗，因而可以降低个体认知负荷。认知图式经过反复练习改良后会自动化起来。整个认知图式进入到工作记忆时，只被视为一个单元。研究人员发现，虽然工作记忆每次只能加工数量有限的元素，但是当知识信息以图式的方式存储在长时记忆中，一个图式可以包含大量的信息，却以单个单元的形式在工作记忆中被处理加工，这便扩大了相

① 李金波：《认知负荷的评估与变化预测研究——以E-learning为例》，武汉大学出版社，2009年，第5—7页。

② 辛自强：《问题解决与知识建构》，教育科学出版社，2005年，第22—25页。

对记忆容量。图式的作用是利用长时记忆来弥补工作记忆容量的不足。在解决问题时，工作记忆会在长时记忆中寻找适当的认知图式，并把它激活，以处理正在进入的信息。当找不到适当的认知图式时，工作记忆便要独自把信息构建起来。①

二、认知负荷理论的内容与认知负荷的分类

(一)认知负荷的内涵

对于什么是认知负荷，在学术界尚未形成统一的认识。不同的研究者从不同的角度提出对认知负荷的理解，特别是操作性定义差异较大。约翰·斯威勒(John Sweller)认为认知负荷是指在一个特定的作业时间内施加于个体认知系统的心理活动总量。② Coper 将认知负荷定义为一个特定的作业时间内施加于个体的工作记忆的心理活动总量。③ Pass 和 Van Merriënboer 则认为，认知负荷由多维度构成，是执行一项具体任务时施加于个体认知系统的负荷。④ 在国内，辛自强和林崇德(2002)认为，认知负荷可视为加工特定数量信息所要求的"心理能量"水平，随着所要加工的信息数量的增加，认知负荷也增加。⑤ 曹宝龙等(2005)认为认知负荷指一个事例中智力活动强加在工作记忆中的智力活动的总数量。⑥ 对认知负荷认识上的不统一，源于认知负荷的多维性、复杂性、内隐性等特点。⑦

---

① 李金波：《认知负荷的评估与变化预测研究——以 E-learning 为例》，武汉大学出版社，2009 年，第 5—7 页。

② Sweller John. Cognitive load during problem solving: Effects on learning. *Cognitive science*, 1988(12): 257—285.

③ Cooper, Graham. Cognitive load theory as an aid for instructional design. *Australasian Journal of Educational Technology*, 1990(6): 108 113.

④ Paas, Fred GWC, Jeroen JG Van Merriënboer. Instructional control of cognitive load in the training of complex cognitive tasks. *Educational psychology review*, 1994(6): 351—371.

⑤ 辛自强、林崇德：《认知负荷与认知技能和图式获得的关系及其教学意义》，《华东师范大学学报(教育科学版)》，2002 年第 4 期。

⑥ 曹宝龙、刘慧娟、林崇德：《认知负荷对小学生工作记忆资源分配策略的影响》，《心理发展与教育》，2005 年第 1 期。

⑦ 孙崇勇、李淑莲：《认知负荷理论及其在教学设计中的运用》，清华大学出版社，2017 年，第 2—48 页。

（二）认知负荷理论的内容

认知负荷的理论研究，最初源于脑力负荷或心理负荷（mental workload or mental load）的诸多研究成果。20 世纪 80 年代末，澳大利亚新南威尔士大学的认知心理学家约翰·斯威勒将其作为一种理论提出，并称之为认知负荷理论（Cognitive Load Theory，CLT）。认知负荷理论直接建立在信息加工心理学的基本概念基础之上，以认知资源理论和图式理论为基础，从资源分配的角度来考查学习和问题解决。该理论旨在解释学习任务诱发的信息加工负荷如何影响学生加工新信息和构建新信息的能力。①

认知负荷理论认为：问题解决或学习过程中的各种认知活动均需要消耗认知资源，若所有活动所需要的认知资源总量超过了个体所具有的资源总量，则存在资源不足的问题，从而影响学习或问题解决的效率与质量，并认为图式的构建能降低工作记忆的负荷。②

（三）认知负荷的分类

研究者们经过大量研究发现，学习者认知负荷的主要来源，也就是认知负荷的主要影响因素，有学习材料的复杂性、个体的先前知识经验以及学习材料的组织和呈现方式。根据这些影响因素，斯威勒等将认知负荷分为内在认知负荷（intrinsic cognitive load，ICL）、外在认知负荷（extraneous cognitive load，ECL）和相关认知负荷（germane cognitive load，GCL）。这三种认知负荷的总量被称为总认知负荷（total amount of cognitive load，TCL）。对认知负荷的上述三分法在认知负荷研究中最具有代表性，为很多研究者所采纳，在教育实践中，也具有较大的应用价值。③ 近年来，随着元认知概念的提出和相关研究成果的出现，有研究者提出了元认知负荷（metacognitive load，ML）的概念。④

1. 内在认知负荷

内在认知负荷是由学习材料的内在特征施加给学习者工作记忆的负荷，它一般是由学习材料的复杂性及与之相联系的学习者先前知识经验等因素引起。

① 孙崇勇、李淑莲：《认知负荷理论及其在教学设计中的运用》，清华大学出版社，2017 年，第 2—48 页。

② Sweller John. Cognitive load during problem solving：Effects on learning. *Cognitive science*，1988(12)：257—285.

③ Sweller，John，Jeroen JG Van Merrienboer，Fred GWC Paas. Cognitive architecture and instructional design. Educational psychology review，1998(10)：251—296.

④ 同①。

Seufert 等(2007)根据决定内在认知负荷的两大因素来源，把内在认知负荷又分为外因决定的内在认知负荷(externally-determined intrinsic cognitive load，EICL)和内因决定的内在认知负荷(internally-determined intrinsic cognitive load，IICL)。外因决定的内在认知负荷主要是由学习材料的复杂性引起的，由外部因素决定；内因决定的内在认知负荷主要受学习者先前知识经验的影响，而它又会影响认知图式的可获得性，由内部因素决定。①

2. 外在认知负荷

外在认知负荷是由学习材料的组织与呈现方式给工作记忆带来的认知负荷，它由学习过程中对学习没有直接贡献的心理活动引起。当要求学习者从事一些与图式获得或自动化没有直接关联的活动时便会产生外在认知负荷。大量研究表明，外在认知负荷对学习没有积极作用，有时甚至会阻碍学习，因此也称为无效的认知负荷(ineffective cognitive load)。②

3. 相关认知负荷

相关认知负荷，就是学习者在完成某一任务的过程中，把未用完的剩余认知资源用到与学习直接相关的加工时所产生的认知负荷。③ 与内在认知负荷和外在认知负荷不同，相关认知负荷并不是由学习材料本身所引起的。如果学习者学习任务的难度较低，所带来的内在认知负荷也较低，使得学习者还有充分的认知资源可用，这时他就可以投入额外的一些认知资源来促进图式的建构。这种在建构图式时不是必须但投入后又有利于图式建构与自动化的认知负荷，就是相关认知负荷。良好的教学设计会适度增加学生的相关认知负荷，使之在图式建构中投入更多的努力，寻求更好的信息加工策略，从而提升其学习质量。由于相关认知负荷占用的工作记忆资源主要用于搜寻、图式构建和自动化，其非但不会阻碍学习，反而会促进学习，所以相关认知负荷也被称为有效认知负荷(effective cognitive load)。④

---

① Sweller John. Cognitive load during problem solving: Effects on learning. *Cognitive science*, 1988(12): 257—285.

② 孙崇勇、李淑莲:《认知负荷理论及其在教学设计中的运用》，清华大学出版社，2017 年，第 36—41 页。

③ Sweller John. Cognitive load theory, learning difficulty, instructional design. *Learning and instruction*, 1994(4): 295—312.

④ 同②。

4. 元认知负荷

所谓元认知负荷，指工作记忆对信息进行选择、组织、整合、存储等认知活动，并进行分配、监控、协调时所承受的认知负荷。元认知负荷也是与学习直接相关的，是由元认知活动而引发的认知负荷，也是一种有效的认知负荷。①

元认知负荷与相关认知负荷有着密切的联系，事实上，在2002年之前对相关认知负荷的不少研究都涉及元认知负荷。它们的区别在于相关认知负荷是学习者在努力建构图式和储存各种图式时引发的认知负荷，而元认知负荷是学习者对建构和储存图式的活动进行监督时引发的认知负荷。在西方的研究中将元认知负荷作为相关认知负荷的一部分，没有单独区分出来。

认知负荷的上述四种成分是处于变化之中的，总认知负荷一定，如果内在认知负荷很大，则用于图式构建与自动化的相关认知负荷以及用于监督的元认知负荷就会减少，如果这时外在认知负荷再增大，就可能导致认知负荷过重，从而阻碍学习。如果内在认知负荷较小，外在认知负荷的大小就不太重要，因为有足够的认知资源来承载相关认知负荷与元认知负荷。② 认知负荷理论研究的主要目的，是在学生学习的过程中最大限度减少阻碍学习的外在认知负荷、控制内在认知负荷、优化促进学习的相关认知负荷，从而达到有效控制认知总负荷、促进学习效果的提升。③

三、认知负荷理论与学习理解

为了促进学习理解的发生，最好的认知负荷管理方式是尽可能优化与学习相关的认知加工，减少与学习无关的认知加工，从而避免学习出现超负荷现象。

根据认知负荷理论，理解发生在信息的所有相关因素都同时在工作记忆中得到加工的情况下。如果教学材料包含诸多元素，而这些元素必须同时保存在工作记忆中，那么它可能很难被理解。如果工作记忆必须同时处理的元素数量超过了工作记忆容量，那么在理解材料之前，必须将一些元素建构成图式，以减少学习者的认知负荷。只有在图式建构和自动化都完成，并且工作记忆能够

① Sweller, John, Jeroen JG van Merriënboer, Fred Paas. Cognitive architecture and instructional design: 20 years later. *Educational Psychology Review*, 2019(31): 261—292.

② 赵俊峰：《解密学业负担学习过程中的认知负荷研究》，科学出版社，2011年，第7—11页。

③ 赵立影：《媒体学习中的知识反转效应研究》，华东师范大学博士学位论文，2014年，第12—14页。

加工所有重要元素的情况下，理解才能发生。研究者通过实验研究得出结论：理解取决于信息要素之间相互作用的程度。如果相互作用的元素可以合并到一个图式中，认知负荷就会减少，理解能力就会增强(Marcus et. al，1996)①。

认知负荷理论进一步假设：理解除了需要在工作记忆中加工以外，还需要长时记忆的改变，并认为如果长时记忆没有改变，那么理解就没有真正发生。工作记忆在处理新信息时具有一定的容量和时间限制，但在处理从长时记忆转移而来的信息时，这些限制会有效地消失。从长时记忆中获得的大量有组织的信息的随时可用性，导致工作记忆在处理这些信息时没有已知的限制(Ricsson & Kintsch，1995)。② 以往关于学习者原有知识水平与学习认知负荷关系的研究结论一致认为：对于某一给定任务的学习，学习者高水平的原有知识经验能够有效降低工作记忆的负担，从而减少学习的认知负荷，而学习认知负荷的高与低又直接影响学习效果(Sweller，1996③；Valcke，2002④；孙崇勇，李淑莲，2017⑤)。多项研究表明，高认知负荷材料的学习中学生更容易出现错误，很多错误发生是因为认知负荷超载所致(Sweller，1985⑥；Adams，1997⑦；Aryes，1993⑧)。

认知负荷理论在近些年来已经成为教育心理学最有影响力的理论之一，一些教学设计领域已经广泛将其作为理论基础应用于教学研究与实践，对帮助教师完善教学设计，促进学生学习理解具有重要的理论意义和实践价值。

---

① Marcus，Nadine，Martin Cooper，John Sweller. Understanding instructions. *Journal of educational psychology*，1996(88)：49.

② Sweller，John，Jeroen JG van Merriënboer，Fred Paas. Cognitive architecture and instructional design：20 years later. *Educational Psychology Review*，2019(31)：261—292.

③ 同①。

④ Valcke，Martin. Cognitive load：updating the theory? *Learning and Instruction*，2002(12)：147—154.

⑤ 孙崇勇、李淑莲：《认知负荷理论及其在教学设计中的运用》，清华大学出版社，2017年，第53—54页。

⑥ Sweller，John，Graham A. Cooper. The use of worked examples as a substitute for problem solving in learning algebra. *Cognition and Instruction*，1985(2)：59—89.

⑦ Adams，John W.，Graham J. Hitch. Working memory and children's mental addition. *Journal of Experimental Child Psychology*，1997(67)：21—38.

⑧ Ayres，Paul L. Why goal-free problems can facilitate learning. *Contemporary Educational Psychology*，1993(18)：376—381.

就数学学习而言，数学本身的抽象性和复杂性容易给学生学习带来较高的认知负荷，因此，教师在教学过程中要依据认知负荷的大小设计教学程序(孙崇勇等，2015)。① 相较于其他内容的学习，数学概念可能会引发更高的认知负荷，因此在数学概念教学中需要更加关注学生学习认知负荷的管理，以促进学生的概念理解。本研究将认知负荷理论作为研究的理论基础之一，将其应用于教学设计中学习材料的选取、教学环节的设计、教学信息的呈现以及教学实施的每一个环节中的学生学习认知负荷管理。

第四节 SOLO分类理论

一、SOLO分类理论的依据

一般情况下，学生在具体知识的学习过程中，都要经历一个从量变到质变的过程，每发生一次跃变，学生对于这种知识的认知就进入更高一级的阶段。香港大学教育心理学家彼格斯教授(John B. Biggs)认为，学习结构的复杂性主要包括量与质两个方面，量的方面指学习要点的数量，而质的方面是指如何建构学习要点。彼格斯等认为：学习者掌握知识的结构组织是可观察的学习结果的结构，反映了学生对特定知识点的概念理解和思维的层次，是研究学习者学习质量的重要线索。②

在皮亚杰的认知发展阶段理论基础上，彼格斯等提出了SOLO(Structure of the Observed Learning Outcome，可观察的学习成果结构)分类理论，可以将学生对特定刺激的回答按照其质量和结构进行分类，使教育评价的触角深入到质的层面，形成全面的学习质量评价体系，该理论为确定复杂的学习过程层次提供了一个通用框架。③

类似于皮亚杰的认知发展阶段理论，SOLO分类理论也有从简单到复杂的

① 孙崇勇、刘电芝：《认知负荷理论及其对小学数学教育的启示》，《江苏教育》，2015年第11期。

② [澳]彼格斯、科利斯著，高凌飚、张洪岩译：《学习质量评价：SOLO分类理论(可观察的学习成果结构)》，人民教育出版社，2019年，第27—34页。

③ 刘京莉：《以SOLO分类为基础的学生学习质量评价初探》，《教育学报》，2005年第4期。

5 种基本思维阶段：前运思阶段、初级具体运思阶段、中级具体运思阶段、概括型具体运思阶段和形式运思阶段。与皮亚杰根据学生总体思维水平对学生进行分类不同，SOLO 理论是对学生每个反应进行分类，认为分析学生针对某项具体任务的反应是描述学习进步和认知结构的最佳方法。特别地，SOLO 分类理论中的思维阶段具有累积性，即一种思维阶段的出现并不替代以前的思维阶段，二者可以并存。

二、SOLO 分类理论的内容

SOLO 分类理论从能力、思维操作特征、一致性与收敛和回答结构 4 个方面对学生回答的层级结构进行分析，并将回答按其结构的复杂程度划分为 5 个水平层次：前结构水平(Prestructural level)、单点结构水平(Unistructural level)、多点结构水平(Multistructural level)、关联结构水平(Relational level)和抽象扩展结构水平(Extended Abstract level)。不同的结构层次水平对应了数学理解和思维操作的层次。具体可见表 2-1。①

表 2-1　SOLO 认知发展基本阶段和回答层次描述

SOLO 层次水平	能力	思维操作特征	一致性与收敛	回答结构
前结构水平(P)	最低：问题线索和解答混乱	拒绝，同义反复，转换，跳跃到个别细节上	没有一致的感觉，甚至连问题是什么都没弄清楚就收敛了	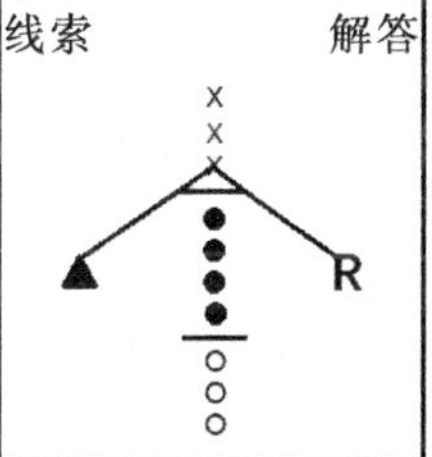
单点结构水平(U)	低：问题线索＋单个相关素材	只能联系单一事件进行“概括”	没有一致的感觉，迅速收敛，只接触到某一点就立刻跳到结论上去，因此结论非常不一致	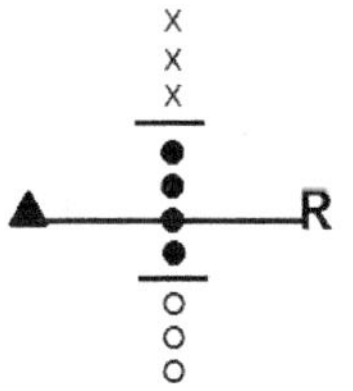

① ［澳］彼格斯、科利斯著，高凌飚、张洪岩译：《学习质量评价：SOLO 分类理论(可观察的学习成果结构)》，人民教育出版社，2019 年，第 27—34 页。

续表

SOLO 层次水平	能力	思维操作特征	一致性与收敛	回答结构
多点结构水平（M）	中：问题线索＋多个孤立的相关素材	只根据几个有限的、孤立的事件进行“概括”	虽然想达到一致，但由于基本上只注意孤立的素材而使回答收敛太快，从而导致用同样的素材得出不同的结论	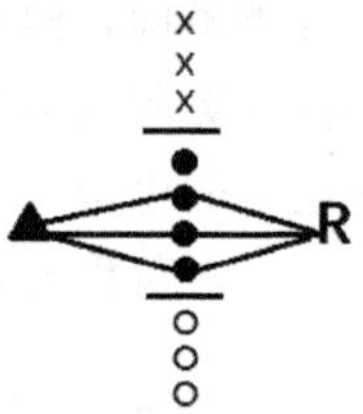
关联结构水平（R）	高：问题线索＋相关素材＋相互关系	归纳：能在设定的情景或已经历的范围内利用相关知识进行概括	在设定的系统内没有不一致的问题，但因只有一种收敛方式，在系统之外可能会出现不一致	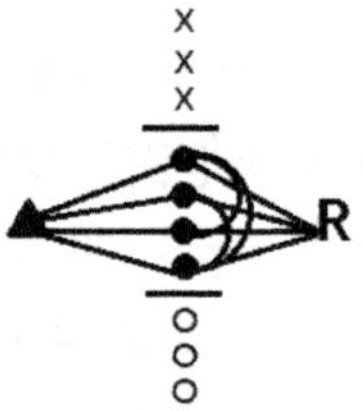
抽象扩展结构水平(E)	最高：问题线索＋相关素材＋相互关系＋假设	演绎与归纳：能对未经历的情景进行概括	不一致性消失，不觉得一定要给出收敛的回答，即结论开放，可以允许逻辑上兼容的几个不同解答	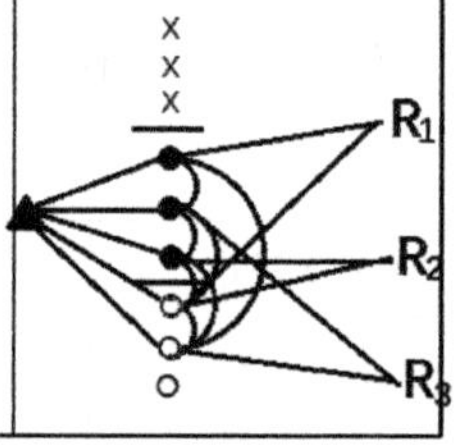

注：不相关的素材用×表示；题目中包含的相关素材用●表示；没向学生提供过的素材或原理用○表示。

在 SOLO 分类理论中，能力指不同层次所需要的工作记忆容量或注意的广度。如前所述，一般认为，人的工作记忆广度只有 7±2 个组块。思维操作，是指把线索和回答联系起来的方式。单点结构的回答，只是根据题干中一个相关已知条件得出相应的结论或解答。多点结构的回答，则能够根据题干中两个以上的相关已知条件分别得出相应的结论，但没能把它们联系起来。关联结构的回答，能够将多点结构回答所包含的各个孤立的已知和结论关联起来进行综合思考，但还只是局限于已教过的内容。抽象扩展结构的回答超越了根据已知条件进行的归纳，而进行真正合乎逻辑的演绎。抽象扩展结构的特点主要体现在：采用已知条件中未曾给出的抽象原理；从该抽象原理中演绎出推论，根据已知条件对推论进行检验；采用符合抽象原理，但在已知条件中没有出现的类比；可能得出中性的结论(指没有收敛，在不同情况下可能有不同的结果)。一致性和收敛，即学习者相互矛盾的两个方面的需要：一是得出某种结论的需要；二是保持结论一致性的需要，使结论跟素材不矛盾，结论之间也不矛盾。

SOLO 分类理论通过以上 4 个方面对学生的回答进行分析，对于教与学的评价有着精准的作用。从前结构水平到多点结构水平的变化，主要反映学生思维水平上量的变化；从多点结构水平到关联结构水平则反映出学生思维水平有了质的飞跃；从关联结构水平到抽象扩展结构水平的提升则表明思维水平即将进入更高一级水平。随着应答结构的复杂性不断增加，不同水平的回答反映出了学生对问题的不同的思维方式，从而反映出学习理解水平的高低①。

SOLO 分类理论将评价的目标从学生的行为转移到学习行为的结果，并从学习结果结构的复杂程度出发来评价学生的学习质量。② SOLO 分类理论在学校教学的两个阶段发挥着重要的作用：一是对学习目标的界定阶段；二是对学习效果的评价阶段。作为学生理解评价的工具，SOLO 分类理论既可以应用于形成性评价，也可以应用于终结性评价。一方面，运用 SOLO 分类理论进行评价可以帮助教师进行教学诊断，同时也可以向学生提供有用的反馈，所以 SOLO 分类理论可以用于形成性的学生学业评价。另一方面，如果将上述五个层次赋予不同的等级分数，那么学生对问题回答的质量就可以被量化，量化的分数可以作为终结性评价的依据。③ 大量研究表明，SOLO 分类理论是一种强大而有效的工具，可以定性地衡量学生对各学科的理解水平，能够为师生提供有关教学与学习质量的有用信息，具有帮助教师诊断改进教学和激励学生采用深层探究式学习策略的双重功能(Groth & Bergner，2006④；Lian & Idris，2006⑤)。

---

① 吴有昌等：《提升中学数学教学质量的评价——基于 SOLO 分类法的研究》，科学出版社，2018 年，第 4—5 页。

② [美]罗伯特・J. 马扎诺等著，高凌飚等译：《教育目标的新分类学》，教育科学出版社，2020 年，第 4—5 页。

③ Biggs，John，Kevin Collis. Towards a model of school—based curriculum development and assessment using the SOLO taxonomy. *Australian Journal of Education*，1989(33)：151—163.

④ Groth，Randall E.，Jennifer A. Bergner. Preservice elementary teachers' conceptual and procedural knowledge of mean，median，and mode. *Mathematical Thinking and Learning*，2006(8)：37—63.

⑤ Lian，Lim Hooi，Noraini Idris. Assessing algebraic solving ability of form four students. *International Electronic Journal of Mathematics Education*，2006(1)：55—76.

本研究将 SOLO 分类理论作为理论基础，研制高中学生数学概念学习理解水平的评价标准，以期通过学生运用数学概念解决问题作答中思维过程的呈现，评价学生数学概念学习理解的水平，并为教师提供学生数学概念学习理解的有用信息，以帮助教师诊断和改进教学。

第三章　基于SOLO理论的高中学生数学概念理解水平评价标准研究

《高中数学课标(2020)》中学业质量是指学生完成数学课程学习后的学业成就表现，它以数学学科核心素养及其表现水平为主要维度，是六个数学学科核心素养的综合表现。每一个数学学科核心素养被划分为三个水平，每一个水平是用核心素养的具体表现和体现核心素养的四个方面，即“情境与问题”“知识与技能”“思维与表达”以及“交流与反思”进行表述的。学业质量水平一，是高中毕业应达到的要求和学业水平考试命题的依据；水平二，是高考要求和高考命题依据；水平三，是基于必修、选择性必修和选修课程的某些内容对数学学科核心素养的达成提出的要求，可以作为大学自主招生的参考。显然，《高中数学课标(2020)》中学业质量水平更倾向于对学生学业成就综合表现的评价。那么如何在落实核心素养考查的同时，针对学生数学概念理解水平进行有效评价，为教师诊断和改进概念教学提供指导是一个值得研究的问题。

研制高中学生数学概念理解水平评价标准的目的，是通过学生运用数学概念解决问题的作答中对相应数学概念的描述与解释、思维过程所呈现出的概念表征以及概念与其他知识或方法的联系等，从质的角度评价学生数学概念的理解水平。在评价的基础上为教师提供学生数学概念学习理解的有用信息，以帮助教师诊断和改进教学。由于SOLO分类理论能够使教育评价的触角深入到质的层面，从质与量两个维度全面评价学习质量与课程标准的评价理念一致，本研究以SOLO分类理论为基础，开展高中学生数学概念理解评价标准的研制。

第一节　高中数学概念理解水平评价标准的研制

一、研究方法

本书在对已有相关文献与文本研究的基础上，运用德尔菲法和访谈法进行高中学生数学概念理解水平评价标准的研制。

(一)德尔菲法

德尔菲法(也称专家评定法、专家咨询法)是进行内容效度评定时采用的一种较为常用的方法，其主要是通过邀请相关专家对量表的具体条目与量表制定阶段构建的评价指标体系之间的相关程度(量表的内容范围)进行打分，并对评定较低的条目给出修改或删除意见。① 德尔菲法本质上是一种反馈匿名函询法。研究者采用函件的方式征询各位专家的意见，所有专家组成员不直接见面。理论上，参与意见征询的各位专家彼此互不知道其他有哪些人参加了调查。他们是在匿名的情况下交流思想的，这样有利于每一位专家充分利用自身的经验和学识，独立自主地做出判断，充分发表自己的意见，可以消除权威的影响。

本研究在高中学生数学概念理解水平评价标准研制中，运用两轮德尔菲法征询专家的意见，以提高所研制的评价标准的科学性、适切性以及一致性。②

(二)访谈法

访谈是一种研究性交谈，即通过“寻访”被研究者并且对其进行“交谈”和“询问”的研究活动，收集并形成与研究主题相关的第一手资料的研究方法。③ 在两轮德尔菲法专家意见征询之后，我们对部分专家实施了一对一访谈。

二、研究过程

高中学生数学概念理解水平评价标准的研制主要经历以下三个阶段：依据数学理解的具体表现、数学概念的主要特征、利用数学概念解决问题的一般思维过程与思维特征，以及 SOLO 分类理论中各结构水平的特征等，在借鉴已有相关研究结论的基础上，初步研制形成高中数学概念理解水平评价标准；运用德尔菲法通过专家意见征询，对上一阶段初步形成的评价标准做了两轮修订，以提高其科学性、有效性与一致性；通过预测试，并采用三角互证的方式检验评价标准的有效性与一致性，最终研制形成高中学生数学概念理解水平评价标准。

德尔菲法的意见征询问卷是针对高中学生数学概念理解的各个水平评价标准的两个维度，即标准的合适度与表述的清晰度征询各位专家的意见。每个维度下，不同理解水平均采用李克特五级量表的形式进行评分，其中标准表述的

① 姚怡明等：《北京居民心理健康量表的内容效度检验》，《中国健康心理学杂志》，2017 年第 6 期。

② 宁虹：《教育研究导论》，北京师范大学出版社，2018 年，第 95—211 页。

③ 同②。

合适度按照“5＝十分合适”“4＝比较合适”“3＝一般”“2＝较不合适”“1＝十分不合适”记分；标准表述的清晰度按照“5＝十分清晰”“4＝比较清晰”“3＝一般”“2＝较不清晰”“1＝十分不清晰”记分。征询问卷中各位专家不仅需要给出评价分数，还需将其本人的意见或建议写出，以便于研究者理解专家评分的依据。

（一）评价标准讨论稿

研究中，首先依据数学理解的具体表现、数学概念的主要特征、利用数学概念解决问题的一般思维过程与思维特征以及 SOLO 分类理论中各结构水平特征的描述，在已有相关研究的基础上，初步研制形成了数学概念理解水平评价标准，见表 3-1。

表 3-1　高中学生数学概念理解评价标准讨论稿

SOLO 层次水平	水平特征描述
前结构水平（P）	学生没有作答或做出了与题目完全无关或不合逻辑的作答等
单点结构水平（U）	学生使用一个直接来自题干的已知条件对问题进行分析，并得到一个与之对应的结论（或结果）
多点结构水平（M）	学生能够根据直接来自题干的两个以上的已知条件分别得出与之对应的结论（或结果），但只能简单罗列这些结论，而不能在问题的作答中将它们进行有效的关联或综合运用
关联结构水平（R）	学生能够根据题目中的多个或全部已知条件，以及各个已知条件间的关系，综合分析并有效解决问题
扩展抽象结构水平（E）	在关联结构水平的基础上，学生能够根据特殊（或具体）情况，正确地概括出一般性的结论；能够有效运用归纳或演绎等思维形式对问题进行深入分析，从而获得更多抽象的知识（结论）或解题方法；能够根据一般原理对问题做进一步的假设或把结论类比等，体现出更抽象的特征或更高思维水平的操作

（二）评价标准的修订

1. 第一轮专家意见征询及标准的修订

（1）基本情况概述

由于本研究制定的评价标准与理论和教学实践都有着非常密切的关系，所以在研究中分别从高校教师、教研部门的教研员老师、高中数学教学一线具有高级以上职称且具有北京市骨干教师及以上荣誉称号的专家型教师、数学教育专业在读博士研究生，共 4 种不同类型专家群体中选择了近 30 位专家。最终通过交流沟通，征得其中 22 位专家同意参与本调查研究。

第一轮专家意见征询，通过电子邮件的方式共发放问卷 22 份，回收专家反馈的有效问卷 19 份。有效问卷回收率为 86.4%，详见表 3-2。

表 3-2　第一轮专家意见征询问卷发放与回收数量统计表

专家身份	发放问卷数量/份	回收问卷数量/份	回收问卷有效率
一线教师	5	4	80.0%
教研员	6	6	100.0%
高校教师	6	5	83.3%
博士研究生	5	4	80.0%
合计	22	19	86.4%

反馈有效问卷的 19 位专家中，有高校教师 5 人，教研部门的教研员老师 6 人，高中一线数学教师 4 人，在读博士研究生 4 人。这 19 位专家的基本信息统计详见表 3-3。这一专家组具有一定的代表性和权威性。

表 3-3　第一轮意见征询专家基本情况统计表

教龄(年)	人数/人	职称	人数/人	最高学位	人数/人	最高学历	人数/人	荣誉称号	人数/人
≤15	6	高级教师	6	学士	7	本科	8	骨干教师	1
16～20	1	正高级教师	4	硕士	6	硕士	5	市级学科带头人	2
21～25	5	教授	2	博士	6	博士	6	特级教师	6
26～30	2	副教授	1						
≥31	5	讲师	2						

(2)专家的评价意见与建议

首先，将各位专家对数学概念理解水平评价标准中五种结构水平的合适度与表述的清晰度的评分进行统计，得到总平均分和不同身份专家群体的平均分，详见表 3-4。

表 3-4　数学概念理解水平评价标准第一轮专家意见征询分数统计表

SOLO 层次水平	内容	总平均分	一线教师平均分	教研员平均分	高校教师平均分	博士研究生平均分
前结构水平(P)	合适度	4.84	5.00	5.00	4.40	5.00
	表述清晰度	4.79	5.00	5.00	4.20	5.00
单点结构水平(U)	合适度	4.79	5.00	4.83	4.40	5.00
	表述清晰度	4.79	5.00	5.00	4.40	4.75
多点结构水平(M)	合适度	4.79	5.00	4.83	4.40	5.00
	表述清晰度	4.68	5.00	4.83	4.40	4.50
关联结构水平(R)	合适度	4.74	5.00	5.00	4.00	5.00
	表述清晰度	4.68	5.00	5.00	4.20	4.50
抽象扩展结构水平(E)	合适度	4.50	4.75	4.67	3.80	5.00
	表述清晰度	4.33	4.50	4.67	3.80	4.33

首先，对表 3-4 中数据进行分析能够发现：

①五种结构水平评价标准的合适度和表述的清晰度，均介于比较合适(清晰)与十分合适(清晰)之间。具体数据表明：五种结构水平评价标准的合适度平均得分中，抽象扩展结构水平最低，为 4.50 分；前结构水平最高，为 4.84 分。五种结构水平标准表述的清晰度平均得分中，最低也为抽象扩展结构水平，4.33 分；最高为前结构水平，4.79 分。

②从前结构水平到抽象扩展结构水平，评价标准的合适度和表述的清晰度的平均得分总体呈下降趋势。

③四类专家对各结构水平评分的平均值，均呈现出高校教师最低，而一线教师最高的特点。

其次，各位专家对评价标准提出的意见与建议主要有以下几点：

①评价标准的制定在体现概念学习，特别是数学概念学习特点方面欠缺。

②评价标准对数学概念评价的一致性和可操作性还需加强，例如对于单点结构水平和多点结构水平中“点”的界定，不够清晰和明确。

③抽象扩展结构的标准与理论模型的一致程度有待提高。

④关联水平中，应考虑学生经历隐性推理的情况，也应关注关联包含条件间关联和结论间关联的情况。

(3)标准的修订

在认真梳理各位专家给出的评价意见与建议的基础上，本研究进一步深入分析数学概念理解水平评价标准讨论稿的不足之处，研读《高中数学课标(2020)》，查阅相关文献，尝试对评价标准做进一步修改。

由于数学概念表征的多元性和联结的系统化程度都是评价学生数学概念理解的重要指标①，因此，将SOLO分类理论的一般评价标准与数学概念的多元表征、应用数学概念解决问题心理表征的产生式系统，以及数学概念的联结性等特征进行整合，是进一步优化评价标准的有效途径。

首先，表征的多元性是数学概念的重要特征之一。以函数概念为例，函数的表征形式既可以是抽象的符号 $f(x)$，也可以是解析式、数(列表)、几何图象，还可以是通俗概念的函数机("输入—输出"箱)。莱什曾经讨论过不同形式表征间进行的转化对数学概念理解的意义与作用，并指出学生只有具备了三个条件才表示他了解了一个数学概念，即：能够将一个数学概念放入到不同的表征系统之中；在给定的表征系统内，能够很有弹性地处理这个概念；能够精确地将一个概念在不同的表征系统间进行转换。喻平等在广义的知识分类基础之上，将数学知识分为陈述性知识、程序性知识和过程性知识三类。其中过程性知识是伴随数学活动过程的体验性知识。程序性知识是进行某项操作活动的程序，它是陈述性知识经过内化而得到的，其动态性表现在学习过程中的知识应用阶段。从知识的表征角度，陈述性知识与程序性知识没有严格的分界，当把一个概念或规则作为一种事实静态看待，它就是陈述性知识，如果应用这个概念或规则解决问题，那么就是一种程序性知识。概念或规则如果以图式贮存并被人陈述或提取出来，就成为陈述性知识；如果它们以产生式(production)的方式贮存，支配人的行为，则称为程序性知识。产生式是一条"如果……，那么……"的规则，即一个产生式是对某一或某些特定条件满足时才发生某种行为所编的程序。当一条产生式"如果……，那么……"的"那么"成为第二条产生式的"如果"时，则形成一个重叠产生式，如图3-1所示。一系列重叠产生式组成一个产生式系统。应用数学概念解决问题，其心理表征就是一个产生式系统。②根据对以上数学知识的分类和表征方式，喻平等将数学理解分别从陈述性知识、程序性知识及过程性知识进行界定，即：学习者对一个陈述性数学知识的理解，

① 喻平：《数学教学心理学》，北京师范大学出版社，2018年，第38—40页。

② 同①。

是指其获得了该对象的图式；对程序性数学知识的理解，是指其获得了相应的产生式和产生式系统；对过程性知识的理解是指其形成完善而深刻的表征。①

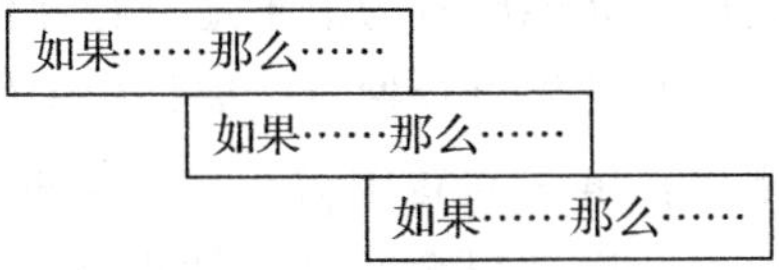

图 3-1　重叠产生式

其次，数学概念的一个最重要特征是它被嵌入到组织良好的概念体系之中，具有联结的系统性。数学概念的联系，既有纵向的联系，也有横向的联系；既包括概念与其背景的联系，也含有概念之间的联系。个别数学概念的意义，总有部分是来自与其他概念的相互关系，或出自系统的整体性(Lesh，1979)。学生所形成的数学概念内的联结和概念间的联结是对学生数学概念理解评价的一个重要指标。②

根据数学概念的以上特征以及应用数学概念解决问题的心理表征形式的特点，在充分考虑评价标准的一致性和可操作性等方面因素的基础上，对高中学生数学概念理解水平评价标准讨论稿在以下两个方面进行了修订：

第一，将 SOLO 分类理论中对于“单点结构水平”或“多点结构水平”中的“点”进行了分类和数学化表述。

本研究中数学概念理解具体表现为：学生对相应概念能够用自己的语言进行描述或解释，能够用适当的形式进行表征以及在不同表征之间进行转换，能够将其与相关知识或方法之间建立起一定的联系，并应用于一定的情境之中。基于此，本研究对学生在运用数学概念解决问题中，分别对含有数学运算或推理型问题和知识或方法陈述型问题作答中所呈现出的对概念理解的“点”进行了界定。其中，对于知识或方法陈述型问题的作答，当学生陈述出与相应概念理解对应的一个信息，或概念的一个定义性特征，或定义性特征之间的一个正确关系，或陈述运用概念解决某类问题的求解方法中的某一个步骤时，认为其表现出了一个“点”，即达到了单点结构水平；对含有数学运算或推理型问题的作答，当学生正确形成一个与概念理解相关的产生式，即一个“如果……，那么……”

---

① 黄燕玲、喻平：《对数学理解的再认识》，《数学教育学报》，2002 年第 3 期。

② 鲍建生、周超：《数学学习的心理基础与过程》，上海教育出版社，2009 年，第 143—144 页。

的“行动对”时，认为其表现出了一个“点”，即达到了单点结构水平。如此，不但能够较好地体现出对学生隐性思维的评价，也使得对于条件与结论、条件与条件以及结论与结论之间的关联能够较为清晰地进行评价。

第二，将多点结构、关联结构以及抽象扩展结构均细化为初级和高级水平。

由于本研究是通过学生在解决问题中对相应概念的描述、解释以及运用的思维过程所呈现出的概念表征以及概念与其他知识或方法的联系等对学生数学概念理解进行评价，而高中阶段对于某一问题的解答往往需要运用多个“点”以及多个“关联”。本研究在根据对具体问题的预设解答进行评价赋分时发现：当对于一个问题的解答需要多个“点”或多个“关联”时，可能会出现学生表述出其中的两个及以上而不是全部的“点”，或者作答出一个及以上而不是所有关联等情况。以多点结构水平为例，如果对于某一题目的作答需要学生正确呈现出四个“点”，那么只能正确呈现出两个“点”和能够完整呈现出四个“点”的学生，对相应概念的理解是否处于同一水平？关联结构水平和抽象扩展结构水平也有类似的情况。对此，已有相关文献也指出运用 SOLO 理论在评价学习结果时存在概念上的模糊性，容易影响评分的一致性信度。① 也有研究者为解决这一问题，将其中的某些水平划分为更细的亚类，如李佳、高凌飚等(2017)，根据具体题目所包含的知识点的个数将多点结构细化为 M_1 至 M_4，共四个水平；根据关联的强度将关联结构划分为低级、中级和高级三个水平的关联结构；根据扩展的广度将抽象扩展结构划分为低级、中级和高级三个水平。②

在深入研究 SOLO 分类理论中各结构水平内涵的基础上，本研究充分考虑到在提高评价标准的一致性与科学性的同时，既要不失标准的一般性，也要兼顾其可操作性，于是将多点结构水平、关联结构水平以及抽象扩展结构水平均细化为初级与高级两个水平，即初级多点结构水平与高级多点结构水平、初级关联结构水平与高级关联结构水平、初级抽象扩展结构水平与高级抽象扩展结构水平。

2. 第二轮专家意见征询及结果分析

(1)基本情况概述

将修订后的高中学生数学概念理解水平评价标准以电子邮件的方式开展第

---

① 蔡永红：《SOLO 分类理论及其在教学中的应用》，《教师教育研究》，2006 年第 1 期。

② 李佳等：《基于 SOLO 分类理论对高中生有机化学学习的研究》，《中学化学教学参考》，2017 年第 11 期。

二轮专家意见征询。本次共发放问卷13份，回收有效问卷12份，有效问卷回收率92.3%。12份有效问卷的意见征询专家中有高校教师5人(其中有3位参与了第一轮意见征询)，教研员老师4人(其中2位参与了第一轮意见征询)，高中一线数学教师2人(均参与了第一轮意见征询)，在读博士研究生1人(参与了第一轮意见征询)。这12位专家的基本信息详见表3-5。

表3-5　第二轮意见征询专家基本情况统计表

教龄(年)	人数/人	职称	人数/人	最高学位	人数/人	最高学历	人数/人	荣誉称号	人数/人
≤15	1	高级教师	2	学士	5	本科	5	骨干教师	1
16～20	1	正高级教师	4	硕士	2	硕士	2	特级教师	4
21～25	2	教授	3	博士	5	博士	5		
26～30	1	副教授	2						
≥31	7								

(2)专家的评价意见与建议

问卷征询专家们对修改后的数学概念理解水平评价标准中五种结构水平的合适度与表述的清晰度分别进行评分，评分方式与第一次相同。统计结果见表3-6。

表3-6　第二轮专家意见征询分数统计表

SOLO层次水平	内容	总平均分	一线教师平均分	教研员平均分	高校教师平均分	博士研究生平均分
前结构水平(P)	合适度	5.00	5.00	5.00	5.00	5.00
	表述清晰度	5.00	5.00	5.00	5.00	5.00
单点结构水平(U)	合适度	4.83	5.00	5.00	4.60	5.00
	表述清晰度	4.75	5.00	5.00	4.40	5.00
多点结构水平(M)	合适度	4.75	5.00	5.00	4.40	5.00
	表述清晰度	4.92	5.00	5.00	4.80	5.00
关联结构水平(R)	合适度	4.75	5.00	5.00	4.40	5.00
	表述清晰度	4.83	5.00	5.00	4.80	4.00
抽象扩展结构水平(E)	合适度	4.92	5.00	5.00	4.80	5.00
	表述清晰度	4.83	5.00	5.00	4.60	5.00

从平均分看，与第一轮意见征询相比，此次意见征询中一线教师与教研员教师群体所评各项平均分均为满分。12 位专家的总平均分中出现两项，即单点结构水平表述的清晰度与多点结构水平的合适度低于第一轮得分。进一步对各位专家评分进行深入分析后发现，有一位高校专家在五个水平共 10 项评价中有 6 项评分高于第一轮，而另外 4 项低于第一轮。低于第一轮评分的 4 项分别是单点结构水平的合适度与表述的清晰度、多点结构水平与关联结构水平的合适度。

为了使所研制的评价标准更加科学、有效，研究者更加珍视持有不同意见的专家的看法。在与该专家沟通后对其进行了访谈。访谈中，该专家表示：一方面，对多点结构、关联结构和抽象扩展结构水平均从数量上做进一步的区分，并不一定能说明认知水平的差异；另一方面，标准的划分并非越细越好，而且划分得过于细致对于学生水平的分析不一定有太多意义，同时这样会使评价更复杂且操作层面也会比较繁琐。在访谈中，研究者本人也将修订标准时之所以进一步细化的理由与该专家进行了深入的交流。最终该专家认为目前这样细化为 8 个水平可以先保留，并在后续研究中，根据预测试的结果数据再进一步决定是否有必要将标准细化。后续的预测试结果表明，学生数学概念理解的 8 个水平确实存在，即从前结构水平到高级抽象扩展结构水平均有部分学生处于相应水平(表 4-2)。这说明高中学生数学概念理解水平评价标准中将 5 个层次的结构水平进一步细化为 8 个水平是必要的。

第二节　高中学生数学概念理解水平评价标准

本研究在充分考虑评价标准的科学性与一致性，同时兼顾其一般性与可操作性的基础上，最终形成了基于 SOLO 分类理论的高中学生数学概念理解水平评价标准。该标准包含 8 个细化的水平，即前结构水平(P)、单点结构水平(U)、初级多点结构水平(M_1)、高级多点结构水平(M_2)、初级关联结构水平(R_1)、高级关联结构水平(R_2)、初级抽象扩展结构水平(E_1)以及高级抽象扩展结构水平(E_2)。各个水平的特征描述及与对应分值详见表 3-7。

表 3-7　基于 SOLO 分类理论的高中学生数学概念理解水平评价标准

SOLO 层次水平	水平特征描述	对应分值
前结构水平(P)	学生没有作答，或做出了与题目无关或不合逻辑的作答等	P=0
单点结构水平(U)	对于知识或方法陈述型问题的作答：学生正确陈述出与相应概念理解相对应的一个信息，或解决问题的方法中的一个具体步骤时，认为其表现出了一个“点”，即达到了单点结构水平 对于含有数学运算或推理型问题的作答：当学生正确形成一个与相应概念理解相关的产生式，即一个“如果……，那么……”的“行动对”时，认为其表现出了一个“点”，即达到了单点结构水平	U=2
多点结构水平(M)	当学生表现出单点结构水平所描述的两个及以上的“点”，但却不能将“点”之间，或已知条件(或已得到的阶段性结论)之间进行有效关联或综合运用于解决问题时，认为其处于多点结构水平 根据具体题目的复杂程度和学生的作答情况，可以进一步将多点结构水平划分为初级多点结构水平 M_1 和高级多点结构水平 M_2。具体而言，假设题目的完整作答中包含 $n(n\in N)$个“点”，学生的作答中表现出了 x 个“点”$(x\leqslant n)$：当 $x=n=2$ 或 $2\leqslant x<n(n\geqslant 3)$时，认为其处于 M_1 水平；当 $x=n(n\geqslant 3)$时，则认为其处于 M_2 水平	$M_1=3$ $M_2=4$
关联结构水平(R)	当学生在多点结构水平的基础上，能够将“点”或已知条件(或已得到的阶段性结论)之间进行有效的关联或综合运用于问题解决时，认为其处于关联结构水平。处于关联结构水平的学生，还不能超越题目的可用信息，得到更一般的推断或假设等 根据具体题目的复杂程度和学生的作答情况，可以进一步根据关联的强度，将关联结构水平划分为初级关联结构水平 R_1 和高级关联结构水平 R_2。具体而言，假设题目的完整作答中包含 $m(m\in N)$个关联，学生的作答中表现出了 $y(y\leqslant m)$个关联：当 $y=m=1$ 或 $1\leqslant y<m(m\geqslant 2)$时，认为其处于 R_1 水平；当 $y=m(m\geqslant 2)$时，认为其处于 R_2 水平，此时学生能够将零散的“点”组织成一个整体，并形成完整的解答	$R_1=5$ $R_2=6$

续表

SOLO 层次水平	水平特征描述	对应分值
抽象扩展结构水平(E)	在关联结构水平的基础上，当学生能够正确地概括出更为一般性的结论或方法，或能够由当前问题拓展提出新的问题，或发现新的结论或提出新的观点等，认为其达到了抽象扩展结构水平 进一步将抽象扩展结构水平划分为初级抽象扩展结构水平 E_1 和高级抽象扩展结构水平 E_2。E_1 水平指学生能够根据题目的已知信息，概括出更一般性的结论(如合理的抽象结构)或方法；E_2 水平指学生能够由当前问题拓展提出新的问题，或发现新的结论或提出新的观点等	$E_1=7$ $E_2=8$

第四章　高中学生数学概念理解水平评价研究——以函数相关概念为例

本章在前两节分别介绍了高中学生函数相关概念理解水平测试问卷的设计和运用该问卷进行预测试的情况以及问卷的信度和效度分析等。第三节呈现了学生函数相关概念理解水平现状调研正式实施的情况以及对调研结果的分析。研究根据实际调研结果，构建了学生数学概念理解水平发展阶段图示模型。

第一节　函数相关概念理解水平测试问卷设计

一、数学概念理解测试问卷设计的理论建构

Osterlind 认为：试题是一种测量工具，具有对刺激情境和应答形式进行规定等特点，旨在获得被试的应答，根据应答对考生的某些心理特质方面的表现(如认知、能力等)进行推测。①② 基于 SOLO 分类理论评价学生数学概念理解水平的测试，是根据学生对具体问题的应答结构水平来推测学生对数学概念的理解水平。

一方面，测试题目研制应该遵循：以数学概念育人目标的落实为价值导向，要本着“知识为基、能力为重、素养导向”的理念；符合《高中数学课标(2020)》对相应知识的“内容要求”和“学业要求”③；以数学概念的理解为测试的核心，重点关注学生数学概念学习的知识与技能目标、思想与方法目标以及能力与素养目标的达成；注重问题的多样化设问。另一方面，在考虑学生思维发展阶段特点的基础上，基于对相应数学概念的理解和学生对问题作答的思维操作特征，

---

① Osterlind, Steven J. Establishing criteria for meritorious test items. *Educational research quarterly*, 1990(14): 26—30.

② 李家清等:《核心素养背景下以 SOLO 分类为基础的学习质量评价——以地理综合思维的单元测试为例》,《教育测量与评价》, 2018 年第 8 期。

③ 内容要求和学业要求均是《高中数学课程标准(2020)》中对内容分析的一个栏目。

基于 SOLO 分类理论形成对学生作答的层次化评价。

基于以上两个方面的分析，本研究构建了如图 4-1 所示的数学概念理解测试问卷设计的理论模型。

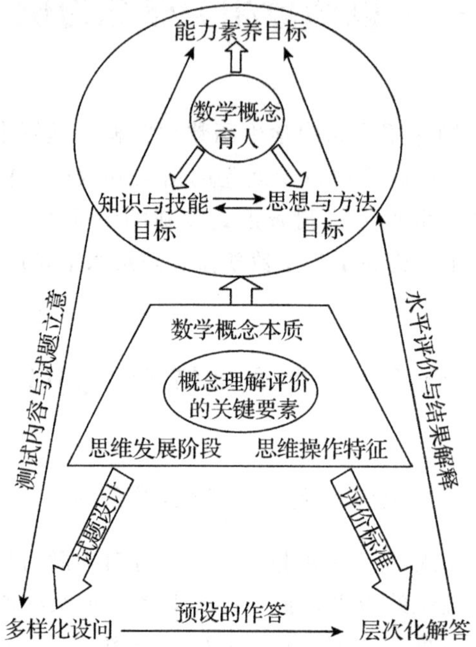

图 4-1　数学概念理解测试问卷设计的理论模型

二、课程标准对函数相关概念理解的目标要求

根据《高中数学课标(2020)》，函数相关概念理解测试问卷的设计应依据的知识与技能目标、思想与方法目标以及关键能力目标具体如下：

第一，知识与技能目标。《高中数学课标(2020)》指出，在函数单元的教学中，教师应引导学生从变量之间的依赖关系、实数集合之间的对应关系、函数图象的几何直观等角度整体认识函数概念；通过梳理函数的单调性、奇偶性(对称性)等，认识函数的整体性质；经历运用函数解决实际问题的全过程。在注重概念本质理解的教学理念指导下，明确各个概念的知识学习目标和评价要求，具体表述如下：

理解函数概念及表示：能从集合与对应的角度认识函数，并用建立在集合语言和对应关系基础上的函数概念去理解函数；对于具体函数，能正确分清函数的三个要素，即定义域、对应关系与值域；对于给定的函数，能够根据自变量的值正确计算出对应的函数值。知道解析式、图象与表格是三种常用的函数表示方法，但函数的表示不局限于这三种方法，并能说明不是任意函数都可以用解析法、图象法与表格法这三种方法表示；对于具体函数，能选择适当的方法将其表示出来；对一些简单函数，能够根据函数的解析式画出函数的图象。

理解函数的单调性：能在用自然语言、图形语言描述函数单调性的基础上，用符号语言刻画函数的单调性；能够利用函数的单调性画函数的图象，也能根据图象写出函数的单调区间；对简单函数，能根据解析式求出函数的单调区间；能够根据函数单调性的定义证明简单函数的单调性。

理解函数的最大值和最小值：理解函数的最大值和最小值的定义；能根据函数图象得出函数的最大(小)值；对已经学习过的简单函数，能根据函数最大(小)值的定义求出其最大(小)值。

了解函数的奇偶性：知道奇函数与偶函数的定义和图象特征，能从函数图象直观判断函数是否具有奇偶性；能根据奇偶性的定义判断函数的奇偶性；能利用函数的奇偶性画函数的图象和计算函数值。

第二，数学思想方法目标。《高中数学课标(2020)》在数学思想方法层面对函数概念与基本性质学习提出了具体的目标与评价要求，具体表述如下：

函数与方程思想：能运用函数模型观察、分析实际问题中的数量关系，并通过从实际情境中提取变量，寻求变量的变化范围及变量间的对应关系建立函数模型去描述现实世界中事物的变化规律，解决相关实际问题。(从函数要素的角度理解并运用函数概念是函数思想的重要体现。在解决实际问题时，能否确定问题中函数的对应关系与定义域，是理解和运用函数思想的关键。)

数形结合思想：能分别用解析式与图象表示函数，并在此过程中进行直观与抽象的转化；体会函数图象是研究函数性质的一种工具，能从函数图象中发现函数的性质，利用函数的图象帮助解决问题。

特殊与一般思想：能将观察特殊函数值表现的特征发现函数的单调性与奇偶性的研究过程，运用到事物发展的一般规律上去。

分类与整合思想：能够运用分段函数获得需分类解决的问题中的函数模型，并依据所建模型分类去解决问题；能通过对函数定义域的分划与合并，取舍函数模型去解决问题。

第三，能力与素养目标。函数及其基本性质的教与学对培养学生抽象概括能力、推理论证能力、直观想象能力和运算求解能力等关键能力具有重要意义，

《高中数学课标(2020)》对培养关键能力的目标和评价要求具体表述如下：

抽象概括能力：能够从实际问题情境中抽象出函数的三个要素，在此基础上抽象出函数概念并用数学符号语言表示；能够在具体问题情境中，发现熟悉的函数模型并提出与函数有关的数学问题，合理选择函数模型去表述变化规律和解决问题。

推理论证能力：能根据函数单调性的定义判断函数的单调性；能根据单调性的定义证明某些简单函数的单调性；能利用函数单调性的定义比较两个数的大小；能根据函数奇偶性的定义判断函数的奇偶性。

直观想象能力：能用函数的图象表示函数，刻画函数描述的事物运动和变化的规律；对已经学过的函数，能在函数图象和解析式之间转化；能借助函数图象探究函数的性质。

运算求解能力：能求简单函数的定义域；能根据函数的表示方法，求出给定自变量所对应的函数值；能将函数单调性的证明转化为程序化的运算问题。

三、函数相关概念理解测试问卷的设计

研究中，在数学概念理解测试问卷设计理论模型的指导下，学生函数理解水平测试问卷的研制经历了如下过程：首先依据《高中数学课标(2020)》对本研究所涉及函数相关概念的“内容要求”和“学业要求”初步设计形成测试问卷；利用德尔菲法通过两轮专家意见征询①和部分专家访谈对问卷进行修订(保证测试问卷的内容效度)；对修订形成的问卷通过预测试检验其内部一致性信度。

最终研制形成的问卷包含 10 道题目，共 18 个问题。问卷中，除值域外对于同一数学概念理解水平的考查，均设置了两个以上的不同问题。在分析学生数学概念理解水平时，将学生对于同一概念在不同问题中达到的最高理解水平判定为其对相应概念的理解水平。特别地，鉴于以往学生在分段函数单调性的学习比非分段函数存在更大的困难，本研究对单调性理解水平的考查分别设计了针对分段与非分段函数的不同问题。表 4-1 给出了问卷命题的多维细目表。

① 参与意见征询的专家与高中学生数学概念理解水平评价标准研制中的意见征询专家相同。

表 4-1　函数相关概念理解测试问卷命题多维细目表

题号	数学概念	最高理解水平	数学思想方法	核心素养
1(1)	函数的定义域	R_1 水平	函数与方程	数学运算 数学抽象
1(2)		E_1 水平		
2	函数概念	R_2 水平	数形结合	直观想象
3	函数的单调性	R_2 水平	数形结合	直观想象
4(1)	函数的表示法	M_1 水平	函数与方程 数形结合	数学运算 直观想象
4(2)		R_2 水平		
4(3)	函数的值域	E_1 水平		
5(1)	函数的奇偶性	R_2 水平	函数与方程	逻辑推理 数学抽象 直观想象
5(2)	函数的奇偶性	E_1 水平	数形结合	
6(1)	函数的单调性	R_2 水平	化归与转化	逻辑推理 直观想象 数学运算
6(2)	函数的最大(小)值	M_1 水平	数形结合	
7(1)	函数的单调性	R_2 水平	分类与整合	直观想象 数学运算 数学抽象
7(2)		E_2 水平		
8	函数概念	E_1 水平	化归与转化	数学抽象
9(1)	函数的表示法	R_2 水平	数形结合	数学建模 直观想象
9(2)	函数的最大(小)值	E_2 水平	函数与方程	数学建模 数学运算
10	函数定义域、奇偶性、单调性、值域	E_2 水平	化归与转化 数形结合	逻辑推理 直观想象

下面以问卷中第 7 题为例，简要说明题目设计的具体水平表现。

题目为：若 $f(x)=\begin{cases}(a-1)x+3a, & x<1\\ \dfrac{a}{x}, & x\geqslant 1\end{cases}$ 是 **R** 上的单调递减函数，求实数 a 的取值范围。

本题目用于考查学生对(分段函数)单调性概念的理解。依据评价标准，如果学生能够正确将该问题转化为三个同时成立的对应条件，即函数在 $x<1$ 和 $x\geqslant 1$ 的范围内分别单调递减(可转化为 $a-1<0$ 和 $a>0$)、函数整体即分界点左右也满足单调递减(可转化为 $a-1+3a\geqslant a$)，则其对“函数在 **R** 上单调递减”的理解达到了高级关联结构水平；若仅能准确表征出上述三个条件之一或其等价条件，则理解处于单点结构水平；若仅能准确表征出上述三个条件中的两个，且未能体现二者的正确关系，则表现出初级多点结构水平；若能准确表征出上述三个条件，但没能正确体现条件之间的关系，则为高级多点结构水平；若能准确表征出上述三个条件中的任意两个及其之间的正确关系，则为初级关联结构水平。

第二节　预测试及数据分析

一、预测试的基本情况

预测试采用目的性方便抽样的方法，选取北京市 T 区 R 学校高一年级两个班的学生。R 校实施分层教学，高一年级共有 13 个教学班，按学习成绩从高至低大致分为 A、B、C 三层。预测试所选择的两个班级分别为 A 层与 B 层各一个班。预测试在正式测试①前 20 余日实施，测试时长为 60 分钟。每个班级安排一名教师负责测试的组织实施，过程规范，能够保证测试成绩真实有效。

二、预测试的信度与效度分析

参与预测试的学生共计 76 人，收回有效问卷 76 份，有效问卷回收率为 100%。测试结果表明函数相关概念理解的 8 个水平确实存在，即从前结构水平到高级抽象扩展结构水平均有部分学生处于相应水平(表 4-2)。这说明高中学生数学概念理解评价标准中将 5 个层次的结构水平进一步细化为 8 个水平是必要的。

① 本研究原计划将正式测试安排在高一第一学期期末，由于受到疫情的影响被迫推迟到第二学期。

表 4-2　预测试中学生对函数相关概念理解的各水平占比统计

概念名称	前结构	单点结构	初级多点结构	高级多点结构	初级关联结构	高级关联结构	初级抽象扩展结构	高级抽象扩展结构
函数概念	2.6%	14.5%	22.4%	5.3%	1.3%	50.0%	3.9%	0
定义域	2.6%	5.3%	1.3%	0	51.3%	0	39.5%	0
表示法	0	0	7.9%	6.6%	7.9%	77.6%	0	0
值域	34.2%	6.6%	3.9%	0	10.5%	1.3%	43.4%	0
奇偶性	18.4%	6.6%	1.3%	15.8%	0	5.3%	52.6%	0
单调性 1	6.6%	2.6%	2.6%	11.8%	5.3%	71.1%	0	0
单调性 2	42.1%	10.5%	2.6%	0	17.1%	2.6%	7.9%	17.1%
最大值	9.2%	22.4%	26.3%	1.3%	7.9%	0	32.9%	0
综合理解	15.8%	11.8%	7.9%	36.8%	1.3%	14.5%	6.6%	5.3%

(一)信度分析

信度(Reliability)是研究的一致性品质①，是指问卷的可信程度，主要是评价问卷的稳定性和一致性。通常认为，信度系数应该在 0～1 之间。如果量表的信度系数在 0.9 以上，表示量表的信度很好；如果量表的信度系数在 0.8～0.9 之间，表示量表的信度较好；如果量表的信度系数在 0.7～0.8 之间，表示量表有些项目需要修订；如果量表的信度系数在 0.7 以下，表示量表有些项目需要舍弃。

本研究中，利用 SPSS 22.0 通过计算量表的 Cronbach's Alpha 系数来检验量表的内部一致性信度。数据分析结果显示(表 4-3)，本试卷整体的 Cronbach's Alpha 系数为 0.877，意味着量表的内部一致性较好，即本次测试的结果稳定可靠。

表 4-3　信度分析结果

Cronbach's Alpha	N of Items
0.877	18

(二)效度分析

效度(Validity)即有效性，是指测量工具能够测出其所要测量的特征的正确性程度。效度越高，即表示测量结果越能显示其所要测量的特征。本研究中，

① 宁虹：《教育研究导论》，北京师范大学出版社，2018 年，第 95—211 页。

通过两轮德尔菲法并辅以访谈，保证了测试问卷的内容效度。

三、评价结果的一致性分析

SOLO 评价的水平可以明确地反映出学生对相应知识的理解与掌握水平，因此，基于 SOLO 分类理论评价学生对相应数学概念的理解，有利于教师对学生理解水平的理解与把握。然而，已有相关研究指出 SOLO 分类理论也存在一些不足，主要体现在：有时会在一定程度上造成教师难以识别学生回答的各个 SOLO 层次，有时存在评价学习结果的模糊性或不一致性，从而不能有效地确定学生的理解水平①。

本研究对预测试的 76 份学生作答问卷采用三角互证的方式，对评价结果的一致性进行了检验。参与三角互证的人员除研究者本人外，其他两位是具有多年高中数学教学经验的一线教师。他们均具有高级教师职称且分别是两所完全中学的数学教研组长，其中一位是北京市骨干教师，另一位是 T 区骨干教师。经过三位评价人员各自独立评价后，分别得出每道题目以及整份问卷评价结果的一致性，具体见表 4-4。其中每道题目评价的一致性，是指针对每道题目，三位评价人员给出相同水平评价的数量与总数量 76 之比值；评价的总一致性，是指 76 份问卷，每份问卷 18 个题项，共计 1368 个题项中三位评价人员给出相同水平评价的总题项数量与总数量 1368 之比值。

表 4-4　高一学生函数及其相关概念测试问卷评价标准三角互证一致性

题号	1(1)	1(2)	2	3	4(1)	4(2)	4(3)	5(1)	5(2)
总数量	76	76	76	76	76	76	76	76	76
一致数量	76	76	49	76	76	74	76	74	73
一致性	100%	100%	64.5%	100%	100%	97.4%	100%	97.4%	96.1%
题号	6(1)	6(2)	7(1)	7(2)	8	9(1)	9(2)	10(1)	10(2)
总数量	76	76	76	76	76	76	76	76	76
一致数量	69	76	75	74	74	76	76	71	65
一致性	90.8%	100%	98.7%	97.4%	97.4%	100%	100%	93.4%	85.5%
总一致性	94.81%								

① Anderson K R. *Cognitive psychology and its implications*, San Francisco: Free man, 1980: 500.

由表 4-4 中的数据可知，三角互证所得评价的总一致性为 94.81%。18 个题项中，有 16 个评价的一致性在 90.0%以上，另外 2 项，即 2 题和 10(2)题的一致性分别为 64.5%和 85.5%。在三位评价人员各自独立完成评价并对一致性统计后，将存在分歧的学生作答情况进行了深入的分析与讨论，从而使题目的评价标准更加科学有效。下面将分别对造成以上两个题项的评价水平一致性低于 90%的原因进行说明，并在此基础上达成科学一致的评价标准。

测试卷中第 2 题为：设集合 $M=\{x \mid -2\leqslant x\leqslant 2\}$，$N=\{y \mid 0\leqslant y\leqslant 2\}$，函数 $f(x)$的定义域为 M，值域为 N。请就下面①②③④四幅图，是否可以作为函数 $f(x)$的图象做出判断，并说明理由。

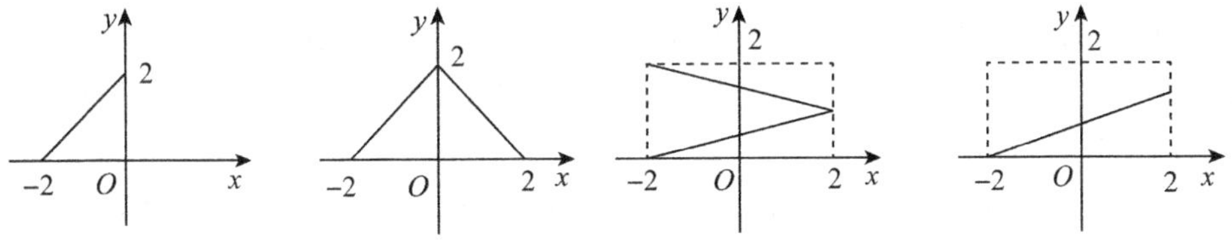

①　②　③　④

题号	可否作为 $f(x)$的图象（填写“是”或“否”）	理由
①		
②		
③		
④		

第 2 题的评价水平不一致的主要原因，是教师们对选项③的评价存在分歧。如图 4-2 与图 4-3 所示的学生 1 和学生 2 的作答中，理由分别为“不是函数”和“非函数”，而没有直接用不满足对应关系，即不满足对任意一个自变量 x 的值，应该有唯一的 y 值与之对应。

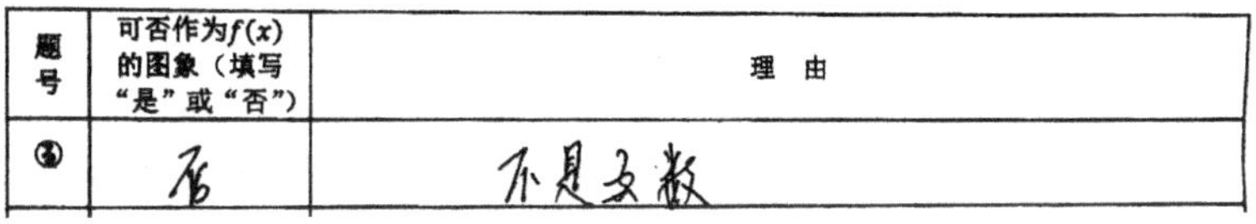

题号	可否作为 $f(x)$ 的图象（填写“是”或“否”）	理　由
③	否	不是函数

图 4-2　学生 1 作答

题号	可否作为$f(x)$的图象（填写“是”或“否”）	理由
③	否	非函数

图 4-3　学生 2 作答

事实上，题目要求判断是否为给定定义域和值域的函数 $f(x)$的图象。如果判断为否，则可以通过定义域、值域不满足条件或者是不是函数三者中的任何一个来否定，因此，学生的理由“不是函数”是正确的。而其中一位老师认为题目的要求是判断上述四幅图是否为给定定义域与值域的函数，因此，“不是函数”与前面的“否”是语义重复，从而导致了评价结果的不一致。经过研讨，本研究最终一致认为学生回答“不是函数”、“非函数”以及“不满足一个自变量对应唯一的因变量”等理由均正确。

除了上面的情况之外，还有少部分学生的作答与图 4-4 中学生 3 的作答相同或类似。从学生 3 对②和④的理由表述可以分析出，其对值域的理解存在误区。因此，根据评价标准，学生能够准确理解定义域和对应关系中“单值对应”的要求，但是不能正确理解值域。然而其中一位老师，因为学生对于②判断为“是”，是正确的，就误认为其对值域有正确的理解，于是导致评价结论的不一致。

题号	可否作为$f(x)$的图象（填写“是”或“否”）	理由
①	否	没有取满函数的定义域
②	是	x取值在定义域内，y值也都在值域内.
③	否	一个自变量对应了两个函数值
④	是	x取值在定义域内，y值也都在值域内.

图 4-4　学生 3 作答

测试卷中第 10 题为：已知函数 $f(x)=\dfrac{1}{x^2}$ 。(1)请根据函数 $f(x)$的解析式探究其性质，写出你探究的过程和得到的结论，并画出 $f(x)$的图象；(2)请你概括出根据函数的解析式探究函数性质的一般思路或方法。

本题第(2)问的评价水平一致性仅达到85.5%的原因，主要在于问题很开放，学生的作答情况比较繁杂，教师对评价标准不易把握。特别地，有些标准的把握确实存在界限不清晰的问题。如图4-5和图4-6所呈现的学生4与学生5的作答之间是否存在差别就出现异议。

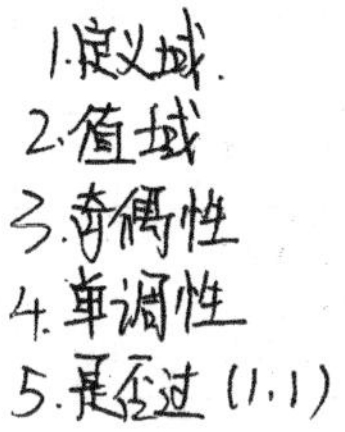

图4-5 学生4作答

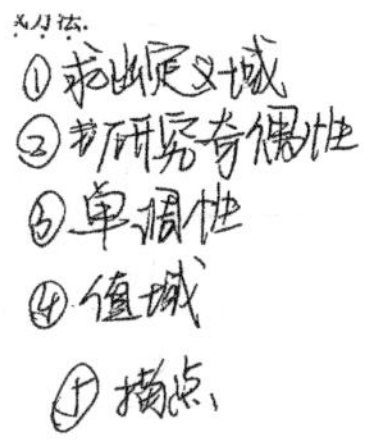

图4-6 学生5作答

如果仅从作答中罗列出的内容来看，他们都没有表达各“点”之间是否存在关联，都应该属于多点结构水平。但是，如果仔细分析他们所罗列内容的顺序又能够发现其中的差别。例如对于函数奇偶性的研究在先还是在后，对函数其他性质的研究带来的意义是不同的。经过三位老师的深入讨论，最终认为根据学生5呈现的作答，无法判断其是有意还是无意将奇偶性的研究置于单调性之前，也就是当在作答中没有明确体现出评价标准中所指“关联”的作答，均认为达不到关联结构水平。

第三节 正式调研及结果分析

一、正式调研基本情况

为了提升参与理解水平现状调研对象的代表性，本研究采用目的性分层抽样的方法从T区选取四所不同水平的高中学校(分别记为A、B、C、D)的2020级高一学生作为调研被试。研究所实施的调研为延迟性检测(函数相关概念是学生于高一第一学期所学，本测试安排在同年第二学期进行)，其目的是减少学生因短时强化记忆与训练对测试结果的影响，从而更好地评价学生对相应数学概念的理解。

正式测试的时间集中在2021年6月4日、7日和8日三天。其中每所学校的测试都由研究者亲自组织实施。测试组织规范，能够保证测试成绩真实有效。

正式调研共发放问卷1108份，回收有效问卷1038份，有效回收率为93.7%(表4-5)。

表 4-5 正式调研测试情况详情

学校代码	问卷发放数量(份)	有效问卷数量(份)	有效回收率(%)
A	71	68	95.8
B	415	413	99.5
C	240	222	92.5
D	382	335	87.7
合计	1108	1038	93.7

二、正式调研结果分析

表4-6列出了各概念以及综合理解水平得分的描述性统计分析结果。

表 4-6 学生函数相关概念理解水平的描述性统计分析

		函数概念	定义域	表示法	值域	奇偶性	单调性1	单调性2	最大值	综合理解
N	有效	1038	1038	1038	1038	1038	1038	1038	1038	1038
	缺失	0	0	0	0	0	0	0	0	0
均值		3.87	4.77	5.32	2.40	3.39	3.86	1.52	2.73	1.94
中位数		4.0	5.0	6.0	0.0	4.0	5.0	0.0	2.0	2.0
众数		4	5	6	0	0	6	0	2	0
标准差		1.715	1.752	1.214	3.197	2.828	2.481	2.390	2.396	1.777
最小值		0	0	0	0	0	0	0	0	0
最大值		7	7	6	7	7	6	8	7	8

注：*N* 为参与调研的人数

由表4-6中数据可知，学生对函数概念理解水平的平均值是3.87，处于初级多点结构水平与高级多点结构水平之间，更接近于后者；中位数是4.0，反映出至少有50%的学生对函数概念的理解水平达到高级多点结构及以上水平；众数为4，表明在各个理解水平中，处于高级多点结构理解水平的学生人数最多。

学生对定义域这一概念理解水平的平均值为4.77，处于高级多点结构水平与初级关联结构水平之间；中位数为5.0，反映出至少有50%的学生对定义域概念的理解水平达到初级关联结构及以上水平；众数为5表明在各个理解水平中，处于初级关联结构水平的学生人数最多。

学生对函数表示法的理解水平在各概念中最高，其平均值是5.32，处于初级关联结构与高级关联结构水平之间；由标准差可知，学生对这一概念的理解水平的分散程度最小；中位数(6.0)是各概念理解水平中中位数的最高值，说明至少有50%的学生对函数表示法的理解水平能够达到高级关联结构及以上水平，而且由众数为6可知各个理解水平中处于高级关联结构水平的学生是最多的。

学生对函数值域的理解水平相对较低，平均值仅为2.40，处于单点结构水平与初级多点结构水平之间。特别地，由标准差数据可知，学生对这一概念理解水平的分散程度最大，表明学生之间理解水平的差异较大；由中位数与众数均为0可知，至少有50%的学生对值域的理解水平处于前结构水平，而且在各个水平中处于前结构水平的学生最多。

学生对奇偶性的理解水平的平均值是3.39，处于初级多点结构与高级多点结构水平之间；学生对奇偶性理解水平的分散程度仅次于值域；至少有50%的学生对奇偶性的理解能够达到高级多点结构及以上水平(中位数4.0)，但在所有学生中处于前结构水平的学生频数最大(众数0)。

学生对非分段函数的单调性(单调性1)理解水平的平均值为3.86，反映出学生对非分段函数的单调性理解的平均水平处于多点结构水平，更接近于高级多点结构的水平；对分段函数单调性(单调性2)的平均理解水平则更低，其平均值仅为1.52，还未达到单点结构水平，是本研究中各概念平均理解水平最低的一个。特别地，至少有50%的学生对分段函数单调性的理解处于前结构水平，且这一水平的学生频数最大(众数0)；对于非分段函数的理解而言，至少有50%的学生能够达到的初级关联结构水平(中位数5.0)，且处于高级关联结构水平的学生最多(众数6)。可见，对学生而言，分段函数的单调性较非分段函数更难理解。

学生对最大值理解水平的平均值为2.73，处于单点结构与初级多点结构水平之间，而且至少有50%的学生对最大值的理解水平仅处于单点结构及以下水平(中位数为2.0)。特别地，处于单点结构理解水平的学生最多(众数2)。

学生对函数相关概念的综合理解水平的平均值是1.94，接近于单点结构水平，且至少有50%的学生处于单点结构及以下水平(中位数2.0)。在各个理解水平中，处于前结构水平的学生频数最大(众数为0)。

图4-7呈现了学生对函数相关概念理解的平均水平折线图。从图中可以直观了解到：学生对各个数学概念的理解水平中，对表示法的平均理解水平最高，处于初级关联结构水平之上。结合学生的具体作答情况，这一理解水平表明他们已经初步建立函数的不同表示法之间的关联，而且能够在所给情境中进行简单的应用。

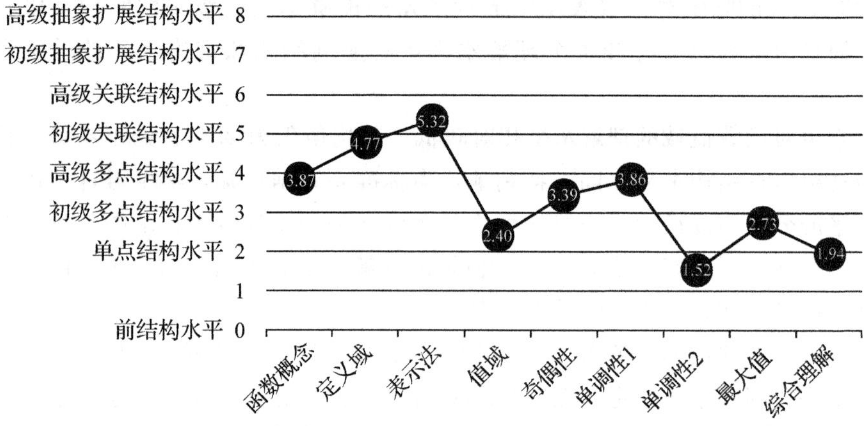

图4-7 学生对函数相关概念理解的平均水平折线图

学生对定义域的平均理解水平仅次于表示法，超越了高级多点结构水平，但还未达到初级关联结构水平。这表明，就平均理解水平而言，学生能够有效识别并表征题目中所涉及的全部与定义域相关的信息，并运用于问题解决。但是，他们还不能有效地将各个信息之间有效建立起关联，并综合运用于问题解决。

对于除表示法与定义域之外的其他概念，学生的平均理解水平均未能达到高级多点结构水平。这说明，学生还不能有效识别并正确表征题目中所涉及的与相应概念相关的全部信息。这在一定意义上说明，学生们对这些概念本身的理解没有完全建立起来，或者理解存在一定的错误或认知障碍。这必然导致学生概念综合理解的低水平。

就单调性概念的理解而言，对于非分段函数单调性的问题，学生能够对与概念相关的大部分信息进行有效识别并运用于问题解决。然而，对于分段函数单调性，他们的平均理解水平却还未能达到单点结构。这表明就平均水平而言，一方面，学生对单调性概念本质已经建立了一定的理解，但还存在不足；另一方面，可能是分段函数本身的特征对学生理解单调性概念造成了认知障碍。

三、学生对函数相关概念理解水平现状的研究结论与讨论

根据 SOLO 分类理论，有时候学生对问题的解答会出现“过渡性回答(transitional responses)”，即学生“正迈向一个新层次，但尚未做到”，一般表现为对问题的回答混乱不清且缺乏一致性。① 对于一名学生，根据其对问题的解答，可能会观察到其做出的过渡性回答。本研究根据 SOLO 分类理论在分析学生群体对某一数学概念理解的平均水平时，便容易从量化的数据中观察到他们对相应概念理解的过渡性水平以及不同水平间的过渡性阶段。表 4-6 中各数学概念理解水平量化的分析结果，证实了学生群体对某一数学概念理解的过渡性阶段的存在。不仅如此，由于高中阶段的数学概念更具抽象性与形式化等特点，加之对数学概念理解考查的问题都相对复杂，其解答过程都需要运用到多个知识点或方法，因此学生理解水平的多点结构、关联结构以及抽象扩展结构都应该是一个从量变到质变的发展过程，而不是一个突变的跳跃状态。换言之，学生数学概念理解水平发展变化的直观描述不是离散的点状的递增，而是连续递增的折线或曲线。

本研究根据实际调查结果，构建了如图 4-8 所示的学生数学概念理解水平发展阶段图示模型。从图中能够清晰地看到学生不断发展的各个理解水平及水平之间的过渡性阶段。

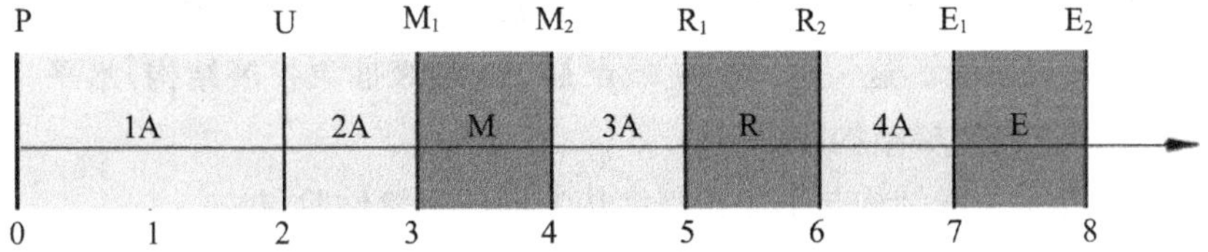

图 4-8　学生数学概念理解水平发展阶段图示模型

根据高中学生数学概念理解水平评价标准与实际调研结果，图 4-8 中各个水平的具体特征分别为：

P——前结构水平，其特征是学生没有作答，或做出了与题目无关或不合逻辑的作答等。

U——单点结构水平，对于知识或方法陈述型问题的作答特征是：学生陈

① ［澳］彼格斯、科利斯著，高凌飚、张洪岩译：《学习质量评价：SOLO 分类理论(可观察的学习成果结构)》，人民教育出版社，2019 年，第 27—32 页。

述出与问题对应的一个信息，或概念的一个定义性特征，或定义性特征之间的一个正确关系，或某类问题的求解方法中的某一个步骤；对含有数学运算或推理型问题的作答，其特征是：学生正确形成一个与题目作答相关的产生式。

1A——介乎前结构与单点结构之间的过渡阶段。

M——多点结构水平，其特征是：学生表现出单点结构水平中所描述的两个及以上的“点”，但是却不能将“点”之间进行关联或综合运用于问题解答。当问题的解答中包含 3 个及以上“点”时，多点结构水平将以一个区间的形式呈现其发展阶段。其中区间的左端点为 M_1（初级多点结构）水平，右端点为 M_2（高级多点结构）水平。

2A——介乎单点结构与多点结构之间的过渡性阶段。

R——关联结构水平，其特征是：学生能够将两个以上的“点”之间进行有效的关联或综合运用于问题解答，但不能超越题目的可用信息而得到更一般的推断或假设等。与多点结构水平类似，当问题的解答中包含 2 个及以上的关联时，关联结构水平将以一个区间的形式呈现其发展阶段。其中区间的左端点为 R_1（初级关联结构）水平，右端点为 R_2（高级关联结构）水平。

3A——介乎多点结构与关联结构水平之间的过渡性阶段。

E——抽象扩展结构水平，其特征是：在关联结构水平的基础上，能够正确地概括出更一般性的结论或方法（E_1），或能够由当前问题拓展提出新的问题，或发现新的结论或提出新的观点（E_2）等。抽象扩展结构水平同样以一个区间的形式呈现其发展阶段。这一区间的左端点是 E_1（初级抽象扩展结构）水平，右端点是 E_2（高级抽象扩展结构）水平。

4A——介乎关联结构与抽象扩展结构之间的过渡性阶段。

在学生函数相关概念理解水平现状调研中，以题目 7 为载体通过学生运用单调性概念解决问题考查了他们对这一概念的理解水平。下面以几位学生的解题过程为例来呈现本研究所观察到的学生在运用概念解决问题中所表现出的对单调性概念理解的上述各水平。

题目 7：(1)若 $f(x)=\begin{cases}(a-1)x+3a, & x<1\\ \dfrac{a}{x}, & x\geqslant 1\end{cases}$ 是 **R** 上的单调递减函数，求实数 a 的取值范围。(2)一般地，一个分段函数 $H(x)=\begin{cases}f(x), & x\in[a, b]\\ g(x), & x\in(b, c]\end{cases}(a<b<c)$ 在定义域内是单调函数需要满足哪些条件？请写出。

对于问题(1)，如果学生能够正确理解单调性的概念，则能够将该问题中这一具体函数单调递减转化为如下三个对应的条件，分别是：函数在 $x<1$ 的范围内满足单调递减(可以转化为 $a-1<0$)、在 $x\geqslant 1$ 的范围单调递减(可以转化为 $a>0$)、函数整体即分界点左右也满足单调递减(可以转化为 $a-1+3a\geqslant a$)。根据评价标准，如果学生能够准确表征出上述三个条件之一或其等价条件，则其理解水平为单点结构水平；如果学生能够准确表征出其中任两个条件，但没有体现条件之间的正确关系，则为初级多点结构水平；如果能够准确表述出上述三个条件，同样没有正确体现条件之间的关系则为高级多点结构水平；如果学生能够准确表征出其中任两个条件及其之间关系，则为初级关联结构水平；如果学生能够准确表征出上述三个条件及其之间的关系则为高级关联结构水平。

图 4-9 中学生的作答准确表述出了这一具体函数单调递减对应的上述三个条件之一，呈现出理解的单点结构水平。图 4-10 中学生的作答也呈现出上述思维过程，其转化的条件具有一定的意义但又不准确。根据评价标准其理解还未能达到单点结构水平，而又高于前结构水平，因此应属于从前结构向单点结构过渡的 1A 水平。

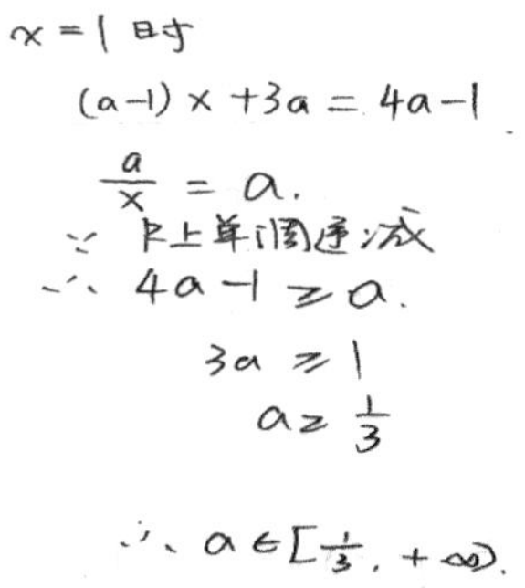

图 4-9　学生理解的 U 水平示例

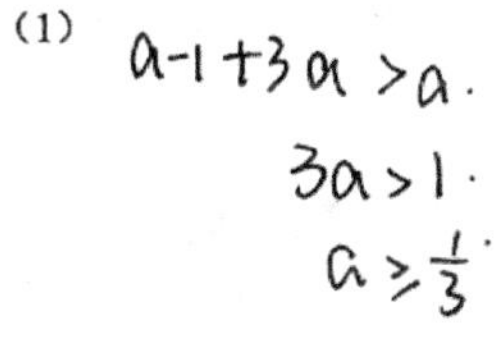

图 4-10　学生理解的 1A 水平示例

图 4-11 中学生的作答准确呈现出了上述三个条件中的两个，即 $a-1<0$ 与 $a>0$，而其并没有表征出这两个条件之间的关系，因此，属于初级多点结构水平。

相比于图 4-11，图 4-12 中学生的作答也关注到了三个条件中的两个，但是其中一个条件不准确，因此其理解水平处于从单点结构向初级多点结构的过渡阶段，即 2A 水平。图 4-13 中学生的作答则正确呈现出了该函数单调递减满足的三个条件，然而该学生只是将这三个条件罗列出来，并没有表征它们之间的关系，故属于理解的高级多点结构水平。

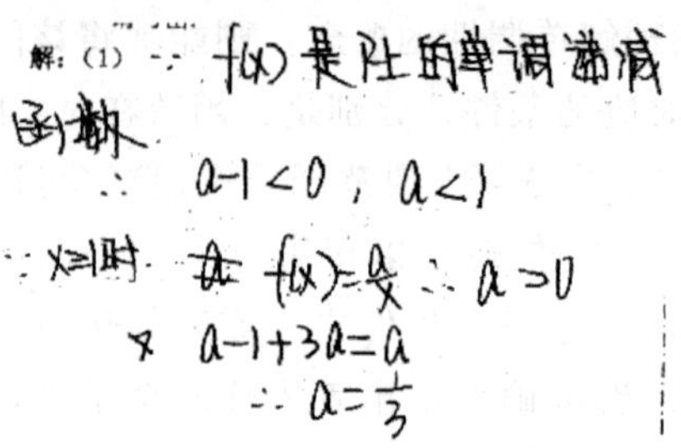

图 4-11　学生理解的M_1 水平示例

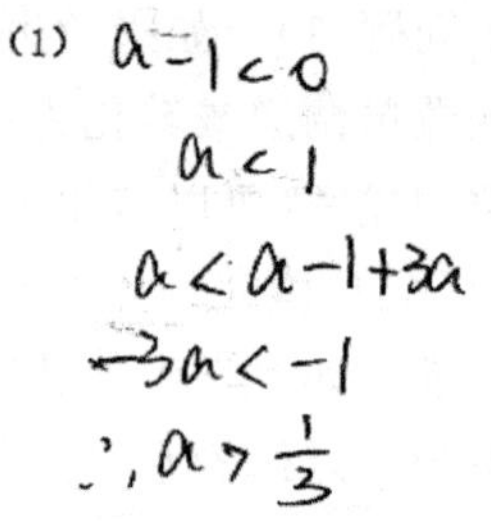

图 4-12　学生理解的 2A 水平示例

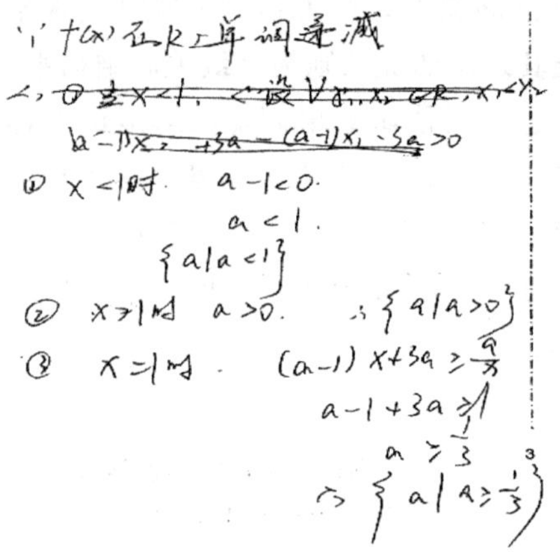

图 4-13　学生理解的M_2 水平示例

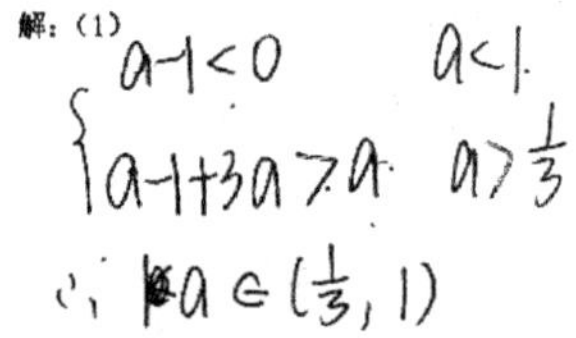

图 4-14　学生理解的 3A 水平示例

根据本研究制定的评价标准，如果学生能够准确表征出上述三个条件中的两个及其之间的关系，则达到了初级关联结构水平。图 4-14 中学生的作答则体现出这样的思维过程，然而遗憾的是其中一个条件表述不准确，因此其接近但尚未达到这一水平，可以认为其理解处于从多点结构向关联结构的过渡阶段，即 3A 水平。

图 4-15 与图 4-16 中两个学生的作答虽然表现出解决问题的思路不同，即图 4-15 中的作答是学生将函数在两个范围内分别单调递减直接与所学过的一次函数与反比例函数单调递减建立联系从而写出正确的条件及其关系，而图 4-16 中的作答则分别在两个范围内运用单调性的定义通过推理计算出参数 a 所满足的条件，但是二者所呈现出的理解水平均属于初级关联结构水平 R_1。

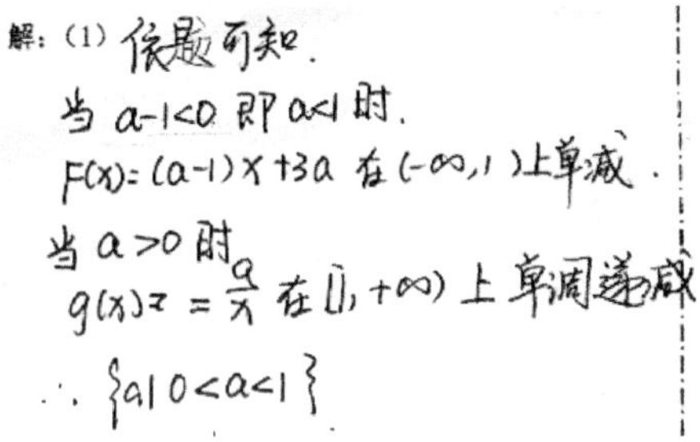

图 4-15　学生理解的 R_1 水平示例

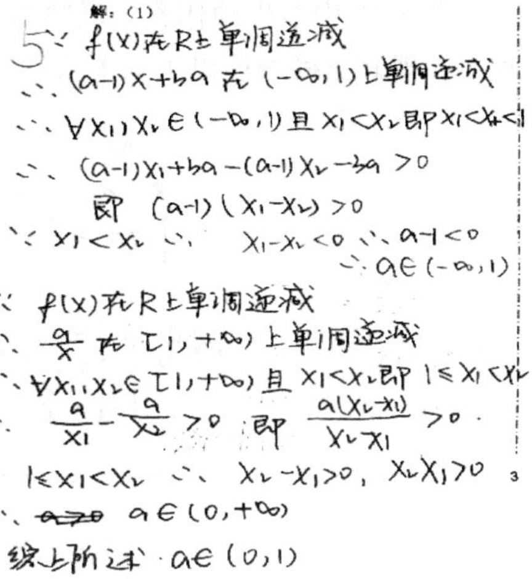

图 4-16　学生理解的 R_1 水平示例

图 4-17 与图 4-18 中学生的作答都表现出理解水平处于从初级关联结构向高级关联结构的过渡水平。其中图 4-17 中的作答表现出学生能够表征出三个条件之间的正确关系，但是其中一个条件表述不准确，而图 4-18 中的作答则表现出该学生能够正确表征出三个条件，但只正确表征出其中两个条件之间的正确关系。

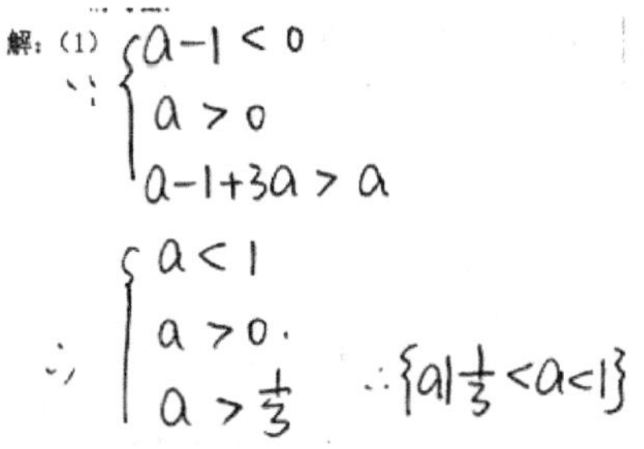

图 4-17　学生理解的 R_1 向 R_2 过渡水平示例

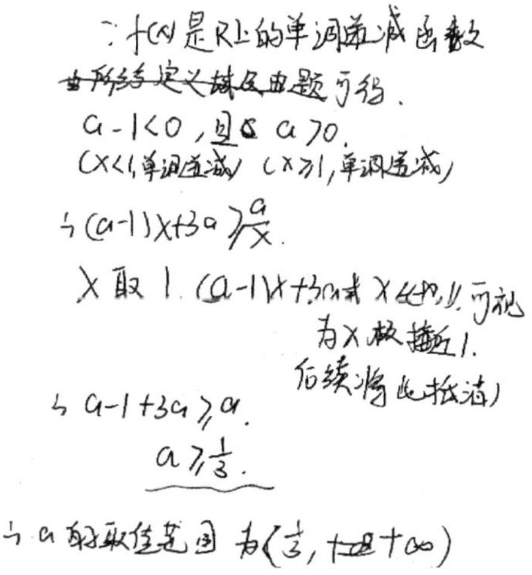

图 4-18　学生理解的 R_1 向 R_2 过渡水平示例

图 4-19 中学生的作答则反映出该学生对单调性的理解达到了高级关联结构水平，即其正确表述出了三个条件及其之间的关系。

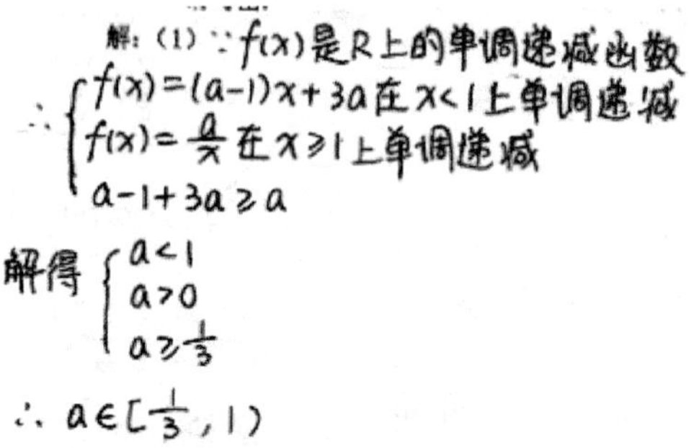

图 4-19　学生理解的R_2 水平示例

在本题第(2)问的作答中，能够观察到学生理解的 4A 水平以及抽象扩展结构水平。

根据评价标准，图 4-20 与图 4-21 中学生的作答均表现出理解的初级抽象扩展结构水平，即他们都能够一般性地概括出函数单调递增和单调递减两种情况分别需要满足的条件，但均对于 $g(x)$ 在 $x=b$ 处的表述缺乏严谨性。

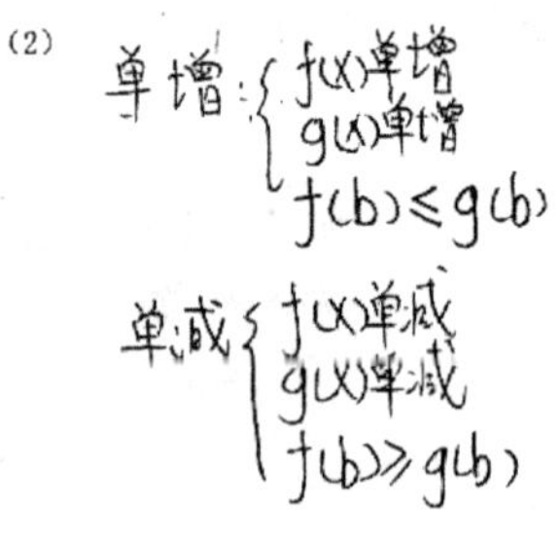

图 4-20　学生理解的E_1 水平示例

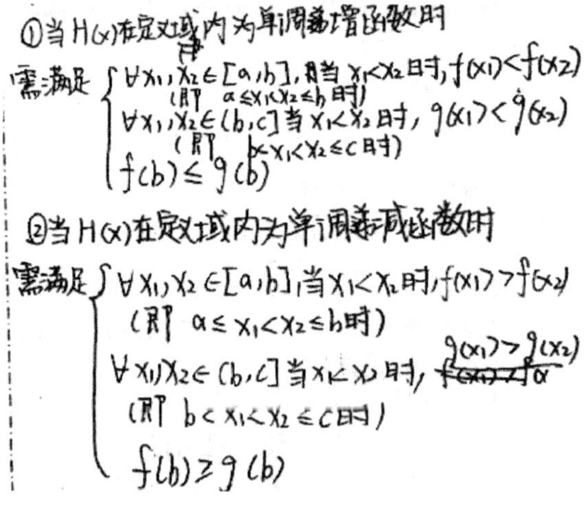

图 4-21　学生理解的E_1 水平示例

图 4-22 与图 4-23 中学生的作答则反映出这两名学生能够一般性地分别概括出函数单调递增和单调递减两种情况需要满足的正确条件，而且对于 $g(x)$ 在 $x=b$ 处的表述严谨。

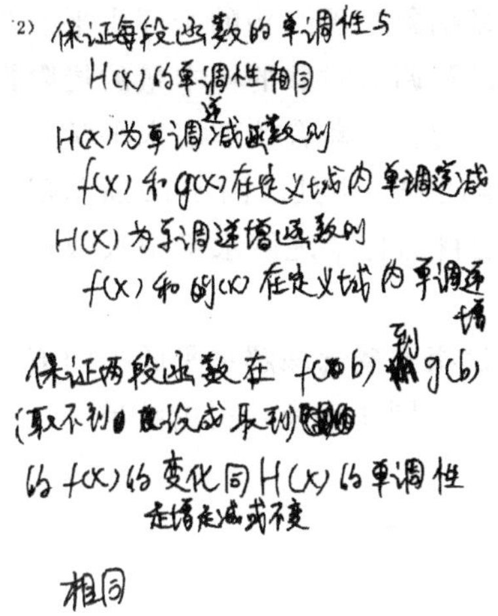

图 4-22　学生理解的E_2水平示例

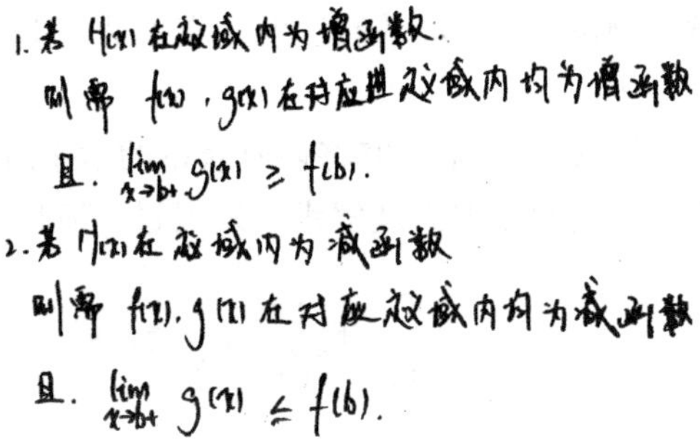

图 4-23　学生理解的E_2水平示例

图 4-24 中学生的作答则表现出其理解处于从关联结构向抽象扩展结构的过渡水平，原因在于：一方面，该学生在表述中体现出能够从单调递增与单调递减两种情况来一般性地概括函数 $H(x)$是单调函数应满足的条件，根据标准其理解高于关联结构水平；另一方面，由于其未能准确表征出所写①与②之间的逻辑关系，即没有准确表征出单调递增或单调递减应满足的全部条件，所以没有达到初级抽象扩展结构水平。

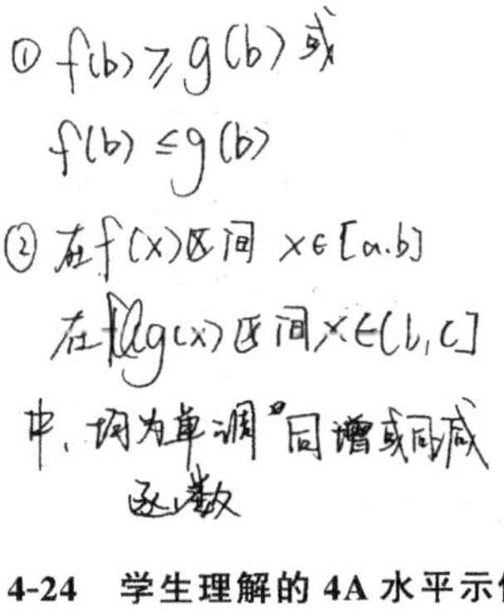

图 4-24　学生理解的 4A 水平示例

本研究从以上学生运用单调性概念解决问题的作答中所呈现的思维过程能够清晰地观察到学生概念理解所处的各个理解水平及水平之间的过渡性阶段。但是需要指出的是：一方面，本研究在调研中发现，并不是学生对所有题目的作答都完整地反映出了理解水平从前结构到高级抽象扩展结构的全部水平及其过渡性阶段。本研究认为这与本研究的测试题目和调研对象的样本量的局限性有关；另一方面，各个水平出现的学生数量并不均衡，即有的理解水平学生人数相对较多，而有的则较少甚至很少，例如在本次调研中处于图 4-13 所呈现的学生理解的 M_2 水平的学生只有 2 人，是这一题目的各个理解水平中人数最少的一类。

图 4-25 是本研究将调研获得的学生对各函数相关概念理解水平的平均值对应于学生数学概念理解水平发展过程阶段图示模型(图 4-8)所获得的结果。

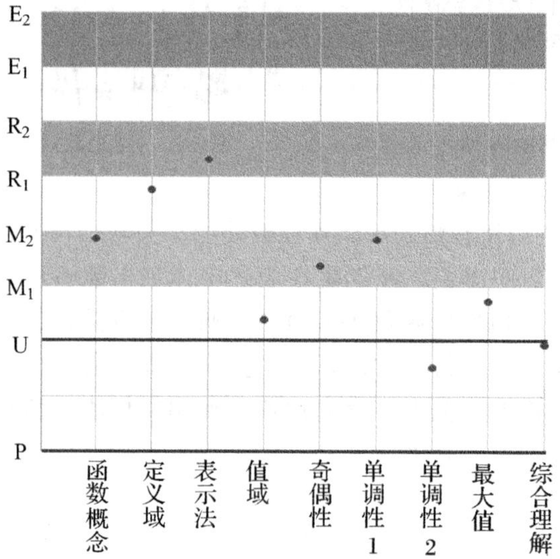

图 4-25 学生函数相关概念理解的平均水平

由图 4-25 可以直观了解到，就整体而言学生对哪些概念的理解水平之间有着质的差异，哪些处在同一水平。具体而言：学生对函数表示法的理解水平处于关联结构水平，对定义域的理解处在从多点结构向关联结构的过渡阶段；对函数概念、奇偶性和非分段函数的单调性的理解水平均同处于多点结构水平，与表示法相比有着质的差异；对值域和最大值的理解水平处在单点结构向多点结构的过渡阶段；对分段函数单调性的理解水平是所有概念理解水平中最低的一个，与单点结构水平还有一定的差距，而综合理解的水平则接近于单点结构水平。

根据 SOLO 分类理论，一般情况下，从单点结构水平到多点结构水平再到关联结构水平，即 U—M—R 确定了在任何特定思维基本阶段的理解周期(图 4-26)。也就是学生理解水平的一般发展周期是：从单点结构水平 U 发展到多点结构水平 M，然后再到关联结构水平 R，而后进入下一个周期(抽象扩展结构是下一个周期的起点)。① 其中从单点结构到多点结构水平的变化，主要反映学生思维水平上量的变化；从多点结构水平到关联结构水平则反映出学生思维水平有了质的飞跃；从关联结构水平到抽象扩展结构水平的提升则表明思维水平即将进入更高一级水平。

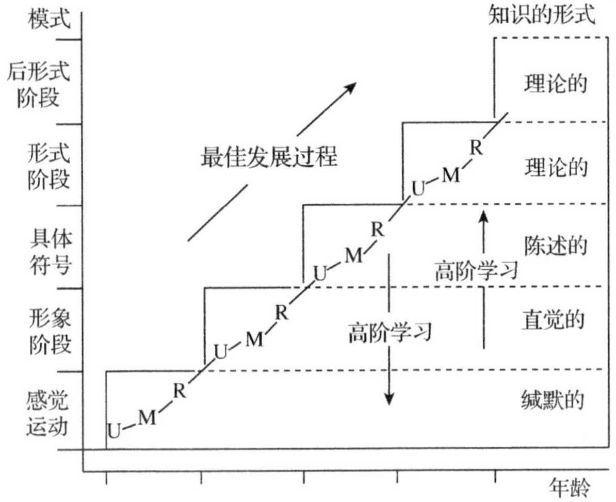

图 4-26　模式、学习周期和知识形式

由此可知，就平均水平而言，学生经过高一阶段函数内容的学习，对于表示法和定义域的理解能够达到相对较好的水平。而对本研究所及的其他概念的理解水平都偏低，甚至很低。例如，学生对函数概念、值域、最大值、奇偶性以及非分段函数的单调性的理解水平都只是“点”的水平，知识之间是孤立的，没有建立起来有效的关联。在这种情况下，一方面学生不可能对概念形成综合图式，当遇到复杂问题时会难以组织起有效的问题解决思路与方法；另一方面，如果在学生的记忆系统中各个概念均以孤立的“点”存储，则每个“点”就是一个组块，其独立占用一个单位的认知资源，如此必然会导致较高甚至过重的认知

① Panizzon D L. *Senior secondary and early tertiary science students' developmental understandings of diffusion and osmosis*: *A neo-Piagetian approach*, PhD diss., University of New England, 1999.

负荷，从而影响后续知识的顺利学习或问题的有效解决。

总之，对T区2020级高一学生函数相关概念理解水平的调查研究结果表明，学生整体对函数相关概念理解的平均水平存在明显不足。除函数的表示法与定义域外，学生对其他概念还不能建立起相对完整与正确的心理表征，更无法将各个概念或者概念与其他知识之间构建起恰当的关联，并应用于一定的问题情境，反映出学生对概念理解存在一定的认知障碍。以上这些提示本研究需要进一步分析学生函数相关概念理解的主要认知障碍与影响因素，从而为有效改进教学提供依据。

第五章　学生函数相关概念理解认知障碍研究

本章将在对学生数学学习错误的相关研究进行概述的基础上，从认知学习的视角，通过对学生在函数理解现状调研中的错误作答文本分析和部分学生的追踪访谈，研究学生函数相关概念理解的认知障碍及其影响因素，以期探索导致学生函数相关概念理解水平较低的原因，并为教学设计与实施的改进奠定基础。

第一节　学生数学学习错误的相关研究

学生在数学学习中经常会出现各类错误。国内外研究者从不同的视角对学生数学学习错误的类型及其产生的原因进行了分析与研究。多项研究结果表明，学生数学学习错误的根源均与学生对相关数学概念理解的障碍或错误有关。①纵观国内外对学生数学概念学习错误的研究能够发现，研究者们对学生数学概念学习错误的认识与态度，从站在数学概念绝对性角度的纯粹否定，逐步转向从现代认知心理学、构建主义的数学观来理解学生学习错误的“合理性”“规律性”或“积极成分”。研究者们不仅将错误作为教学或学生学习以及教学研究的诊断工具，更把错误视为促进学生学习的有效教学资源(Ball，1993②；Lampert，1992)。心理学家盖耶(A. Guyer)就曾指出“谁不考虑尝试错误，不允许学生犯错误，就将错过最富有成效的学习时刻。”③

---

①　李善良：《现代认知观下的数学概念学习与教学理论研究》，南京师范大学博士学位论文，2002年，第121页。

②　Ball, Deborah Loewenberg. With an eye on the mathematical horizon: Dilemmas of teaching elementary school mathematics. *The Elementary School Journal*, 1993(93): 373－397.

③　李祎：《生成性教学资源调查研究——以数学学科教学为例》，《中国教育学刊》，2007年第3期。

一、什么是错误

《现代汉语词典》中对“错误”的解释有两点：一指不正确，与客观实际不相符，如错误的思想、错误的结论等；二指不正确的事物、行为等，如犯错误，改正错误①。上述解释是从认识和实践两个范畴进行的，即一般意义上讲，错误既包含错误的认识，也包含错误的行为。②

就数学学习中的错误而言，虽然有部分研究者就数学理解错误、数学概念学习中的错误以及数学问题解决中的错误等进行了理论或实证方面的研究，但一直以来却没有关于什么是错误的明确界定。有研究者认为，应该将学生的错误与“困难”的概念结合起来，而不应该给学生的错误和失败提供一个过分简单的定义(Brousseau，1981)③；也有研究者认为，当学生在解决问题中遇到“困难”时，没有能够选择正确的方式，就会出现错误(Duroux，1983)④。郑毓信指出：教师往往把学生在学习过程中所产生的各种不同于“标准观念”(或“标准做法”等)的想法(或做法)看成是错误的。⑤ 郜舒竹、薛涟霞在对错误的一般解释、哲学定义以及教师对于错误的认识进行分析比较的基础上认为：一方面，三者对错误的界定在实质上是统一的，也就是，错误不仅是指思想、观念，也指具体行为，即错误是没有正确反映客观实际及事物发展规律的想法或者行为；另一方面，三者对错误的具体界定又存在着不一致性。他们建议，在数学教育研究中，应从犯错误的主体——学生出发，以学生的认知、思维特征为出发点对错误的理解进行概念界定。⑥

二、国内外关于数学概念学习理解错误的相关研究

国内外研究者从多种不同的视角对数学或数学概念学习的错误进行了研究，

---

① 商务国际辞书编辑部：《现代汉语词典(彩色插图本)》，商务印书馆国际有限公司，2016年，第185页。

② 郜舒竹、薛涟霞：《学生错误研究之文献综述》，《数学教育学报》，2009年第1期。

③ Brousseau Guy. Problèmes de didactiques des décimaux. *Recherches en Didactique des Mathématiques Grenoble*，1981(2)：37－125.

④ Duroux A. La valeur absolue：difficultés majeures pour une notion mineure，Petit x n 3，ed. Irem de Grenoble，1983.

⑤ 郑毓信：《数学教育的现代发展》，江苏教育出版社，1999年，第88页。

⑥ 同③。

如基于学生认知发展的视角、概念形成过程中归纳与概括过程的视角、概念之间关联的视角、概念意象的视角、学习认知负荷的视角、情感与心理以及个性倾向的视角等。

（一）数学概念学习理解错误原因的相关研究

奥苏伯尔认为：学生概念学习错误产生的主要原因，是儿童认知发展的不完善、心理准备的不充分、相关经验积累的不足等与概念的获得和发展所必需的认知发展要求之间的矛盾。他指出：一方面，儿童认知发展的不成熟、不完善会导致其对概念本质理解的模糊不清、不确切、内涵缩小或扩大；另一方面，由于误解或不加批判地采纳来自阅读材料或他人传授的信息，而导致错误地或不充分地理解。①

有研究认为，学生在概念习得过程中对概念本质特征的识别、归纳、抽象与概括等环节容易出现概念内涵扩大或缩小或异变等错误。斯涅普坎(Спелкань)从学生感知觉的特点进行研究认为：概念学习产生错误的主要原因是“非本质特征的泛化，错误的概括”。其针对这种错误指出：“在未区分出事物的本质特征和避开非本质特征之前，是不可能对事物进行归纳的。”②李善良(2002)认为学生在对实例的各种特征进行概括，抽象出其本质属性的过程中，容易出现以下几种错误：将非本质特征作为本质特征进行概括，从而导致概念的内涵发生扩展，概念的范围被限制；只概括了概念的部分本质特征，从而使得概念的内涵发生遗漏，概念的范围被扩大；对概念的本质加以修正、改变，从而导致概念发生异变，概念理解出现歪曲。③ 吕林海(2005)从学生数学思维的角度对数学学习的“合理性”错误及其原因进行了探讨，并认为学生产生“合理性”错误的其中一个原因是从数学实例中做了错误的归纳，主要表现在学习者从已经解决的实例中过分推广或过分特殊化。④

概念之间的联系贯穿于数学概念学习的各个环节或阶段，其中每个环节都

① ［美］D. P. 奥苏伯尔著，佘星南、宋钧译：《教育心理学——认知的观点》，人民教育出版社，1994 年，第 122－123 页。

② ［苏］斯涅普坎著，时勘译：《数学教学心理学》，重庆出版社，1987 年，第 25 页。

③ 李善良：《现代认知观下的数学概念学习与教学理论研究》，南京师范大学博士学位论文，2002 年，第 125－129 页。

④ 吕林海：《数学理解性学习与教学研究》，华东师范大学博士学位论文，2005 年，第 99－102 页。

可能产生错误。李善良等通过对160名学生的作业分析，发现至少有三类与概念联系相关的错误，分别是：没有建立或很少建立概念之间的联系，从而导致概念运用僵化错误；在概念形成、网络建立以及概念运用中建立了不恰当的联系，从而导致概念联系不恰当的错误；对概念联系做出不正确的推广，或根据个人经验强行进行不正确的联系。①

根据已有研究，学习者在理解、表征和运用数学概念时往往是概念意象在发挥作用。与概念定义相比，概念意象包含数学概念的很多无关特征。概念意象具有“模糊性”“分散性”“变化性”以及与数学定义的“不一致性”等特点。其中概念意象的模糊性，是指学生数学概念意象不具有清醒的自我意识；分散性，是指学生关于概念的心理表征中，各种成分没有能构成一个有机的整体。如果学习者的概念意象不恰当或贫乏，则运用概念意象代替概念时会造成很多错误。②

以往关于数学概念学习错误的多项研究都与学生的概念意象有关，如：孜科娃在对学生几何学习的困难与错误的调查研究中发现，数学术语的科学意义与生活意义的一致与否会对学生掌握几何概念的过程产生不同的影响；学生容易使用“典型实例”(典型代表)中的部分特征或非本质特征当成本质特征来替代整个概念。③ 有研究者通过对数学学习中的错误进行研究发现：很多错误有着一定的规律，其出现并不是偶然的；从学习者身上观察到的一系列错误，是学习者构造了自己特有的概念与程式造成的，而不是教给的。④ 我国研究者李善良认为，与学生概念意象相关的错误，主要表现在：用日常生活概念替代数学概念、用概念原型替代数学概念，以及用“形象描述”替代数学概念。就日常生活概念替代数学概念而言，学生的日常生活经验是进一步学习的基础，许多数学概念都是在日常生活概念中抽象发展而来的。一方面，日常概念的宽泛性、易变性和多义性，容易对学生抽象数学概念的学习造成错误的理解；另一方面，

① 吕林海：《数学理解性学习与教学研究》，华东师范大学博士学位论文，2005年，第99—102页。

② 郑翔：《数学概念学习过程中的心理障碍分析》，《中国成人教育》，2005年第4期。

③ [苏]符·伊·孜科娃著，孙以芾译：《掌握初等几何知识的心理概论》，人民教育出版社，1959年，第37页。

④ [英]Paul Ernest著，齐建华译：《数学教育哲学》，上海教育出版社，1998年，第128页。

日常概念与数学概念意义的不一致性也会造成学生数学概念理解的错误。原型是反映概念属性的“典型代表”，具有“中心性”和“标准性”，包括标准例、标准图、标准式、标准叙述、标准位置等，在数学概念的学习中发挥着重要作用。用概念原型替代数学概念主要表现在：学生在记忆概念的“原型”时，把无关特征加以标准化、中心化；在运用概念时，用概念原型的个别特征、部分特征或无关特征，甚至原型导出的性质来替代概念，从而造成对概念的错误理解。数学概念意象中，有许多意象是通过学生自己的言语符号描述的，这种描述介于实验、实例与概念定义之间，具有“形象描述”性。其实质是将概念定义进行“异化”处理，有时尽管学生能够口述定义，但在内部表征概念时，仍用个人语言。学生对于描述的语言或符号使用不准确就容易造成概念错误，包括模糊、遗漏、增补、变异等错误。比如，学生在进行分类时，会不自觉地按自己的语言或已有经验将教师或教科书设计的分类标准加以异化、修正，再用这些“个人标准”对实例进行比较，建立概念原型、意象，给出概念定义。①

学生学习过程中过重的认知负荷是造成数学学习错误的原因之一。在国外，以斯威勒教授为代表的一些研究者，从学习认知负荷的视角对学生数学学习中的错误进行了研究。不同研究者还从工作记忆负荷和认知图式的角度对造成数学学习错误的原因进行了研究。Hitch 通过实验研究法，研究了工作记忆对学生算术错误的影响。他研究发现，心算问题的处理主要依靠学生掌握信息和加工信息的能力，心算任务的难度越大，学生的错误也会随之增多。类似的研究结果都表明：工作记忆负荷影响信息的提取及存储，工作记忆负荷过重是学生心算学习出现错误的主要原因之一。② Aryes(2001)在一项解决代数问题的研究中发现，学生出现错误的情况与认知负荷的高低相关，而且错误随着存储信息的丢失或从长时记忆中获取的信息不正确而产生。③ 斯威勒研究认为，学生学习的认知负荷越高，错误越可能发生，而且对于同一个定理的运用，相较于熟悉的问题情境，不熟悉的情境会让学生产生更高的认知负荷从而出现错误的几

① 李善良：《现代认知观下的数学概念学习与教学理论研究》，南京师范大学博士学位论文，2002 年，第 125—126 页。

② Adams, John W., Graham J. Hitch. Working memory and children's mental addition. *Journal of Experimental Child Psychology*, 1997(67): 21—38.

③ Ayres, Paul L. Systematic mathematical errors and cognitive load. *Contemporary Educational Psychology*, 2001(26): 227—248.

率更高。① 根据认知负荷理论，图式的构建和自动化对数学概念的理解和问题的解决具有重要的意义。Mohan Chinnappan 通过对学生几何学习的研究发现：在问题解决中，数学学优生较学困生使用了更多的几何图式，且它们的图式更容易被激活。② 我国研究者辛自强研究认为，学生的相关认知图式水平对问题解决成绩有显著的影响，且儿童的错误主要是应用了不正确的问题图式。③ 陈燕、罗增儒等(2009)对学生数学错误与学习认知负荷的关系研究认为：一方面，基于认知负荷理论的视角，易于承认和接受学生在学习中发生错误的合理性；另一方面，学生学习认知加工任务越复杂，占用的认知资源就越多，便会加重学习的认知负荷，从而影响图式的获得，因而在问题解决中容易产生错误。④

有研究者认为学生认知的"惯性"、负迁移等也是造成错误的因素。李善良指出：数学概念的学习具有阶段性与层次性。学生学习数学概念从一个阶段向另一个阶段、一个层次向另一个层次转化时，其认知阶段与层次并非与概念发展的阶段或层次同步转变，会出现滞后或超前的现象。这种认知与概念发展的差异容易造成学生数学概念学习的各种错误。这种错误的共同特征，是将原来的经验、思维、方法、限制等，不自觉地带到新的概念中，主要表现为：用原来的思维(模式)审视新的概念，或用原来的方法理解新的概念；按过去的经验、结论、方法对概念做"合理的"推广，而这种"合理"往往是错误的；出现思维"恋旧"的限制错误，就是在新的领域里研究问题，但其思维不自觉地进入到限制的领域。⑤ 郑翔(2005)研究认为学生数学错误观念具有必然性、普遍性与顽固性等特点，且认为负迁移是造成数学概念学习困难或障碍的主要原因。负迁移主要体现在：新知识与有关的旧知识之间的似有"矛盾"导致了学生认识上的困难、思维定势对概念学习产生了消极的影响。⑥

---

① Sweller, John, Graham A. Cooper. The use of worked examples as a substitute for problem solving in learning algebra. *Cognition and instruction*, 1985(2): 59—89.

② Chinnappan, Mohan. Schemas and mental models in geometry problem solving. *Educational Studies in Mathematics*, 1998(36): 201—217.

③ 辛自强:《问题解决中图式的建构：一项应用题分类研究》,《心理发展与教育》,2005 年第 1 期。

④ 陈燕等:《从认知负荷理论看数学错误》,《数学教育学报》,2009 年第 4 期。

⑤ 李善良:《现代认知观下的数学概念学习与教学理论研究》,南京师范大学博士学位论文,2002 年,第 121—132 页。

⑥ 郑翔:《数学概念学习过程中的心理障碍分析》,《中国成人教育》,2005 年第 4 期。

也有一些学者更加关注从情感与心理、个性倾向等方面研究学生数学学习错误的因素。意大利学者 Giorgio T. Bagni 认为学生出错误的原因主要在于他们喜欢简单的、容易的和著名的方法与思想，而害怕困难的东西，害怕题目无解。① 教师与学生之间的教学契约潜在表明教师期待学生应该做什么以及怎样做，学生会在这种契约的引导下选择自己的方法和所需的知识。Brousseau 研究认为教学契约会影响学生的行为，从而产生错误。② 李善良(2002)通过对教师和学生访谈的方式发现学生的不同个性倾向与概念学习“偏好”间的关系的一些现象。其研究认为分析型学生更容易接受概念的定义而很难建立表象，因此，他们对图形的感知容易出现错误；几何型学生对形象的概念、连续的概念、直观的概念以及整体的概念等易于理解，而对概念的定义却不够清晰，因此，他们在数字计算和阅读题目时容易出现错误。③

(二)数学概念学习理解错误类型的相关研究

有研究者对数学概念错误的类型进行了相关研究。

李善良(2002)在前人研究的基础上将数学概念学习的错误区分为“过程性错误”与“合理性错误”两类。其中，过程性错误，是指数学概念形成过程中，从实例到意象、意象到定义、联系到网络、运用到体系、批判到创新的各个环节中，出现的错误或不完全的反应与操作。合理性错误，是指概念学习中阶段或水平的转变，不同的个性倾向等所带来的概念学习的障碍而造成的错误。过程性错误具有短暂性与外显性，是可以“预防”和“避免”的。合理性错误具有隐蔽性和长期性，有一定的“合理性”“规律性”以及“不可避免性”。他进一步指出，这两类错误相互交织在一起、难以严格区分，一个概念的错误可以从多个角度获得解释。④

吕林海(2004)认为，学生大脑内对概念的表征主要有五种类型：书面符号表征、图形表征、相关情境表征、实物操作表征以及日常语言表征，这五种类

---

① Bagni, giorgio T. An investigation of some misconceptions in high school students' mistakes. *Learning in Mathematics and Science an Educational Technology*, 2001: 3—24.

② Brousseau, Guy. The crucial role of the didactical contract in the analysis and construction of situations in teaching and learning mathematics. *Theory of Mathematics Education*, 1984(54): 110—119.

③ 李善良:《现代认知观下的数学概念学习与教学理论研究》，南京师范大学博士学位论文，2002 年，第 121—132 页。

④ 同③。

型的表征之间相互影响，形成如图 5-1 所示的表征系统模型。①

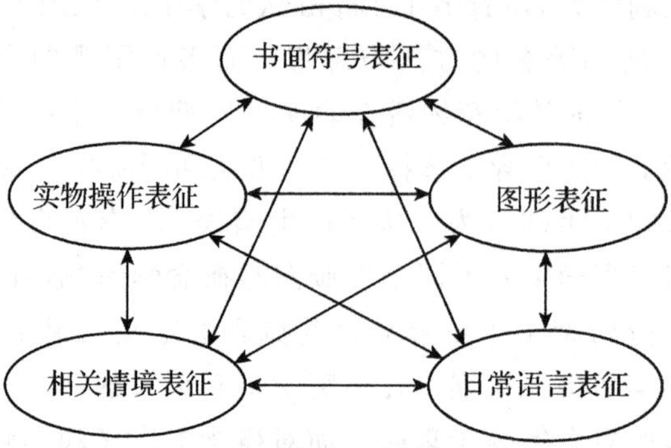

图 5-1　数学观念理解的五种表征及其关系

基于这一表征模型，学生对一个数学概念理解的程度不仅取决于概念自身内涵表征类型的准确性、稳定性与丰富性，而且取决于各有效教学资源表征类型之间能够灵活进行转换以及关联的强度。也就是说，促进学生数学概念理解的核心在于使数学概念形式化的书面符号表征与学生已有的其他类型的表征之间建立真正有意义的、实质性的、自洽性的关联。基于此，吕林海进一步将学生数学概念学习中的错误观念分为单一概念的错误观念和概念联系的缺失两类。②③ 其中单一概念的错误观念又细分为：表征间联系的缺失、相关表征本身的缺失(类型不充足、内涵不丰富)以及对表征加工的深度不够(无法在表征中深度甄别数学本质)三个亚类。④

杨翠丽(2018)将学生对概念没有达到理解水平而导致具有模式的错误定义为理解性错误。其以初中生代数学习为例论述了学生数学学习中理解性错误的表现形式主要有：概念辨析错误、概念混淆错误和概念排斥错误，而造成这些错误的原因分别在于学生没有正确构建数学概念的意义、没有建立概念之间的

① 吕林海：《错误分析与数学理解：基于心智表征的分析》，《全球教育展望》，2004 年第 11 期。

② 钟志华：《理解性数学教学论》，南京师范大学博士学位论文，2007 年，第 86 页。

③ 吕林海：《数学理解性学习与教学研究》，华东师范大学博士学位论文，2005 年，第 104 页。

④ 同①。

联系以及概念学习的认知准备不足。①

第二节　学生函数相关概念理解认知障碍分析

本研究首先对学生函数相关概念理解现状调研中的学生错误作答文本进行了深入分析，而后在此基础上通过对部分学生错误的追踪访谈，深入研究学生函数相关概念理解的认知障碍。其中学生的错误作答是指与问题的正确解答过程或结果不相符的情况。在对学生错误作答文本进行梳理的基础上，研究者对同一问题相同或相似错误情况选择了1至2名研究对象进行访谈。由于受到疫情等因素的影响，访谈对象采用目的性方便抽样的方式从研究者所任教班级中选取了51名学生，并对他们实施了一对一访谈。

对于访谈资料，研究者首先将访谈录音转换为文本，而后对文本做进一步分析，其中分析的重点是学生对相应数学概念理解的认知障碍。具体分析过程为：先将访谈文本信息划分成话轮转换(interactional turns)(话轮是指会话过程中，说话者在任意时间内连续说的话，其结尾以说话者和听者的角色互换或各方的沉默等放弃话轮信号为标志。说话者和听话者不断变换角色的过程，就是话轮转换)，进一步分解出包含与学生概念理解相关的信息单元(message unit)(指一个单独的会话话轮或一个非语言行动)②。研究通过对每个信息单元中学生的语言表述或非语言行动来分析其对相应概念的理解，从而获得其可能存在的认知障碍。

根据本研究对数学理解的界定，认为学生数学概念理解的认知障碍是指：学生不能对所学数学概念建立适当的心理表征，具体表现为：

(1)不能用自己的语言或运用了不正确的语言对数学概念进行描述或解释；

(2)不能运用适当的形式对数学概念进行表示，或不能在不同表示形式之间进行转换；

(3)所学数学概念是孤立的，不能与相关知识或方法建立起一定的关联，或建立了不恰当的关联，从而不能正确对其进行应用。

---

①　杨翠丽：《理解性错误分析与教学策略研究——以初中生代数学习为例》，《上海教育科研》，2018年第5期。

②　[美]R. 基思·索耶主编，徐晓东等译：《剑桥学习科学手册》，教育科学出版社，2010年，第219页。

通过对学生错误作答文本与访谈信息的深入分析，最终研究获得学生函数相关概念的理解认知障碍主要有以下四种类型：概念表征与解释障碍、抽象数学符号或语言理解障碍、思维定势以及关联障碍。

在本章的访谈转录文本中，信息单元代码以两位数字编号呈现于教师或学生之前。

一、概念表征与解释障碍

概念表征，是指学生对所学概念的描述与表示，既包含内部表征也包含外部表征。解释，是指学生用自己的语言对概念的内涵与外延进行说明。概念表征与解释障碍，是指学生在认知结构中不能正确表征数学概念，或不能正确地对概念进行解释与说明。已有研究表明，学生对数学概念的表征与解释是判断其对相应概念是否理解的证据之一。①

在函数概念理解调研中，有部分学生在第 2 题的作答中出现了与学生 1 相似的错误。图 5-2 中的作答文本反映出，学生 1 不但将函数定义中与自变量的值相对应的函数值表征为“解”，而且更重要的是他对函数值域的理解存在障碍。从访谈信息中他对②④所做的解释可以发现，其似乎认为只要图中函数的值域包含于(其错用了“属于”)题目已知所给的值域即可。

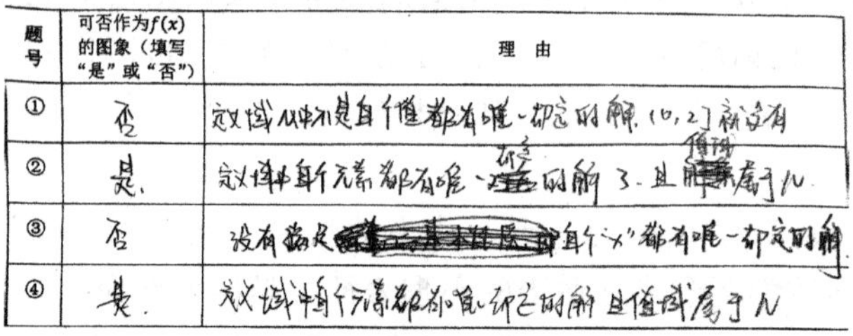

题号	可否作为$f(x)$的图象（填写“是”或“否”）	理由
①	否	定义域中不是每个值都有唯一确定的解，(0,2]就没有
②	是	定义域中每个元素都有唯一确定的解了，且值域属于N
③	否	没有满足[illegible]每个“x”都有唯一确定的解
④	是	定义域中每个元素都有唯一确定的解，且值域属于N

图 5-2　学生 1 的作答

对学生 1 的访谈转录文本如下：

01 教师：以图④为例，你认为图中函数的值域只要包含于题目所给的值域 N 即可，对吗？

02 学生：对，它是符合的。

03 教师：依照你的理解，什么是函数的值域？

---

① 鲍建生、周超：《数学学习的心理基础与过程》，上海教育出版社，2009 年，第 133 页。

04 学生：函数的定义域是一个集合，值域也是一个集合。然后值域里还有一个小集合，这个小集合叫 $f(x)$。定义域中每一个 x 的值和 $f(x)$ 对应上，值域中还有一些可能没有与 x 对应的部分。怎么说呢……就是大概是这个图的意思。

（她画出了图 5-3）

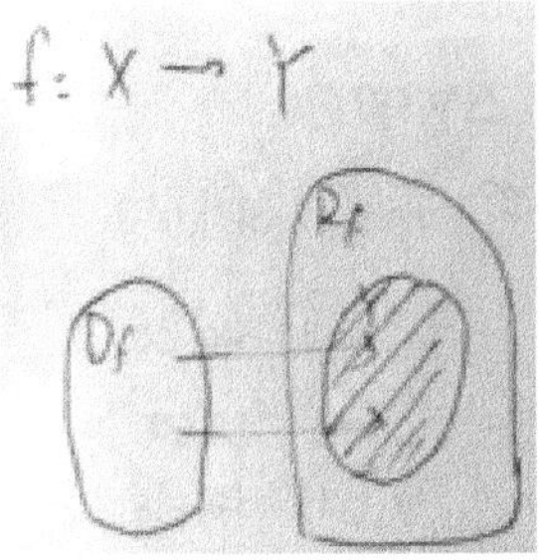

图 5-3　学生 1 对值域理解的图式

05 教师：你能简单解释一下这个图吗？

06 学生：就是通过这个 f，f 是一种法则或者什么东西，x 就通过 f 对应出了 $f(x)$，就是 y。

通过上述访谈中信息单元[04]可知，在建立值域的内部表征时，学生 1 将值域理解为一个比实际的函数值域更大的集合。他用图 5-3 直观解释了自己对值域概念的内部表征。这一理解导致其出现了错误的判断。在调研中发现对函数的值域有类似或相同理解的学生并不鲜见。

对于测试卷中第 7 题的作答中也反映出学生存在概念表征或者解释的障碍。其中在第(1)问的作答中，很多学生写出了与图 5-4 中相同的过程。该过程表明学生 2 直接将函数在两个不同区间上对应的函数关系式用不等号进行了连接。

对学生 2 的访谈转录文本如下：

01 教师：你能解释一下你所写 $(a-1)x+3a>\frac{a}{x}$ 这个式子想要表达的含义吗？

02 学生：就是，就是，怎么说呢？就是类似于这种图（用手比画出函数图象从左到右下降的趋势）。因为函数 $y=(a-1)x+3a$ 在 $y=\frac{a}{x}$ 的左边，函数是递减，所以左边的 y 的值要比右边的值大。

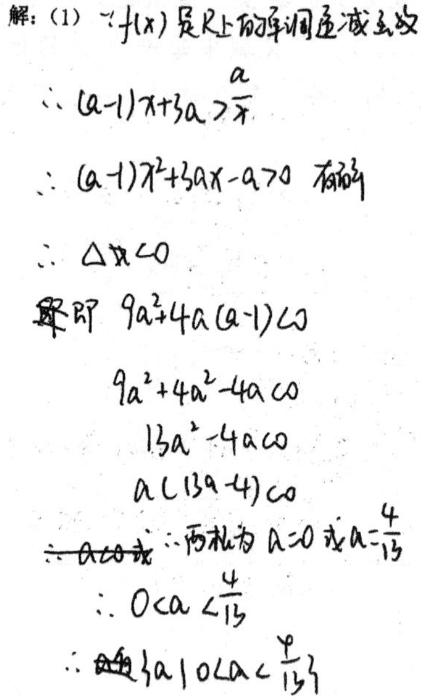

图 5-4　学生 2 的作答

根据上述访谈中的信息单元[02]，学生 2 出现这样作答的原因在于他直接将函数单调递减表征为图象从左到右呈下降趋势，进而解释为左边的函数值要比右边的函数值大，又将这一“模糊”语言转化为两个式子的大小关系。显然这一转化已经忽略了函数值与自变量之间的对应关系。

对题目 7 第(2)问的作答，同样有相当一部分学生因为在内化概念时的不恰当表征或解释导致了错误。如学生 3 的作答为“$f(a)>f(b)>g(b)>g(c)$或$f(a)<f(b)<g(b)<g(c)$”。可见，学生 3 认为函数 $H(x)$单调，只需要在题目所给的两个区间端点处的函数值满足相应的大小关系。

对学生 3 的访谈转录文本如下：

01 教师：你能解释一下你在作答中想要表达的意思吗?

02 学生：我当时就看着 a、b、c，然后想着函数要么单增，要么单减，就需要一个比一个大或者一个比一个小。

03 教师：你根据什么有的这个想法的呢?

04 学生：我就看 $a<b<c$，如果函数单调递减，那么对应的值要满足 $f(a)>f(b)>f(c)$。

05 教师：根据你的理解什么是单调递增函数？

06 学生：我理解单调递增函数就是图象这样（用手比画出图象上升的趋势），它可以是连续的，也可以是断开的。

07 教师：你的意思是？

08 学生：就是图象越来越高。

从上述对学生 3 的访谈可以发现，他对单调递增函数没能建立起完整正确的表征，仅能用“图象越来越高”这一描述性的“模糊”语言来解释这一概念，进而又用“需要一个比一个大”之类的语言对其进行解释。

在第 5 题的作答中，学生 4 将函数 $f(x)=1$ 当作一个非奇非偶函数的例子举出。他所给理由是“这个函数既不关于原点对称，也不关于 y 轴对称”。而令研究者更为意外的是①，访谈中该学生表示他写错了，其原本想写的是 $x=1$。以下为对该生的访谈转录文本。

01 教师：这道题让举出一个非奇非偶函数的例子，你举出的是 $f(x)=1$。

02 学生：那个我举例错了。我想着应该是竖着的那个图象，那个应该是 $x=1$。

03 教师：这个 $f(x)=1$ 和 $x=1$ 区别在哪？

04 学生：$f(x)=1$ 是函数的值，就是因变量是 1，是水平的一条直线；$x=1$ 是竖着的一条直线，是自变量等于 1。

05 教师：那你觉得 $x=1$ 是函数吗？

06 学生：是函数，x 是定值，y 是定值，可以是函数。

07 教师：怎么体现 y 是定值呢？

08 学生：x 是定值，y 可以对应 x 都是 1，还是构成了那种一个因变量只对应一个自变量。

09 教师：就是？

10 学生：就是 y 的值不同，但是 x 都是一个。嗯（笑），还是构成了这种一对一的关系。

11 教师：你画出 $x=1$ 对应的图，再看看。

12 学生：（画出图）嗯……它不是函数。因为它一个 x 对应了很多个 y，不是只对应一个 y，不是函数了。

从上述访谈的信息单元[06]和[08]可知，学生 4 认为“x 是定值，y 可以对

---

① 之所以意外，是因为该学生是一名数学成绩非常优秀的学生。

应 x 都是 1”，因此“构成了那种一个因变量只对应一个自变量”的函数。直到在老师的引导下画出 $x=1$ 的图，他才意识到 $x=1$ 不满足函数的定义。对比画图前后该学生的表述可以发现：尽管之前其能够在头脑中想象出 $x=1$ 是一条竖着的直线，但却不能根据所想象的图正确解释 x 与 y 之间关系的本质。

二、抽象数学符号或语言理解障碍

相较于初中，高中阶段函数学习内容的抽象程度有了较大幅度的提升，其中很多概念的表述在形式化与符号化方面增强了很多。本研究发现，很多学生对其中一些抽象的数学符号或者数学语言的本质内涵难以准确把握。很多时候，即使学生们能够在背诵概念的定义时正确说出这些符号或语言，如“$\forall$”“对应”等，但是他们并没有真正理解其本质，从而造成在运用定义解决问题时出现各种错误。抽象数学符号或语言理解障碍，是指学生难以把握数学概念的定义中所包含的抽象数学符号或语言的内在含义。

（一）对符号“$\forall$”与“任意性”的理解障碍

在单调性与奇偶性概念的学习中，都会涉及用符号“$\forall$”以及 x 取值“任意性”的理解问题。学生们对符号“$\forall$”所表达的含义，以及数学语言中“任意性”这个词的本质理解存在认知障碍。有的学生将“任意的”与“随意的”混用，也有的学生将其与“无穷多”等价，还有很多学生在运用单调性的定义进行证明时，将 x_1，x_2 的任意性忽略，甚至直接用两个特殊值替代“$\forall x_1, x_2$”进行证明；等等。

图 5-5 中学生 5 的作答是测试问卷中第 3 题的作答中学生出现的一类较为普遍的错误作答形式。通过对该学生的访谈了解到，其能够正确表述出函数的每一个单调递增与递减区间，而没有意识到当写出这类形式时，已经不再满足单调性概念对自变量取值“任意性”的要求了。

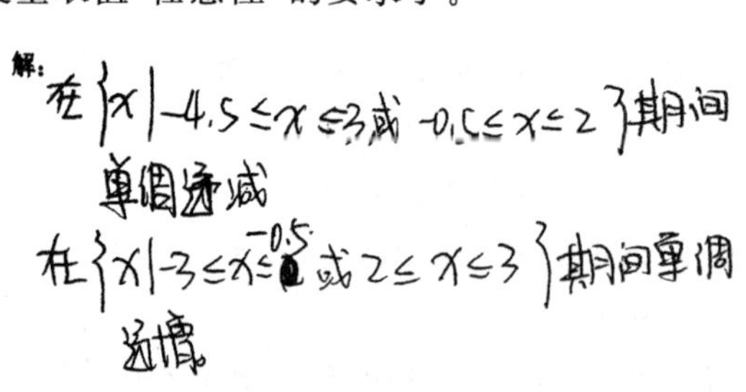

图 5-5　学生 5 的作答

除上述情况外，不少学生在运用定义证明函数单调性的过程中，经常出现以下忽略对 x_1 与 x_2 任意性的表述或直接应用两个特殊值进行证明的情况。

图 5-6 中学生 6 的作答是测试中学生普遍出现的一类错误，即没有表述出“$\forall x_1, x_2$”。然而，对于单调性定义而言，“任意性”的满足是其概念中的一个必要条件，这在一定意义上说明该学生没能准确理解这一抽象符号所代表的含义。

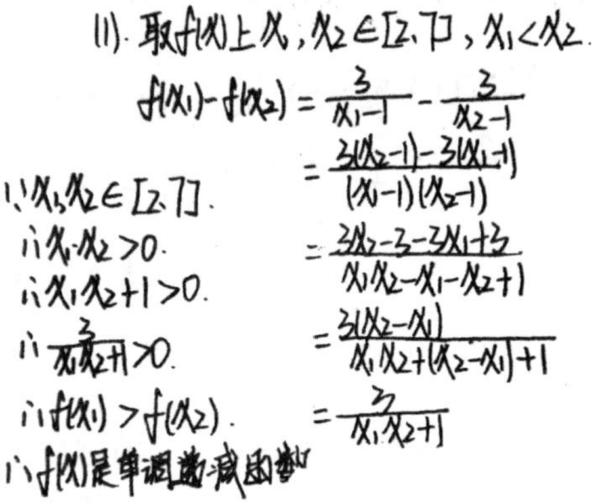

图 5-6　学生 6 的作答

以下是对学生 6 的访谈转录文本：

01 教师：在你印象里什么是单调递减函数呢？

02 学生：就是定义：$x_1 < x_2$，它们都在定义域里，然后 $f(x_1) > f(x_2)$。

03 教师：那你刚才说的 x_1 与 x_2，只要找两个就可以吗？

04 学生：定义域里的。

05 教师：嗯，定义域里随便找两个就可以吗？

06 学生：不相等的，应该是随意找的。

07 教师：“随意找的”和“任意找的”有区别吗？

08 学生：让我选，我肯定选“任意找的”，“随意找”可能会带有个人的主观色彩。“任意”感觉就好像覆盖得更全面。

09 教师：那我告诉你，定义里面有“任意的”。你觉得这个“任意的”是必要的吗？

10 学生：是，没有的话不清晰，就是人家不知道怎么找这两个点。

从上述访谈中的信息单元[02]可以了解到：学生 6 在表述单调递减函数的定义时，就没有体现出“$\forall x_1, x_2$”。而在老师追问时，他表示：x_1 与 x_2“应该是随意找的”。在进一步交流中，其表示：“让我选，我肯定选‘任意找的’。‘随意找’可能会带有个人的主观色彩，‘任意’感觉就好像覆盖得更全面。”而且，他认为定义中出现“任意的”这个词的必要性在于“没有的话不清晰，就是人家不知道怎么找这两个点”。显然该学生完全没有理解定义中 x_1 与 x_2 取值“任意性”的本质与必要性。

图 5-7 中学生 7 的作答更是直接将“$\forall x_1, x_2$”用两个特殊值替代，仅就两个特殊值满足定义中的关系“证明了”函数的单调性。

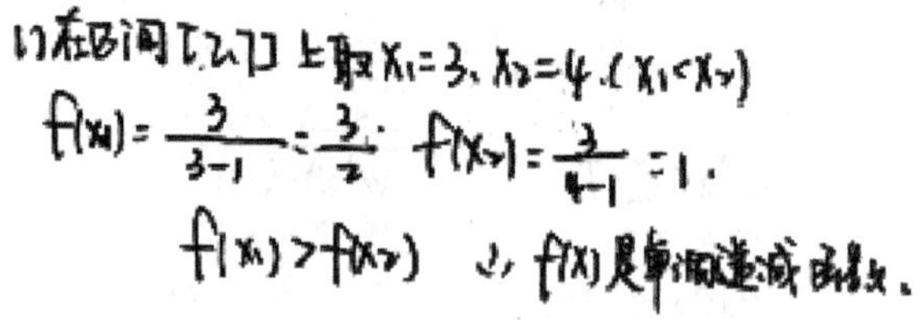

图 5-7　学生 7 的作答

如果没有特殊情况①，仅对单调性概念本质的理解而言，学生 6 与学生 7 的错误没有本质区别，他们的障碍都在于没有准确把握符号“$\forall$”的含义，从而导致没能理解单调性概念的本质。只是图 5-6 的书写更好地模仿了例题的证明过程。

学生在运用奇偶性概念解决问题的过程中，也能够反映出对符号“$\forall$”本质理解存在障碍。学生 8 在判断函数奇偶性的作答中，先正确求出了函数的定义域，然后在定义域内通过两对特殊值验证了 $f(-x)$ 与 $f(x)$ 的关系，进而做出偶函数的判断(图 5-8)。

从下面的访谈信息中可以了解到，学生 8 能够从几何与代数两个角度准确表述偶函数的概念、奇偶性的判断方法以及函数的定义域关于原点对称的意义等。特别地，她还都能够恰当举出反例来说明仅用特殊值判断 $f(-x)$ 与 $f(x)$ 的关系是“不严谨的”，以及这样做可能带来的风险。以上这些虽然在一定意义上表明其能够“理解”偶函数(或奇偶性)定义中 x 取值任意性的意义，然而，无论什么因素导致她最终选择运用特殊值进行判断，都在一定意义上反映出其没有完全准确地把握定义中“函数的定义域是 I，$\forall x \in I$，$-x \in I$”这一抽象符号

① 在后续研究中，我们发现有学生理解“任意”的含义和作用，但在表述时会因为“默认”而漏写。

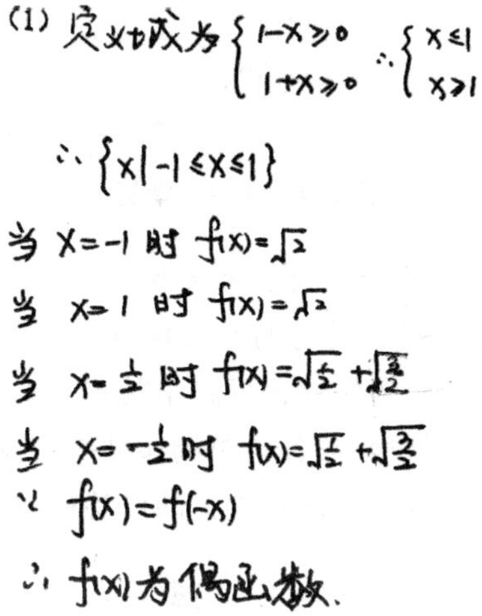

图 5-8　学生 8 的作答

的本质含义。

以下是对学生 8 的访谈转录文本：

01 教师：你认为什么是偶函数？

02 学生：就是图象关于 y 轴对称。

03 教师：好！那么从代数角度怎么定义偶函数呢？

04 学生：$f(-x)=f(x)$。

05 教师：你认为判断奇偶性的一般方法是什么？

06 学生：看它是不是符合当 x 互为相反数时，它们的函数值相等。

07 教师：你在作答时为什么首先求出了函数的定义域？

08 学生：因为如果定义域不关于原点对称的话，它是非奇非偶函数。

09 教师：在函数的定义域是关于原点对称的情况下，通过计算两对相反数对应的函数值相等能否作为判断一个函数是偶函数的依据？

10 学生：应该不是很严谨。

11 教师：怎么叫不是很严谨？

12 学生：就是万一它是特例，就不对。

13 教师：你的意思是？

14 学生：就是虽然这个满足了，但是其他的可能不满足。

15 教师：你能举出一个具体的例子吗？

（学生画出了图 5-9）

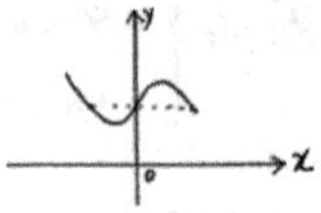

图 5-9　学生 8 举例

16 教师：嗯！那我们来看看你的解答过程。

17 学生：我的不对了，我这就有两个特殊值。

学生在测试问卷中第 7 题的作答也反映出其不能准确把握单调性定义中“任意性”的本质。学生 9 写出两段函数各自单调递减需要满足的条件，而没有关注函数整体是否具有单调性。这种错误在学生的作答中较为普遍。

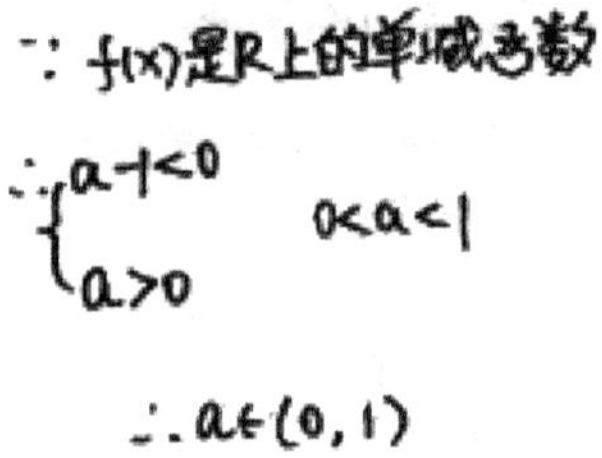

图 5-10　学生 9 的作答

以下是对学生 9 的访谈转录文本：

01 教师：这个函数需要满足什么条件，它就会在 **R** 上单调递减了？

02 学生：它的 y 随着 x 的增大而减小就可以了。

03 教师：那你写的条件满足“y 随着 x 的增大而减小”吗？

04 学生：好像不满足。

05 教师：你的意思是？

06 学生：它是一个分段函数，然后就是它的分界点 $x=1$ 时……(思考)就是在 $x\leqslant 1$ 时，$f(1)$应该是它的最小值；$x>1$ 的时候 $f(1)$应该是它的最大值。

07 教师：那又如何？

08 学生：嗯……好像是那个最小值的 $f(1)$应该大于那个最大值的 $f(1)$。

由上述访谈信息单元[02]可知，该生能够用“y 随着 x 的增大而减小”这样的描述性语言表述函数单调递减的概念，而这句话中内隐的“任意性”其并没有领会。如果其能够把握单调性定义中自变量取值任意性的本质，自然不会出现这样的问题。

图 5-11 所呈现的学生 10 的作答中，虽然与学生 9 的错误表现形式不同，

但是其本质是一样的。他在作答中只关注了分界点处需要满足的单调性条件。在访谈中，对于为什么没有关注函数的其他部分，即函数在分界点两侧各自的单调性时，该学生表示“我好像没有想到。”

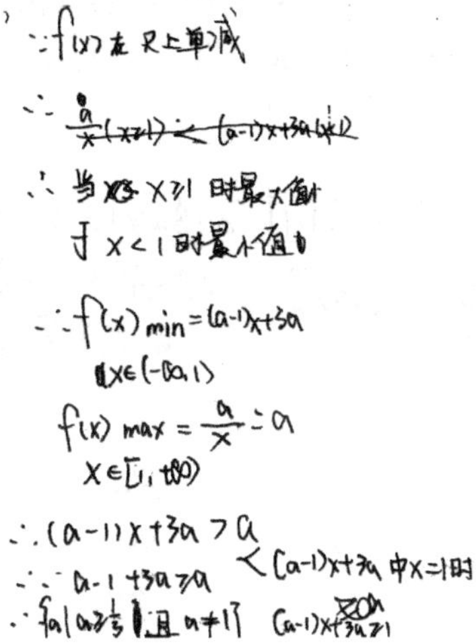

图 5-11 学生 10 的作答

在测试中学生 11 对问题 7 几乎没有作答。研究者也对其实施了访谈。以下是访谈转录文本：

01 教师：对于第(2)问，你能说一说你是怎么思考的吗？

02 学生：我没看懂。

03 教师：哪里没看懂？

04 学生：就感觉这样一个式子，它里面没有数也没有关系。后面还有 $x \in [a, b]$ 什么的，然后它问在定义域、单调什么的。

05 教师：你的意思是？

06 学生：嗯……就是搞不清那些东西都是什么。

07 教师：这和你平时做的分段函数，就像第(1)问的函数不是一个形式吗，你觉得有什么区别？

08 学生：就是根据这个没有明确的给出来，没看明白。

上述访谈中学生 11 的表述反映出，由于题目中抽象的符号语言及其关系，让他感受到相对于(1)问的具体函数而言，(2)问困难很多。他在与老师的交流中表示“搞不清那些东西都是什么”，也就是对于这些符号语言所表示的含义其未能理解！

研究者还发现学生对符号“∀”或是“任意性”这一词的本质内涵理解不充分，不但造成其对单个概念自身理解的认知障碍，还会造成学生只能形式化地套用这一符号，从而导致不同概念之间、不同解题方法之间出现混乱的情况。

学生 12 在测试第 6 题两问的解答中(图 5-12)都出现了先设 x 属于定义域在原点一侧的区间，然后推导出 $-x$ 属于另一侧的对称区间，如“设 $x>0$，则 $-x<0$”的过程。

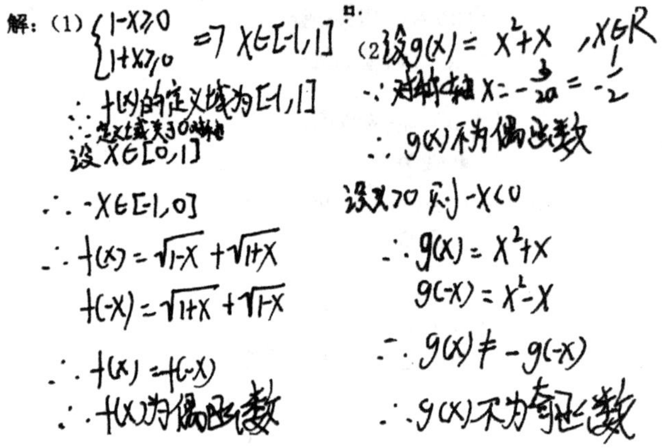

图 5-12　学生 12 的作答

以下是对学生 12 的访谈转录文本：

01 教师：这里你写“设 $x>0$，则 $-x<0$”想说明什么？

02 学生：我就想设一个 x 和一个 $-x$。然后判断 $f(x)$ 与 $f(-x)$ 的关系。

03 教师：你认为什么是偶函数？

04 学生：偶函数是对于任意一个 x 属于定义域，$-x$ 也属于定义域，都有 $f(-x)=f(x)$。

05 教师：对！那你这样写是对定义域中任意一个 x 都证明了 $f(-x)=f(x)$ 吗？

06 学生：是吧？

07 教师：你不是“设 $x>0$”吗？

08 学生：就是我只对 $x>0$ 的情况证明了 $f(-x)=f(x)$ 成立，不是对定义域中的任意 x 吗？

09 教师：你认为呢？

10 学生：好像是。

11 学生：老师我记得有一个题是已知函数的奇偶性和 $x>0$ 的解析式，求 $x<0$ 的解析式，您记得吗？

12 教师：嗯，是有的。

13 学生：我总觉得这两个差不多，可能是串了……

上述访谈中，学生 12 清楚偶函数的概念，而且明确表示“对于任意一个 x 属于定义域”都要满足条件。但是从信息单元[05]至[08]可知，他起初并没有意识到自己的解答没有满足这一条件，后来他才意识到自己将两种类型题的求解“串了”。

由于奇偶性与单调性定义中符号语言的抽象程度比较高，而且又都出现符号“∀”，致使很多学生会将这两个概念混淆。学生 13 在第 5 题的作答中举出一个非奇非偶函数的例子，并在说明理由的过程中出现了这种混淆问题。

通过访谈了解到，学生 13 清楚奇函数与偶函数的定义。当看到自己的作答时，他很诧异！明确表示“我可能是概念背混淆了！验证奇偶性和验证单调性这两个弄混了。”

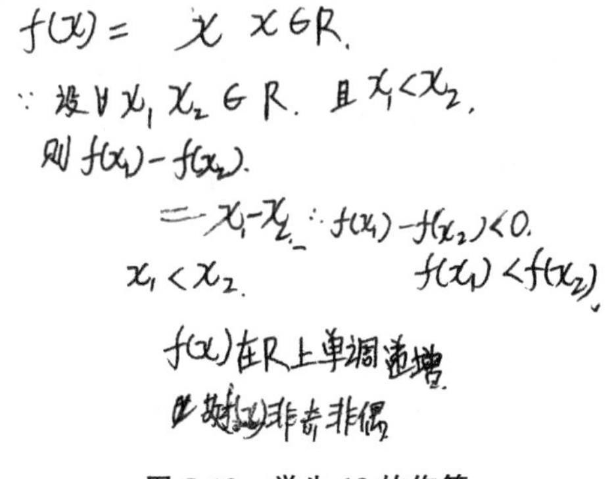

图 5-13　学生 13 的作答

以下是对学生 13 的访谈转录文本：

01 教师：你觉得什么是奇函数？

02 学生：函数满足条件 $f(-x)=-f(x)$，就是奇函数。

03 教师：偶函数呢？

04 学生：函数满足条件 $f(-x)=f(x)$，就是偶函数。

05 教师：在这道题的解答中，你举出的非奇非偶函数的例子是 $y=x$。

06 学生：哎呀！这是奇函数。嘿！我怎么用单调性去说明理由(自己很疑惑)?! 我可能是将概念背混淆了！验证奇偶性和验证单调性这两个弄混了。

07 教师：你解答中的最后一步推理怎么理解？

08 学生：其实，如果函数不过原点的话，它单调递增可以说是非奇非偶(函数)。我要是说一句不过原点就可以啦！

09 教师：是吗？如果给出的还是 $y=x$，定义域限定 $x\neq 0$ 呢？它已经不过原点了。

10 学生：嗯，还是奇函数。

11 教师：你的意思是？

12 学生：就是过不过原点不能作为判断奇偶性的依据。

13 教师：你能举例说明吗？

14 学生：就是它们的定义域关于原点对称，比如还是 $y=x$，$x\in(-\infty,-2]\cup[2,+\infty)$。

(二)对"对应"理解的障碍

在函数定义中"对应"这一数学语言，对学生而言既具体又抽象。说具体，是因为当给定自变量 x 一个具体的值时，学生能够通过运用解析式计算出其对应的函数值，明确地看到这种"对应"；而学生对其感到抽象的原因至少有两方面：第一，当自变量在某一范围内取值的时候，对应的函数值是不能直接或不能完全看到的具体数值；第二，也是非常重要的一方面，是当一个函数在定义域的不同区间上有不同的对应关系时，会让学生难以理解这种区间与"对应关系"的对应。

如前所述，图 5-4 中学生 2 的错误作答，一方面反映出其在内化单调递减函数概念时，将其解释为"左边的函数值要比右边的函数值大"，从而出现了概念表征的障碍；另一方面，也反映出其没有理解函数定义中"对应"的本质，导致其直接将两个在不同区间成立的"对应关系"写在了一起，这便默认了本应该在两个不同区间分别成立的对应关系同时成立，表明该学生对"对应"的内涵理解存在障碍。

(三)对"$\leqslant$"理解的障碍

以下对学生 14 的访谈反映出在函数最大值概念的学习中，因为对符号"$\leqslant$"本质含义的不理解导致其对最大值概念的理解出现认知障碍。即学生认为只要 $f(x)\leqslant 2$，则函数的最大值就是 2。

以下是对学生 14 的访谈转录文本：

01 教师：如果 $f(x)<2$ 始终成立，是不是 $f(x)$ 的最大值就是 2 呢？

02 学生：不是，因为它到不了 2。如果是 $f(x)\leqslant 2$，最大值就是 2。

03 教师：是吗？

04 学生：是，因为它有等于 2，还不会大于 2。

由上述信息单元[04]可知，学生 14 认为有 $f(x)\leqslant 2$，就表明"它有等于 2"。这表明他没有理解符号"≤"的本质含义。根据以往教学经验，有这种想法的学生是很多的，其根本原因是学生不能正确理解符号"≤"所表征的逻辑关系。

通过以上分析可知，在函数相关概念学习中，学生对抽象的数学符号或数学语言的理解障碍不但会影响学生对概念本身的准确理解和把握，还会因为不理解而只能进行形式化的"模仿"运用，从而会导致不能构建概念或方法之间的正确关联，从而导致概念或方法等在运用中的混淆，造成诸多错误的出现。

三、思维定势

思维定势，是指学生将先前形成的已经不适应新概念学习的知识与经验、解题方法与思维方式等不自觉地带入到新概念的学习或运用之中。一方面，在学生进入高中学习之前已经经历了很长时间的数学学习，在此过程中每个人都会形成一些惯性的思维；另一方面，高中阶段函数内容的学习是初中阶段学习基础上的一个更高阶段的学习，学生容易把前一阶段学习所形成的概念理解与思维模式等带入后一阶段。已有研究表明，这种从一个水平到另一个水平的概念学习，比学习一个全新的数学概念出错率更高。① 其主要原因在于学生认知的发展不一定能够与概念发展的层次或阶段相同步。这种认知与概念发展的差异容易造成数学概念学习的错误。本研究发现，不同学生存在将先前形成的已经不适应高中阶段函数学习的知识或经验、思维方式等不自觉地带入到新概念的学习或运用之中的情况。

部分学生在测试问卷第 1 题第(2)问的作答中出现了与图 5-14 和图 5-15 中学生 15 与学生 16 类似的错误，即虽然他们所构造的式子中 x 的取值范围满足区间$(-1, 1]$这个条件，但这两个都是代数式，而不是函数的解析式。针对这一问题，研究者对学生 15 实施了追踪访谈。

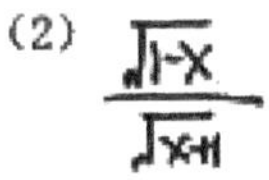

图 5-14　学生 15 的作答

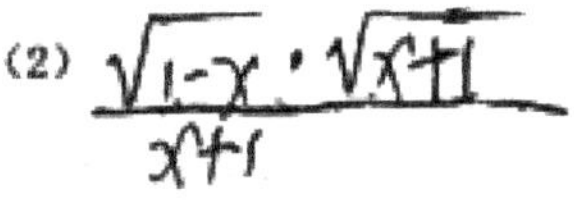

图 5-15　学生 16 的作答

① 李善良：《现代认知观下的数学概念学习与教学理论研究》，南京师范大学博士学位论文，2002 年，第 130－131 页。

以下是对学生 15 的访谈转录文本：

01 教师：你觉得自己所构造的是否符合题目要求？

02 学生：哦！我是不是应该写 $f(x)$ 等于呀？

03 教师：为什么？

04 学生：因为题目说构造一个函数，我写的这个不是一个函数。它是一个式子。

05 教师：它为什么不是一个函数？

06 学生：因为函数得有定义域，同时还有值域。

07 教师：你的意思是？

08 学生：就是如果它是一个函数的话，就得既有自变量也得有因变量。

09 教师：你能说说当时你是怎么想的吗？

10 学生：我没怎么想，不是写一个函数式吗，只要让式子中的 x 满足条件就可以了，左边不都是 y 吗。

从以上学生 15 的表述可以了解到，他能够意识到自己的错误所在，并能够清楚表述错误的原因。那么学生为什么会出现这种明显的错误呢？从信息单元[10]可以了解到，由于其所见到的函数解析式中"="左侧都是因变量 y[或 $f(x)$]，每一个函数的差异都在等号右侧，因此只要自己将"="右侧符合条件的"含有 x 的式子"写出就可以了。

对于第 5 题判断函数奇偶性，从学生 17 的作答中可以发现(图 5-16)，其先是在求解定义域时错解出 $x=1$，而后根据已有思维习惯，直接将 $x=1$ 代回已知解析式并化简得出 $f(x)=0$，接下来她又根据这一解析式的特征直接判断其既是奇函数又是偶函数。

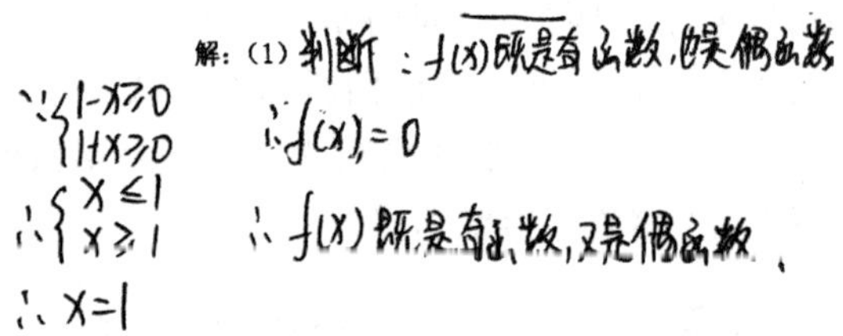

图 5-16　学生 17 的作答

从以下对学生 17 的访谈信息单元[01]至[10]可知，学生 17 对偶函数的概念十分清晰，无论是几何特征还是代数定义、判断方法都表述非常准确。而其思维定势出现在两个地方：其一，计算出 $x=1$ 后就忙着用它做进一步运算，这是很多学生学数学都存在的思维定势，也就是“只要有数就赶忙算”；其二，当看到 $f(x)=0$，就会默认其定义域是 **R**，便得出非奇非偶函数的结论。

对学生 17 的访谈转录文本如下：

01 教师：偶函数的概念是什么？

02 学生：图象关于 y 轴对称。

03 教师：好，它的代数定义是什么？

04 学生：自变量是相反数时，y 值相同。

05 教师：很好！一般情况下，判断奇偶性的程序是什么？

06 学生：就是对于任意的 x 属于定义域，有 $-x$ 也属于定义域，然后如果 $f(-x)=f(x)$，就是偶函数，如果 $f(-x)=-f(x)$ 就是奇函数。

07 教师：在这里“对于任意的 x 属于定义域，有 $-x$ 也属于定义域”是想说明什么？

08 学生：是说对称。

09 教师：什么对称？

10 学生：嗯……定义域吧，定义域关于原点对称。

11 教师：嗯。这道题目你是怎么判断其既是奇函数又是偶函数的呢？

12 学生：这里要满足定义域的话，只有 $x=1$，则函数就是 $f(x)=0$。所以它都是。

13 教师：你是不是求错定义域了？

14 学生：嗯？哦！是的。

15 教师：假设你求的定义域是对的，那么函数 $f(x)$ 是既是奇函数又是偶函数吗？

16 学生：是。

17 教师：那你刚才所说的“对于任意的 x 属于定义域，有 $-x$ 也属于定义域”，这个函数满足吗？

18 学生：嗯？我记得之前那个是什么来的？

19 教师：你是说之前老师讲过函数 $f(x)=0$ 既是奇函数又是偶函数吗？

20 学生：对！我就想着这个的图象既关于 y 轴对称，又关于原点对称。

21 教师：你记得当时在讲函数 $f(x)=0$ 既是奇函数又是偶函数的前提是什么吗？

22 学生：前提？定义域是 **R**。哦！我的只有 1，定义域不关于原点对称。

23 教师：你当时的思维过程是什么？

24 学生：我当时就想函数先得成立嘛，然后求出定义域，然后一看 $x=1$ 就忙着去化简函数的解析式了。再然后一看 $f(x)=0$ 是讲过的，然后就想起它都是了。

学生们经过初中阶段的学习，已经习惯于函数的定义域是 **R**。基于此，很多学生在思考和解决问题的时候会不自觉地认为函数的定义域是 **R**，从而导致认知障碍或错误。学生 18 的作答中没有求函数的定义域，而是自己设“$\forall x \in$ **R**”，并据此进一步进行判断(图 5-17)。

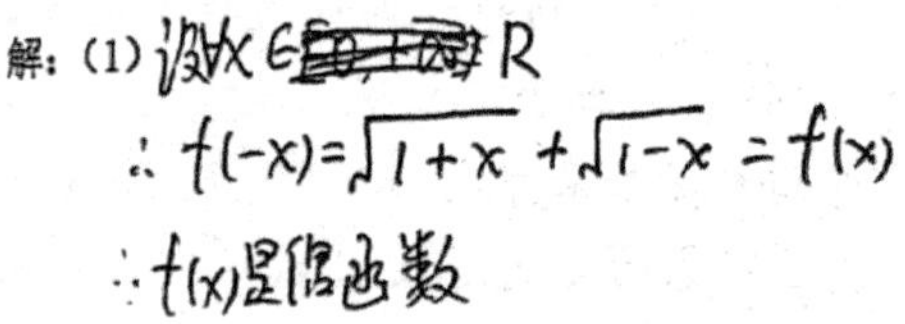

图 5-17　学生 18 的作答

以下是对学生 18 的访谈转录文本：

01 教师：你觉得什么是函数的奇偶性？

02 学生：偶函数就是 $f(-x)=f(x)$，图象关于 y 轴对称；奇函数是 $f(-x)=-f(x)$，图象关于原点对称。

03 教师：在这道题目的作答中，你设 $\forall x \in$ **R** 是想说明什么？

04 学生：我可能觉得最大的数集就是实数集。

05 教师：那你所设与此函数的定义域有什么关系吗？

06 学生：关系？哦！老师我错了，我忘了定义域了。

07 教师：你觉得定义域和奇偶性有什么关系吗？

08 学生：定义域应该是在 x 轴两边对称的。因为不对称图象就不会关于 y 轴对称。

以上访谈信息表明，该学生完全理解定义域关于原点对称是函数具有奇偶性的必要条件(信息单元[08])。然而，当被问及为什么设“$\forall x \in$ **R**”时，他表示“我可能觉得最大的数集就是实数集”，直到老师再进一步追问他所设与定义域的关系时，他才意识到自己“忘了定义域”。

有部分学生在第 7 题第(2)问的作答中写出了与学生 19 所写的④类似的条件(图 5-18)。经过访谈发现他们在内化概念时进行了非等价替代，这一点可以从下面对学生 19 访谈的信息单元[12]得到证实。除此之外，从信息单元[06]、[08]、[13]以及[15]中可以了解到，导致他这样替代的原因是将函数的定义域

想象为实数集 **R**。

（2）
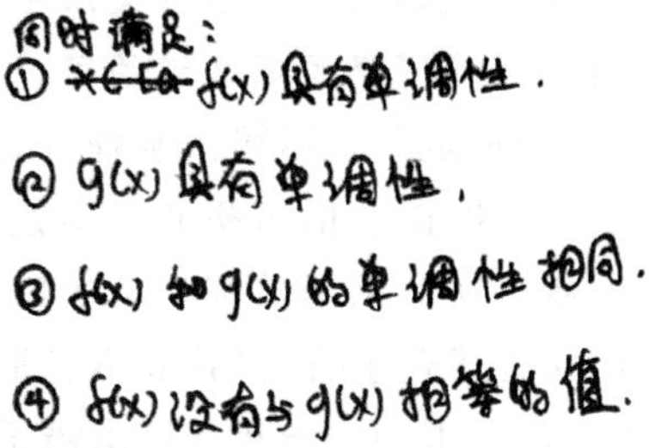

图 5-18　学生 19 的作答

以下是对学生 19 的访谈转录文本：

01 教师：你能解释一下你的作答中④想表达的意思吗？

02 学生：就是如果它们一直不相等就单调了呀！

03 教师：单调吗？

04 学生：单调呀！

05 教师：你能不能找到一个这样的例子：$f(x)$和 $g(x)$都是单调递增函数，它俩的函数值不相等，但是整个函数 $H(x)$不单调。

06 学生：(思考)哦！它的定义域不是 **R**。如果定义域是 **R**，我就对了吧？

07 教师：为什么？

08 学生：应该值域是 **R** 吧？

09 教师：值域是 **R** 的话，它们就应该有相等的值吧？

10 学生：嗯，对！老师我想错了。

11 教师：你能回忆一下当时是怎么思考的吗？

12 学生：就因为之前在做单调性的题时，如果它是增函数，只要左边函数的最大值小于右边这个。然后，我就想它们只要不相等就行了，但是我忘了不相等还可能是右边的图象在下面的情况。

13 学生：我觉得它是一条直线就直接过去了，底下就不能再有其他图象了。就是如果定义域是全部的话，(图象)就一直延伸下去了，就不能再往下面搁东西。

14 教师：你刚才提到直线？

15 学生：我没有，就是说如果定义域一直到负无穷大，值域也一直到负无穷，它就不能再往下面搁东西了。

16 教师：你没有关注题目的条件，而是想到定义域是 **R** 的情况了？

17 学生：嗯，我想成定义域是 **R** 的情形啦。

18 教师：什么会导致你想到这些，而没有关注题目条件呢？

19 学生：就是想着想着就忘了题目怎么说的了。

学生 20 的作答(图 5-19)很是令人不解！他所描出的各点明明共线，但却执意要用待定系数法去求一个二次函数的解析式。访谈中，他表示判断依据是 y 的值没有负数，而一次函数与反比例函数都有负的值。我们暂且不说他没有观察出各个点共线的特征，仅就其表述的“它的 y 不能是负值”以及“一次函数和反比例的 y 可以是负的”便可以了解到，导致其做出错误判断的其中一个认知障碍是其认为函数的定义域是 **R**(或者只是反比例函数需要满足 x 不能为 0)，而当定义域是 **R** 的时候才会出现只有二次函数无负值的情况。

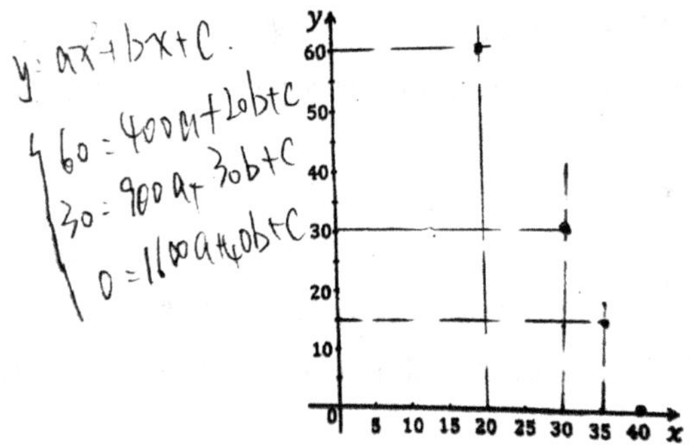

图 5-19　学生 20 的作答

以下是对学生 20 的访谈转录文本：

01 教师：这道题目，你是根据什么判断它是一个二次函数的？

02 学生：嗯……就是它的 y 不能是负值。

03 教师：不能负值，就是二次函数吗？

04 学生：一次函数和反比例的 y 可以是负的。嗯……我也忘了当时怎么想的了。

05 教师：你画出的图给你什么启发吗？

06 学生：我就看它是单调递减的了。

07 教师：通过图观察，你没有发现它符合哪个函数模型？

08 学生：没有观察出来。

通过以上分析发现，不同学生可能在知识上、方法上、解题程序上、思维上、表述上等多个方面出现不同的情况的思维定势障碍。

四、关联障碍

概念之间的联系贯穿于概念学习的始终。无论是新概念的形成还是概念的运用，都需要建立与其他概念或知识之间的联系，而在建立联系的过程中就可能产生错误。关联障碍，是指学生在数学概念的学习与运用中，对概念内部或概念之间不能建立完整的关联或建立了不恰当的关联以及出现逻辑关联等问题。

本研究发现学生普遍存在的认知障碍是相关概念或知识不能建立（完整）关联，表现出各个概念之间彼此孤立。此外，还有部分学生出现了不恰当的关联以及逻辑关联问题等。有些学生会根据一些图形直观上的相似，将不同类型的函数之间进行错误的关联；有些学生因为看到函数解析式之间有相似之处，就进行了不恰当的类比；还有些学生则出现对知识进行错误的归类或错误的替代等认知障碍。

（一）“类比”关联障碍

函数理解测试问卷中第 3 题考查了学生对单调性概念的理解。

第 3 题：下图是函数 $f(x)$ 的图象，请根据图象写出函数 $f(x)$ 的单调区间。

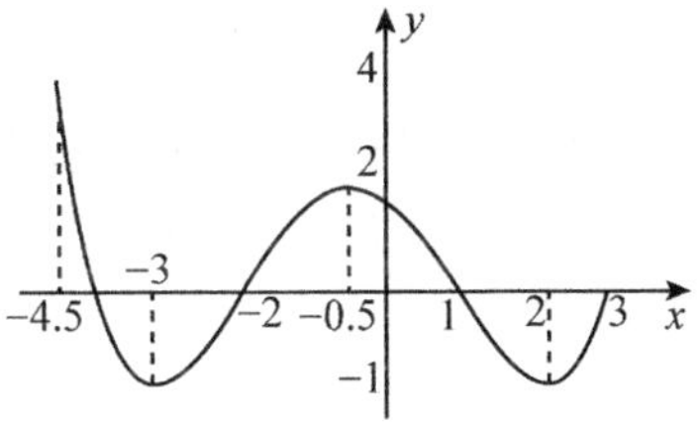

图 5-20　测试卷中第 3 题

从图 5-21 与图 5-22 中学生的作答可以看出：他们因为观察到函数 $f(x)$ 的图象的形状与正弦或余弦函数图象相似①，于是直接与三角函数建立了关联。学生 21 直接将正余弦函数的周期 $2k\pi$ 作为函数 $f(x)$ 的周期，相当于出现了错误替代。而学生 22 先试图利用周期公式计算周期，当发现不成功时，干脆直接将周期定为 5，并写出了单调区间。他的问题可以认为是进行了错误的类比。研究者在梳理学生错误作答文本时发现出现这两类错误的学生不在少数。显然他们仅仅是因为图象相似，就将该函数与正弦或余弦函数的单调区间进行了错误的替代或类比，从而出现关联障碍。

① 测试安排在高一第二学期，恰好在三角函数的教学之后。

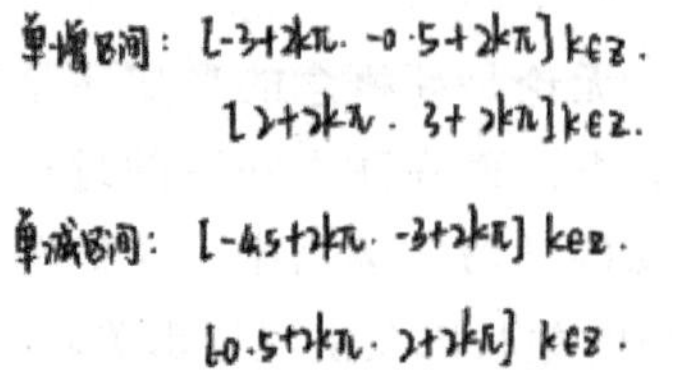

图 5-21　学生 21 的作答

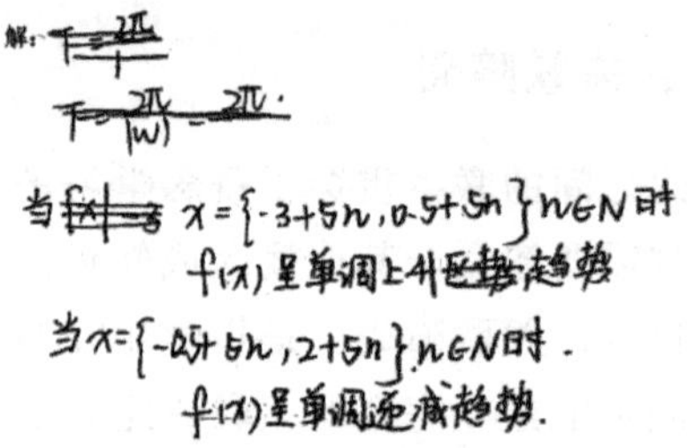

图 5-22　学生 22 的作答

学生在初高中函数内容的学习中，所接触到的研究函数性质的方法基本上都是通过“列表、描点、连线”的方式先画出函数图象，再观察图象归纳出性质。因此，他们对于根据函数的解析式，利用代数推理的方式探究函数性质的方法非常陌生。

在第 10 题的作答中，绝大多数学生都是根据上述方法研究函数性质。研究中发现：当学生看到函数 $f(x)=\frac{1}{x^2}$ 的解析式与以往学习过的二次函数 $y=x^2$ 或反比例 $y=\frac{1}{x}$ 的解析式“相似”时，就会在头脑中先行呈现出一个函数的形象。而后在描点、画图与解决问题时，便依据头脑中的这个图形进行。

如图 5-23 所示，有的学生虽然列表正确，但是在画图时却不“忠实于”所列数值，而是按照自己想象的样子画出图。

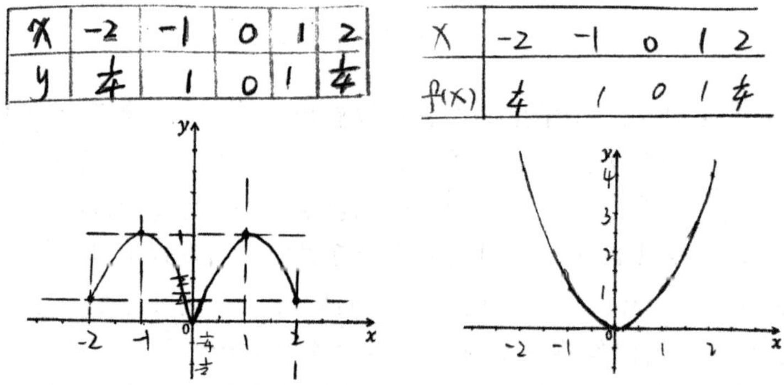

图 5-23　学生的作答

图 5-24 中，学生 23 在作答中，先判断该函数为反比例函数，进而索性依据这一判断去计算函数值，就连得到的平方数居然都是负数！

图 5-25 中学生 24 的作答是比较典型的错误作答之一。通过访谈了解到，该学生看到函数 $f(x)=\frac{1}{x^2}$后直接关联到函数 $y=\frac{1}{x}$，导致之后 $f(x)$的图象及性质完全“类比”$y=\frac{1}{x}$获得。

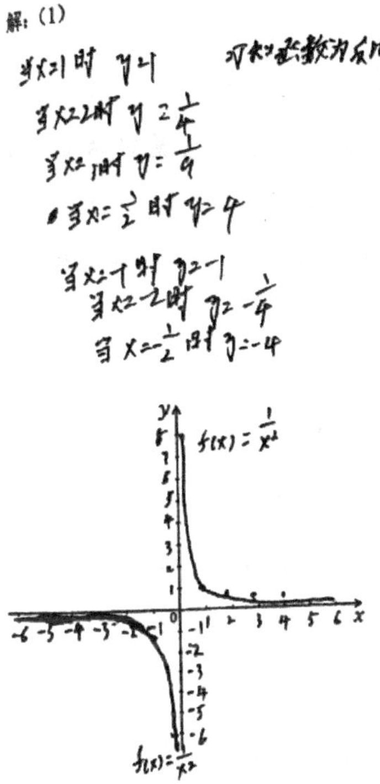

图 5-24　学生 23 的作答

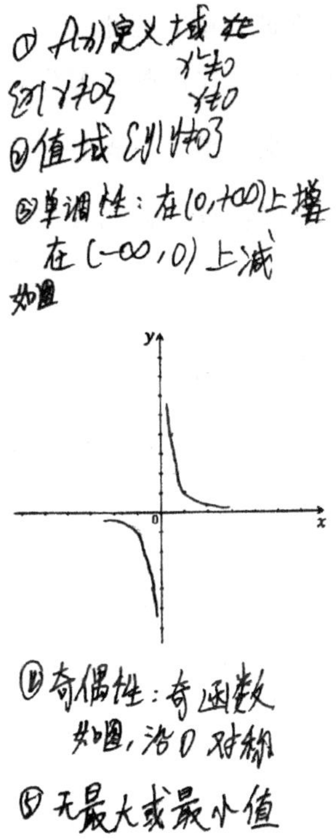

图 5-25　学生 24 的作答

以下是对学生 24 的访谈转录文本：

01 教师：你能说说这个函数的图象是怎么得到的吗？

02 学生：这个，噢，我懂了。就是我可能是受到 $y=\frac{1}{x}$的影响。应该 $x>0$ 的部分我是描点画的，然后 y 轴左边直接当成和 $y=\frac{1}{x}$类似，把它当成奇函数，然后对称地画出来了。

03 教师：那奇偶性呢？

04 学生：应该是根据 $y=\frac{1}{x}$ 直接确定的。

05 教师：你还有其他方法来判断奇偶性吗？

06 学生：用定义证明。就是根据定义，用 $f(-x)=f(x)$，它应该是偶函数。

07 教师：值域你是怎么得到的呢？

08 学生：值域是我算的，就是根据定义域算的。就是 $x\neq 0$，y 也不等于 0；x 是负的，噢，它也是正的。

09 教师：你当时就觉得 $x\neq 0$，于是也有 $y\neq 0$？

10 学生：噢……我当时应该是和 $y=\frac{1}{x}$ 类比了。我就感觉它俩是差不多的。

11 教师：噢，你就没有仔细观察函数的解析式，完全"类比"过去了？

12 学生：我当时不正好图又画错了吗，然后我一看图，我就觉得自己求得更对了！

上述访谈信息可知，学生 24 自己通过描点画出了函数在 $x>0$ 部分的图象，然后 y 轴左侧的图象他就"直接当成和 $y=\frac{1}{x}$ 类似，把它当成奇函数，然后对称地画出来。"由于有了这样一个错误的类比，他直接根据 $y=\frac{1}{x}$ 的奇偶性确定了该函数的奇偶性。虽然他表示函数的值域是他自己根据定义域求得的，但后来发现在求解过程中，他仍然是类比了 $y=\frac{1}{x}$。

以上分析表明，不同学生可能会因为图象或者函数解析式在"形象"上的相似等，导致其出现"类比"障碍的情况，而其中有些"过度的类比"几乎成了错误"替代"。

(二)"替代"关联障碍

在研究过程中发现，很多学生会在建立概念的内部表征或者对概念运用的过程中出现在不等价的情况下进行概念或知识之间的相互替代的现象。

之前在图 5-18 与图 5-21 中所呈现的学生的作答也出现了错误的替代。除此之外，学生 25 在访谈中将初中所学"y 随着 x 的增大而增大，或 y 随着 x 的增大而减小"用"自变量和因变量是正方向的关系，或者是反方向的关系"这样的形象的描述性语言进行了替代。与学生 25 类似，学生 26 在内化函数单调递减的定义时，出现将定义形象地记忆成"左边的部分应该比右边的值大"，进而又用"图象上的感觉就是左侧一定比右侧的要高"这样的生活中的模糊语言进行了替代。也有研究者将这样的替代称为“形象描述”替代①。

对学生 27 的访谈转录文本如下：

01 教师：你能举出没有解析式的函数例子吗？

02 学生：根据函数定义不就都有解析式吗？函数不就是定义域、解析式和值域吗？不就都有解析式吗！

03 教师：你能回忆起函数的定义吗？

04 学生：就是每一个 x 对应一个 y。

05 教师：那是怎么对应的呢？

06 学生：不就是解析式吗！

由以上信息可知，学生 27 则在访谈中表示“函数不就是定义域、解析式和值域吗？不就都有解析式吗！”可见在构建高中函数定义的内部表征时，他直接将对应关系用解析式进行了替代，从而将函数定义理解为“自变量、解析式和因变量”。于是便将“有解析式”作为判断函数的标准之一。这将导致其对函数概念理解的障碍。

测试问卷中第 2 题考查了学生对函数概念的理解。对于这一问题，学生们的错误集中在对④的判断。通过分析发现，其中有相当一部分学生在值域概念的理解中出现了错误替代。

对于④中的函数，学生 28 给出的理由是：值域是区间[0，2]的真子集，因此符合条件(图 5-26)。

题号	可否作为 $f(x)$ 的图象（填写“是”或“否”）	理　由
①	否.	图①中当 $x∈[0,2]$ 时并无函数值与之对应，不满足集合 $M=\{x\|-2≤x≤2\}$ 的定义域，图①中的定义域为 $\{x\|-2≤x<0\}$.
②	是.	图②中满足自变量关于对应法则的运算，其自变量为 $\{x\|-2≤x≤2\}$，因变量值域为 $\{y\|0≤y≤2\}$ 符合.
③	否.	对于每一个 x，以对应法则对应的 y 都不是有唯一值与之对应，不是[illegible]
④	是.	该图中的值域是 $N=\{y\|0≤y≤2\}$ 的真子集，符合条件.

图 5-26　学生 28 的作答

① 李善良：《现代认知观下的数学概念学习与教学理论研究》，南京师范大学博士学位论文，2002 年，第 124 页。

以下是对学生28的访谈转录文本：

01 教师：对于④，你能详细解释一下你所写理由的含义吗？

02 学生：根据图我不能确定函数④的 y 的最大值具体是多少。在学函数的时候不是说当函数最大值是多少不能确定的时候，我就可以找一个比它大一点的数，就是2。因为[0，2]包括它，所以说值域是[0，2]也没问题。

03 教师：你认为什么是函数的值域？

04 学生：就是函数的 x 经过一定的法则得出的函数值的范围。

05 教师：根据图象，你觉得函数值的取值范围是哪部分？

06 学生：(用笔指着图象)就是这儿。(他指出了正确的值域)

07 教师：对呀！

08 学生：老师我记得如果这个 y 的具体值算不出来，可以扩大。

09 教师：有吗？

10 学生：我记得好像是在学习函数时，说找不到具体的 y 值，可以扩大范围，就是空气质量指数的那个图。

从上述访谈中的信息单元[04]和[06]可以确认，该学生能够用自己的语言表述值域的概念，而他并没有据此做出正确的判断。根据信息单元[02]和[08]至[10]可知，他认为当不能准确确定函数的值域时，可以将这个值域的范围适当扩大，以便能够表示出来。也就是能够用一个包含值域，又能够确切表示出来的集合替代值域。

根据上述分析可知，学生容易使用更加形象的描述性的或者生活化的语言来替代严谨的数学语言，容易出现用典型特征对概念进行替代(如用解析式替代对应关系)，还容易出现用操作方式对概念进行替代(如用比值域大一些的区间替代值域)等现象，从而导致概念理解的认知障碍。

(三)逻辑关联障碍

在概念或知识之间建立联系时，出现逻辑错误也是学生经常出现的问题之一。前述图5-13所呈现的学生13在作答中，除了出现前述因为符号的抽象性导致其将奇偶性与单调性概念混淆的认知障碍之外，还表现出在构建知识间关联时出现逻辑错误。其解答的最后一步推理“函数在 **R** 上单调递增，则必是一个非奇非偶函数”表明是其出现了逻辑关联障碍。

图5-27所呈现的学生29的作答中也出现了逻辑问题。

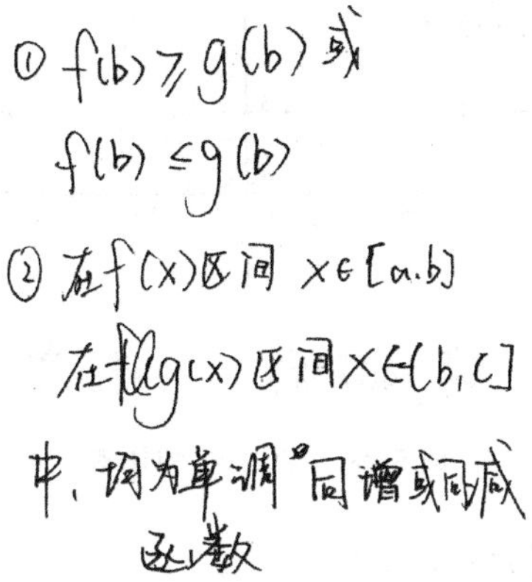

图 5-27　学生 29 的作答

以下是对学生 29 的访谈转录文本：

01 教师：你能解释一下解答中所要表达的意思吗？

02 学生：b 相当于它们俩的分界线。函数 $f(x)$的 x 的取值范围里面有 b，$g(x)$的 x 取不到 b，我这里就假设它也能取到。要是想满足单调函数，应该满足 $f(x)$的最小值大于或等于 $g(x)$的最大值，或者 $f(x)$的最大值小于或等于 $g(x)$的最小值。这就是我写的①。然后仅满足这个还不行，还要满足这两个函数在各自的区间内都是单调递增或单调递减函数，这个就是我写的②。

03 教师：你的①与②之间有匹配吗？你这里写的是“或”。

根据以上访谈中的信息单元[02]可知，该学生理解单调性的定义，而且能够清晰地表述出自己的思路。但是，他在表述自己的观点时却出现了逻辑问题。

对学生 30 的访谈转录文本如下：

01 教师：对于 $y=1$，你认为它是函数吗？

02 学生：应该是，因为我觉得它可以写成 $y=1+0 \cdot x$，就是一次函数的样子，而且这样不管 x 取什么值，y 有和它对应的值。

03 教师：你认为 $y=1+0 \cdot x$ 是一次函数吗？

04 学生：噢，不是。但是可以看成这种形式。

由以上访谈信息可知，学生 30 在将 $y=1$ 等价转化为 $y=1+0 \cdot x$ 之后，错误地将其归入一次函数的一般形式 $y=kx+b$，进而认为既然已经是一次函数的形式了，那当然是函数。显然其出现了逻辑错误。

图 5-28 是学生 31 对判断奇偶性(第 5 题)的作答，而其中的图形从何而来？偶函数的结论又是如何得出？研究者在访谈中找到了答案。

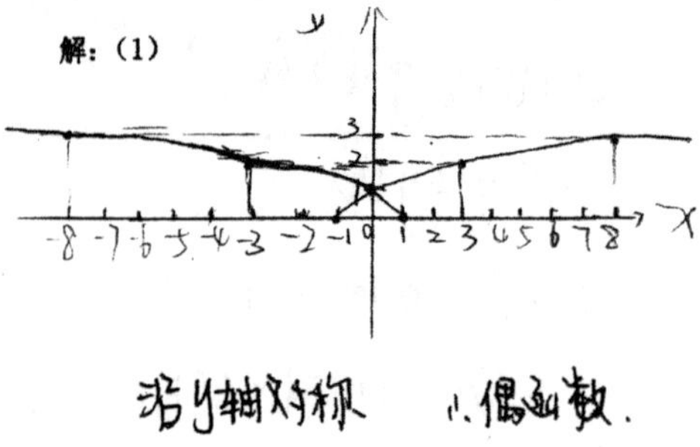

图 5-28　学生 31 的作答

以下是对学生 31 的访谈转录文本：

01 教师：你能解释一下这个图吗？

02 学生：我当时就是画出一个 $y=\sqrt{1-x}$ 和一个 $y=\sqrt{1+x}$ 。

03 教师：噢，就是你把它们两个分别画出来了？

04 学生：嗯，是的。

05 教师：它们两个与函数 $f(x)$ 是什么关系？

06 学生：嗯……这是两个独立的个体，加起来不是 $f(x)$。就是它们分别是 $f(x)=\sqrt{1-x}$ 和 $f(x)=\sqrt{1+x}$ 。我当时记得“奇函数加上奇函数会得到一个奇函数”“偶函数加上偶函数会得到一个偶函数”，我就想分别判断这两个是不是奇函数或者偶函数。

07 教师：你觉得这两个分别具有奇偶性吗？

08 学生：没有。

09 教师：那你是根据什么得出 $f(x)$ 是偶函数的呢？

10 学生：我也不知道怎么想的了。

11 教师：你能说说什么是偶函数吗？

12 学生：偶函数首先就是一个式子，然后它的图象关于 y 轴对称。

13 教师：什么式子？

14 学生：就是 $f(-x)=f(x)$。

根据以上访谈信息可知，学生 31 的解题思路受到了函数 $f(x)$ 解析式的特征的影响，也就是他发现这个解析式由两部分组成，而每一部分可以看作一个独立的函数，分别是 $y=\sqrt{1-x}$ 和 $y=\sqrt{1+x}$ 。他联想起“奇函数加上奇函数会得到一个奇函数”“偶函数加上偶函数会得到一个偶函数”这一规律，于是希望通过分别判断上述两个函数的奇偶性，进而获得结论。图 5-28 便是同一坐标系下，上述两个函数的图象。

从访谈中的以下信息可以分析出该学生的思维存在逻辑障碍：首先由信息单元[12]，他知道偶函数的图象应该关于 y 轴对称；其次，根据信息单元[07]与[08]，他确定上述两个函数都不是偶函数，于是并不能根据"偶函数加上偶函数得到一个偶函数"的规律，推导出 $f(x)$是偶函数的结论；再次，根据信息单元[06]，他清楚地知道这两个函数的图象放到一起不是 $f(x)$的图象，因此虽然其所画出的图是关于 y 轴对称的，但这并不是 $f(x)$的图象关于 y 轴对称，于是也不能得出 $f(x)$是偶函数的结论。但是他的最终结论却是"沿 y 轴对称，偶函数"。

根据上述访谈及分析，研究者最终也没有搞清楚该学生是如何最终得出结论的，当然，他自己也不能说清楚。显然这是出现了逻辑思维的障碍所致。

（四）关联缺失障碍

除以上各种不恰当或错误关联之外，在学生们的作答文本中还表现出诸多概念或知识之间孤立、僵化等缺乏关联的认知障碍。

有的学生在测试问卷第 1 题，求定义域的作答中表现出知识之间缺乏关联。图 5-29 所呈现的学生作答，只关注了分母不等于 0 的条件；图 5-30 中的作答则只关注了被开方数非负的条件。这两名学生的认知障碍是相同的，即都只是关注到了其中一个条件，而缺少了条件之间的关联(据对这两名学生的了解，他们不会出现不知道分母不等于 0 和二次根式的被开方数非负的情况)。

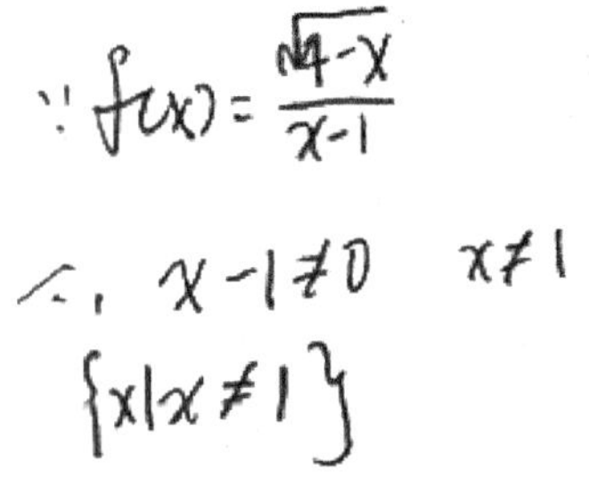

图 5-29　学生的作答

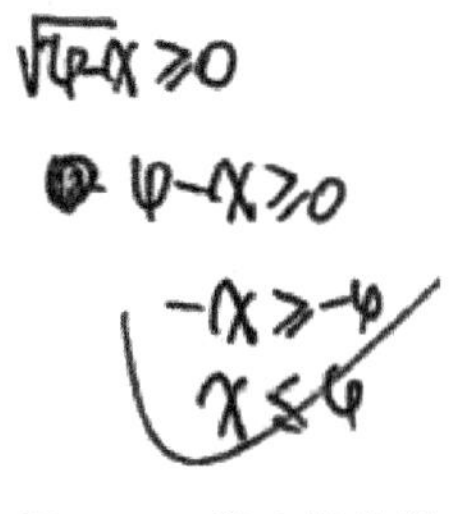

图 5-30　学生的作答

在第 10 题的作答中，学生 32 比较完整地研究了函数的性质(图 5-31)，然而其解答过程也存在一些不足，即虽然其先证明了函数是偶函数，却没能运用这一性质简化其研究过程。

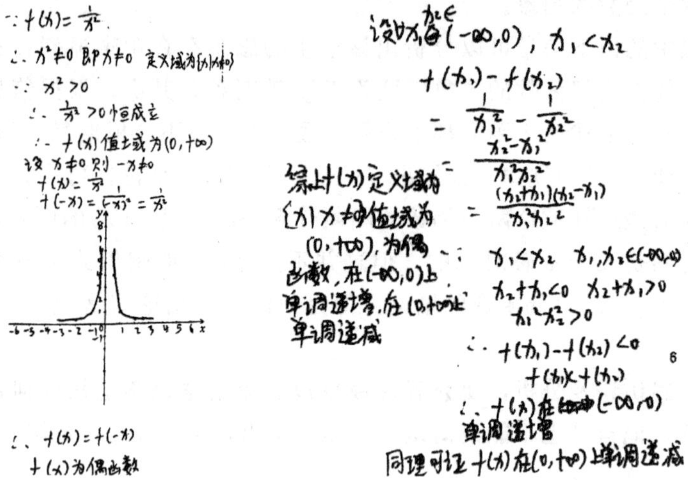

图 5-31　学生 32 的作答

以下是对该学生的访谈转录文本：

01 教师：你在解决这道题时，先研究了奇偶性而后是单调性，你是怎么想的呢？

02 学生：嗯，奇偶性好算一点儿。

03 教师：为什么呢？

04 学生：因为它把 $-x$ 代入就可以！这样算着步骤少，就觉得快一点儿。

05 教师：先研究它对研究函数的其他性质有帮助吗？

06 学生：没感觉，就是计算简单，研究快一点儿。

从上述访谈中可知，该学生先研究奇偶性仅仅是“因为它把 $-x$ 代入就可以！这样算着步骤少，就觉得快一点儿”。他并没有关注到奇偶性的研究，会对进一步研究函数的其他性质带来便利。显然，对于奇偶性这一函数的整体性质理解不够深入，没有正确建立函数奇偶性与单调性等其他性质之间的关联。

对根据分段函数单调递减，求参数 a 取值范围这一题目[第 7 题(1)问]，在已知函数单调递减的情况下，完全可以先根据一次函数和反比例函数的性质分别求出 $a<1$ 和 $a>0$，再做进一步求解。然而有些学生却与学生 33 一样，在两个区间分别运用单调性的定义通过推理求解的路径来求 a 的范围(图 5-32)。

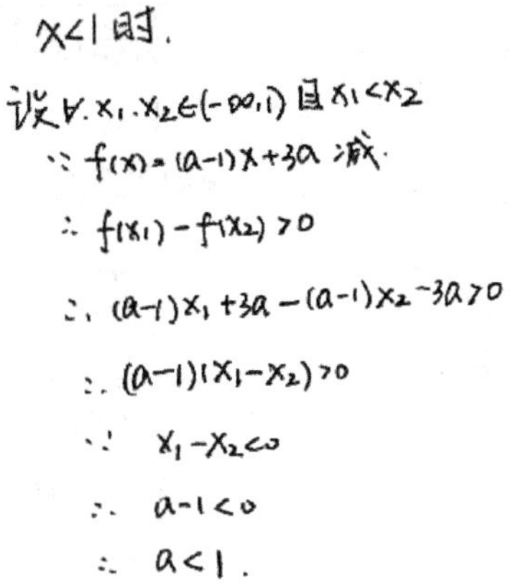

图 5-32　学生 33 的作答

以下是对学生 33 的访谈转录文本：

01 教师：你知道函数在 $x<1$ 的范围是什么函数吗？

02 学生：一次函数。

03 教师：一次函数如果单调递减只需要满足什么条件呢？

04 学生：只要 $a-1<0$。

05 教师：对啊，你为什么要用单调性的定义来推理求解呢？

06 学生：我当时没想到根据一次函数就能得出它的范围来。

07 教师：你认为什么原因导致你没想到呢？

08 学生：我对它不太敏感吧！

09 教师：对谁不太敏感？

10 学生：我对很多函数都不太敏感，除了二次(函数)。

以上访谈信息反映出，该学生不能有效建立起先前学习的具体函数与单调递减之间的关联，从而导致选择了相对繁琐的路径。

本研究对多名学生的访谈结果均表明，他们不能自觉地建立数学概念之间或概念与其他知识之间的有效关联。除此之外，在解决问题时也有学生难以建立起问题前后的关联。如图 5-33，学生 34 对第 9 题(2)问的作答中，直接根据题目信息计算出日均销售利润 p 的四个值，而后便设出二次函数的一般式，并利用待定系数法进行求解。在后面的计算中，可能是因为数值过大导致其出现了错误。

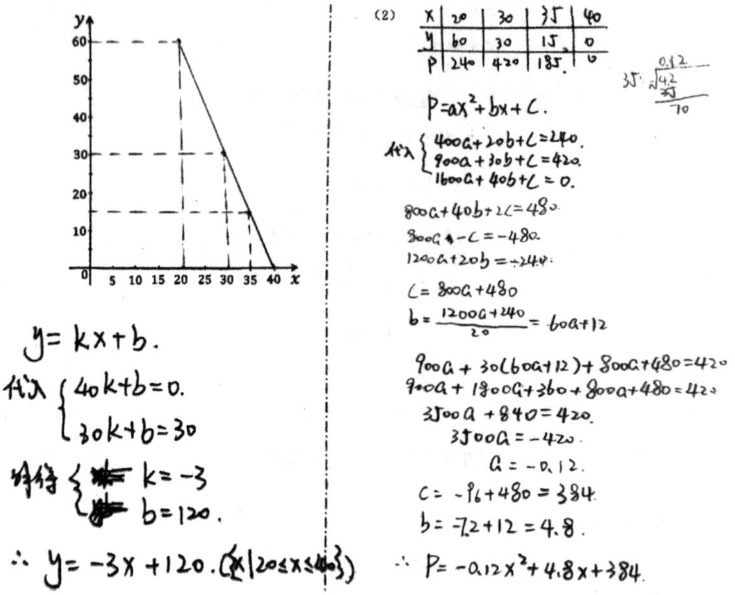

图 5-33　学生 34 的作答

根据下面的访谈信息单元[04]可知，该学生是通过观察所计算出的 p 值的特征判断其大致符合二次函数图象的特征，进而求解的。而实际上根据信息单元[02]，他完全可以根据自己对题目的理解直接建立起函数模型。对此学生 34 自己表示“没想起来”。特别地，他还表示“一般情况都是代进数进行计算”，“第(2)问与第(1)问总是产生不了联系，就是割裂地思考。”

对学生 34 的访谈转录文本：

01 教师：本题的第(2)问，你计算了利润 p 的一些具体取值，然后怎么发现它是一个二次函数的呢？

02 学生：因为 p 是件数乘以售价再减去件数乘以进价(学生一边说一边写出 $p=xy-16y$)，然后就把 p 的值算出来。

03 教师：嗯，然后你怎么发现它是二次函数的呢？

04 学生：就是算出来的值中间的数大，就是这儿凸起来，另外的两处低，然后它就是个二次函数。

05 教师：噢，你刚才写出了“$p=xy-16y$”。在第(1)问中 y 的解析式不是已经知道了吗，为什么不直接代入使用呢？

06 学生：没想起来。

07 教师：是什么原因导致你没想起来的呢？

08 学生：就是没有这方面的……就是一般情况都是代进数进行计算。

09 教师：什么意思？

10 学生：就是第(2)问与第(1)问之间总是产生不了联系，就是割裂地想。

本研究发现，学生在概念理解或运用中出现联系缺失的现象普遍存在，这将会导致学生概念理解与运用的僵化。当然这也是学生函数相关概念理解水平难以达到关联结构水平的一个重要原因。

针对以上对学生在函数相关概念理解中出现的较为典型的认知障碍进行分析作两点说明：其一，四类认知障碍不是完全割裂的，根据学生呈现出错误的实际情况，它们之间可能存在着一定的内在的联系；其二，由于学生错误的复杂程度不一，有的错误会同时涉及两种或两种以上的认知障碍。此外，如果从更广泛的视角进行分析，关联障碍与思维定势都可以归入负迁移导致的障碍之中。

第三节　学生函数相关概念理解认知障碍的影响因素分析

学生个体所建构的概念理解，既不完全来自于外部提供的信息，也不完全基于其原有的知识与经验，而是个体思维的产物。① 而个体内化数学概念的过程与学习材料的特征、教师及其教学以及学生个体的认知加工均有着密切的关系。Radatz 指出：当依据个体在学习中的困难对其学习错误进行分析时，应该承认错误也是教育过程中其他变量的函数(教师、课程、教学环境，以及这些因素之间可能的相互作用)；学生在学习中出现的错误是确定过程的结果，而不是简单的缺少正确答案，或是不幸的偶然事件，这些确定的过程的本质必须要搞清楚。其进一步指出，由于错误的原因之间有着密切的相互作用，因此要把错误的原因截然分开是相当困难的。②

本人认同 Radatz 的观点，即学生在数学学习中出现错误并非偶然，一定有隐藏在其背后的深层或曰根本原因。对这些原因进行研究，对教师准确“把脉”学生的问题所在，并在教学中“对症下药”必然有着重要的意义。本研究基于认

① 曹才翰、章建跃：《数学教育心理学(第二版)》，北京师范大学出版社，2006 年，第 113－114 页。

② Radatz H. Error analysis in mathematics education. *Journal for Research in Mathematics Education*，1997(10)：163－172.

知学习的视角，借助于学生错误的作答文本与一对一访谈信息，针对学生数学概念理解的认知障碍，从数学概念学习过程的构成要素，即学习材料、教师、学生三个方面展开分析，希望揭示导致学生概念理解认知障碍的主要影响因素及其之间的关系。

一、学习材料的特征

在研究学生数学概念理解认知障碍的过程中发现：初、高中阶段函数学习材料的特征从不同侧面导致了学生概念理解的认知障碍。

(一)初中函数的局限性

1. 初中函数定义的局限性影响学生的概念意象

在初中教科书中，函数的定义为：在一个变化过程中，有两个变量 x 和 y，对于变量 x 的每一个值，变量 y 都有唯一确定的值和它对应，我们就把 x 称为自变量，y 称为因变量，y 是 x 的函数。而在此定义之前，教科书中明确区分了变量与常量，并将变量定义为：在一个变化过程中，可以取不同数值的量①。按照教科书对变量概念的界定以及函数的定义，学生就很容易推理得出函数必须有两个变量，即自变量与因变量，而且它们都应该是变化的。

事实上，数学中的变量与日常生活中的变量是有差异的。数学中的变量包含常量，也就是在数学中常量被看作一种特殊的变量，而函数中的变量具有更一般的意义。变量概念的形成是辩证法在数学中运用的典范。② 而对于初二年级的学生而言，受其认知发展水平的影响，理解这一辩证关系尚存在困难。因此，对学生而言，他们容易形成的函数概念意象是函数的自变量与因变量都应该是变化的。有学生在访谈中曾指出：“$y=1$ 不是函数，因为 y 是 1，不变化”或者“$y=1$ 不是函数，它只有一个变量”。

2. 初中具体函数解析式的典型特征影响学生的概念意象

首先，绝大多数被访学生经过初中阶段函数的学习都会形成函数就是方程的概念意象。

以下是对学生 35 的访谈转录文本：

---

① 北京教育科学研究院：《义务教育教科书八年级下册》，北京出版社，2020 年，第 2—3 页。

② 吴有昌等：《提升中学数学教学质量的评价——基于 SOLO 分类法的研究》，科学出版社，2018 年，第 116—117 页。

01 教师：经过初中的学习，函数给你留下的印象是什么？

02 学生：跟方程有关。

03 教师：你觉得函数与方程有什么关系？

04 学生：函数就是方程吧！

05 教师：怎么理解？

06 学生：初中学的二元一次之类的。

07 教师：你能举个例子吗？

08 学生：函数 $y=kx+b$ 就是，两个未知数 x 和 y 都是一次的。

从以上学生 35 的表述中可以了解到，他认为像一次函数的解析式 $y=kx+b$ 可以理解为以 x 和 y 为未知数的二元一次方程。类似地，初中所学一次函数、二次函数和反比例函数都能用解析式表示，而这些解析式从形式上来看都与方程一致，即都是“含有未知数的等式”。据此，便不难理解为什么学生会一致性地认为函数是方程了！

其次，学生们认为函数都应该有 x 和 y，都应该有解析式。

以下是对学生 36 的访谈转录文本：

01 教师：在一天中从早晨 6:00 到傍晚 18:00，气温会随着时间而变化。你认为气温是时间的函数吗？

02 学生：不是吧！

03 教师：你依据什么做出的判断？

04 学生：感觉，因为函数都是 x，y 什么的，生活上可能就不太确定。

05 教师：x，y 什么的，你能举例吗？

06 学生：比如 $y=\frac{1}{x}$，$y=2x$ 什么的都是函数。

以上对学生 36 的访谈信息反映出，其认为函数都应该有 x 和 y。当以生活中的实际情境为背景提出问题时，仅仅因为问题中没有 x 与 y，他就觉得温度不是时间的函数。

对于同样的问题，研究者访谈了学生 37。

01 教师：一天中从早晨 6:00 到傍晚 18:00，气温会随着时间变化，你认为气温是时间的函数吗？

02 学生：它们两个之间有一定的关系，但是它表示不出来。

03 教师：那你认为是函数吗？

04 学生：应该是，因为它有一种对应关系。

05 教师：有对应关系就是函数吗？

06 学生：不一定，但是它一个时间只能对应一个温度，只是它不能用式子表达出来，所以就……

07 教师：所以就怎么样了？

08 学生：我感觉应该函数都有表达式才可以，但是确实不是这样的。

从学生 37 表述可以了解到，在他的认知中函数定义与其所持有的函数概念意象之间出现了矛盾，从而导致了认知障碍。即他分析出“一个时间只能对应一个温度”，因此温度应该是时间的函数，但是因为其持有“应该函数都有表达式才可以”的概念意象，于是由于“只是它不能用式子表达出来”，所以出现了认知障碍，导致其难以做出判断。

此外，学生们不但认为函数都应该有解析式，而且在他们的意象中，函数的解析式具有非常固定的形式，即 x 是自变量的代名词、函数解析式中等号左侧一定是因变量 y。

对学生 38 的访谈转录文本如下：

01 教师：你认为 $x=1$ 是函数吗？

02 学生：是。

03 教师：你判断函数的依据是什么？

04 学生：依据它是否有自变量，是否有真正唯一确定的值与它的自变量对应。

05 教师：自变量是？

06 学生：x 本身是自变量，让它等于 1，但它还是一个自变量。

07 教师：那这里因变量是？

08 学生：因变量就是 1。因为 y 和 x 相等，所以 y 等于 1。

09 教师：你的意思是？

10 学生：不是 1 吗，y 又和 x 相等，所以 y 是 1。

对上述访谈信息进行分析可知，学生 38 用来判断函数的依据是“是否有自变量”、是否满足“单值对应”，然而她却误认为 $x=1$ 是函数。从对信息单元[06]与[08]和[10]的分析可以初步推测其中的原因主要有两点：其一，在她看来自变量就是 x，x 就是自变量，这两个是完全等价的。因此，看到 $x=1$ 就自动默认自变量是 x；其二，对于之前所接触过的解析式的形式都是等号左侧是因变量 y，它与等号右侧的式子是相等关系。而这个式子中等号右侧是数字 1，自然就会推理得出因变量 y 等于 1 的结论。

事实上，前述对学生 4 的访谈信息进一步证实了上述推测。对学生 4 的访谈中信息单元[05]至[08]如下：

05 教师：你觉得 $x=1$ 是函数吗？

06 学生：是函数，x 是定值，y 是定值，可以是函数。

07 教师：怎么体现 y 是定值呢？

08 学生：x 是定值，y 可以对应 x 都是 1，还是构成了那种一个因变量只对应一个自变量。

以下对学生 39 的访谈不但可以进一步证实上面的推测，而且还可以进一步表明，学生头脑中函数的解析式中等号的右侧应该是一个关于 x 的代数式。

对学生 39 的访谈转录文本如下：

01 教师：你在高中学习函数的过程中有过困惑的地方吗？

02 学生：就感觉 $f(x)=1$ 只有一个定值，就感觉自变量和因变量没有关系。这个只有 y，没有 x，所以就难受！但是它又符合定义，所以就接受它是函数了。

03 教师：只有 y，没有 x？

04 学生：对，就是它只有一个变量 y，式子里没有自变量 x。

05 教师：式子里面？

06 学生：对，只有 1。

07 教师：那你怎么又接受它是函数了呢？

08 学生：后来发现它的 x 可以任意取，它的 y 始终是 1，只是它没有表达出来。

从学生 39 的表述可知，他认为函数解析式中"＝"右侧应该是含有 x 的代数式，而现在找不到自变量 x，于是认为只有一个变量，认为 x 与 y 没有关系。这使他感到"难受！"

根据对以上多名学生访谈信息的分析，本研究认为：由于初中阶段所学三类具体函数都有解析式，而且解析式都是"$y=$一个含有 x 的代数式"的形式，导致他们形成了诸多片面或错误的函数概念意象，如："函数是方程"；自变量就是 x，x 就是自变量；解析式中"＝"右侧一定是关于 x 的代数式，而左侧一定是 y。这些错误或片面的概念意象会影响，甚至一直影响高中阶段函数的学习。例如学生 27 就基于这样的意象，直接将高中函数定义中的对应关系用解析式进行了替代："函数不就是定义域、解析式和值域吗？"再如学生 30 之所以出现逻辑关联障碍，一方面可以认为他将 $y=1$ 归入到了一次函数的范畴，而另一方面，也是更本质的原因在于他认为只要解析式中“=”右侧是关于 x 的式子，左侧是 y，则就是函数的解析式。

3. 初中具体函数的图象与定义域的典型特征影响学生的概念意象

初中所学具体函数的图象与定义域的局限性也导致了学生片面概念意象的形成，进而造成认知障碍。同样是因为初中所学的三类函数都能够用图象表示，而且它们的图象要么是直线，要么是有规律的光滑曲线，这使得学生认为函数都有图象，特别地，函数图象都是“规则的”。于是学生会将是否有图象，以及图象是否“规则”作为判断函数的依据。

对于定义域，初中所学函数中除反比例函数的定义域中不包含 0 外，其他函数的定义域均为实数集。特别地，学生在刚开始学习函数时，会接触一些“求自变量 x 的取值范围”的题目，而在后续的学习中几乎很少涉及这方面的问题，这导致他们形成了自变量的取值范围是实数集的思维定势。

当学生对函数图象与定义域持有了上述概念意象之后，会在思考问题时出现各种认知障碍。例如：学生 13 在访谈中表示，“其实，如果函数不过原点的话，它单调递增可以说是非奇非偶”。导致学生 13 出现这种认知障碍的原因，是他习惯性地认为函数图象都是连续不断的，函数的定义域都是实数集。可见，这种初中阶段学习所形成的概念意象一直在影响着学生的思维，造成思维的局限性。事实上，在后续的访谈中学生 13 能够很轻松地通过调整函数的定义域来说明虽然函数图象不过原点，但也可以是奇函数。这表明在他的认知结构中这些本就是理解的，然而在思考具体问题时，却容易受到已有概念意象的影响。

学生 19 在作答中出现认知障碍的原因与学生 13 类似。以下从对学生 19 的访谈转录文本中摘录的信息单元[13]至[17]能够说明，该学生出现认知障碍的一个主要原因是将函数的定义域想象成了实数集。

13 学生：我觉得它是一条直线就直接过去了，底下就不能再有其他图象了。就是如果定义域是全部的话，(图象)就一直延伸下去了，就不能再往下面搁东西。

14 教师：你刚才提到直线？

15 学生：我没有，就是说如果定义域一直到负无穷大，值域也一直到负无穷，它就不能再往下面搁东西了。

16 教师：你没有关注题目的条件，而是想到定义域是 **R** 的情况了？

17 学生：嗯，我想成定义域是 **R** 的情形啦。

通过分析以下对学生 40 的访谈信息可以了解到，该学生认为函数的图象应该是有规律、不能是随意变动的。

01 教师：在一天中从早晨 6:00 到傍晚 18:00，气温会随着时间变化，你认为气温是不是时间的函数？

02 学生：不是。

03 教师：你的判断依据是什么？

04 学生：就是根据图象吧！

05 教师：怎么根据图象判断的呢？

06 学生：这个图象是随意变动的，没有规律。

以上分析表明，不同学生经过初中阶段学习所形成的片面或错误的函数概念意象是学生函数相关概念理解中出现认知障碍的重要影响因素之一。

(二)学习材料的“高”认知负荷

根据认知负荷理论，理解发生在信息的所有相关因素都同时在工作记忆中得到加工的情况下。然而，一般情况下人的工作记忆容量只有“7±2”个组块。如果学生在解决问题时必须在工作记忆中同时存储并加工多个元素，而这些元素的数量超过了个体的工作记忆容量，则会出现认知资源不足的问题，从而导致认知高负荷，进而出现认知障碍。与此同时，对于不同的学生而言：一方面，个体的工作记忆容量本身会存在一定的差异；另一方面，由于学生原有知识与经验水平的不同、长时记忆中存储的与概念理解或问题解决相关的知识或图式的质量与数量不同，因此，当面对同一个认知加工任务时，不同学生会产生不同的认知负荷，即对有些学生而言会感知到高认知负荷，而对另一些学生可能处于可接受的负荷范围之内。

本研究根据对学生理解认知障碍的分析发现，对于处于高一阶段认知发展水平的学生而言，影响概念理解的另外一个重要的认知因素是由学习材料的复杂程度与学生原有知识与经验的不完备或图式的不丰富等所引发的较高认知负荷。

高中阶段的函数内容在抽象程度、形式化与符号化方面较初中有了较大幅度的提升。就函数概念而言，韬尔等(Tall，McGowen & DeMarois，2000)研究认为函数概念在表示方式和水平两个维度上都具有“丰富的联系”。① 仅就表示方式的维度而言，函数有作为形式概念的函数符号 $y=f(x)$，作为通俗概念的函数机(输入—输出箱)，有用解析式表示的代数形式，有用列表法表示的数

① 张奠宙等：《数学教育学导论》，高等教育出版社，2002 年，第 180—182 页。

的形式，还有用图象法表示的几何形式，还可以用文字语言或口头语言进行描述。学生要较全面地理解函数概念，不但要能够理解和正确运用每一种表征方式，还需要能够在不同表征方式之间建立适当的联系。从认知负荷的视角对其进行分析可知，如此丰富的多元表征已经对学生的学习引发了很高的认知负荷，再加之不同表征之间的关联与互化势必会产生更高甚至过重的认知负荷，从而影响学习的顺利进行或导致学习低效。这对于高一阶段的学生可能会导致概念理解的认知障碍。特别是对于与函数概念学习相关的原有知识与经验不完备的学生而言，产生较高或过重认知负荷的可能性会进一步增加。

1. 函数相关概念定义本身的“高”认知负荷

本研究在访谈中发现，当被问及函数的定义时，几乎没有学生能够完整地表述高中所学的函数的定义，而且根据他们对思考问题过程的解释发现，多数学生是在运用初中学习所形成的函数的概念意象或定义来解决问题。本研究中函数相关概念理解水平现状调研实施于高一第二学期，相较于初中函数定义的学习，高中函数学习距离这一时间更近，学生应该对其印象更加深刻才是，而事实却恰恰相反。基于学生学习认知负荷的视角，本研究认为这与高中函数定义本身具有较高的内在认知负荷密切相关。

根据认知负荷理论，学习材料引发的内在认知负荷是学生学习认知负荷的重要组成部分，一般包括学习材料所包含的元素数量、元素间关系数量以及产生式的数量等。学生在数学学习与问题解决中，学习材料引发的内在认知负荷可以利用公式：$ICL=E+R+P$ 进行计算。其中 ICL 表示学习材料引发的内在认知负荷的数量，E 表示学习材料所包含的元素数量，R 表示学习者需要关注的元素间关系数量，P 表示学习材料中出现的产生式数量，其中产生式代表材料中所涉及的程序性知识。以异分母分数加法为例，对于一个能熟练识别分数 $\frac{1}{2}$ 和 $\frac{1}{3}$，能够顺利完成 10 以内的正整数加法、通分以及同分母分数加法运算的学生而言，在计算 $\frac{1}{2}+\frac{1}{3}$ 这道题目时至少会引发如下数量的认知负荷：首先要关注到两个元素，即 $\frac{1}{2}$ 和 $\frac{1}{3}$，其次还要同时关注到 $\frac{1}{2}$ 与 $\frac{1}{3}$ 的最简公分母是 6，即一个关系，而后还要至少通过三个产生式，即“因为 $\frac{1}{2}=\frac{1\times3}{2\times3}$，所以 $\frac{1}{2}=\frac{3}{6}$”、“因为 $\frac{1}{3}=\frac{1\times2}{3\times2}$，所以 $\frac{1}{3}=\frac{2}{6}$”，以及“因为 $\frac{3}{6}+\frac{2}{6}=\frac{5}{6}$，所以 $\frac{1}{2}+\frac{1}{3}=\frac{5}{6}$”才能完成这一运算。而对于一个不能顺利或熟练进行通分运算或同分母分数加法运算的学生而言，则会产生更高的认知负荷。①

下面对初、高中函数定义所包含的可能引发学生学习内在认知负荷的元素及元素间关系进行分析。

教科书中初、高中函数定义的表述文本如下：

初中函数的定义：一般地，在一个变化过程中，有两个变量 x 和 y，对于变量 x 的每一个值，变量 y 都有唯一确定的值和它对应，我们就把 x 称为自变量，y 称为因变量，y 是 x 的函数②。

高中的函数定义：一般地，设 A，B 是非空的实数集，如果对于集合 A 中的任意一个数 x，按照某种确定的对应关系 f，在集合 B 中都有唯一确定的数 y 和它对应，那么就称 f：$A \to B$ 为从集合 A 到集合 B 的一个函数，记作 $y=f(x)$，$x \in A$。其中 x 叫做自变量，x 的取值范围 A 叫做函数的定义域(domain)；与 x 的值相对应的 y 值叫做函数值，函数值的集合 $\{f(x) \mid x \in A\}$ 叫做函数的值域(range)③。

根据信息加工理论，如果学生能够理解“变量”“自变量”“集合”“实数集合”“$x \in A$”“$\{f(x) \mid x \in A\}$”等这些概念或符号，并将它们作为一个组块存贮于认知结构之中的条件下，它们将分别被作为一个信息元素参与认知加工。在假设学生能够将上述概念或符号构建成一个组块的条件下，根据认知负荷理论，可以大致分析出上述两种方式的函数定义各自所包含的信息元素和元素间关系，如表 5-1 所示。

根据表 5-1，高中阶段函数定义本身所引发的内在认知负荷要远远高于初中的函数定义。如果学生对于 $\{f(x) \mid x \in A\}$ 这样的集合语言没有较好地理解，不能将其构建成一个组块，则将会给工作记忆带来更高的认知负荷，导致学生理解与表征的困难。相较于高中函数定义，初中所学函数定义本身所引发的认知负荷要低很多。特别地，如果学生能够将“对于 x 的每一个值，y 有唯一确定的值和它对应”内化为一个“过程”，则该概念在其工作记忆系统中占用的认知资

① 马淑杰、张景斌：《高中学生数学原有知识水平和学习认知负荷对数学课堂学习效率的影响研究》，《数学教育学报》，2021 年第 2 期。

② 北京教育科学研究院：《义务教育教科书八年级下册》，北京出版社，2020 年，第 3—4 页。

③ 中学数学课程教材研究开发中心：《普通高中教科书数学必修第一册(A 版)》，人民教育出版社，2019 年，第 62 页。

表 5-1　初高中函数定义引发的内在认知负荷的对比①

引发内在认知负荷的因素	初中函数定义	高中函数定义
条件中的信息元素	变量 x；变量 y； x 的每一个值； y 都有唯一确定的值	集合 A；集合 B 非空的(集合)；实数集合； 任意一个数 x； 唯一确定的数 y； 某种确定的对应关系 f
条件中的元素间关系	x 对应到 y	集合 A 中的任意一个数； 集合 B 中唯一确定的数； x 对应到 y
结论中的信息元素	x 是自变量； y 是因变量；	f: $A \to B$(“f”“A”“B”和“$\to$”，共四个信息元素)； x 叫做自变量；x 的取值范围 A； $y=f(x)$[“y”“f”“(x)”，共三个信息元素]；定义域； 函数值；$\{f(x) \mid x \in A\}$；函数值域
结论中的元素间关系	y 是 x 的函数	从集合 A 到集合 B 的函数； $y=f(x)$(一个关系)； f: $A \to B$(一个关系)；$x \in A$

源会进一步减少，引发的认知负荷也会随之降低。可见，学生之所以在运用集合语言与对应关系表述函数定义时感到困难，采取回避的态度，其中一个非常值得关注的原因是高中用对应观点和集合语言表述的函数定义对学生而言引发了过高的认知负荷。作为一线教师都了解，即便是高二、高三的学生，当让他们回忆函数定义时，能准确表述这一定义也并非易事，他们往往首先想到的仍然是初中的函数定义。这与函数两种形式定义的认知负荷差异有着密切的关系。

不仅是函数定义，对于单调性的定义也存在类似的问题。在访谈中发现，学生在表述单调性定义以及运用“定义”对自己的作答进行解释时，基本上都“习惯于”运用“y 随着 x 的增大而增大(或减小)”这一初中阶段所学习的描述性语言。如果从学生学习认知负荷的视角来分析，同样会发现，与这一简单的描述性语言相比，高中单调性定义中形式化的符号语言会对学生产生相当高的认知

① 这里的内在认知负荷仅限于学习材料引发的内在认知负荷，即外因决定的内在认知负荷。

负荷。

教科书中单调性定义的表述文本如下：

单调性①：一般地，设函数 $f(x)$ 的定义域为 I，区间 $D\subseteq I$：如果 $\forall x_1$，$x_2\in D$，当 $x_1<x_2$ 时，都有 $f(x_1)<f(x_2)$，那么就称函数 $f(x)$ 在区间 D 上单调递增。特别地，当函数 $f(x)$ 在它的定义域上单调递增时，就称它是增函数。如果 $\forall x_1$，$x_2\in D$，当 $x_1<x_2$ 时，都有 $f(x_1)>f(x_2)$，那么就称函数 $f(x)$ 在区间 D 上单调递减。特别地，当函数 $f(x)$ 在它的定义域上单调递减时，就称它是减函数。

如果函数 $y=f(x)$ 在区间 D 上单调递增或单调递减，那么就说函数 $y=f(x)$ 在这一区间上具有(严格的)单调性。区间 D 叫做函数 $y=f(x)$ 的单调区间。

在假设学生已经能够理解“定义域”“区间”等概念的含义，能够将“x_1”“$f(x)$”“$f(x_1)$”“$f(-x)$”等分别作为一个组块(或图式)理解与记忆的条件下，表 5-2 列出了单调性定义可能引发的内在认知负荷的情况。单独从定义中可能引发认知负荷的信息元素数量以及元素间关系的数量来看，就不难理解为什么学生喜欢沿用初中的描述性语言，而回避运用严谨的形式定义了。

表 5-2　单调性概念引发的内在认知负荷分析

引发内在认知负荷的因素	在区间 D 上单调递增与增函数	在区间 D 上单调递减与减函数
条件中的信息元素	定义域为 I；区间 D；$\forall$； x_1；x_2；$f(x_1)$；$f(x_2)$；$<$	定义域为 I；区间 D；$\forall$； x_1；x_2；$f(x_1)$；$f(x_2)$；$<$；$>$
条件中元素间关系	$D\subseteq I$；$\forall x_1$，$x_2\in D$； 当 $x_1<x_2$ 时，都有 $f(x_1)<f(x_2)$ (两个关系及其之间的一个关联)	$D\subseteq I$；$\forall x_1$，$x_2\in D$； 当 $x_1<x_2$ 时，都有 $f(x_1)>f(x_2)$ (两个关系及其之间的一个关联)
结论中的信息元素	$f(x)$；区间 D；单调递增； 定义域；增函数	$f(x)$；区间 D；单调递减； 定义域；减函数
	单调性；单调区间	
结论中的元素间关系	$f(x)$ 在区间 D 上 $f(x)$ 在定义域上	$f(x)$ 在区间 D 上 $f(x)$ 在定义域上

① 中学数学课程教材研究开发中心：《普通高中教科书数学必修第一册(A 版)》，人民教育出版社，2019 年，第 77 页。

2. 函数相关概念运用中学习材料的“高”认知负荷

在高中阶段的函数学习中，由于数学的抽象化程度较之前有了较大幅度的提高，数学概念与数学问题在表述中各种符号与形式化表达也明显增多。与此同时，由于问题的复杂程度也在进一步增加，使得学生在解决一个数学问题时，其工作记忆需要同时关注和处理多个信息元素及其之间的关系。由此便容易导致处于高一阶段认知发展水平的学生在数学概念的运用过程中出现过“高”的认知负荷而导致认知障碍的出现。

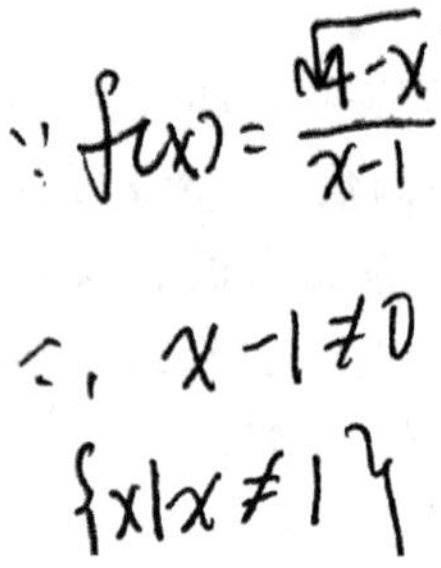

图 5-34　学生的作答

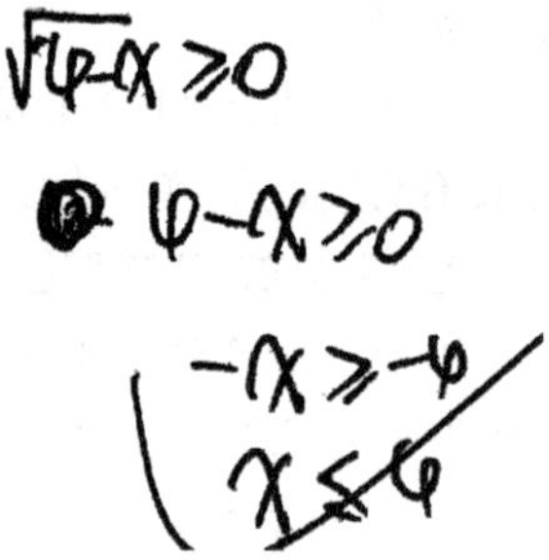

图 5-35　学生的作答

在图 5-34 与图 5-35 所呈现的作答中，学生的认知障碍出现在缺乏有效性的关联方面，而导致他们自变量 x 满足的条件考虑不全的原因，很可能是解析式 $f(x)=\dfrac{\sqrt{4-x}}{x-1}$ 的形式对他们而言引发了较高的认知负荷，导致其只能关注到其中的某个信息，而忽略了另外的条件(根据对这两名学生的了解，他们不会出现不知道分母不等于 0 和二次根式的被开方数非负的条件)。

对于测试卷中第 1 题第(2)问，学生 41 构造出了如图 5-36 所示的“函数”。由该图中的作答文本可知，该学生非但没有构造出满足条件的函数解析式，而且这一“解析式”对应的 x 的取值范围是空集，不满足函数概念。

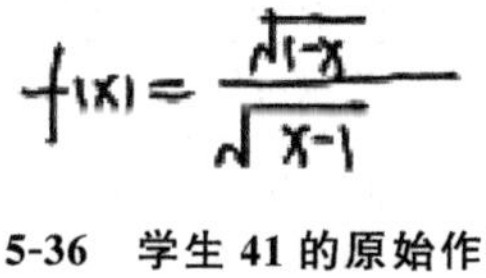

图 5-36　学生 41 的原始作答

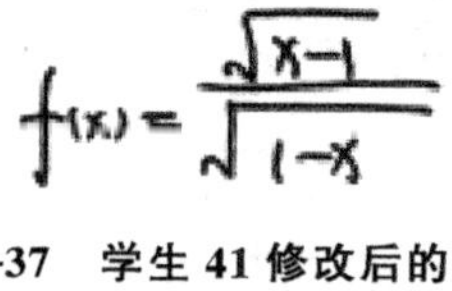

图 5-37　学生 41 修改后的作答

该学生能够正确完成该题第(1)问中根据具体函数的解析式求定义域的问题，这说明他理解定义域的概念。然而，当他自己构造满足定义域要求的函数时却出现了上述错误。为了探求导致其认知障碍的原因，研究者对其实施了追踪访谈。

01 教师：在构造满足题目条件的函数时，你是一个怎样的思路？

02 学生：我当时是因为看了第(1)问中的函数样子，所以我仿照它想的。

03 教师：你觉得自己写的是否符合要求？

04 学生：哦！不对！这个上下应该反一下。

05 教师：怎么反一下？你能写出来吗？

(学生写出了上面图 5-37 中的式子。)

06 教师：你能求出其中 x 的取值范围吗？

07 学生：(在题目旁边简单写出计算过程)哦！懂了！

08 教师：懂什么了？

09 学生：分子应该是加号。

10 教师：根据现在的式子，你求的定义域是什么？

11 学生：是空集。

12 教师：定义域是空集可不可以呢？

13 学生：不可以，不满足函数定义，也不符合题目要求了。

通过分析上述访谈中的信息单元[04]至[09]可知：一方面，该生本应该可以正确构造出满足条件的函数解析式；另一方面，他却在重新思考的过程中再次出现错误，直到在老师引导下，他通过笔算求出所写式子中 x 的取值范围时才意识到自己的错误所在。这一交流过程中，如果从信息加工的视角分析其笔算前后的差异可知：当用纸笔书写出计算过程及中间结果时，减轻了其之前完全心算时工作记忆既要负责处理运算，又要同时负责存储临时的计算结果，而后再进一步运算等所造成的认知负荷，从而实现了问题的顺利解决。由此可见，导致学生出现认知障碍的关键因素是“过高”的认知负荷。

前述对学生 4 的访谈中也出现了与学生 41 类似的情境，即学生 4 在根据头脑中所呈现的 $x=1$ 的图形分析其是否为函数时表示：“x 是定值，y 可以对应 x 都是 1，还是构成了那种一个因变量只对应一个自变量。”进而他又表示“就是 y 的值不同，但是 x 都是一个。嗯(笑)，还是构成了这种一对一的关系。”然而，当在教师的提示下他将原来呈现于头脑中的 $x=1$ 的图形用纸笔画出的时候，便立刻表示“嗯……它不是函数。因为它一个 x 对应了很多个 y，不是只对应一个 y，不是函数了。”以往研究结论也表明：工作记忆负荷影响信息的提取及存储，工作记忆负荷过重是学生心算学习出现错误的主要原因之一。①

图 5-38 呈现的是学生 29 对第 7 题的完整作答[图 5-27 只呈现了第(2)问的

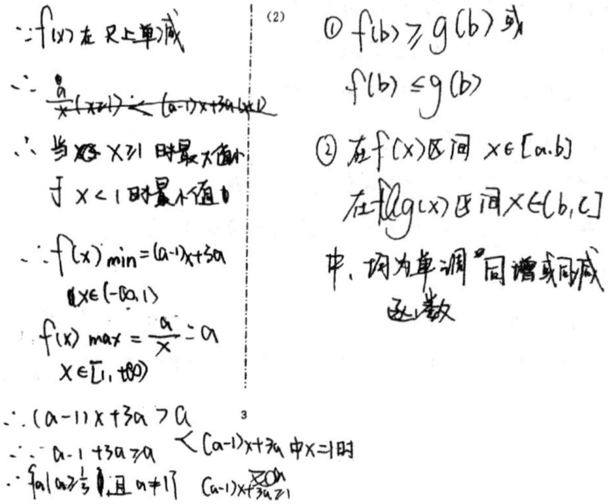

图 5-38　学生 29 的作答

作答]。从对该生的访谈信息可以了解到，导致其在第(1)问的作答中仅关注分界点，而忽略其他条件的原因是题目对他而言，引发了较高的认知负荷，导致他“做题的时候想着想着就遗忘了一些点”。而且他表示“假如让我单独想的话我可以想，假如让我做这个题，我可能做到一半的时候就容易忘掉另一半。”

与学生 29 相似，学生 19 在访谈中表示：他之所以在作答中将函数的定义域想象成了 **R**，其原因“就是想着想着就忘了题目怎么说的了”。可见他也受到了认知负荷较高的影响。相比于以上学生，受到高认知负荷影响最严重的是学生 11。前文所呈现的对其访谈的文本中反映出，由于题目中抽象的符号语言以及其中所含的多个元素及其关系，让学生 11 感受到相对于第(1)问的具体函数而言，第(2)问会困难很多。他在与老师的交流中表示“搞不清那些东西都是什么”。可见，导致学生 11 出现认知障碍的一个最主要的因素就是题目中的多个符号及其关系给他引发了过高的认知负荷。如果他的原有知识还存在不足，则认知负荷会更高，甚至是超负荷，已经不能正常理解题意了。

需要指出的是，虽然学习材料本身所具有的内在认知负荷是绝对的，但是

① Adams John W, Graham J Hitch. Working memory and children's mental addition. *Journal of experimental child psychology*, 1997(67): 21—38.

对于每一个学习个体而言，同一个学习材料所引发的认知负荷却是相对的。在面对一个学习材料时，学生个体感知到的认知负荷会受到其工作记忆的容量以及原有知识与经验水平的共同影响。在工作记忆容量同等的情况下，原有知识与经验水平越高，在其长时记忆中存储的相关图式越丰富，则材料引发的认知负荷越小，反之则会引发较高的认知负荷。就学生对数学概念的不同理解水平而言，在问题的作答中要达到关联结构的水平，工作记忆就要同时处理和存储更多的元素以及它们之间的关系。在学生认知发展阶段水平相同的情况下，如果学生能够在对单一数学概念理解的基础上，构建起概念之间或概念与其他知识之间的综合图式，则在概念的运用过程中，每一个综合图式只会在工作记忆中占用一个组块的认知资源，从而会有效降低学习的认知负荷，有利于理解水平的提升。由此可见，如果教师在教学中注重引导学生对数学概念本质的理解以及概念图式、综合图式的构建，将对降低学生的学习认知负荷，提升概念理解水平具有重要意义。

二、教师要素

(一)教师对概念的片面理解可能导致学生形成错误或片面的概念意象

在进行学生函数相关概念理解认知障碍分析的过程中，本研究发现很多学生会将“y 随着 x 的变化而变化”作为函数的定义和判断函数的依据。很多时候，学生们运用对函数的这一概念意象能够帮助其理解和解决问题，但是由于其不能完全准确反映函数对应关系的本质，则又会导致认知障碍。如前所述，学生对函数的这一概念意象可能与学生对变量的理解有关，不过根据以下访谈信息中学生 42 的表述，学生的这一概念意象很可能来自其数学老师的表述。

以下是对学生 42 的访谈转录的文本：

01 教师：你认为 $y=1$ 是函数吗？

02 学生：$y=1$？应该不是。

03 教师：你根据什么判断它不是？

04 学生：y 不变啊！

05 教师：怎么理解？

06 学生：不是 y 随 x 的变化而变化吗？

07 教师：y 随着 x 的变化而变化是你自己理解的吗？

08 学生：初中学的时候老师这么说过。

事实上，“y 随着 x 的变化而变化”这是“变量说”的函数定义。从中国中学数学函数概念的百年演变(表 1-1)可以了解到：在 1955 年以前，教科书中使用的是“变量说”的函数定义，其中明确体现出“两个变量，一个数变，另一个随之变”的内涵。自 1956 年起教科书中开始使用“对应说”的函数定义，其中 1960 至 1979 年间，还有 1994 年的初中教科书中对函数定义都同时体现“变量说”与“对应说”的观点，但这些定义中没有再出现“y 随着 x 的变化而变化”这样的表述。上述年间的函数定义中都在说明两件事，即“在一个变化过程中有两个变量 x 与 y(或强调它们之间有依赖关系)”和“对于 x 的每一个值，y 都有唯一的值与它对应”。由此可见，广为学生熟知的“y 随着 x 的变化而变化”这一表述应该不是来自教科书中对函数定义的表述。

为了进一步了解教师因素对学生概念理解的影响，本研究就学生对函数理解的一些片面或错误概念意象，对 R 学校的初、高中共 28 位数学教师实施了函数理解问卷调查。

在分析教师问卷调查和访谈数据时，相应教师的基本信息以 6 位编码来标记。编码分别代表：任教学段、性别、学历、教龄以及是否有过函数概念的教学经历，各类信息编码对照见表 5-3。

表 5-3　各类信息编码对照表

信息类型	编码
任教学段	初中——C；高中——G
性别	男——M；女——W
学历	本科——B；硕士——M；博士——D
教龄	为实际教龄用两位数字代表
是否有过函数概念教学经历	有——Y；无——N

对于问题“依照您的见解，什么是函数?”的调查结果表明：在参与调查的 28 位初、高中数学教师中有 6 位教师的表述中包含了“函数是 y 随着 x 的变化而变化”这一观点。在问卷的基础上，研究者对教师 CMB25Y 实施了访谈。该教师具有 25 年初、高中数学教学经验，而且在上一学期刚刚教授了初中函数定义。访谈记录如下(研究者本人用字母 Q 代替，受访教师用 A 代替)：

Q：您能表述一下目前初中教材中函数的定义吗?

A：我给您背背啊(笑了)。一般地，在一个变化过程中，有两个变量 x 和 y，对于变量 x 的每一个值，……(准确完整地表述出定义)

Q：高中的函数定义您还记得吗？

A：这个我得稍微想想啊（又笑了）。设 A、B 是两个非空数集……（同样准确完整地表述出该定义）

Q：您都记得这么清楚，为什么在问卷中写出函数是“y 随着 x 的变化而变化”呢？

A：问卷题目不是说依照我的见解吗，我印象当中就是这样，每当提到函数我首先想到的就是“y 随着 x 的变化而变化”。

Q：您的这种印象是怎么形成的，您能简单说说吗？

A：这个吧，我老师就是这么教我的（笑）。

Q：那这是当时教材中的定义吗？

A：这我不记得了，反正我上学时是这么学的。（二人都笑了）

Q：您上学期恰好任教初二数学，教学中您在给学生讲解函数定义的时候是按照书上形式还是按照“y 随着 x 的变化而变化”这个呢？

A：那肯定得按照书上的，这个咱不能含糊！

从上述教师 CMB25Y 的话语中能够体会到：虽然该教师能够准确表述初、高中函数的定义，但是函数给他最深刻的印象是“y 随着 x 的变化而变化”，这也是每当提起函数时他首先会想到的东西。特别地，这种印象还是从他作为学生时就形成的。我们从中可以感受到，一方面，学生在初学一个概念时形成的印象对于其后续的学习理解有多么的重要；另一方面，如果该教师对“y 随着 x 的变化而变化”有如此深刻的印象，他在教学中完全不向学生提及的可能性不大，这也自然会让学生们形成相应的印象，这便成为学生的函数概念意象（其中的一部分）。当然，当教师持有“函数是 y 随着 x 的变化而变化”这一概念意象时，也反映出其对函数概念的理解可能存在局限性。

同样是问题“依照您的见解，什么是函数？”，也有的教师给出这样的回答“函数即描述变量关系，变化过程，存在因果关系、相关关系（GWM01Y）”。这样的表述反映出该教师不能准确把握函数概念的本质。

对于函数（指一般意义的函数，而不是一定可以用解析式表示的函数）与方程关系理解，调查结果表明：多数教师存在错误的认识。在 28 位教师中有 18 位（初中 8 位，高中 10 位）认为“方程是函数的特殊情况，方程是函数关系”，有 5 位教师（高中 3 位，初中 2 位）则认为“函数是方程的特殊情况”。例如有的教师做出如下解释：“当函数值为 0 时，函数转化为方程（CWB26Y）”；“是方程不一定为函数，但是函数一定是方程（CMB21Y）”；“函数是方程的一种特殊形式，只是看问题的角度不同(GMB19Y)”。在这样的片面的概念意象影响下，也有教师将符号 $f(x)$理解为“符号 $f(x)$是关于 x 的解析式(CWB15Y)”等。

特别地，问卷对教师如何看待学生 30 认为“$f(x)=1$ 是函数，因为它可以写成‘$y=0 \cdot x+1$’的形式”进行了调研。调研结果表明部分教师认同该学生的看法，如：“可以借助特殊值进行理解(GWM01Y)”“学生找到了解析式，找到了一种 x 与 y 的对应关系(CWM11Y)”“$f(x)=1$ 可以用函数表示式的形式描述，所以为函数(GWD01N)”。

以上研究表明，教师确实存在与学生相同的概念意象，由此不难推断教师的概念意象会影响学生的概念意象。也就是教师自身对相关概念的错误或片面理解，会通过教学等途径自然地影响到学生，进而导致学生出现错误理解。

(二)教师的某些教学行为可能导致学生出现错误或片面的概念意象

除教师自身对数学概念不准确的理解可能导致学生理解的认知障碍外，教师的某些教学行为或习惯也会在一定程度上导致学生认知障碍的出现。在高中数学教学中教师经常会基于个人经验，将某些类型题的求解方法转化为操作性很强的解题程序甚至形成口诀教给学生，或对学生容易出错的环节进行过分强调等可能会导致学生出现一些认知障碍。

学生 43 的错误(图 5-39)是混淆了判断函数奇偶性与根据奇偶性求解析式两种题目的解题过程。访谈中该学生表示“好像和另一个题混了”，而且还在信息单元[06]中说到“不是变量设在未知区间，然后添负号导回到已知区间吗?”

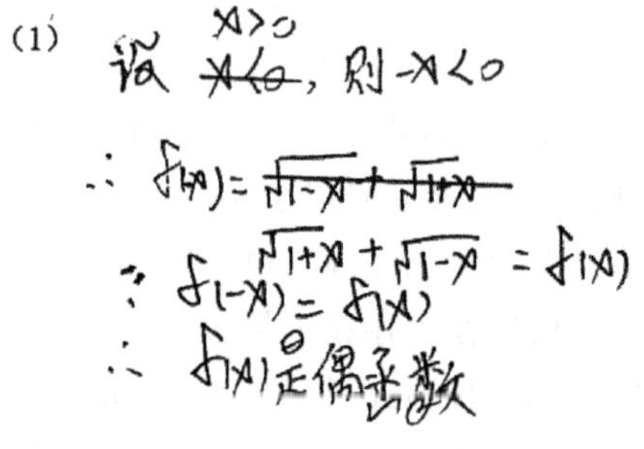

图 5-39　学生 43 的作答

对学生 43 的访谈转录文本：

01 教师：你所写“设 $x>0$，则 $-x<0$”目的是什么?

02 学生：不是变量设在未知区间，然后添负号导回到已知区间吗?哦!应该设 $x<0$，导出 $-x>0$。

03 教师：为什么？

04 学生：嗯？不行！我设在哪个区间好像都不行。

05 教师：你在想什么？

06 学生：老师，不是变量设在未知区间，然后导回到已知区间吗？

07 教师：那是判断奇偶性吗？

08 学生：哦！好像和另一个题混了。

09 教师：那应该怎么证明？

10 学生：好像就要定义域关于原点对称就直接设 x 属于定义域就行。

对于根据函数奇偶性求解析式的题目，本人确实曾教授学生通过包含四步的操作程序来解决问题，而该学生所讲的是其中的第一步。可见，教学中当学生没有真正理解数学概念与方法的情况下，就教授给他们一些程序化、操作性的解题方法，虽然学生易于完成解题，但实际上对概念与方法并没有理解。这种完全依靠形式化的模仿解题自然容易导致不同概念或方法之间的混淆。与学生 43 相同，学生 12 的作答(图 5-12)反映出其同样是受到这一因素的影响出现了认知障碍。

学生 44 在第 7 题的作答中只关注了函数单调递增与单调递减在分界点处应该分别满足的条件(图 5-40)。

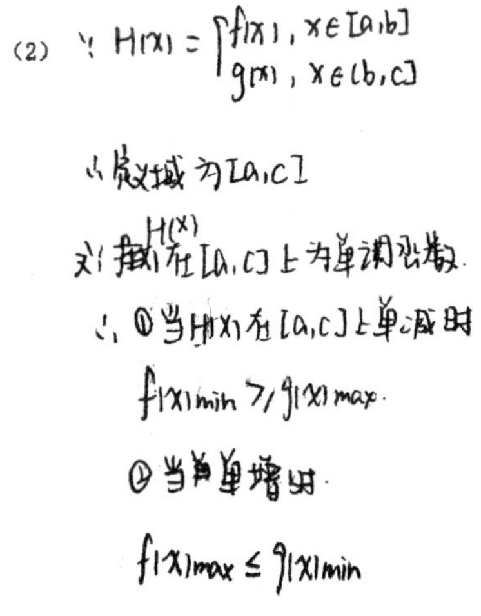

图 5-40　学生 44 的作答

以下是对该学生的访谈转录文本：

01 教师：根据你的作答，只要 $f(x)_{\min} \geqslant g(x)_{\max}$ 就能保证函数 $H(x)$ 是单

调递减吗?

02 学生：嗯，还需要 $f(x)$ 和 $g(x)$ 都是单调递减的。

03 教师：那你怎么没有写出，而只是对分界点处单独强调呢?

04 学生：因为我想要是单调递减，需要先满足分界点处 $f(x)$ 要大于 $g(x)$，然后就想到恒成立问题，就写出这个形式。

05 教师：先满足分界点?

06 学生：就是都得满足，您不是说分段函数在分界点的条件总容易被忽略，然后让先写出这个条件吗? 我就对它印象深刻。

从上述信息单元[02]可知，该学生本应该可以完整地表述出函数应该满足的全部条件，而由信息单元[04]与[06]可以了解到，平时老师教学中对分界点的(过分)强调给其留下的深刻印象是导致其出现认知障碍的原因之一。

三、学生要素

(一)思维发展水平的局限性导致概念理解的认知障碍

中学生的思维发展水平是从具体形象思维逐步过渡到形式逻辑思维水平。初中生以形式逻辑思维水平为主，高中生在继续完善形式逻辑思维发展的前提下，辩证思维开始逐渐占主流。但是，辩证思维是人类思维发展的最高形态，而中学生的辩证思维基本上处于形成与发展的早期。因此，一方面，高一学生的辩证思维还处于很不成熟的时期，思维水平基本停留在形式逻辑的范畴，只能局部地、静止地、分割地、抽象地认识所学事物；另一方面，函数概念的形成必须突破形式逻辑思维的局限，进入到辩证思维的领域。这一矛盾是导致函数相关概念理解认知障碍的一个重要因素。如前所述，学生在构造函数解析式时，之所以只构造出一个含有 x 的代数式，是缺乏对函数概念中的变量、对应法则的认识。出现这类错误的本质原因是对函数的认识处于完全静止、孤立、包含在“公式”之中。①

(二)必备知识与技能的缺失或混淆导致概念理解的认知障碍

奥苏伯尔曾指出“如果让我把全部教育心理学仅仅归结为一条原理的话，那么，我将一言以蔽之曰：影响学习的唯一最重要的因素，就是学习者已经知道了什么。”其进一步指出，与新知识学习相关的学习者的原有知识与经验的明晰性、稳定性以及组织特征将决定性地影响着新知识意义理解的正确性与明晰性，

① 朱文芳：《函数概念学习的心理分析》，《数学教育学报》，1999 年第 4 期。

也严重影响着它们当前的和长期的可提取性。①

在对学生错误作答的分析中，本研究也发现部分学生在相应数学概念理解与表征中的认知障碍是由于必备知识与技能的缺失或混淆所导致的。

图 5-41 呈现了学生 45 对第 3 题的错误作答。直接观察图中的信息，会误认为该生所写的是两个空集，自然是错误的！然而，访谈中学生 45 却用文字语言正确地表述出函数的增区间与减区间，即“这个函数的增区间是[－3，－0.5]还有[2，3]这两个地方，但是都合在一起不行，所以就是这儿增且这儿增”。可见，学生能够正确理解函数的单调区间，而导致其错误的原因是对区间与集合这些抽象符号的理解与表示存在混淆(当然，也不排除这一表述对他产生了较高的认知负荷)。

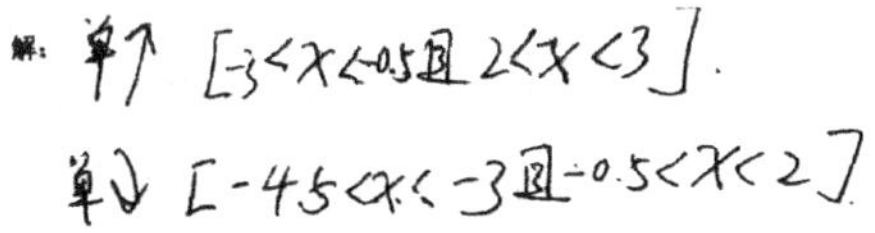

图 5-41　学生 45 的作答

与此类似，学生 5(图 5-5)在书写函数单调区间时出现的错误也是相关必备知识与技能的缺失(或者说不明晰)所致，具体表现为对集合含义的理解或者对单调性定义中任意性的理解不明晰。学生 14 则是因为对符号“≤”意义的理解不准确，导致了对函数最大值概念理解的认知障碍。而学生 21(图 5-21)与 22(图 5-22)则是因为对后续学习的数学概念本质理解的不准确导致了错误的关联。

在学生函数相关概念理解现状调研中，最为突出的一个问题是学生在第 10 题的作答中不能有效运用函数的奇偶性来简化对函数其他性质的研究。以学生 32 为例(图 5-31)，该学生之所以出现那样的问题，其本质在于对奇偶性概念本质的理解，特别是函数具有奇偶性对进一步研究函数其他性质的意义理解不足，这导致他不能有效建立概念之间或概念与其他知识或方法之间的恰当关联。

(三)不正确的认知加工导致概念理解的认知障碍

学生对新数学概念意义的构建既会受到其原有知识与经验的特征的影响，也会受到学习过程中对某些情境的不恰当理解的影响，从而导致认知障碍。

前述对学生 28 访谈的信息单元[04]和[06]表明，他能够正确地表述值域的概念，但是他对函数④却做出了错误的判断。他的解释为：“根据图，我不能确

① [美]D. P. 奥苏伯尔等著，佘星南、宋钧译：《教育心理学——认知观点》，人民教育出版社，1994 年，第 194－197 页。

定 y 的最大值具体是多少。在讲函数的时候，不是说当函数最大值是多少不能确定的时候，我就可以找一个比它大一点的数，就是 2。因为区间[0，2]包括它，所以说值域是[0，2]也没问题。”他进一步表示：“我就记得找不到具体的 y 值，可以扩大范围。”是什么导致他认为当不能准确确定函数的值域时，可以将这个值域的范围适当扩大，以便能够表示出来的呢？事实上，函数定义的表述中有两个非空数集 A 与 B，其中集合 A 是函数的定义域，集合 B 却不一定是值域，而是包含值域，也就是值域是集合 B 的子集。学生的认知障碍就产生在这个地方。本研究发现，有相当一部分学生与学生 28 有同样理解，如学生 1（图 5-2）。

导致学生出现这一认知障碍的原因是什么呢？

在高中函数第 1 课时的教学中，通过四个具有实际背景的问题来逐步抽象出函数概念的过程中，对于每一个问题都会运用集合与对应的语言来表述自变量与因变量之间的对应关系，在其中要表示出自变量取值的集合 A 与因变量取值的集合 C。然而，当进行到第 3 个问题情境，也就是图 5-42 中的空气质量指数与时间的函数关系这一实例时，由于图中不能确定准确的 I 值的范围，于是学生难以类比前两个问题来表述函数关系，从而产生了强烈的认知冲突。后来在老师的引导下，通过利用图中能够看到的较大范围即区间[0，150]，完成了函数关系的表述。这一情景给学生留下了深刻的印象。然而，由于其中部分学生没能充分理解整个抽象过程，只记住运用一个比值域大一些的集合替代了值域，从而导致了与学生 28 相同的认知障碍。由此可见，学生对于教学过程中的某些情境(或“操作”)的不恰当理解可能成为导致其概念理解认知障碍的因素。

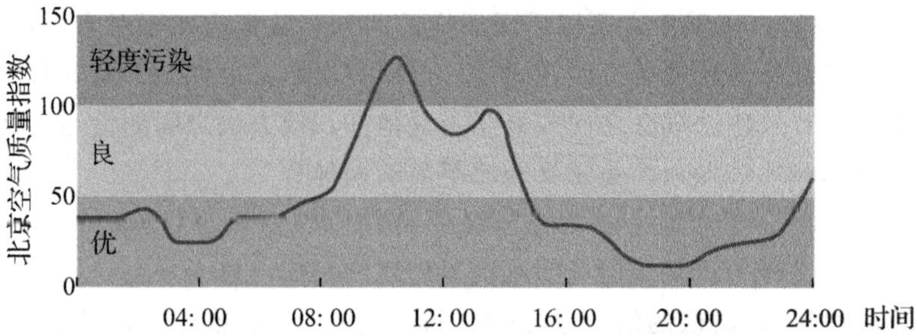

图 5-42　空气质量指数与时间的函数关系图

除教学过程中的情境外，学生自己学习中的某些情境也会影响其对概念或知识的理解。如学生 46 在访谈中表示：有的函数不能用图象表达，而原因在于

“比如算出来的数值比较大，就是画得特别特别大，只能画一部分，然后就不能用图象表示了。”

需要指出的是，虽然本研究仅关注从认知学习的视角来研究学生数学概念学习的影响因素，但在对认知障碍进行分析的过程中，也发现部分学生的某些非认知因素导致了其认知障碍的出现。

学生 8 在判断函数奇偶性时(图 5-8)，只通过对两对特殊值进行计算便得出结论。在访谈中，该学生表示他之所以选择特殊值是因为“我当时就觉得这个函数如果用定义去计算，代入 $-x$ 会得到两个根号，肯定很复杂，然后开根号还可能开错了，于是我就想到您讲过特殊值法。我一用特殊值，然后发现还真行!”可见，函数解析式表面的复杂性让他放弃了运用概念和正确的方法解题，而选择“避繁求简”的策略。正如有研究所指出的：学生喜欢简单的、容易的方法……而害怕困难的东西，害怕题目无解。①

第四节 学生函数相关概念理解认知障碍及其影响因素间关系

一、理解认知障碍及其影响因素间关系

本研究通过对函数相关概念理解调研中的错误作答进行文本分析，并在追踪访谈的基础上，从认知学习的视角实证地研究了学生函数相关概念理解的认知障碍与影响因素，获得以下结论：

高中学生函数相关概念理解的主要认知障碍，有概念表征与解释障碍、抽象数学符号或语言理解障碍、思维定势以及关联障碍；导致学生出现以上认知障碍的主要影响因素，既有学生自身认知学习的因素，即原有知识与经验、认知发展水平、个人所持有的概念意象以及学习认知负荷等，也有教师及其教学和学习材料的特征等外在因素。

图 5-43 呈现了本研究所构建的高中学生函数相关概念理解的主要认知障碍及其影响因素关系图。

---

① Bagni, giorgio T. An investigation of some misconceptions in high school students' mistakes. *Learning in mathematics and science an educational technology*, 2001: 3—24.

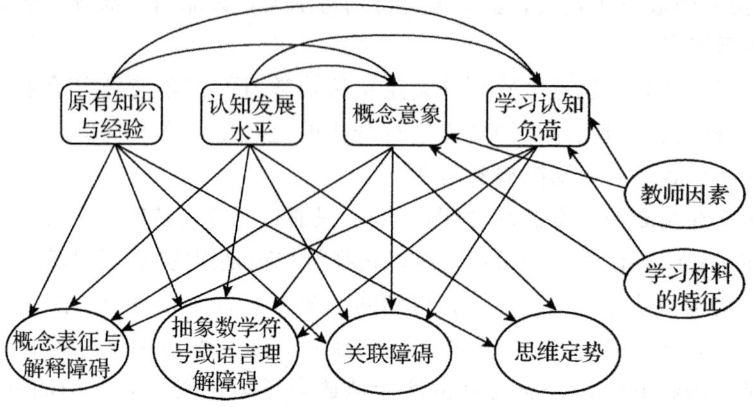

图 5-43　学生函数相关概念理解的主要认知障碍及其影响因素关系

在图 5-43 中，下方的四个椭圆形列出了学生函数相关概念理解的四类主要认知障碍；上方的四个圆角矩形显示了与学生自身认知学习相关的导致其产生以上四类认知障碍的主要影响因素，即学生的原有知识与经验、认知发展水平、个人所持有的概念意象以及学习认知负荷；图中右侧的教师因素和学习材料的特征是影响学生学习的外在因素，它们对学生学习过程中概念意象的形成和学习认知负荷的大小产生主要影响。图中箭头连接了认知障碍与其影响因素以及各影响因素之间的关系：

首先，学生认知发展水平的不足、必备的原有知识与经验的缺失或不完备、错误或片面的概念意象，是导致学生概念表征与解释障碍、抽象数学符号或语言理解障碍、关联障碍以及思维定势的主要影响因素；学生的认知发展水平和原有知识与经验、教师因素以及学习材料的特征又会影响学生正确概念意象的建立。

其次，学生的学习认知负荷是导致学生概念表征与解释障碍、抽象数学符号或语言理解障碍以及关联障碍的又一主要影响因素；而学生学习的认知负荷又会受到多种因素的影响：其中学生的认知发展水平、原有知识与经验这些学生自身的内在因素以及学习材料的特征这一外在因素都会影响学生学习内在认知负荷的高低，而教师对学习材料的选择、组织与呈现等则是影响学生学习外在认知负荷的重要因素。

二、对教师教学的建议

根据以上对高中学生函数相关概念理解的主要认知障碍及其影响因素间的

关系，本研究对教师教学提出如下建议：

第一，要了解学生的概念意象。一方面，在教学准备阶段不仅要做好课程与教学目标分析、教材分析等，还要有效做好学情分析。学情分析中要重点关注不同学生所持有的概念意象，并对导致学生形成这些概念意象的影响因素进行分析；另一方面，当学生获得了数学概念之后，需要给他们创设“输出”概念（意象）的机会。教师只有及时关注学生随着学习形成的概念意象或原有概念意象的发展，才能更加有效地调整教学，为促进学生的概念理解而努力。

第二，要引导学生正确理解概念的本质。在教学过程中，教师要创设恰当的教学情境，让学生在经历数学活动的过程中逐步完成概念的构建，理解概念的本质及其蕴含的数学思想方法，而不是仅仅教给学生一些程序性的操作方法或者以教师的理解代替学生的理解。

第三，要关注并有效控制学生学习的认知负荷。一方面，在充分做好学情分析的基础上，教师不但要关注数学概念本身与相关学习资源可能引发的认知负荷的大小，而且要有效控制教学过程中因教师对教学材料的组织与呈现等可能引发的外在认知负荷；另一方面，在学生对数学概念本质理解的基础上，还要注重引导学生建立概念内部、概念与其他概念或知识之间的有效关联，形成概念图式。长时记忆系统中正确而丰富的概念图式，能够有效降低学生学习的认知负荷，促进概念理解。

第四，要提升教师自身对数学概念的理解水平。教师对数学概念理解准确与否、概念意象与概念定义是否一致等，将直接影响其概念教学的准确性，进而影响学生的概念理解。因此，教师应提升自身对数学概念等学科知识的理解水平，纠正先前所形成的不正确的概念意象等，为促进学生正确概念意象的形成奠定基础。

第六章　数学概念教育设计研究的设计与实施

本研究采用教育设计研究来开展数学概念教学设计与实施的改进研究，其原因在于研究目的与教育设计研究的特点高度契合。本章将在对教育设计研究进行概述的基础上，介绍数学概念教育设计研究的方案以及在研究的迭代改进中研制形成的数学概念教学原则。

第一节　教育设计研究概述

教育设计研究的产生源于教育中不同领域的研究者普遍认为教育实践中缺少行之有效的研究方法。例如：认知心理学背景的研究者试图突破已发现的比较试验组和控制组的实验带来的局限。基于设计的研究联盟指出："教育研究常常与日常实践中的问题相脱节，从而导致研究信度大打折扣，所以需要寻求一种新的研究方法，以解决实践中的问题，并且促进实用性知识的发展。"①为了满足社会发展与21世纪人才培养的需求，20世纪90年代以来，世界各国掀起了在真实环境中研究"学与教"的热潮。教育设计研究是学习科学家和教育研究共同体为了更好地认识"人是如何学习的"而发展出的教育研究新范式。这种教育研究的范式具有理论取向、实用主义取向、干预主义取向和迭代循环等主要特征。皮亚杰的发生认知论、维果茨基的社会文化历史学说和杜威的实用主义哲学是孕育设计研究的理论基础。②

一、教育设计研究的内涵与主要特征

教育设计研究自20世纪90年代在国际上兴起，21世纪初在国际上的影响

---

① The Design-Based Research Collective. Design-based research: An emerging paradigm for educational inquiry. *Educational Research*, 2003(32): 5—8.

② 王文静：《创新的教育研究范式——基于设计的研究》，华东师范大学出版社，2010年，第32页。

越来越大。因起源不同，教育设计研究的名称也曾出现多种表述①，如：设计实验(design experiment)(Allan，1992②；Brown，1992③；Cobb，Confrey，diSessa，2003④)、设计研究(Design Research)(Allan，Joseph，Bielaczyc，2004⑤)、基于设计的研究(Design-Based Research)(The design-based research collective，2003)⑥，教育设计研究(Educational Design Research)(Akker，Gravemeijer，Mckenney，2006⑦)。相关研究者一致认为，上述名称是可以互换的，并且逐渐趋同于教育设计研究这一名称⑧⑨⑩⑪。在本书中统一使用教育设计研究这一名称。

(一)教育设计研究的内涵

柯林斯(Collins)和布朗(Brown)是教育设计研究的开山鼻祖，但是他们并没有定义教育设计研究。随着对教育设计研究认识的不断深入，21世纪初研究者们开始对其含义进行阐释。对于教育设计研究的内涵，国内外不同研究者有

---

① Bakker，Arthur，Dolly Van Eerde. An introduction to design-based research with an example from statistics education. *Approaches to qualitative research in mathematics education：Examples of methodology and methods*，2015：429—466.

② Collins，Allan. *Toward a design science of education*. Berlin：Springer，1992，15—22.

③ Brown，Ann L. Design experiments：Theoretical and methodological challenges in creating complex interventions in classroom settings. *The Journal of the Learning Sciences*，1992(2)：141—178.

④ Cobb，Paul，et al. Design experiments in educational research. *Educational Researcher*，2003(32)：9—13.

⑤ Collins，Allan，Diana Joseph，Katerine Bielaczyc. Design research：Theoretical and methodological issues. *The Journal of the Learning Sciences*，2004(13)：15—42.

⑥ The Design-Based Research Collective. Design-based research：An emerging paradigm for educational inquiry. *Educational Research*，2003(32)：5—8.

⑦ Van den Akker，Jan，Koeno Gravemeijer，Susan McKenney. Introducing educational design research. *Educational design research*，London：Routledge，2006：15—19.

⑧ 同⑤.

⑨ Plomp，Tjeerd. Educational design research：An introduction. *Educational Design Research*，2013：11—50.

⑩ Confrey，Jere. *The evolution of design studies as methodology*，New York：Cambridge University Press，2006：135—152.

⑪ 祝智庭：《设计研究作为教育技术的创新研究范式》，《电化教育研究》，2008年第10期。

不同的阐释，目前较有影响的观点可以归纳为“方法说”、“方法论说”和“范式说”三种。①

1. 方法说

“方法说”是把教育设计研究界定为一种研究方法的观点。如美国国家研究理事会(National Research Council)认为教育设计研究是分析因果机制的一种方法。该方法始于若干机制性的理论猜测，然后对反映了最初猜测的教育工具(如课程、教学方法、计算机应用软件)的设计、实施和系统研究进行检验。不同于实验或其他高控制的方法，教育设计研究包含了教师和学生之间的复杂的交流，并允许学校日常的要求和机会对研究产生影响。② Anderson 认为，教育设计研究作为一种研究方法，其重点是在可操作的教育环境中系统、多维地开展教学干预并评估其效果。③

2. 方法论说

“方法论说”是把教育设计研究界定为一种研究特定环境中“教”与“学”的方法论的观点。这种观点来源于新兴的学习科学家，是当前最具代表性的观点。持有这种观点的研究者在诠释教育设计研究的内涵时，倾向于采用更加开放、灵活和更具概括性的立场，因而更加重视教育设计研究作为研究的一般而不是具体方法在帮助人们认识“学”与“教”、变革“学”与“教”方面所扮演的“指导”角色。他们主要关注教育设计研究得以建立的基本原则(即教育设计研究的内在逻辑)、与其他研究方法之间的关系以及如何正确应用教育设计研究法。④

Wang 和 Hannafin 认为，教育设计研究是一种系统而灵活的方法论，旨在立足真实情境，通过迭代的分析、设计、发展和实施，在研究者与实践者共同合作的基础上提升教育实践，并产生与情境相关的设计原则和设计理论。⑤ 萨莎·巴拉布(Sasha Barab)认为教育设计研究是学习科学家的方法论工具集，它的研究对象是特定环境中的学习过程，研究的目的是“通过对一个简单学习环境

① 王文静：《创新的教育研究范式——基于设计的研究》，华东师范大学出版社，2010年，第33－34页。

② 同①。

③ Anderson Terry. Design-based research and its application to a call centre innovation in distance education. *Canadian Journal of Learning and Technology*, 2005(31): 69－84.

④ 同①。

⑤ Wang, Feng, Michael J. Hannafin. Design-based research and technology-enhanced learning environments. *Educational technology research and development*, 2005(53): 5－23.

进行细致深入的研究，以发展新理论、产品和可以在其他学校或者班级实施的实践纲领。这种深入的研究通常经过多次的迭代，并发生在真实情境中。”①我国学者杨南昌根据国外研究者对教育设计研究的阐释，指出教育设计研究是一种探究学习方法论，旨在设计一些人工制品(如软件、工具、学习环境)，作为一种教学干预或革新应用于教育实践，以影响自然情境之中的学习与教学并对其做出阐释，在此基础上产生新的理论以支持持续的教育革新，促进教育实践和理论的同步发展。② 焦建利认为，教育设计研究是在真实情境中，以研究者和实践者的协作为基础，将科学的方法与技术的方法有机结合，通过反复循环的分析、设计、开发和实施，开发技术产品，在改进教育实践的同时，修正和发展新的教育理论的一种研究方法论。③ 由于把教育设计研究定位为一种方法论给研究者从中观层面对如何研究“学”与“教”做了有效的界定，而这些界定更多的起到的是示范、规范和指引而不是限制、规定和指定的作用，因而研究者仍然可以结合自己的研究问题和研究情境灵活采用不同的技术、手段和方法来进行具体实验或研究，用教育设计研究为方法论指导教育研究的开展有很大的弹性空间。④

3. 范式说

“范式说”是把教育设计研究定位为托马斯·库恩(Thomas Samuel Kuhn)所说的可以从本体论、认识论和方法论这三大问题上反映出来的范式的观点。这种观点除了把教育设计研究看作具体的研究方法和中观层面的方法论外，还从本体论和认识论的角度对什么是“学”与“教”，有关“学”与“教”的研究成果为什么可靠与可信这两个具有“元”性质的问题进行了深入的探讨，是一个有着清晰本体论、认识论和方法论主张的完整结构，既反映了研究者探讨“学”与“教”时

---

① Barab, Sasha. *Design-Based Research: A Methodological Toolkit for the Learning Scientist*, Cambridge University Press, 2006: 153—171.

② 杨南昌:《“设计研究”纷杂概念的界定及与相关方法的比较——学习研究的原初视角》,《远程教育杂志》, 2009 年第 1 期。

③ 焦建利:《基于设计的研究：教育技术学研究的新取向》,《现代教育技术》, 2008 年第 5 期。

④ 王文静:《创新的教育研究范式——基于设计的研究》, 华东师范大学出版社, 2010 年, 第 33—35 页。

所持有的基本信念，又反映了他们在研究过程中可能用到的具体手段。① 基于设计的研究联盟指出，教育设计研究是在特定的情境下，通过对教学策略和工具的系统研究逐渐发展起来的系统研究的范式。② 张文兰、刘俊生则认为教育设计研究是为了解决现实教育问题，管理者、研究者、实践者和设计者等共同努力，在真实自然的情境下，通过形成性研究过程和综合运用多种研究方法，根据来自实践的反馈不断改进直至排除所有的缺陷，形成可靠而有效的设计，进而实现理论和实践双重发展的新兴研究范式。其研究的核心要素是教育干预的设计、实施、评价和完善。③ 王文静认为教育设计研究是一种奠基于实用主义范式和理解主义范式，并对这两种范式进行创新整合的新兴事物。教育设计研究在有关“学”与“教”的基本问题，尤其是什么是教育、教育的目标和知识的本质是什么、教育是否可以被认识以及怎样开展教育研究等重要问题上提出了自己独特的看法，是一种发展中的、融合了实证的教育研究与理论驱动的学习环境设计，是理解教育研究及其产生的知识如何、什么时候以及为什么能在教育实践中起作用的新型教育研究范式，是学习科学家和教育研究共同体为了更好地认识“人是如何认识学习的”而发展出的一种新兴范式。④

除以上三种观点外，国内外都有学者对教育设计研究持“实用主义模糊态度”，即“只描述、不表态、不归类”。⑤ 也有研究者认为教育设计研究是一种方法，也指出其是一种方法论。⑥ 如 Anderson 在 2005 年指出教育设计研究是一种方法，其重点是在可操作的教育环境中系统、多维地开展教学干预并评估其

① 王文静：《创新的教育研究范式——基于设计的研究》，华东师范大学出版社，2010 年，第 32－39 页。

② The Design-Based Research Collective. Design-based research: An emerging paradigm for educational inquiry. *Educational Research*, 2003(32): 5－8.

③ 张文兰、刘俊生：《基于设计的研究——教育技术学研究的一种新范式》，《电化教育研究》，2007 年第 10 期。

④ 同①。

⑤ 同①。

⑥ 李卓、鲍建生：《论设计研究："内涵""类型""过程"与"应用"》，《数学教育学报》，2020 年第 5 期。

效果①。随着研究的深入，2012 年其又将教育设计研究作为一种方法论进行阐述②。类似地，国内一些学者认为教育设计研究是一种方法论，同时也认为是一种研究范式。例如：祝智庭的论文标题《设计研究作为教育技术的创新研究范式》表明其认为设计研究是一种研究范式，而在文中他又直接应用了 Wang 和 Hannafin 的定义，即设计研究是一种系统而又灵活的方法论。③ 类似地，杨南昌在其论文《"设计研究"纷杂概念的界定及与相关方法的比较——学习研究的原初视角》中认为设计研究是一种方法论，同时其在开篇也指出设计研究是当前国际教育领域正在兴起的一种研究新范式。④

（二）教育设计研究的主要特征

虽然不同研究者对"教育设计研究是什么"还没形成一个统一的定义，但是学界对于教育设计研究的主要特征却达成了较为一致的共识。

1. 理论取向

教育设计研究非常重视理论的角色与作用。理论既是教育设计研究的基础，也是结果。所谓理论取向，是指教育设计研究要扎根于先前的理论，并推动理论的发展，也就是研究要取得能把相关启示传递给实践工作者，且别的教育设计者可分享的理论。⑤ 它指向的理论既客观又主观，既抽象又具体，既严谨又灵活，且面向真实、复杂的教育情境，内涵丰富，层次分明，类型多元。⑥

2. 实用主义取向

教育设计研究，根据研究在真实、复杂情境中引发的实践效果和应用价值来判断理论研究的意义。所谓实用主义取向，是指教育设计研究判断自身及其产生的知识是否有价值的标准是它能够在多大程度上解决真实情境中的教育问

---

① Anderson, Terry. Design-based research and its application to a call centre innovation in distance education. *Canadian Journal of Learning and Technology*, 2005(31): 69—84.

② Anderson, Terry, Julie Shattuck. Design based research: A decade of progress in education research? *Educational researcher*, 2012(41): 16—25.

③ 祝智庭：《设计研究作为教育技术的创新研究范式》，《电化教育研究》，2008 年第 10 期。

④ 杨南昌：《"设计研究"纷杂概念的界定及与相关方法的比较——学习研究的原初视角》，《远程教育杂志》，2009 年第 1 期。

⑤ 张文兰、刘俊生：《基于设计的研究——教育技术学研究的一种新范式》，《电化教育研究》，2007 年第 10 期。

⑥ 王文静：《创新的教育研究范式——基于设计的研究》，华东师范大学出版社，2010 年，第 50—53 页。

题。研究要在完善对他人有用的理论的同时影响实践。与其他专注于理论构造的方法相反，教育设计研究者强调研究要在当地引起具有说服力的变化。教育设计研究者不仅要认可当地情景的重要性，还要把这些情景中的变化看作理论是否有效的必要证据。否则，那些促进了理论发展，但不能表明其对当地学习情境有意义的教育设计研究不足以证明其理论的价值。①

3. 干预主义取向

教育设计研究有着强烈的行动干预和革新意识，具体实验过程以某个干预原型设计、实施及其不断完善为动力。所谓干预主义取向，是指教育设计研究旨在设计一个能在真实世界中起作用的干预。② 也就是说其目的是在真实情境中设计干预。在传统的教育研究中，在学校工作的研究者通常遇到艰难的伦理选择问题。一般来讲，实证主义范式的研究者倾向于严格保持中立，不涉及教育该如何的问题，只解答教育"是什么"和"为什么"的问题。理解主义范式的研究者倾向于对"当事人"采取充分尊重和不强硬干预的态度，由"当事人"自己决定"该如何"。这种过分的尊重、同情往往无助于"当事人"变革自己的处境，效率和力度都十分地有限。针对这一理论研究与具体实践之间的巨大鸿沟，教育设计研究提出了立足真实、复杂的教育情境开展基于证据的研究，并积极推动教育实践变革的观点。教育设计研究通过不断的设计、行动、反思、调整和修订，研究与实践之间的裂缝可以得到有效的弥合，亦即教育设计研究通过"干预主义取向"的教育干预找到了把理论与实践结合起来的有效途径。③

4. 过程取向

教育设计研究倡导的教育研究类型属于美国国家研究理事会所说的机制研究，十分关注事件为什么发生，事件发生的具体过程和演变轨迹如何。所谓过程取向，是指避免出现输入—输出的黑箱模型，聚焦于干预的理解与完善。④ 教育设计研究主张把认知过程、学习过程和研究过程清晰化和透明化，从而了解"学生在课堂到底发生了什么以及设计如何起作用"，以努力将心理学实验研

---

① 王文静：《创新的教育研究范式——基于设计的研究》，华东师范大学出版社，2010年，第50—53页。

② Van den Akker, Jan, Koeno Gravemeijer, Susan McKenney. Introducing educational design research. *Educational design research*. London: Routledge, 2006: 15—19.

③ 同①。

④ Van den Akker, Jan, Koeno Gravemeijer, Susan McKenney. Introducing educational design research. *Educational design research*. London: Routledge, 2006: 15—19.

究所抛弃的“学习发生机制黑箱”打开，并在此基础上产生基于证据的真正“可用的”设计理论。① 鉴于对“过程”的高度重视，学习科学家要求教育设计研究既要有对研究结果详细的描述，又要有对研究过程的观察评价。② 一项成功的教育设计研究需要研究者与实践者在真实、复杂的教育情境中进行较长时间的追踪与关注，并对研究目标、方法和工具进行不断的修正。③

5. 迭代循环

所谓迭代循环，是指教育设计研究包含一个有关设计、评估和修订之间的多重循环。④⑤ 如前所述，教育设计研究通常研究周期较长，需要对研究目标、方法和工具不断修正。从假设原型到最终原型的完成是一个长期的、形成性的过程，需要不断地诊断教学问题和方案，并在教育活动中获得反馈信息，以完善教学干预。⑥

需要指出的是，尽管这五个特征中的某些特征也是其他研究具有的，但放在一起，教育设计研究区别于其他研究。⑦ 无论从哪个角度，用哪种方式来表述教育设计研究的基本特征，扎根于先前的理论并推动理论的发展、在真实的教育情境中进行并革新具体实践、根据实践效果判断研究价值、在研究驱动的迭代循环中逐步延展、多方研究者与实践者组成共同体参与平等协作，是绝大多数主流研究者的表述所反映出的教育设计研究的基本精神。

二、教育设计研究的类型与过程

(一)教育设计研究的类型

以下从两个不同的维度来介绍教育设计研究的主要分类。

---

① Cobb, Paul, et al. Design experiments in educational research. *Educational researcher*, 2003(32): 9—13.

② Barab, Sasha. *Design Based Research: A Methodological Toolkit for the Learning Scientist*. Cambridge: Cambridge University Press, 2006: 153—171.

③ 王文静:《创新的教育研究范式——基于设计的研究》，华东师范大学出版社，2010年，第50—53页。

④ Van den Akker, Jan, Koeno Gravemeijer, Susan McKenney. Introducing educational design research. *Educational design research*. London: Routledge, 2006: 15—19.

⑤ 李卓、鲍建生:《论设计研究:“内涵”“类型”“过程”与“应用”》，《数学教育学报》，2020年第5期。

⑥ 倪小鹏:《基于设计的研究方法、实例和应用》，《中国电化教育》，2007年第8期。

⑦ 同①。

1. 以研究的目的为划分依据

教育设计研究具有双重目的，即为教育实践中的复杂问题提供基于研究的解决方案和致力于开发或验证与学习过程、学习环境等相关的理论。① 基于此，Plomp 根据教育设计研究的目的，将其分为开发研究和验证研究。

在开发研究中，教育设计研究的目的是针对教育实践中的复杂问题，开发出基于研究的解决方案，这种类型的设计研究被定义为系统地分析、设计和评价教育干预。其目的有二，一是针对教育实践中的复杂问题，提出基于研究的解决方案；二是促进对干预以及设计、开发干预的理解。在验证研究中，教育设计研究的目的是发展或者验证理论，这种类型的设计研究被定义为教育干预的研究(例如学习过程、学习环境等)，旨在发展或验证如何设计教育干预以及教育干预过程的理论。②

2. 以研究实施的真实情境为划分依据

依据研究运行所依赖的环境，Cobb 等将教育设计研究分为课堂设计研究、专业发展设计研究、团体设计研究和一对一设计研究。

在课堂设计研究中，一个研究团队与一个负责教学的数学老师(数学老师可以是研究团队成员)合作以便考查学生在特定数学领域的学习过程。在专业发展设计研究中，一个研究团队与一组在职教师或职前教师合作以便支持教师的专业发展。在团体设计研究中，一个研究团队与教师、学校管理人员和其他利益相关者合作，以便支持学校和地区数学教学能力的提高。在一对一的设计研究中，研究人员通过对一小部分学生的一系列教学来考查和模拟学生在特定数学领域的学习过程。③

(二)教育设计研究的过程

关于教育设计研究如何实施，分为哪几个阶段，不同研究者的说法都比较接近，基本上都是分为研究的准备阶段、进行设计实验和开展回溯性分析三个阶段，只是表述的方式和详细程度略有差异。

---

① 王其云、祝智庭、顾小清：《教育设计研究理论与案例》，华东师范大学出版社，2017 年，第 1 页。

② Plomp，Tjeerd. Educational design research：An introduction. *Educational design research*，2013：11—50.

③ Cobb，P.，K. Jackson，C. Dunlap. Conducting design studies to investigate and support mathematics students' and teachers' learning. Compendium for research in mathematics education，2017：208—233.

以数学课堂设计研究为例，研究准备阶段的目标是构建本土化的教学理论，并在开展预期设计实验的过程中不断细化和修正。① 这一阶段需要明确学生数学学习的目标，确定学生当前的水平，说明学生发展的推测以及支持他们发展的手段。设计实验阶段包含教学设计、课堂实施和分析的迭代循环。实施连续设计和分析循环的总体目标是检测并促进准备阶段所描述的未来学习轨迹。研究团队需要在每次课堂学习结束后，举行任务报告会。团队成员通过回顾、反思、交流等，尝试分析学生的参与过程和学习过程，并在分析的基础上评估准备阶段所描述的未来学习轨迹的有效性，进一步决定建立哪种特定的规范，以及决定修改设计中的哪些具体方面。在团队成员达成共识后，便可以设计(或修正已有的)下一次课的教学任务、学习活动，思考其他教学支持手段。当然，阶段性地举行较长期的研究团队会议也具有一定的意义。如 Simon 所说，要保证局部判断(如在特定教学活动中使用的特殊任务、教师向学生说明的数学观点等)和较长期的学习目标，以及整个学习轨迹之间存在一种反思性的联系，应该是教育设计研究的基本原则。② 回溯分析，是在教育设计研究的最后阶段，利用整个课堂教学过程中收集的数据来实施。回溯分析的目标取决于设计研究的理论意图。

---

① 李卓、鲍建生：《论设计研究："内涵""类型""过程"与"应用"》，《数学教育学报》，2020 年第 5 期。

② 蔡金法：《数学教育研究手册》，人民教育出版社，2020 年，第 220 页。

第二节　数学概念教育设计研究方案

一、研究对象与研究团队

(一)研究对象

由于教育设计研究具有较强的干预性，需要在教学设计与实施的改进中进行多轮迭代，持续时间也相对较长。因此，本研究以方便取样的方式选取 R 学校的两个班，共计 84 人(男生 50 人，女生 34 人)作为研究对象。

(二)研究团队成员

教育设计研究由本人进行总体设计与筹划，由一个包含数学教育专家、基础数学专家、教研员和一线教师共 10 人构成的研究团队共同研究完成。具体研究人员情况见表 6-1。

表 6-1　研究团队成员基本信息与分工情况

角色	姓氏代码①	简介	任务分工
总设计者	M	女，1976 年出生，教育硕士(数学学习心理方向)，在读博士，正高级教师，教龄 23 年	本研究的总设计、设计实施执教教师
专家顾问	Z1	女，1956 年出生，教育学博士，教授，博士生导师，教龄 40 年	负责研究的全面指导
专家顾问	L	女，1968 年出生，教育硕士，高级教师，北京市数学特级教师，北京市中学数学教研员，教龄 31 年	负责教学理论剖析和教学设计的指导
专家顾问	B	男，1964 年出生，数学教育专业大学本科，正高级教师，北京市数学特级教师，教龄 36 年	负责研究的数学基础和教学设计指导
专家顾问	W1	男，1969 年出生，数学教育专业大学本科，高级教师，北京市数学骨干教师，北京市 T 区高中数学教研员，教龄 32 年	负责研究的数学基础和教学设计指导

① 姓氏代码为研究人员姓氏拼音的首字母，对有两位以上同姓人员则在字母后面增加数字以作区分。

续表

角色	姓氏代码①	简介	任务分工
参与研究	C1	男，1976 年出生，数学教育专业大学本科，高级教师，教龄 25 年，研究者同一教研组教师	参与教学设计与改进研讨
参与研究	J	女，1980 年出生，教育硕士，高级教师，北京市数学骨干教师，教龄 18 年，研究者同一教研组教师	参与教学设计与改进研讨
参与研究	W2	女，1977 年出生，数学教育专业大学本科，高级教师，北京市 T 区数学骨干教师，教龄 22 年，T 区一所示范高中数学教研组长	参与教学设计与改进研讨
参与研究	Q	女，1985 年出生，数学教育专业大学本科，一级教师，教龄 16 年，研究者同一教研组教师	参与教学设计与改进研讨
参与研究	C2	女，1990 年出生，基础数学硕士，二级教师，教龄 5 年，研究者同一教研组教师	参与教学设计与改进研讨
参与研究	W3	女，1995 年出生，统计学硕士，二级教师，教龄 2 年，研究者同一教研组教师	参与教学设计、改进研讨与研究数据的处理
参与研究	Z2	女，1990 年出生，应用数学博士，初级教师，教龄 1 年，研究者同一教研组教师	参与教学设计与改进研讨与研究数据的处理

二、研究流程总述

为了增强教学设计改进的针对性，本研究首先对研究对象实施了函数学习前测问卷调查。通过对调查结果的分析，基本掌握了学生对函数概念的理解情况、所持有的概念意象以及认知障碍等。在前期研究的基础之上，本研究在一般意义的教学原则与数学教学原则的基础上，提出数学概念教学原则。数学概念教学原则从提出到完善，是在教学设计实践中不断进行的，这期间共经历了三次修订迭代。

本教育设计研究整体分为三个阶段，分别是：研究的准备与设计阶段、研究的实施阶段以及研究的回溯分析阶段。在研究实施阶段，针对高一函数主题中函数概念与性质单元中函数概念、定义域、值域、表示法、单调性、最大(小)值、奇偶性七个具体概念进行教学设计与课堂教学实施。从教学设计正式实施开始到结束，时间持续了约一个月。研究中使用了问卷调查法、访谈法以及课堂录像交互分析等研究方法。

(一)研究的准备与设计阶段

准备阶段自2021年7月开始至设计研究正式实施之前，持续时间近三个月。准备工作包含学生函数相关概念理解错误梳理、认知障碍及其影响因素分析、研究对象函数学习前测问卷调查、数学概念教学原则的初步提出以及编写教学设计原型等，具体研究内容见图6-1。其中，准备阶段的前三个环节在本章之前已经完成。

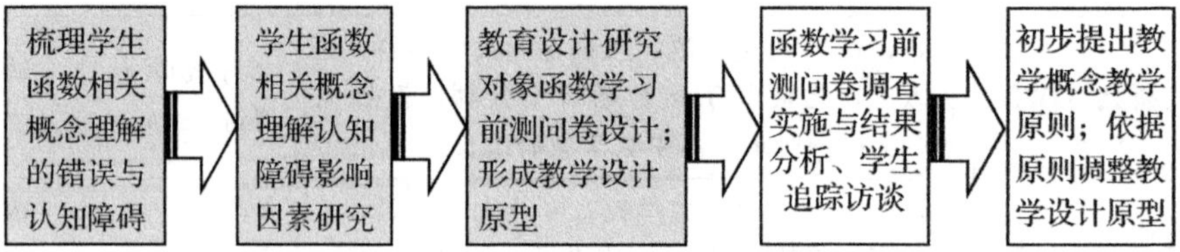

图6-1　设计研究准备阶段进度流程

(二)研究的实施阶段

研究的实施阶段自2021年9月24日开始至11月20日。其中9月24日至10月22日为课堂教学实施阶段，其间将函数的概念2课时、函数的表示法2课时、函数的单调性3课时以及奇偶性1课时分别作为一个研究单元。研究过程中自9月25日起至11月15日期间对学生作业与课堂学习中的错误进行记录，对期中考试中出现的典型错误进行分析，并对相应学生实施一对一追踪访谈。团队中研究者同一教研组的五位教师C1、J、Q、C2、Z2每次参与现场课观摩。四位专家顾问和W2、W3两位教师均在研讨会之前通过录像完成观课。因受疫情影响，每个研究单元教学结束后的研讨会都以网络视频会议的形式召开。每次研讨会的时长在110分钟至140分钟不等。研讨包含以下三方面内容：设计与实施的优点与不足；通过教学实施剖析数学概念教学原则的适切性，并提出修改建议；对下一单元教学设计进行调整，以便更好地做好设计研究的循环迭代。在这一阶段研究修订完成数学概念教学原则与相应的教学策略。具体研究进度见图6-2。

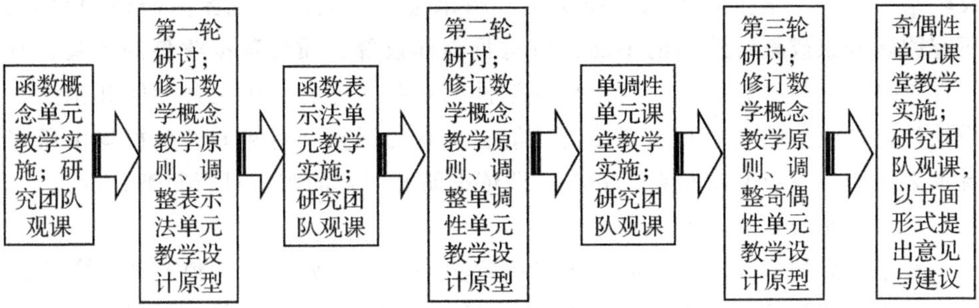

图 6-2　设计研究实施阶段进度流程

(三)研究的回溯分析阶段

研究的回溯分析，主要通过研究者本人回看教学设计实施的所有课堂录像，并将其中与学生概念理解相关的教学片段转换为文本进行交互分析、学生访谈、教学后测以及教学设计与实施改进效果分析等。具体研究进度见图 6-3。

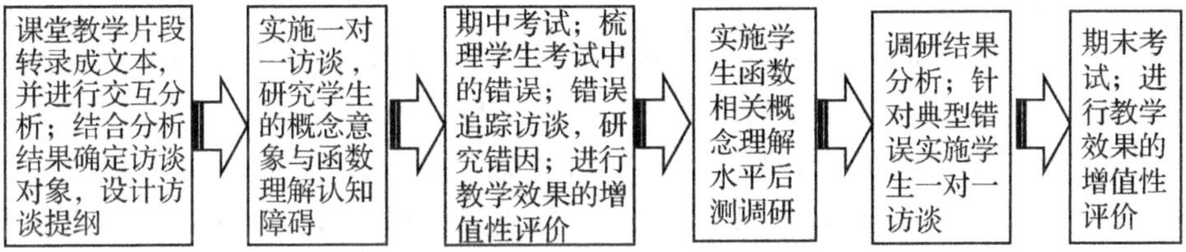

图 6-3　设计研究回溯分析阶段进度流程

三、研究数据的采集与研究的信度、效度和伦理

(一)研究数据的采集

本研究涉及的研究数据包括量化数据和质性数据两部分。

量化数据包括学生月考、期中考试、期末考试以及教学研究后测的结果数据。其中月考于 2021 年 9 月末由年级备课组命题，R 学校统一组织测试和网络阅卷。期中和期末考试均由 T 区教研部门统一命题，T 区与 R 学校统一组织测试和网络阅卷，时间分别为 2021 年 11 月与 2022 年 1 月中旬。本研究组织的研究后测于 2021 年 11 月末进行，使用本研究前期设计的学生函数概念理解水平测试问卷。以上数据利用 EXCEL 电子表格和 SPSS22.0 统计软件进行分析，均作为研究效果分析的部分依据。

研究中质性数据包含教学录像及其中部分教学片段转录的文本、学生访谈及转录的文本、学生作答的错误文本、腾讯会议录制的研究团队研讨的视频、研究团队专家或教师给出的书面评价意见与建议等。质性数据收集的工具，有学校录播教室的录制系统、腾讯会议软件的录制功能、手机录音功能和拍照扫描软件以及微信的文字和语音传输功能。所有的视频和音频质性数据均由研究者本人逐句转录成文本材料，并在后期依据研究问题的需要进行归类分析。

(二)研究的信度与效度

对于研究的信度，一方面，研究中后测问卷的评分通过三角互证的方式进行，且参与阅卷的老师与预测试中参与三角互证的三位老师相同；另一方面，月考、期中与期末考试的命题，考试组织以及阅卷均由 R 学校或 T 区统一组织实施，能够保证研究结果的客观性。

为保证研究的效度，本研究在教学设计改进阶段，每一小单元的教学设计、实施及其迭代改进，以及数学概念教学原则的提出与修订等，都在研究团队的共同研讨下进行。

(三)研究伦理

为了保证教学研究的科学性，不干扰学生学习的自然状态，研究者没有告诉学生正在参与教学设计研究。每一个教学小单元授课结束后，在征得学生们同意后才将教学视频分享给专家和参与研究的老师。研究中，在进行学生访谈时没有告知他们访谈被录音，以免给学生造成紧张和导致学生不敢表达真实想法等情况。在访谈结束时才告知学生，并在征得他们的同意后进行分析。对教师的访谈是在事先告知，并征得其同意后才进行录音及相应的分析。

四、研究对象函数学习前测调研与结果分析

(一)前测调研问卷的发放与回收

在研究的准备阶段，对学生函数相关概念理解认知障碍及其影响因素研究所获得的结论能够为教学设计与实施的有效开展提供一定的依据。在此基础上，为了进一步提升教学改进的针对性，本研究对教育设计的研究对象实施了函数学习前测问卷调查。参与调查的两个班级各有一位教师负责纸质问卷的发放、指导语的宣读与问卷回收。测试组织规范，且测试前研究对象完全不知道要测试的内容与函数相关，也没有做任何提前准备。因此，测试结果能够真实有效地反映出学生经过初中学习所形成的对函数概念的理解。本次测试，共发放问卷 79 份，有效回收 79 份，回收率 100%。

（二）前测调研问卷作答情况分析

1. 研究对象的函数概念表征

对于问题“你认为什么是函数？请举出一个函数的例子，并指明其自变量与因变量。”有 62 名学生表述了自己所理解的函数。在这 62 名学生的表述中有 2 人表述了较为完整的初中所学函数定义，14 人表述了不完整的初中所学函数定义，1 人表述了不准确的高中函数定义。其余不同学生对函数概念的表述主要有：函数是一个数随着另一个数的变化而变化、一种运算、公式、等式、方程、关系、图象、图象上的点、一种方法、经过“f”处理后的值、物理量等。通过对比发现，相较于 2020 级高一学生，研究对象对函数概念的表述中增加了函数是一种运算、是图象上的点、是一种方法以及一个物理量等。通过统计发现，在不同学生所持有的函数概念意象中，处于前三位的是“单值对应”“一个数随着另一个数的变化而变化”以及“函数是一种表达式或方程”，所占比例依次是 48.4%、35.5% 和 11.3%。在举出函数例子的 77 名学生中仅有 1 人对自变量的理解有误，他认为函数 $y=x^2$ 的自变量是 x^2。

2. 研究对象对函数表示法的理解

对于问题“函数有哪些表示法?”调查结果表明：有 22 名学生能够准确表述初中所学函数的三种表示法；有 17 名学生将一次函数、二次函数和反比例函数的一般形式理解为函数的表示法；所有参与调研的学生中，有 58 人提到图象法，50 人提到解析法，33 人提到列表法，少数学生提到文字说明、描述法以及口头表达法等。

3. 情境运用中表现出的函数理解

在学生用自己的语言对概念进行描述或解释的基础上，问卷还通过两道情境运用题目，进一步考查了学生在解决问题中表现出的函数理解。

对于问题“判断以下 8 幅图形是否可以作为以 x 为自变量的函数图象，并说明理由。”的作答结果表明：在整个题目的作答中，有 69 名学生至少运用了一次“单值对应”，即“对于每一个 x 的值，y 都有唯一确定的值”进行判断，说明他们都知道将“单值对应”这一本质特征作为判断函数的依据。然而，当遇到在初中函数学习中没有接触过的函数类型时，出现部分学生依据其个人对函数的概念意象，而不是这一标准进行判断。其中，有 5 人始终将“y 随 x 的变化而变化”作为判断函数的依据；有 3 人始终将“是否学习过的函数”作为判断标准。

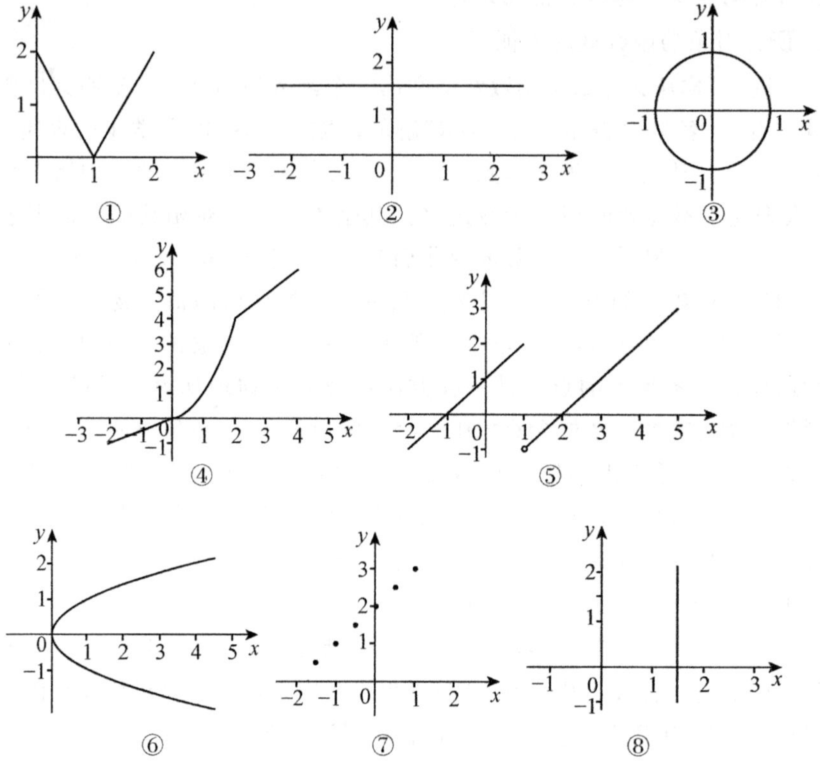

图 6-4　学生前测调研问卷中第 3 题图

以下是部分学生的具体作答与访谈中所表述的观点：

对于图①，学生 1 的回答是“不可以，无对应函数。”学生 2 的回答是“不可以，图象应该是一条圆滑的抛物线。”在追踪访谈中，学生 1 表示“函数有一次函数、二次函数、正比例函数和反比例函数，它这个都不是，所以不行”。学生 2 则表示“函数图象应该是圆滑的曲线，它这个用直线连接，不对！”

有 21 人对图②的作答出现错误，其中有 15 人给出的理由是“y 没有随着 x 的变化而改变”，具体回答如：“不可以，y 会随着 x 的改变而改变。”也有学生认为图②不是函数的原因是“没有 x”或“y 与 x 无关”。具体回答如：“不可以，$y=\frac{3}{2}$，无 x”或“不可以，y 与 x 无关。”

对于图③，有 3 名学生依据“y 随着 x 的变化而变化”判断其为函数，另 1 名学生根据写出的方程“$x^2+y^2=1$”判断其为函数。访谈中，该生表示他认为

“只要能写出表达式的都是函数”。

对于图④，有学生写出“不可以，y 与 x 无稳定的关系。”也有学生回答出“不可以，图象应该一笔画图。”访谈中，这两名学生分别表示：“这个图是用不同形状的线拼接的，所以 x 与 y 没有稳定的关系”，“函数的图象应该是同一个类型，要么是直线，要么是抛物线什么的”。

对于图⑤，有学生回答：“如果是直线则就是一次函数，如果是线段或射线则不是函数”。

对于图⑥，有学生的回答是“不可以，抛物线只有头朝上或下。”

在所有 8 个图中，错误率最高的是图⑦，共有 33 人判断错误。其中有 10 名学生表述的理由类似，其本质就是这个函数的自变量的取值不是全体实数。具体表述如“不可以，有的 x 没有与其对应的函数值 y。”另有 14 名学生认为函数图象不能是点，应该连成线，具体回答如：“不行，不是线。”

对于图⑧，有学生写出该直线的方程，并据此判断其为函数，如：“可以，这是 $x=\frac{3}{2}$时的函数图象。”也有学生给出的判断理由为“x 不变化”或“y 与 x 无关”或“函数无因变量 y”，具体如：“不可以，x 并没有变”或“不可以，x 与 y 无关。”

本研究希望通过下面的问题考查学生能否将坐标平面中的线与坐标轴的意义联系起来，以反映其是否能够建立时间与距离之间的对应关系。

问题为：请指出下列哪个图代表了旅行，并描述相应图象所代表旅行实际发生的情况是怎样的？

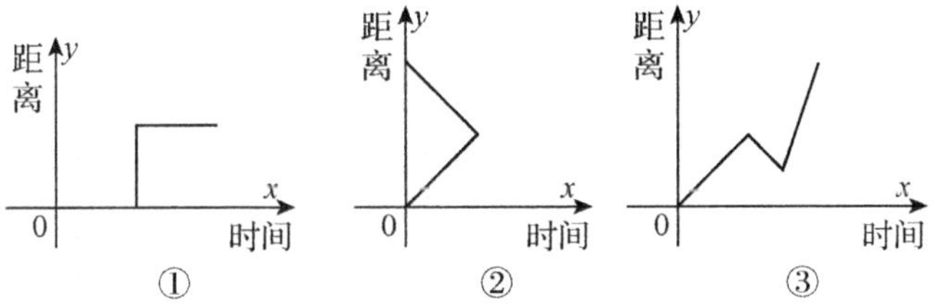

图 6-5　学生前测调研问卷中第 4 题图

研究结果表明：79 名学生中有 70 人正确选择了③，并进行了较为合适的解释。这一结果说明有 88.6%以上的学生能够将坐标平面中的“线”与数轴表示的意义联系起来。这一结果远远高于克斯莱克(Kerslake)的研究结果，即只有

14％的 13 岁学生和 25％的 15 岁学生正确解答了此题①。如图 6-6，学生不但关注了距离随时间变化的情况，而且还关注到了图中不同部分速率的变化。

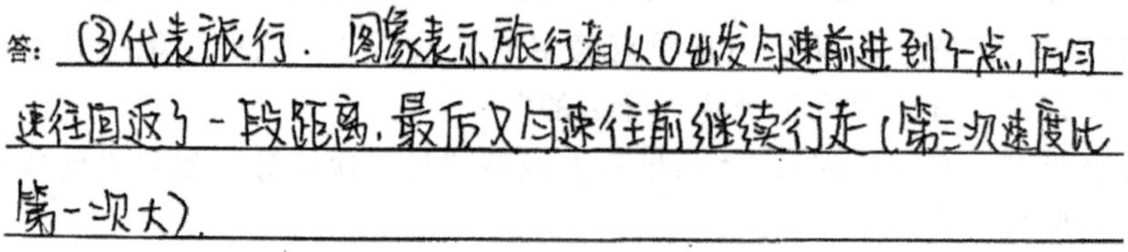

图 6-6　学生的作答

测试中，另外 9 名同学的选择中出现了图①或②。如有学生选择图①，其描述的情况为“前一段时间里行进了一段距离，然后在某一地点参观。”可见，该学生对于图①中垂直于时间轴的线段的理解与时间相脱离，他仅仅关注了距离的增大而忽略了时间没有发生变化。

图 6-7 中学生的作答表明：该学生不能正确将图②中时间和距离两条坐标轴的意义进行关联。其理解的“到某一地点后原路返回起点”本应是距离归零，而不是时间归零。

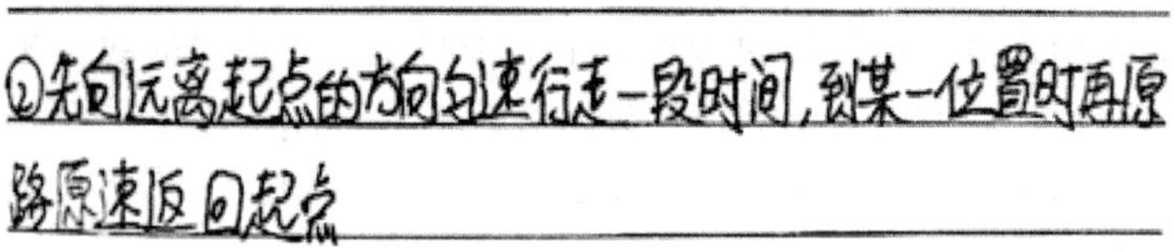

图 6-7　学生的作答

根据以上对学生在学习前测调研中作答的分析可知：

第一，对于函数概念，研究对象与 2020 级高一学生有着诸多相同或类似的概念意象，如：函数满足“单值对应”、函数是 y 随着 x 的变化而变化、函数的定义域应该是全体实数、函数的图象应该是连续的光滑线、函数应该有单一的（稳定的、有规律的）关系等。而反映出的不同理解主要有：能写出方程的都是函数、$x=1$ 不是函数的原因是 x 不变化或 x 与 y 没关系，以及将是否曾经学过作为判断函数的依据。

① ［美］格劳斯著，陈昌平等译：《数学教与学研究手册》，上海教育出版社，1999 年版，第 470－471 页。

第二，研究对象中有87%以上的学生知道并运用了“单值对应”这一判断函数的依据，这为高中函数概念的学习奠定了一定的基础。然而，当遇到陌生的情境时，其中部分学生会根据以往学习经验或个体所持有的不正确的概念意象来解决问题。

第三，少部分研究对象不能正确建立坐标平面中的“线”与坐标轴表示的意义之间的联系，这可能导致观察与理解函数图象，特别是函数单调性与奇偶性概念理解的认知障碍。

（三）两届学生函数理解调查研究的启示

如前所述，本研究在对2020级高一学生函数理解现状调研的基础上，又针对研究对象实施了函数学习前测调研。其中，前一个调研的主要目的在于了解学生经过高一阶段的函数学习后对相应概念的理解水平以及存在的主要认知障碍与影响因素，为本研究提供前瞻性的教学启示。后一个调研目的在于更加准确地把脉研究对象的函数理解，以进一步提高教学改进的针对性。综合以上两个调研结果，可以为本教学设计改进研究提供以下启示：

第一，学生初中阶段函数学习所形成的片面或错误的概念意象，是高一阶段函数学习认知障碍的主要影响因素之一。

本研究发现，无论是还未经历高一函数学习的研究对象，还是已经完成此阶段学习的高一学生，他们都在初中阶段的函数学习中形成了诸多片面或错误的概念意象。特别地，对于很多学生而言，这些概念意象一直影响着高一阶段的函数学习，而且学生的概念意象相较于概念定义对概念的理解有着更大的影响。

据此，教师在教学设计与实施中要关注学生的概念意象：一方面，需要了解学生对相应概念的已有概念意象，并将其作为有效教学设计的重要基础之一；另一方面，教学中还要通过创设适当的情境、增加丰富的实例等方式，引导学生在学习活动中增加对数学概念的感性认识、积累数学活动经验，逐步建立正确、丰富的概念意象，以争取学生能够实现概念定义与概念意象之间正确的双向转化。

第二，学生难以准确完整地建立起对“对应”的理解。

虽然“对应”一词在初中函数定义中已经出现，但教科书并未从“对应”的角度对概念进行解释，教学目标也不要求学生用“对应”的观点去理解函数概念。在高一阶段的函数教学中，“对应”的本质在函数概念中有明确的体现，教学目标也要求学生准确理解其含义。然而，实际教学中教师往往在给出函数定义后，忽视进一步通过更多的实例引导学生深入理解其本质。这导致学生不能很好地建立对“对应”的深入理解。当面对一些新情境、特殊函数时，便不能顺利地运用“对应观”来理解与解决问题。

根据 APOS 理论，学生对函数概念的理解在经历从活动内化为过程，进而发展为对象乃至图式的过程中，需要不断积累经验、丰富感性认知，在此基础上通过自反抽象最终形成理性认知。因此在学生函数理解的每一阶段，以及函数单元甚至整个主题的教学中都需要不断引导学生运用“对应”的观点来理解函数概念，以实现学生理解的螺旋式上升。与此同时，教学中需要创设恰当的问题情境或者在适当的时间将函数概念的发展史，特别是概念发展的关键历史节点以适当的方式融入到学生的概念学习之中，引导学生通过理解函数概念发展的必要性及其意义来进一步体会“对应”的本质。

第三，要注意提升学生对函数图象所表示的自变量与因变量之间对应关系的理解。

由于部分研究对象不能准确建立起坐标平面中的线与坐标轴意义之间的正确关联，从而导致认知障碍。因此，在整个单元的教学中也需要逐步提升学生对函数图象所表示的自变量与因变量之间对应关系的理解。特别是在函数单调性等的教学中要注意引导学生关注到自变量与因变量之间的协同变化，而不能脱离自变量，仅将函数递增与递减理解为函数图象的上升与下降或者函数值的增大或减小。

第四，数学概念教学更加需要关注和有效管理学生的学习认知负荷。

对于处于高中发展阶段的学生而言，数学概念的抽象性、形式化以及符号化等特征也会导致数学概念的学习比其他一般数学知识的学习引发更高的认知负荷。因此，关注和有效管理学生的学习认知负荷在数学概念教学中需要给予足够的关注。

第三节　数学概念教学原则研究

一、教学原则与数学教学原则

早在 2000 多年前，人们就从教学实践经验中提炼出一些教学的基本要求（教学原则），例如：孔子提出的“不愤不启，不悱不发”，墨子提出“量其力之所能至”，朱熹提出“循序渐进”等，都深刻地影响着我们的教学实践。然而，历史上首先提出并第一个系统论述教学原则的是捷克教育家夸美纽斯(Comenius，johann Amos，1592—1670)。在此之后，历史上多位教育家在不同的历史背景下、从不同视角提出了多种教学原则。由于不同教育家所依据的哲学、心理学理论等的不同，所要完成的教育目的不同，所实施的教学实践的需要不同以及对教学规律的认识不同等，致使他们对教学规律的概括存在一定的差异。尽管如此，他们的意图都是为了将教学的基本原理有效地运用到实际的教学工作中去，以提高教学质量和教学效率。

(一)教学原则的内涵

不同研究者从不同视角阐述教学原则的内涵。王策三(1985)认为教学原则是根据教育教学目的、反映教学规律而制定的指导教学工作的基本要求。①《教育大辞典》(顾明远，1990)中指出，教学原则(principal of instruction)指教学工作的基本准则，是在总结教学实践经验基础上，根据一定的教育目的和对教学过程规律的认识而制定。② 张楚廷(1993)把教学原则理解为：按照教学规律(事实上是对教学规律的认识)，依据教学目的，考虑教学内容的特点，所制定的处理教学实际工作中主要基本关系的一般要求，对教学方法起指导作用，为教学活动所要遵循的准则。③ 张燕镜(1996)认为，教学原则是人们在总结教学实践经验的基础上制定的教学工作必须遵循的基本要求。它反映教学过程的规律，是指导教学工作的一般原理。④ 刘晓玫等(2016)研究认为，教学原则是根据教育目的和教学过程的规律提出的一般原理，来自教学实践的反复求证，也可以指导教学实践的提升。⑤

通过对上述关于教学原则内涵的梳理能够发现，各位研究者对教学原则的理解存在以下共性：(1)教学原则首先要依据和服务于教学目的；(2)教学原则要遵循教学过程的规律；(3)在总结教学实践经验的基础上制定；(4)是指导教学工作的基本要求或准则。

除此之外，张楚廷还特别强调了教学原则的制定要“考虑教学内容的特点”。

---

① 王策三：《教学论稿》，人民教育出版社出版，1985 年，第 144—167 页。

② 顾明远：《教育大辞典(第 1 卷)》，上海教育出版社，1990 年，第 194 页。

③ 张楚廷：《教学原则今论》，湖南师范大学出版社，1993 年，第 50—76 页。

④ 张燕镜：《教育学新编》，首都师范大学出版社，1996 年，第 171—172 页。

⑤ 刘晓玫等：《中学数学教学研究》，教育科学出版社，2016 年，第 179—181 页。

（二）教学原则的内容

17世纪夸美纽斯在《大教学论》中以自然作类比，阐述了37条教学原则。在前人研究的基础上，苏联教育家凯洛夫（N. A. Kaiipob，1893—1978）摆脱了对教学原则经验式的陈述，以简明的语言概括出五条教学原则，分别是：直观性原则、学生的自觉性与积极性原则、巩固性原则、系统性和连贯性原则、通俗性与可接受性原则。① 美国著名教育和发展心理学家布鲁纳在《论教学的若干原则》一文中，提出四条教学原则，分别是：动机原则、结构原则、程序原则和反馈原则（张楚廷，1993②）。20世纪70年代，苏联教育家赞可夫（Занков Леонид Владимирович，1901—1977）主要从促进学生一般发展着眼，提出：以高难度进行教学的原则、以高速度进行教学的原则、理论知识起主导作用的原则、使学生理解学习过程的原则、使全班学生（包括后进生）都得到发展的原则。③④

在我国，不同研究者在教育学著作中提出的教学原则也不尽相同。例如，王策三先生在《教学论稿》中回顾了我国在直观性、自觉性、巩固性、系统性和量力性五个教学原则的基础上，逐步增加了思想性和科学性统一的原则、理论联系实际的原则以及因材施教的原则。⑤ 张楚廷（1993）提出6条教学原则，分别是：智力培养与心力发展相结合、知识传授与能力培养相结合、思维训练与操作训练相结合、收敛思维训练与发散思维训练相结合、深入与浅出相结合、教师主导作用与学生主体作用相结合。⑥ 一般认为，中小学常用的教学原则主要有：科学性、思想性、启发性、直观性、巩固性、量力性、系统性、理论联系实际、因材施教、教师主导作用等。⑦

王策三教授在梳理和分析以往国内外教育家或研究者所提出的教学原则的基础之上指出：教学原则的实质，是在教学实践经验的基础上发现和认识其中的基本矛盾关系，然后根据教育目的提出正确处理的要求，其内容不断丰富，概括化程度不断提高，但这是一个逐步推陈出新的历史过程。关键在于不断发

① 凯洛夫：《教育学》，人民教育出版社出版，1953年，第76—90页。
② 张楚廷：《教学原则今论》，湖南师范大学出版社，1993年，第9—15页。
③ 王策三：《教学论稿》，人民教育出版社出版，1985年，第144—167页。
④ 刘晓玫等：《中学数学教学研究》，教育科学出版社，2016年，第179—181页。
⑤ 同③。
⑥ 张楚廷：《教学原则今论》，湖南师范大学出版社，1993年，第95—283页。
⑦ 顾明远：《教育大辞典（第1卷）》，上海教育出版社，1990年，第194—195页。

现、认识教学中的各种矛盾，逐步搞清楚它们之间的相互关系。①

(三)数学教学原则

如前所述，一般的教学原则反映了对每一门学科教学的统一的基本要求(或准则)，具有普遍适用性，数学学科教学也要贯彻这些原则。除此之外，由于数学学科有其自身的特点和规律，也必然需要在一般教学原则的指导下，遵循适合其学科特点的教学原则。《中学数学教材教法(总论)》②结合数学教学的特点提出：严谨性与量力性相结合的原则、抽象与具体相结合的原则、理论与实际相结合的原则、巩固与发展相结合的原则。刘晓玫(2016)等指出，数学学科的特点和学生的认知特点是影响数学教学原则确立的两个最主要因素。一方面，学生学习过程中的认知规律客观存在。考虑到学生的数学学习是对已有数学知识结构不断建构的过程、中学生群体对数学的理解存在不同的层次，以及学生个体的发展存在差异等认知因素，数学教学中应把握启发性原则、循序渐进原则、教师主导与学生主体相结合、面向全体与差异教学相结合、学科知识与现实世界相结合等五条一般性原则。另一方面，基于数学的抽象性、精确性和广泛性等特点，研究者同时提出数学教学还应遵循具体与抽象相结合、严谨与量力相结合，以及适度形式化等三个数学学科性的教学原则。③

教学设计指引着数学课堂教学应该教什么、怎样教和教学应达到怎样的程度。对数学课堂教学而言，教学设计是数学教学的蓝本，是实现理想的数学课堂教学的基础，因此，不同研究者在数学教学原则的基础上，又进一步提出数学教学设计原则。

曹才翰、章建跃(2008)提出数学教学设计的“三二一”原则。其中“三”是指教学设计的三个基本点，分别是理解数学、理解学生和理解教学。理解数学主要指理解数学思想、方法及其精神；理解学生主要指理解学生的数学学习规律，其核心是学生的数学思维规律；理解教学主要指对数学教学规律和特点的理解。“二”是指教学设计的两个关键点，即：提好的问题和设计自然的过程。“一”是一个核心，即将培养学生的思维能力作为数学教学的核心，并指出其中数学概

① 王策三：《教学论稿》，人民教育出版社出版，1985 年，第 144－167 页。

② 十三院校协编组：《中学数学教材教法(总论)》，人民教育出版社，1980 年，第 47－79 页。

③ 刘晓玫等：《中学数学教学研究》，教育科学出版社，2016 年，第 181－201 页。

括能力是数学思维能力的基础，教学设计的核心是设计概括过程。① 黄荣金和李业平等(2010)提出数学教学设计的四项原则，分别是：激发动机与兴趣——情意原则；教学内容结构化，保持思想方法一致性——结构原则；"两个过程"有机整合，精心设计概括过程——过程原则；强调"反馈—调节"机制的应用，有效监控教学活动——调控原则。其中"两个过程"分别是数学知识的发生过程和学生的数学学习过程。②

可见，以上数学教学设计原则是从教学设计层面，对如何结合数学学科的特点进行教学设计才能使得数学教学更加有效，所提出的要求更加具体，是一般教学原则和数学教学原则在数学教学设计中的进一步具体化，它有着更强的操作性。

事实上，由于教学内容与教学原则之间是相互影响的，因而，对于同一学科中的不同内容的教学，也需要在贯彻一般和学科教学原则的基础上，进一步结合教学内容的特点来调整或制定出更加有针对性的教学原则。柴派尔(Chappell，2006)研究了教育环境对学生概念理解、应用技能以及迁移能力等的影响，并提出了"基于概念(Concept-based Instruction)"的教学环境具有如下特点(要求)：概念发展优先于技能训练；课堂中的大部分时间(70%)用来帮助学生更好地理解概念，只将少部分时间用于技能训练，而且学生只做基本的例题和练习；通过数值的、图形的、形式化的等多种表征方式呈现概念，并帮助学生建立不同表征及其数学思想之间的联系，以达到对概念的关系性理解；提倡学生用多种方法解决问题，并让学生解释为什么要用到相应的概念或方法等。③ 高雪芬(2013)，在研究的基础上提出了微积分教学中强调概念与思想方法的教学原则(一种理念和相应的操作原则)，其中包括"概念教学优先于解题技能训练"的总原则，以及以下三个具体原则，分别是：通过本原性(历史上的、直观的、质朴的、本质的)问题引入数学概念，借助历史发展阐述数学概念；借助几何直观或

① 曹才翰、章建跃：《中学数学教学概论(第3版)》，北京师范大学出版社，2018年，第397—398页。

② 黄荣金、李业平：《数学课堂教学研究》，上海教育出版社，2010年，第68—69页。

③ Chappell，Kelly K. Effects of concept—based instruction on calculus students' acquisition of conceptual understanding and procedural skill. Research in collegiate mathematics education VI，2006：27—60.

生活中的直观例子帮助学生理解概念；注重概念间关系的阐述。①

二、数学概念教学原则的研制

数学教学涉及概念教学、命题教学、公式教学、法则教学、解题教学等各种不同类型内容的教学。数学概念是学生数学学习的基础，其重要性不言而喻。相较于其他数学内容，数学概念不仅重要，而且有着鲜明的特征(曹才翰等，2006②；李玉琪，1994③)：

第一，数学概念具有普遍性。数学概念是反映一类事物在数量关系与空间形式方面本质属性的思维形式，它是排除一类事物的具体物质内容以后的抽象，反映的是一类对象在数与形方面的内在的、固有的属性，因而它在这一类对象的范围内具有普遍意义。

第二，数学概念的形式化。数学概念是人类对现实世界的空间形式和数量关系的简明、概括的反映，其往往用反映概念本质特征的符号表示，具有较强的形式化。

第三，数学概念是具体性与抽象性的辩证统一。数学概念代表了一类对象的本质属性，没有实际的物质存在，因此它是抽象的。而从数学教学和学习来看，概念一旦被学生所掌握，对学生来说，它就是“实在”的东西了，这是数学概念具体的一面。

第四，数学概念是“过程”与“对象”的统一体。过程一般指具备了可操作性的法则、公式、定理等；对象就是定义中的结构关系。数学概念既表现为过程操作，又表现为结构、关系，即所谓数学概念的二重性。

第五，数学概念具有很强的系统性。数学概念往往是“抽象之上的抽象”，先前的概念往往是后续概念学习的基础。

数学概念的以上特征，加之其在数学教学中的重要性，以及现阶段数学概念教学存在的不足(问题提出部分已详述)等，需要我们结合数学概念的特征，在贯彻一般教学原则和数学教学原则的基础上，在教育学理论与认知学习理论等的指导下，针对数学概念教学提出更加具有针对性和易于操作的教学原则。

---

① 高雪芬：《一元微积分概念教学的设计研究》，华东师范大学博士学位论文，2013年，第47页。

② 曹才翰、章建跃：《数学教育心理学》，北京师范大学出版社，2006年，第101—105页。

③ 李玉琪：《数学教育概论》，中国科学技术出版社，1994年，第416—418页。

本研究，以函数相关概念为载体，通过对相关文献的研究、学生函数概念理解水平现状调研及追踪访谈，教师问卷调查及追踪访谈、教育设计研究对象函数学习前测问卷调研，以及以往教学经验等，在研究学生数学概念学习理解的主要障碍与影响因素的基础之上，结合数学概念学习的主要特点，在历经三次修订的基础上提出数学概念教学原则。数学概念教学原则既指导数学概念教学的设计与实施，同时也是教育设计研究结果的一部分。

(一)数学概念教学原则的提出

如前所述，教学原则不但要服务于教学目的，还要遵循教学过程中的规律。现阶段普通高中新课程改革更加凸显了高中数学教学对引导学生理解数学内容本质的重要意义。数学概念教学的理想目的是引导学生理解和把握数学概念的本质，提升学生对数学概念的理解水平，使学生在概念的学习过程中获得“四基”，培养“四能”，提升数学素养。然而，由于对考试分数的过度关注，数学概念教学的实然教学目标往往定位于学生能否正确、熟练地解题。教师往往关注的是自己讲没讲清楚，然后课堂上尽量给学生“挤出”足够的时间进行解题训练。教师往往会“合理地”压缩学生的概念生成过程，以教师的理解代替学生的理解。学生缺少概念生成过程中思维活动的参与以及相应经验的积累，他们获得的知识往往是碎片化的，形成的概念意象往往是片面的。

本研究认为，数学概念教学的核心任务是促进学生理解数学概念的本质，感悟数学概念所蕴含的数学思想与方法，在概念获得的过程中提升数学素养。研究期望能够在深入分析高中数学教学实践中影响数学概念教学核心任务落实的主客观因素的基础上，在相关教学与学习理论的指导下，提出数学概念教学的基本准则与相应的策略，以期针对性地指导并规范教师的数学概念教学设计与实施过程，使数学概念教学回归育人本位。具体而言，本研究希望通过数学概念教学原则的提出，有效指导教师改进教学实践中存在的以下问题：

第一，数学概念教学中压缩或忽视学生概念获得的过程，以教师的教、教师的理解替代学生的学习与理解，仅通过大量题型训练获得对概念的“理解”，从而导致学生的数学概念理解水平偏低。

第二，教师习惯于秉持知识本位，总是从教师教的视角思考和设计教学，忽视学生的概念意象，往往会导致教师出现“专家盲点”，不理解学生为什么会在一些看似简单之处犯错误。

本研究与已有研究的结论均表明，概念的定义在学生的认知结构中是惰性的，而概念意象会在思考的时候被唤起。学生在解决问题时，通常是概念意象而非概念定义在发挥作用。在概念形成过程中，概念意象与概念定义之间的关系是双向的(Vinner，1991)，对于任何概念而言，概念意象和概念定义都存在于个体的认知结构中，不可割裂，互相作用形成一个双向式的转化过程。在数学概念教学中，教师不应只关注从概念定义到概念意象的过程，如果教师只是简单地、单向地对概念进行解释，而没有让学生形成自己的想法，并建立概念之间的联系，学生会难以真正理解概念的本质，而且会很容易遗忘。

第三，不能关注并有效管理学生的学习认知负荷，导致学习低效。数学概念本身具有高度的抽象性、形式化和符号化等特征。面对一个将要学习的数学概念，对作为初学者的学生而言，概念本身已经具有了较高的内在认知负荷，给学生的理解带来一定的甚至较高的认知负荷。如果教师在教学设计过程中不注重教学材料的合理选取，不关注无关认知负荷的有效控制，甚至为了提高学生应用概念解题的熟练程度，大量增加解题训练。这些势必会给学生造成过高的认知负荷，造成教学与学习的低效。

针对数学概念教学实践中存在的上述问题，在遵循一般教学原则和数学教学原则的基础上，结合数学概念的特有属性与教学实践经验，在进行课堂教学设计之前，初步提出了数学概念教学原则，并随着设计研究的循环迭代进行了三次修订。三次修订分别是在函数概念、函数的表示法以及函数的单调性三个教学单元课堂教学实施后的团队研讨中，研究团队在专家的指导下，结合教学设计与课堂教学实施的情况，分析教学原则的落实情况以及对原则的适切性等并提出修改建议。

本研究最初提出的数学概念教学原则如下：

(1)完整过程原则，是指在数学概念学习中，引导学生经历概念获得的完整学习过程。

(2)历史发生原则，是指要结合概念发展的关键历史节点，通过本原性问题(历史上的、直观的、本质的)设计教学活动，促进学生概念的理解。

(3)概念意象原则，是指教学活动的设计和问题的预设要关注学生的现有概念意象，并以学生形成正确、丰富的新的概念意象为目的。

(4)具体例子与几何直观原则，是指概念的教学要借助具体例子(生活的、数学的、科学的)或几何直观帮助学生完成概念的抽象。

(5)认知负荷管理原则，是指教师在教学活动的设计与实施过程中，要有效管理学生学习的认知负荷。

(二)数学概念教学原则的修订

1. 第一次修订

经过函数概念教学单元的设计与实施，研究团队在任务研讨会中一致肯定了各原则对教学设计与实施具有较好的指导作用，但同时也提出了一些问题或建议，归纳起来主要有：

是否每一节课或者每一个数学概念的教学中都要体现出每一个原则的要求？概念教学原则与教学策略的关系是怎样的？在原则之下，将设计与实施的策略更加明晰，将会对教师有更好的指导作用。原则的执行度如何更好地表达？例如完整过程原则并非一节课能执行到位等。

针对以上问题，经过充分思考分析后认为：完整过程原则、概念意象原则和认知负荷原则是每一个概念教学都应该遵守的，而历史发生原则、具体例子和几何直观原则需要根据具体数学概念的特征具体分析；本研究所提出的数学概念教学原则中确实存在“原则”与“策略”交叉表述的情况，因此，需要进一步提炼原则，并且尽量在如何有效落实原则方面给教师以相应的教学策略指导；对于某些数学概念而言，可能需要多个课时的教学，学生才能经历概念获得的完整过程。

针对原则存在的以上问题，在充分论证的基础上对原则进行了第一次修订。修订后的原则含有完整过程原则、概念本质原则、概念意象原则和认知负荷原则，而且为便于教师们的实际运用，修订后的每一个原则都对相应的教学设计与实施策略给出建议。

2. 第二、三次修订

经过函数表示法两课时的教学设计与实施，研究团队在第二次任务研讨会中结合教学实施情况，针对数学概念教学原则进行了第二次集中研讨。研讨中，团队成员主要关注以下几个方面的问题：

如何理解目前各个原则的给出顺序？概念本质原则是否应该作为统领数学概念教学的总原则？概念本质是否为概念意象的一部分？所有的数学教学都应该关注认知负荷，为什么需要在概念教学中凸显认知负荷原则？如何理解严谨与量力相结合的原则与认知负荷原则的关系？以往在数学概念教学中会经常强调“观察、抽象、概括”等活动，这与完整过程原则之间有着怎样的联系与区别？

研讨中，团队成员对上述问题进行了充分的研讨与论证，并就以下几个方面达成一致：

首先，本研究数学概念教学原则关注的关键点是学生对概念本质的准确理解。完整过程原则、概念意象原则和认知负荷原则均为学生理解数学概念本质服务。概念本质即一个数学概念所具有的本质属性(特征)，是客观的，它不会随着个体的认知水平不同而改变。与之不同，概念意象描述的是学习个体所具有的与这个概念相关的整个认知结构(包括所有相关的心理表象、性质与过程)，是个体的认知，而且会随着情境或者个体经验的变化而变化(Tall，Vinner，1981①)。对于任何概念而言，概念意象和概念定义同时存在于个体的认知结构之中，不可割裂，互相作用形成一个双向式的转化过程(Vinner，1991②)。高层次的概念理解是学生能够拥有正确、丰富的概念意象，并且在认知任务建构过程中能够有效将其激活(Dahlberg，Housman，1997③)，顺利实现概念意象与概念定义之间的双向式转化。

对于上述问题，首先本研究认可在任何教学中都应该关注学生学习的认知负荷，但是基于下面两个方面的原因，需要在数学概念教学中更加强调学生学习认知负荷的管理。一方面，由于数学概念具有高度抽象性、形式化、符号化和系统性等特征，往往会导致数学概念较一般的数学知识具有更高的内在认知负荷；另一方面，数学概念教学中存在的普遍现象是教师会在讲解了数学概念的定义后，通过大量的解题训练来提升学生对特定题型解题的正确率与速度，从而导致学生出现过高的认知负荷。

对于严谨性与量力性相结合的原则与认知负荷原则的关系，可以做如下简要的分析。严谨性是数学的重要特点。量力性是要关注学生认识发展的基本特点，与学生的年龄特征、知识水平、思维发展水平以及接受能力等密切相关。中学生对数学严谨性难以接受主要表现在两个方面，分别是：严谨的数学语言和严谨的逻辑推理。严谨性与量力性相结合，即要求根据学生的认知规律适度严谨，在不过分超越学生原有基础的前提下，使数学教学达到充分的严谨的程度。这一原则确立的出发点是教学要制定适当的教学目标，确保目标与学生的身心发展特点相适应。严谨性与量力性相结合的原则指导数学教师要认识到数

① Tall，David，Shlomo Vinner. Concept image and concept definition in mathematics with particular reference to limits and continuity. *Educational studies in mathematics*，1981(12)：151－169.

② 高雪芬：《一元微积分概念教学的设计研究》，华东师范大学博士学位论文，2013年，第21－33页。

③ Dahlberg，Randall P，David L. Housman. Facilitating learning events through example generation. *Educational Studies in Mathematics*，1997(33)：283－299.

学学科的严谨性是相对的，教学中要尽量找到严谨性与非严谨性的平衡点。①由此可见，严谨性与量力性原则更多指向教材的编写、教师教学目标的设计等要关注学生学习的内在认知负荷，即学习材料的特征(材料的严谨性是其中的一部分)所引起的内在认知负荷与学生的认知发展水平、先前知识经验等引发的内在认知负荷。而本研究的认知负荷原则是指教师在数学概念教学的设计与实施中要关注学生学习认知负荷的有效管理，其中既包含由学习材料的各方面特征引发的内在认知负荷(外因决定的内在认知负荷)，也要关注学生的认知发展水平、原有知识经验等引发的内在认知负荷(内因决定的内在认知负荷)，还要关注由教师教学中学习材料的组织与呈现方式等引发的外在认知负荷(无关认知负荷)。从学生认知学习视角来讲，认知负荷原则相较于严谨性与量力性相结合的原则对教师数学概念教学有着更加全面的指导。

本研究中，完整过程原则提出的理论基础是关于如何学习数学概念的构建主义理论——APOS 理论。该理论认为理解一个数学概念，始于操纵先前的心理构建或者物理对象构建的活动，然后活动被内化为过程，进而过程被压缩为可以应用于新活动的对象，最终活动、过程和对象能够被组织成认知图式。②从数学认知学习视角分析，从活动到过程，再到对象乃至图式反映了学生理解数学概念过程中真实的思维活动阶段。“活动阶段”是学生理解概念的起点，是一个必要条件。“过程阶段”是学生经历观察、联想、归纳等过程，对“活动”进行描述和反思。学生经历思维的内化、压缩过程，抽象出概念所特有的性质。过程阶段进行的是否顺利直接影响概念的概括和生成。因此“过程阶段”是学生概念学习的关键阶段。过程恰恰就蕴含了数学概念的本质特征，是学生最需要知晓的部分。“对象阶段”是通过前面的抽象认识到了概念本质，对其赋予形式化的定义及符号表示，使其达到精致化，成为一个具体的对象，在以后的学习中以此为对象去进行新的活动。所以“对象”在某一个层次和更高一级层次之间起着一种枢纽作用，既是概括的结果，又是新的概括的起点。经过前三个阶段，概念可以作为对象成为学生整个认知结构的一个节点，它需要与认知结构中其他知识节点构成的知识网络逐渐建立联系，形成新的知识网络，即学生对前面几个阶段的经历及大脑中原有相关方面的问题图式进行不断的整合、精致，最

① 刘晓玫等:《中学数学教学研究》，教育科学出版社，2016 年，第 195—198 页。

② Arnon I，Cottrill J，Dubinsky E，et al. *APOS theory：A framework for research and curriculum development in mathematics education* ，New York：Springer，2013：5—15.

终形成综合的图式结构。[①②] 通过对上述数学概念学习认知过程的分析可知，完整过程原则中的“活动阶段”和“过程阶段”涵盖了以往数学概念教学中的“观察、抽象、概括”等关键阶段。完整过程原则，不但关注了学生数学概念获得的上述阶段，而且对理解一个数学概念的整体性，以及将概念作为一个对象参与进一步的学习、建立概念之间的联系、形成知识网络等同样给予关注，即关注了学生数学概念获得的完整过程。

为了使原则更好地指导教师的数学概念教学，在充分论证的基础上，研究团队将数学概念教学原则进行了第二次修订，修订后的原则包含一项总原则和三项分原则，其中数学概念教学的总原则是概念本质原则，其含义是数学概念教学的核心任务是促进学生体会和理解数学概念的本质，准确区分概念的本质特征与非本质特征。三项分原则依次是完整过程原则、概念意象原则和认知负荷原则。

在函数的单调性教学单元三课时的教学设计与实施结束后，研究团队结合这一单元的教学实际实施情况，并对前期的教学实施进行回顾反思的基础上对数学概念教学原则进行了第三次集中研讨。研讨中，专家和团队成员们更加深入地剖析了各个原则的内涵与运用目的。经过论证，大家认识到完整过程原则、概念意象原则和认知负荷原则的运用目的均指向概念本质的理解。概念本质原则表述的是概念教学的理念或目的，其不应与其他三个原则形成并列关系，不应单独作为一个原则。为了使数学概念教学原则的目的指向更加突出，内涵更加明晰，更加有利于教师的实际运用，研究团队对原则进行了第三次修订，最终修订形成了数学概念教学原则。

（三）数学概念教学原则

数学概念教学的核心任务是促进学生理解数学概念的本质，感悟数学概念所蕴含的数学思想与方法，并在概念获得的过程中提升数学学科素养。为有效落实这一核心任务，实现数学概念的教学目标，在遵循一般教学原则与数学教学原则的基础上，结合数学概念的特有属性与教学实践经验，本研究从认知学习的视角，提出数学概念教学的三个原则，分别是：完整过程原则、概念意象原则和认知负荷原则，并针对每一条原则指出相应的教学策略运用建议。

---

① 鲍建生、周超：《数学学习的心理基础与过程》，上海教育出版社，2009 年，第 96－103 页。

② 濮安山、丁嘉雯：《基于 APOS 理论的高中数学概念教学案例设计——以“任意角”的概念教学为例》，《中学数学研究（华南师范大学版）》，2018 年第 2 期。

1. 完整过程原则

完整过程原则，即使学生经历完整过程原则。该原则是指在数学概念的学习中，引导学生经历概念获得的完整学习过程，即引导学生在数学学习活动的参与中，经历数学概念从活动(action)到过程(process)，再到整体(totality)、对象(object)，乃至图式(schema)的心理构建，不断提升对数学概念的理解。

这里经历概念获得的完整过程，并不限于单一课时的教学，可以是一个数学概念获得的教学单元，例如按教学计划规定的 2 课时或者更多。根据以往研究结论，多数情况下学生容易获得对一个新概念从“活动”到“过程”的认识与理解，而达到“对象”甚至图式的理解水平需要经历一个相对较长的过程。特别地，对于学生个体而言，对某一数学概念的理解不总是从“活动”到“过程”再到“对象”“图式”的顺序发展，有可能会出现逆转。比如当学生对某一概念的理解，在某些情况下出现困难时，根据理解的需要可能会出现由“对象”或“过程”阶段退回到“活动”阶段的情况。

要落实好完整过程原则，教师在教学活动的设计与组织实施中，需要关注以下几个方面：

第一，创设恰当的问题情境，引导学生经历或者多次“重复”经历数学“活动”过程。

第二，在(多次)“活动”的基础上，给学生提供反思的机会，促进其更好地将数学概念的“活动”形态内化为心理操作“过程”形态，即不需要具体操作，而在头脑中能够实施的“活动”过程。

第三，设计能够引导学生将两个或多个数学概念的心理操作“过程”进行组合或将这个“过程”进行逆转的学习活动，以促进学生逐步形成对概念的“整体”理解，进而发展到能够将数学概念作为一个“对象”的理解水平。

第四，通过对概念的运用，概念与其他数学知识、思想方法的综合运用等，进一步促进学生对数学概念的理解从“活动”到“过程”“对象”以及“图式”的发展。

2. 概念意象原则

概念意象原则，即关注概念意象原则。该原则指教师在数学概念的教学设计与实施中，教学材料的选取，教学问题的预设和教学活动的开展等，不但要关注学生的现有概念意象，还要以学生形成正确、丰富的新的概念意象为目的。

要落实好概念意象原则，需要教师在教学设计与实施中做到以下四个方面：

第一，要明确通过教学活动希望学生获得怎样的概念意象(如：正确的、丰富的概念意象的应然状态是怎样的；等等)。

第二，要通过不同途径(如：教学前测或教学前与学生的交流访谈、以往教学经验、相关文献研究等)了解学生对欲将学习的数学概念所持有的概念意象(含前概念，如哪些是正确的，哪些是片面的，哪些是错误的；等等)，并分析影响学生形成相应概念意象的原因。

第三，通过对比学生概念意象的现有状态和目标要求进行教学设计与实施。教学中可以结合数学概念的本质特征、学生错误或片面的概念意象、概念产生和发展的关键历史节点，借助具体例子(生活的、数学的、科学的)等，通过本原性问题(历史上的、直观的、本质的)设计教学活动，促进学生对概念本质内涵的深入理解；通过构造典型正例、非典型正例和反例等，引发学生认知冲突，在思考和交流的基础上，实现学生对数学概念本质与非本质特征的辨析，不断修正错误的概念意象，形成并不断丰富正确的概念意象。

第四，教学中，当学生获得了数学概念的“理解”后，要通过解答问题或交流讨论等方式给学生创造输出概念(意象)(用文字语言或图形语言、符号语言等)的机会，通过学生的表述，了解学生新形成的数学概念意象，并及时给学生以反馈，根据需要适时调整教学活动。

3. 认知负荷原则

认知负荷原则，即管理认知负荷原则。该原则指教师在教学活动的设计与实施过程中，要有效管理学生学习的认知负荷。

认知负荷原则的落实需要教师在教学设计与实施中关注以下方面：

第一，在教学设计时，要关注学习材料(数学概念本身、为促进学生概念理解而选取的学习材料、整节课包含的全部学习材料)引发的认知负荷的大小。

第二，要关注学生的原有知识经验水平。对于同样的学习材料，如果学生已有的知识经验不足，则会引发较高的认知负荷，甚至是超负荷，从而影响概念理解。相反，如果学生已经具有了丰富的原有知识与经验，而教师不能结合学情有效调整教学，仍然按部就班地讲授，则可能会导致学生出现“熟悉逆转”效应，从而影响学生的概念理解。

第三，对于选取好的学习材料，教师在进行教学设计时，要关注学习材料的组织与呈现方式等，以尽量避免给学生学习引发不必要的认知负荷。

教学中，通过教师对学生学习认知负荷的有效管理，不发生超负荷现象，才能有利于促进学生概念的有效理解。

第七章　数学概念教育设计研究案例

教育设计研究的实施阶段，将高中函数主题中“函数概念与性质”单元的数学概念进一步细化为四个小单元，分别是函数的概念(2课时)、函数的表示法(2课时)、函数的单调性(3课时)以及函数的奇偶性(1课时)。上述每个小单元在经历教学设计与实施、指导专家和研究团队成员观课以及团队会议集中研讨后，再根据研讨意见与建议对数学概念教学原则进行修订，同时对下一小单元的设计与实施进行调整，以便做好设计研究的迭代改进。限于篇幅，本章仅通过两个具体的数学概念的教育设计研究案例来呈现如何在数学概念教学原则的指导下进行教学设计与实施。

从系统观的视角来看，教学是一个由许多因素构成的系统。一个教学系统至少要包括教与学两个要素，而这两个要素之间的联系与作用就形成了教学活动。许多研究者对教学设计有过不同的描述，例如：迪克(W. Dick)和凯瑞(L. Carey)认为教学设计是用系统的方法描述教学、分析、设计、开发、评价和修改的全过程。① 皮连生教授在综合了迪克和凯瑞以及史密斯(P. L. Smith)和雷根(T. J. Ragan)等人观点的基础上将教学设计定义为：运用系统方法分析教学问题和确定教学目标，建立解决教学问题的策略方案，实行解决方案，评价试行结果和对方案进行修改的过程。② 管廷禄等认为：教学设计是指运用教学理论和系统方法分析教学中的问题与需求，研究教学对象，选择教学内容，阐明教学目标，设计解决问题的活动、步骤，选择相应的教学策略和教学资源，评估其结果，是教学效果优化的系统设计与决策过程。③ 就一个小单元或课时的教学而言，本研究认为管廷禄等对教学设计的上述定义不但完整，而且具有较强的操作性。

教学设计的主要工作内容包括：教学目标分析(指课程标准明确规定的教学目标)、教学内容分析、学情分析、教学目标设计、教学方法与策略设计、教学

---

① 迪克、凯瑞著，庞国维等译：《系统化教学设计(第6版)》，华东师范大学出版社，2007年，第2—4页。

② 皮连生等：《教学设计(第2版)》，高等教育出版社，2021年，第7—8页。

③ 管廷禄、夏玉钦等：《中学数学教育教学论》，科学出版社，2007年，第55页。

媒体的选择与教学活动设计、形成教学方案、反馈与修改教学设计。本研究中每一个具体教学设计案例都在数学概念教学原则的指导下进行，教学设计流程如图 7-1。

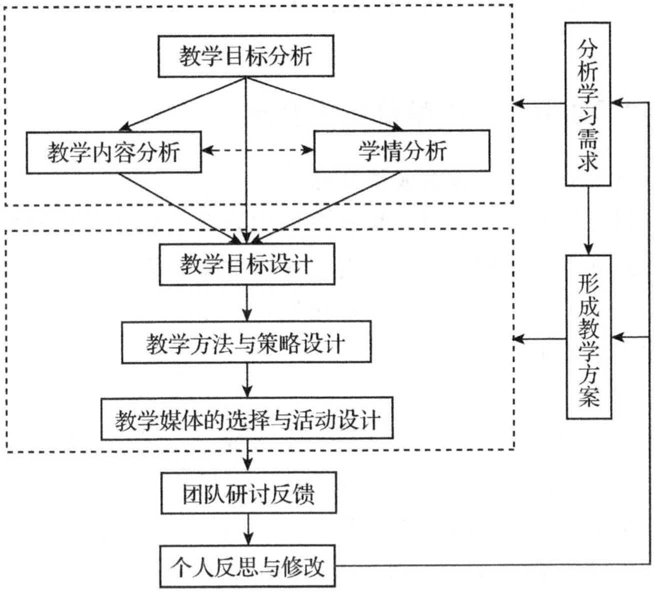

图 7-1　教学设计流程

高中函数主题中，函数的概念与性质单元内容教学目标的整体定位是：使学生建立完整的函数概念，不仅把函数理解为刻画变量之间依赖关系的数学语言和工具，也要把函数理解为实数集合之间的对应关系；能用代数运算和函数图象揭示函数的主要性质；在现实问题中，能利用函数构建模型，解决问题。①

在前期学情分析的基础上，研究者在单元总体教学目标的指导下，首先分析课程标准对各个概念的具体教学目标要求以及教科书中的相应教学内容；而后，针对学情设计每一课时的具体教学目标，进而在数学概念教学原则的指导下根据需要进行教学内容的调整，教学方法与策略、教学活动以及媒体使用等的设计。在本章第一节和第二节将分别呈现函数概念和函数单调性与最大(小)值的教育设计研究案例。每一个案例都按照学情分析、教学目标设计、教学活

① 中华人民共和国教育部：《普通高中数学课程标准(2017 年版 2020 年修订)》，人民教育出版社，2020 年，第 1 页。

动设计与实施以及反思小结依次展开。

第一节 函数概念的教育设计案例

一、学习需求分析与教学目标的设计

（一）课程标准中的函数概念教学目标

《高中课程标准(2020)》中对函数概念的内容要求如下：在初中用变量之间的依赖关系描述函数的基础上，用集合与对应关系刻画函数，建立完整的函数概念，体会集合语言与对应关系在刻画函数概念中的作用。了解构成函数的要素，能求简单函数的定义域。

（二）学情与教学内容分析

高一学生函数相关概念理解现状调查结果表明：就平均水平而言，被调查对象对函数、定义域和值域三个概念的理解存在明显不足。其中学生对函数概念理解的平均水平仅处于初级多点向高级多点结构水平的过渡阶段，其中有不低于50%的学生处于高级多点结构及以下水平；对定义域理解的平均水平处于由多点结构向关联结构水平的过渡阶段，至少有50%的学生能够达到初级关联结构水平；对值域理解的平均水平仅处于单点结构向多点结构水平的过渡阶段，至少有50%的学生对值域的理解处于前结构水平。

对学生函数概念理解的认知障碍研究结果表明：学生对函数概念的理解存在表征与解释障碍、抽象数学符号或语言理解障碍、思维定势以及关联障碍。当学生的认知发展水平一定的情况下导致这些认知障碍的影响因素主要是片面或错误的概念意象以及学习材料的“高”认知负荷。

一方面，就概念意象而言，不同学生经过初中阶段的函数学习，形成了诸多片面或错误的概念意象。图7-2是本研究通过对2020级高一学生的访谈和教学设计改进研究对象学习前测调研与访谈研究所获得的不同学生经过初中学习所形成的片面或错误的函数概念意象及其之间的关系。从该图中可知，不同学生对函数的定义、定义域、图象以及解析式都存在片面或错误的概念意象。以解析式为例，有相当一部分学生将“是否有解析式”作为判断函数的依据。他们认为函数都有解析式，而且函数的解析式中等号右侧一定是一个关于自变量 x 的式子，由此会得出常值函数不是函数；等等。这些概念意象，需要在高中函

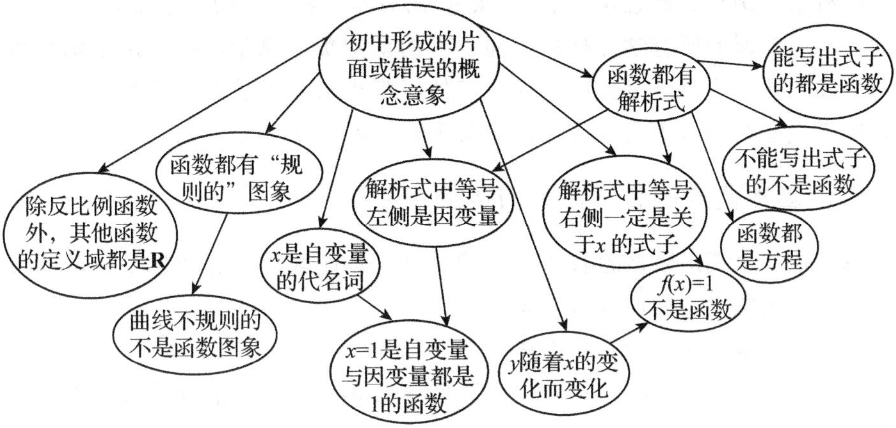

图 7-2　经过初中学习所形成的片面或错误的函数概念意象

数的学习过程中通过正确丰富的实例不断加以纠正。

另一方面，从学生学习的认知负荷角度来看，对刚刚升入高一的学生而言，用集合与对应关系刻画的函数概念本身具有较高的认知负荷。这一点可以通过表 5-1 所呈现的对初高中函数定义可能引发的认知负荷的对比清楚地看到。对学生函数理解现状调研与访谈结果也证实了这一点。调研结果从多个方面反映出学生对用集合语言与对应关系表述的函数概念的本质理解存在困难。图 7-3 呈现了其中的部分困难，例如：学生不能用对应观理解分段函数、不能用对应的语言解释函数 $f(x)=1$ 和分段函数等。

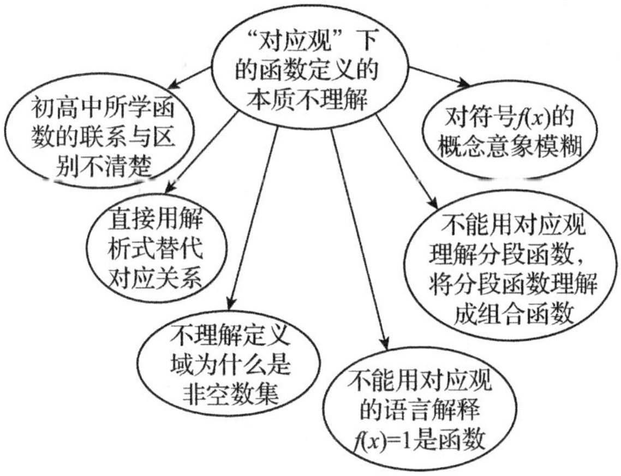

图 7-3　高一学生不能正确理解“对应观”下函数概念的具体表现

教科书中函数的概念这一节(两课时)的教学内容安排较为丰富，特色鲜明。然而，从一节课的所有学习材料可能引发的认知负荷总量考虑，由于函数概念本身引发的认知负荷已经较高，如果其他材料也引发了较高甚至过高的认知负荷，则学生会在学习中出现认知超负荷现象，从而造成认知障碍。

二、函数概念的教学设计与实施

以下依次呈现函数概念教学目标的设计、具体教学内容和教学活动的设计与实施以及团队成员的评价与自我反思等。

(一)函数概念的教学目标设计

在对《高中课程标准(2020)》中函数概念教学目标、学情以及教学内容进行分析的基础上，将本节内容的教学目标确定为以下五个方面，其中前三个是第一课时的教学目标，后两个是第二课时的教学目标。

1. 在初中用变量之间的依赖关系描述函数的基础上，结合具体实例，感悟函数概念进一步抽象的必要性，体会集合语言与对应关系在刻画函数概念中的作用，并建立“对应”观点下的完整函数概念。

2. 理解函数符号 $y=f(x)$表达与抽象定义之间的关联，知道函数抽象概念的意义。能用集合语言与对应关系表述的函数定义刻画简单的具体函数，完成从“变量关系”语言到“集合—对应”语言的过渡。

3. 能够从变量之间的依赖关系、实数集合之间的对应关系、函数图象的几何直观等多个角度，理解函数的意义与数学表达。在由具体函数实例到一般函数概念的归纳过程中，培养学生的数学抽象素养。

4. 通过对同一函数的判断，增强学生对函数整体性的认识。

5. 能够求解析式表示的简单函数的定义域，会求与给定自变量相对应的函数值。

为顺利完成上述教学目标，在数学概念教学原则的指导下，教学设计中努力创设以下学生数学概念学习的过程或环境.

通过教学活动的设计，引导学生经历概念获得的完整学习过程，即经历函数概念从“活动”内化为“过程”，最终形成对函数概念的整体认识，其中每一个环节中都关注学生对“对应”的理解。根据所了解的研究对象的函数概念意象，通过丰富的实例，在纠正学生片面或错误的概念意象的同时，逐步丰富其正确的概念意象。通过函数概念发展历史上的本原性问题，引导学生体会函数概念进一步抽象的必要性与意义，进而促进其对函数概念本质的理解。在学习材料的选取、教学活动设计与实施等环节，要关注学生学习认知负荷的有效管理，避免学生出现超负荷现象。

(二)函数概念的具体教学设计与实施

函数概念具有高度的抽象性和形式化特征，在教学中有效帮助学生克服学习困难的方法是让学生参与到概念建构的过程中来，经历概念生成的完整过程。以下将分别通过两课时的部分教学片段来展现函数概念教学设计的意图与实际教学实施情况。

1. 函数概念第一课时的教学设计与实施

函数是描述客观世界中变量关系和规律的最为基本的数学语言和工具。① 根据语言和工具学习的规律，从模仿、重复、记忆开始，在运用中加深理解。② 教学通过引导学生反复经历用“集合—对应”的语言表述实际问题中的函数关系，促进学生对函数对应关系的不断内化，实现从“活动”到“过程”再到“整体”的函数理解。

第一课时教学的核心任务，是引导学生完成概念的抽象，形成用集合与对应语言表述的函数概念。本设计中这一抽象过程依次通过四个不同情境的具体问题，通过逻辑连贯、前后一致的问题串，逐步引导学生理解概念的内涵。四个问题情境的特征与设计说明见表 7-1。

表 7-1　函数概念抽象过程中的四个问题情境特征分析

<table>
<tr><th>名称</th><th>情境类型</th><th>对应关系形式</th><th colspan="2">设计意图</th></tr>
<tr><td>问题 1</td><td>现实情境（行程问题）</td><td>解析式</td><td>连续型函数</td><td rowspan="2">两个函数有相同的对应关系；引导学生体会函数概念进一步抽象的必要，理解定义域是构成函数的要素，丰富不同函数类型</td></tr>
<tr><td>问题 2</td><td>现实情境（工资问题）</td><td>解析式</td><td>离散型函数</td></tr>
<tr><td>问题 3</td><td>科学情境（空气质量）</td><td>图象</td><td>连续型函数且只能用图象表示</td><td>引导学生体会对应关系本质，丰富不同函数类型</td></tr>
<tr><td>问题 4</td><td>科学情境（创新指数）</td><td>表格</td><td>离散型函数且没有解析式</td><td>引导学生体会对应关系本质，丰富不同函数类型；调换情境目的在于控制学生的学习认知负荷</td></tr>
</table>

① 中华人民共和国教育部：《普通高中数学课程标准(2017 年版 2020 年修订)》，人民教育出版社，2020 年，第 18—19 页。

② 章建跃：《如何帮助学生建立完整的函数概念》，《数学通报》，2020 年第 9 期。

(1)函数概念的抽象——感悟进一步抽象的必要性，初次体会集合与对应语言在刻画函数关系中的作用

【问题 1】某“复兴号”高速列车加速到 350km/h 后保持匀速运行半小时。这段时间内，列车行进的路程用 s(单位：km)表示，运行的时间用 t(单位：h)表示。你能表示出 s 与 t 的关系吗?

(根据对问题 1 的分析，学生已经得出关系式 $s=350t$。)

01 教师：这里 s 是 t 的函数吗?

02 学生们①：是。

03 教师：为什么?

(教师示意学生 1 回答。②)

04 学生 1：随着时间 t 的变化，路程 s 都有唯一对应的值。

05 教师：好！(指着黑板上的关系式 $s=350t$)对于 t 的每一个值，s 都有唯一确定的值与之对应。

06 教师：在题目条件下，有人说根据对应关系 $s=350t$，这趟列车加速到 350km/h 后，运行 1h 就前进了 350km，你们认为这个说法正确吗?

07 学生们：不对，题目中说的是半小时。

08 教师：好！同学们认为如何表述 s 与 t 的这种对应关系才能更准确?

09 学生们：加上限制。

(教师示意正在举手的学生 2 回答)

10 学生 2：写成 $s=350t$，$t\in[0, 0.5]$。

(教师板书集合 $\{t \mid 0\leqslant t\leqslant 0.5\}$。)

11 教师：我们不妨把这个集合记为 A_1。怎么确定 s 的变化范围是什么?

12 学生们：由 t 的范围决定的，$0\leqslant s\leqslant 175$。

13 教师：对于 $s=350t$，只要限定了 t 的范围，s 的范围也就确定了。我们不妨将 s 取值的集合记为 B_1。

(教师板书 $B_1=\{s \mid 0\leqslant s\leqslant 175\}$。)

14 教师：如果结合初中所学函数的定义，把这个函数关系表述如下：首先 A_1 和 B_1 是两个非空的实数集合。对于实数集 A_1 中的任意一个时间 t，在对应

① 在本章中，每个教学片段中的学生从 1 起单独编号，学生们指代班级一半以上的学生；部分学生指代不足班级一半的学生。

② 在每一个教学片段中非语言的行为都以这样的方式在括号内呈现。

关系 $s=350t$ 的作用下，在实数集 B_1 中都有唯一确定的数 s 与之对应。大家认为可以吗？

（教师一边表述一边指着黑板上的集合 A_1 与 B_1 以及对应关系。）

15 学生们：可以。

16 教师：这样表述的优势在哪儿？

17 学生们：更准确了。

（教师用 PPT 展示了刚才表述的文字语言，并带领学生阅读。）

上述教学片段是在实际问题中抽象出 s 与 t 的关系式后，引导学生基于原有知识经验判断 s 是否为 t 的函数。在此基础上通过设问引发学生的认知冲突，让学生在实际问题情境中感受到函数自变量的取值需要有一定的限制范围，才能更准确地表达实际问题中的函数关系，从而认识到函数概念进一步抽象的必要性。与此同时，也初步向学生渗透定义域是构成函数的要素之一。信息单元[14]至[17]的教学设计意图，是通过教师的表述以及学生们与老师一起阅读，引导学生初次感受用集合与对应语言表述函数关系的作用，并体会函数是一个包含三个要素的整体，即两个集合（定义域与值域）和一个对应关系。

（2）函数概念的抽象——理解定义域是构成函数的要素，初次运用集合与对应语言表述函数关系

【问题 2】某电气维修公司要求工人每周工作至少 1 天，至多不超过 6 天。如果公司确定的工资标准是每人每天 350 元，而且每周付一次工资。一个工人的工资 ω（单位：元）是他工作天数 d 的函数吗？

（教师用 PPT 展示出问题 2。）

01 教师：请同学们阅读题目后思考这两个问题。

02 教师：首先该怎样确定每个工人的工资？

03 学生 1：应该先确定工作的天数，然后用天数乘以 350。

04 教师：很好！工资是工作天数的函数吗？

05 学生 2：是，因为每一个天数对应一个工资。

06 教师：请同学们尝试把它们之间的关系表示出来。

07 学生集体：$\omega=350d$。

（教师板书关系式 $\omega=350d$。）

08 教师：如果要类比刚才问题 1 中函数的表述方式将这个函数关系表述出来的话，首先要确定什么呢？

09 学生们：d 和 ω 的集合。

10 教师：那 d 和 ω 取值的集合分别是什么呢？

（学生们思考。）

11 教师：学生 3 来说吧！

12 学生 3：d 的范围是 $1\leqslant d\leqslant 6$。

（教师板书 $1\leqslant d\leqslant 6$。）

13 教师：这个范围可以吗？

14 学生集体：不可以。

15 学生 3：d 的取值是整数。

（教师板书 $d\in\mathbf{Z}$。）

16 教师：好！还可以用什么方法表示 d 的取值范围？

17 学生们：列举法，$\{1, 2, 3, 4, 5, 6\}$。

18 教师：嗯，很好！我们将这个集合记作 A_2。

（教师板书 $A_2=\{1, 2, 3, 4, 5, 6\}$。）

19 教师：请同学们写出工资 ω 取值的集合 B_2，并尝试类比问题 1 来表述 d 和 ω 之间的函数关系。

（过了一会儿。）

20 教师：同学之间可以交流。

（学生间开始交流，教师巡视。）

21 教师：哪位同学能够尝试表述一下？学生 4 可以吗？

22 学生 4：老师我说不好。

23 教师：其他同学谁能表述一下？

（学生们沉默。）

24 教师：那我来表述吧！请同学们注意体会其中的语言和关系。对于集合 A_2 中的任意一个元素……现在理解了吗？

25 学生们：理解了。

26 教师：那相邻的同学间尝试着说一遍吧。

（相邻学生相互表述。）

27 教师：找一位同学试试。

（教师示意学生 5 来表述。）

28 学生 5：在集合 A_2 中关于关系 $\omega=350d$，B_2 集合中都有唯一确定的与之对应的值。

（学生们倾听，部分同学微微摇头。）

29 教师：似乎不够准确，哪位同学再来试试？

30 学生 6：对于集合 A_2 中的任意……（表述较为完整。）

31 教师：老师再表述一遍这个函数关系，也请同学们仿照着再表述一次……

32 教师：问题 1 和问题 2 中的两个函数是同一个函数吗？

（教师用手指着黑板上的两个函数。）

33 部分学生：不是。

34 教师：为什么？

（多名学生同时说明理由，而后教师示意学生 7 回答。）

35 学生 7：问题 1 中的 t 是取连续的值，问题 2 的 d 只能取 1，2，3，4，5，6。

36 部分学生：它们一个是有限集，一个是无限集。

37 教师：能表述全面一些吗？

38 部分学生：它们两个自变量取值的范围不同。

39 教师：很好！虽然这两个函数的对应关系相同，也就是因变量都等于自变量的 350 倍，但是因为它们自变量的取值范围不同，所以不是同一个函数。

在这一教学片段中，老师首先引导学生抽象出 ω 和 d 的完整函数关系，而后引导学生初次模仿问题 1 中对函数关系的表述来表述这一函数关系。这样教学实施的目的是希望学生们在这样的表述活动中，逐渐适应用集合与对应语言来表述函数关系，同时不断体会“对应”的含义，为将学生对函数概念的理解从“活动”内化为“过程”积累经验。从信息单元[22]至[29]能够充分体会到，学生对于用集合与对应语言表述函数关系是多么的困难！信息单元[32]至[38]表明学生能够根据实际情境理解，由于函数的自变量的取值范围不同，则两个函数不是同一函数，由此进一步理解定义域是构成函数的要素之一。实际上，学生在初中阶段的学习中，没有遇到过判断两个函数是否为同一函数的问题，根据他们的已有认知，“解析式相同就是同一个函数”①。可见，教学中实际问题情境的创设对引发和解决学生的认知冲突，促进学生正确理解函数概念具有重要作用。

---

① 通过访谈学生和初中数学教师得到确认。

(3)函数概念的抽象——感受图象表征的对应关系，再次运用集合与对应语言表述函数关系

【问题3】北京市2016年11月23日的空气质量指数(AQI)变化图(图5-42)。如何根据该图确定这一天内任一时刻t(单位：小时)的空气质量指数的值I？你认为这里的I是t的函数吗？为什么？

本节课的教学，设计了多次引导学生经历用集合与对应语言“精确地”表述函数自变量与因变量之间对应关系的活动，以促进学生不断内化对函数概念的理解及其整体性认识。然而，当进行到“问题3”时，学生们遇到了困难。原因在于“问题3”中的函数只有图象，没有解析式、不能准确确定因变量取值的集合。下面的教学片段呈现了这一过程。

01 教师：如果也让大家类比问题1的表述方式，将问题3中的函数关系准确地表述出来可以吗？请大家尝试一下！

(学生们交流自变量和因变量的取值集合。教师巡视过程中，关注学生们的困难。)

02 教师：t取值集合A_3能确定吗？

03 学生们：能，$A_3=\{t \mid 0\leqslant t\leqslant 24\}$。

(教师板书$A_3=\{t \mid 0\leqslant t\leqslant 24\}$。)

04 教师：能确定I的取值范围吗？

05 部分学生：能。

06 学生3：10到125。

(部分学生发出“嗯?”的声音，教师笑了。)

07 教师：有的同学给出了具体数值，根据图象我们能否确定I值的准确范围？

08 学生们：不能。

09 教师：首先我们从图上能够获取的信息是I值包含在区间(0，150)的范围内，我们将集合$\{I \mid 0<I<150\}$记为B_3。请问B_3是I精确的取值范围吗？

10 学生们：不是，这个大。

11 教师：我们能确定I精确的取值范围吗？

(教师用PPT演示在函数图象上添加了坐标系。)

12 教师：在这里我们可以建立坐标系，并过图象的最低点和最高点各画出一条平行于x轴的直线。它们与y轴相交于两点，这两点之间的部分是什么？

(教师指着y轴上两个交点之间的部分。)

13 学生们：I 的取值范围。

14 教师：好！不妨给这个取值范围构成的集合取名叫 C 集合。那么 C 集合与 B_3 集合之间有什么样的关系？

（学生有的说子集，有的说真子集。）

15 教师：显然这里 C 是 B_3 的子集。

（教师板书 $C \subseteq B_3$，没有对子集和真子集做进一步区分。）

16 教师：如果类比问题 1 的表述方法，这个问题中的函数关系是不是可以这样表述：对于集合 A_3 中的任意时刻 t，按照图中曲线所表达的对应关系，在集合 C 中都有唯一确定的 I 值与之对应？

（教师一边指着黑板上所写集合一边表述。）

17 学生们：可以。

18 教师：那如果在 C 中都有唯一确定的 I 值与 t 对应，而 C 又是 B_3 的子集，那么是不是在 B_3 中也能找到唯一确定的 I 值与 t 对应呢？

19 学生们：能。

20 教师：这题目中如果不能找到准确表示 I 取值范围的集合 C，是不是也能借助 B_3 来表达 I 与 t 之间的对应关系啊？

21 学生们：对，能！

22 教师：好！那说明我们实际上可以直接用集合 B_3 来表述这一函数关系。就请同学们利用 B_3，类比问题 1 来表述一下这个函数关系吧！

（学生们尝试表达。）

23 教师：同桌之间可以相互说一说。

（同学之间交流的声音越来越大。）

24 教师：哪位同学来表述一下？

25 学生 1：对于集合 A_3 中的任意时刻 t，按照图所表达的对应关系，在集合 B_3 中都有唯一确定的 I 值与之对应。

26 教师：好！老师把准确的表述用文字语言呈现出来，同学们一起来读一读。

27 教师：同学们觉得这个函数能用解析式来表示吗？

28 学生们：不能。

29 教师：为什么？

30 学生们：因为它没有规律。

31 教师：确实是这样。因为受多种因素的影响，每一个时刻 I 值的变化都是不确定的，因此，我们不能用解析式来表示这个函数。

32 教师：刚才同学们说函数的表示方法还有列表法，那么这个函数能不能用列表法表示呢？

33 部分学生：可以。

34 部分学生：不可以，因为它是无限个点。

（老师倾听，不语；示意想表达的学生表达自己的看法。）

35 学生 1：列表可以表示某一个时间点的函数值但是它不能表示连续的(值)。

36 教师：他说得特别好！我们可以列出一些数值，但由于时间是连续变化的，我们不能把连续时间的每一个时刻都列出来，特别是每一时刻 I 值的变化又没有规律可循。空气质量指数是随时变化的，比如附近行驶过一辆柴油汽车，那么该检测点检测到的空气质量指数可能一下就升高了很多。因此，一方面它没有明确的规律性，另一方面我们又不可能将连续时间的每一个时刻都列出来，所以这个函数也不能用列表法表示。

由于问题 1 与问题 2 中，用集合与对应语言表述函数关系时，自变量与因变量的取值集合都是明确可求的，而“问题 3”中的函数因变量的取值范围却不明确，此时学生遇到了较大的认知冲突。教师的处理方式是依据学生的思维习惯和已有经验，带领学生借助于几何直观在图中找到能够准确表达函数值域的集合 C，而后通过推理的方式，引导学生理解运用集合 B_3 表述的合理性。在此基础上，让学生再一次类比问题 1 表述函数关系，从信息单元[12]至[22]可以了解到，教师的这种处理方式有效帮助学生们解决了这一认知冲突。但是，在学生数学概念理解认知障碍的研究中，曾发现有不少学生因为对这一过程没有充分理解而导致其误认为“如果找不到准确的函数值域，可以适当扩大”。为了避免学生出现这一误解，当抽象出函数的定义后，教学设计了学生回顾四个问题并确认每一个函数的定义域与值域的教学环节。

事实上，无论是以往教学经验，还是本研究中学生的后续学习反馈都反映出这一教学处理对于学生正确理解函数定义的重要性。特别地，对理解定义中集合 B 有时候恰恰是函数的值域，有时候范围又比值域大至关重要。这不仅是学生学习的难点，也是教师教学的难点，甚至给很多数学老师的教学带来困惑。2021 年 10 月 12 日，在广州市执信中学举办的普通高中新课程新教材实施国家级示范校“高中新课程教学研讨《函数的概念》同课异构”活动中，四位老师讲授的都是《函数的概念(第一课时)》这一内容。在课后与评课专家的交流中，老师们都不约而同地提出了同一个问题，即“为什么函数定义中要弄出个集合 B 来？直接用函数的值域不行吗？这个地方在教学中太难处理了！”当时作为点评专家的曹广福教授耐心地给老师们解答了这一问题①。

无论是学生函数概念理解现状调研，还是研究对象函数学习前测，都表明学生会误认为所有的函数都可以用解析法、列表法和图象法表示。特别是对函数都有解析式的片面概念意象更是根深蒂固。鉴于此，教学中借助于实际情境中的函数，适时向学生渗透函数表示法的多样性以及不同表示法的局限性，从而有利于不断丰富学生正确的概念意象、纠正之前所建立的片面或错误的概念意象。由上述教学片段中信息单元[27]至[35]可以了解到，大部分学生能够理解像空气质量指数这样的函数，由于其时间的连续性和影响因素的不确定性等导致函数的变化没有规律可循，因此不能准确地用解析法和列表法表示。然而，起初也有学生认为这个函数是可以用列表法表示的。不仅如此，在后期的追踪访谈中了解到，仍有个别学生认为本例题中的空气质量指数随时间变化的这个函数应该可以用解析式表示，即学生认为“可以把它(图象)划分成一小段儿一小段儿的，再写出解析式②”。这一点与函数概念理解现状调研中学生的理解有共通之处，即他们认为如果把这个函数图象分割成多个部分，每一部分就可以写出解析式。由此可见，“函数都能够用解析法、列表法和图象法表示”的片面概念意象还是十分深刻的。在后期的教学中还需要不断丰富学生对函数对应关系多样性的认识。

(4)函数概念的抽象——感受表格表征的对应关系，初步熟悉运用集合与对应语言表述函数关系

如前所述，函数概念的第一课时教学中，由于函数概念本身已经具有较高的认知负荷且前面三个问题情境的呈现与教学都会引发学生不小的认知负荷，而教科书中问题 4 的实际情境相较于其他问题可能会引发更高的认知负荷。原因在于：一方面，学生不但需要了解恩格尔系数的名称与计算公式，还要根据题意去理解恩格尔系数与生活质量之间的关系；另一方面，教科书中所列表格中的每个恩格尔系数值都是含有四个数字的百分数。在教学设计中，我们认为就对函数概念本质的理解而言，问题 4 呈现的意义主要有两点：其一，函数对

① 对于这一问题曹广福教授在其个人公众号“曹广福的数学茶馆”2021 年 10 月 13 日也有提及。

② 访谈中学生表述的话语，反映出学生有“以直代曲”思想的萌芽。

应关系的形式是表格(数值)；其二，表中恩格尔系数值的实际取值范围是集合 $\{r \mid 0<r\leqslant 1\}$ 的子集。而其中第二点意义在问题3中已有体现。因此，问题情境4的不可替代的价值就在于其对应关系的形式是表格。经过研讨，本研究认为可以将这一问题情境用一个背景和数值相对简单的数值型函数替代，以有效控制学生本课时学习的认知总负荷。

【问题4】国家统计局的课题组公布，如果将2005年中国创新指数记为100，近些年来中国创新指数的情况如下表所示。以 y 表示年度值，i 表示中国创新指数的取值。i 是 y 的函数吗？为什么？

年度(y)	2008	2009	2010	2011	2012	2013	2014	2015
中国创新指数(i)	116.5	125.5	131.8	139.6	148.2	152.6	158.2	171.5

(教师用PPT展示出问题4，引导学生阅读。)

01 教师：同学们觉得 i 是 y 的函数吗？

02 学生们：是。

03 教师：依据什么？

04 学生们：每一个年度 y 都有一个唯一的创新指数 i 与之对应。

05 教师：非常好！同学们能仿照问题1表述这个函数关系吗？

06 学生们：能。先要确定 y 和 i 取值的集合。

(教师示意学生1回答。)

07 学生1：y 取值的集合 $A_4=\{2008,2009,2010,2011,2012,2013,2014,2015\}$，$i$ 的取值的集合就是表里第二行的数的集合。

08 教师：对，我们可以将其构成的集合记作 B_4，那么这个函数的对应关系是什么？

(学生沉默了片刻。)

09 部分学生：就是表格的对应关系。

10 教师：表格如何反映了对应关系？

11 学生2：就是根据表格列出的关系，每一个 y 对应唯一一个 i 值。

12 教师：很好！(教师板书出对应关系：表格。)

13 教师：由此，集合 A_4 和 B_4 以及对应关系都清晰了，请同学们尝试表述该函数关系。

(学生们尝试表述，过了一会儿，教师示意学生3表述。)

14 学生3：对于集合 A_4 中的任意一个 y 值，按照表格中的对应关系，在

集合 B_4 中都有唯一确定的 i 值与之对应。

由上述教学片段可以了解到，经过前期对三个实际情境问题中的函数关系进行分析以及多次经历用集合与对应关系语言准确表述函数关系的活动，学生已经积累一定的活动经验，而且能够较为顺利地对这一函数关系进行表述。特别地，从信息单元[09]可知，学生已经能够很自然地意识到表格所表征的就是函数的对应关系，对应关系并非只有解析式。

(5)函数概念的抽象——归纳共同特征，形成函数概念的一般化表达

通过前期对四个函数的判断、多次经历用集合与对应语言准确地表述函数的对应关系等活动，为学生准确归纳、概括它们的共同特征奠定了良好的基础。下面的教学片段呈现了学生在老师的引导下逐步抽象概括出函数本质特征的过程。

(教师用 PPT 展示出四个函数的自变量取值集合、对应关系、函数值所在的集合。)

01 教师：问题 1 至问题 4 中的 4 个函数有什么共同特点？

(学生观察、沉默。)

02 教师：是这四个函数都有解析式吗？

03 学生们：不是。

04 教师：那说明具有解析式不是它们的共同特征。你们沿着这样的思路继续思考。

(学生思考、沉默。)

05 教师：同学们想到了什么就可以先说出来。

06 学生 1：它们的自变量和函数值都有一定的取值范围，就是都有集合。

(教师指着 PPT 的内容，重复了学生 1 的语言。)

07 教师：这两个集合能是空集吗？

08 学生们：不能。

09 教师：是的，这两个集合都不能是空集，它们都是非空实数集合。

10 教师：还有其他共同特征吗？

11 学生 2：它们都有对应关系。

12 教师：非常好！看前两个函数的对应关系是用什么方法表示的？

13 学生们：解析式。

14 教师：第三个和第四个呢？

15 学生们：图象和列表法。

16 教师：也就是对应关系不一定是解析式，图象、表格都可以作为对应关系吧？

17 学生们：嗯……对！

18 教师：这样一来，这四个函数的共同特征是都有两个非空数集和一个对应关系。

19 教师：还有其他吗？

20 学生3：集合 A 中的任意一个数，在集合 B 中都有唯一的数和它对应。

21 教师：非常好！将大家发现的这些共同特征归纳起来就是这些。

（教师用 PPT 展示共同特征，学生们阅读观察，而后教师结合 PPT 的内容，带领学生又理解了一遍共同特征。）

22 教师：这就是我们今天要学习的函数定义。

（教师用 PPT 展示出函数的定义，而后一边板书定义一边陈述该定义。）

23 教师：大家看，这个函数定义与我们初中所学函数定义区别在哪里？

24 学生们：对应关系。

25 教师：对应关系有什么区别？

26 学生4：初中的都能用解析式表示，这里有的写不出来，就只能用图象或者列表。

27 教师：还有吗？

28 学生5：自变量和因变量都有范围，就是集合。

29 教师：其实初、高中函数定义中的对应关系没有本质区别，都是满足对于任意的一个自变量的值都有唯一确定的因变量的值与之对应，只是同学们在高中阶段将要学习到更加抽象和丰富的对应关系，因此高中函数定义中对应关系有了抽象的表达，如符号 $f(x)$ 等。此外，高中函数定义中增加了对定义域和值域的集合界定。

30 教师：特别地，同学们要注意定义里集合 A 就是函数自变量的取值集合，也就是定义域。而集合 B 是函数的值域吗？

（学生们有的说是，有的说不是。）

（如前所述，接下来老师带领学生通过回顾四个问题情境中函数的定义域与值域来进一步提升对这两个概念的理解，特别是正确认识函数值域与集合 B 之间的关系。）

上述教学片段表明：学生能够把握四个函数的共同特征，准确区分函数的本质特征与非本质特征，并将其准确地概括出来。这为学生正确理解函数概念的本质奠定了良好的基础。与此同时，经过四次用集合与对应的语言表述函数关系的活动过程，学生积累了一定的经验，有助于他们对函数概念本质及其整体性的理解。

在抽象出函数的定义之后，教学设计了函数概念辨析与函数概念发展历史简介两个教学活动。

(6)提升对概念本质的理解——用"对应观"认识具体函数

函数概念辨析是将研究对象前测调研中的 8 个图形是否是函数的判断题目展示给学生，让学生运用"对应观"的函数概念重新进行判断，并用集合与对应的语言解释判断依据，以提升学生对"对应"本质的理解以及对函数概念整体性的认识。而后展示出前测中的部分错误作答文本，请同学们分析错在哪里，以进一步提升学生对概念本质的理解。

(7)提升对概念本质的理解——函数概念发展历史简介

在学生函数理解认知障碍研究中发现，大部分学生不能体会初、高中函数的区别与联系，这说明他们对"对应观"下函数概念的本质理解不足，更不能感受到函数概念的这一发展的必要性与意义。为此，在教学中设计了向学生介绍函数概念发展历史中的关键历史事件这一教学环节(图 7-4)，引导他们感受函数概念进一步发展的必要性与意义，以进一步体会在初中阶段学习函数的基础上，高中进一步学习的必要性。

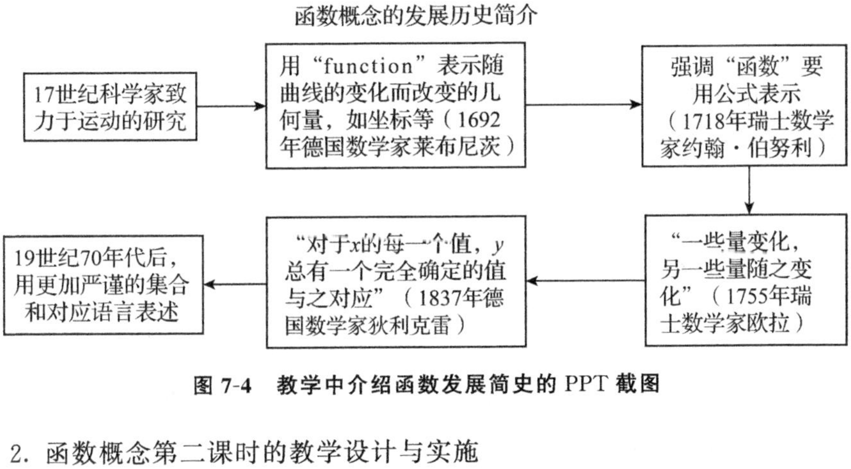

图 7-4　教学中介绍函数发展简史的 PPT 截图

2. 函数概念第二课时的教学设计与实施

对概念进行辨析可以有效提升学生对概念本质的理解。两个函数是同一函数的充要条件是定义域相同且对应关系一致。其中对应关系一致的本质是"相同自变量对应的函数值也相同"。函数概念辨析需要围绕函数的三要素这个整体，要聚焦对应关系这一核心。①

教科书在函数概念第二课时的教学内容中设计了同一函数判断的例题，在教学设计时考虑到以下两方面因素：其一，这一例题中涉及了较多与根式计算(或者学生初中学过的乘方与开方的运算)相关的内容，考虑到研究对象的知识水平，这容易导致他们思考问题重心的偏离，从而影响对函数概念本质理解的考查；其二，学情分析反映出学生对函数的片面概念意象，如函数的定义域都是全体实数、自变量不同则不是同一个函数，以及对 $f(x)=1$ 的认知障碍等。本研究将这一例题进行了替换，以便更有针对性地考查研究对象对函数概念本质的理解。

表 7-2　判断同一函数的例题替换前后对比

原例题	替换后的例题
例：判断下列函数中哪个与 $y=x$ 是同一函数？ (1) $y=(\sqrt{x})^2$；(2) $u=\sqrt[3]{v^3}$； (3) $y=\sqrt{x^2}$；(4) $m=\frac{n^2}{n}$	例：下列各组中的两个函数是否表示同一函数？ (1) $y=2x+1$，$x\in\mathbf{R}$ 与 $y=2s+1$，$s\in\mathbf{R}$； (2)表示炮弹飞行高度 h 与时间 t 关系的函数 $h=130t-5t^2$ 与二次函数 $y=130x-5x^2$； (3) $f(x)=1$ 与 $g(x)=x^0$

(1)函数概念辨析——表示变量的字母是函数的非本质特征

01 教师：函数 $y=2x+1$，$x\in\mathbf{R}$ 与 $y=2s+1$，$s\in\mathbf{R}$ 是同一函数吗？

02 学生们：是。

03 老师：为什么？

04 学生1：它们的定义域都是 $\mathbf{R}$，而且它们的对应关系一样，都是乘以2再加1。

(教师板书 2□+1。)

05 教师：很好！就是对每一个自变量的值，都做乘以2再加上1的运算，即自变量的每一个值都对应到其自身的2倍加1的数，而且它们的定义域相同。

06 教师：它们的值域相同吗？

07 学生：相同，因为定义域和对应关系一样，值域肯定相同。

08 教师：可是表示它们变量的字母不同啊！怎么会是同一函数呢？

09 学生们：它们的定义域和对应关系一样就够了。

① 章建跃：《如何帮助学生建立完整的函数概念》，《数学通报》，2020年第9期。

10 教师：也就是用哪个字母来表示自变量和因变量是判断函数的标准吗？

11 学生们：不是。

12 教师：对！变量用什么字母表示是函数的非本质特征。这两个是同一函数。

(2)函数概念辨析——定义域是构成函数的要素之一

01 教师：表示炮弹飞行高度 h 与时间 t 关系的函数 $h=130t-5t^2$ 与二次函数 $y=130x-5x^2$ 是同一函数吗？

02 学生们：不是。

03 教师：谁来主动说一下为什么不是？

04 学生 1：(主动站起来)第一个函数是一个实际问题，第二个是一个数学图象，所以它们的定义域和值域都不同。

05 学生 2：(也站起来)老师我说一下。第一个自变量不是时间吗，所以定义域是大于或等于 0，第二个定义域是 $\mathbf{R}$。

06 教师：大家同意吗？

07 学生们：同意。

08 教师：有不同意或补充的吗？

09 学生 3：(举手，站起)h 也应该大于或等于 0。

10 教师：同意吗？

11 学生们：有的同意，有的不同意。

(学生们争论起不同炮弹的爆炸方式。)

12 教师：我们在这里仅关注炮弹一落地或一接触地面上的目标就爆炸的情况吧！如果是这样的话，h 也应该大于或等于 0 吧？

13 学生们：可以。

(教师板书 $h\geqslant 0$。)

14 教师：如果要求 h 大于或等于 0，请大家解出 t 的范围。

(学生解不等式。)

15 学生们：$0\leqslant t\leqslant 26$。

16 教师：你们认为这两个函数是同一函数吗？

17 学生们：不是，定义域不同。

18 教师：嗯！所以大家要关注问题的实际意义对定义域的限定。

19 教师：根据对前两个问题的分析，同学们认为两个函数是同一函数的充要条件是什么？

20 学生们：定义域一样，对应关系也一样。

21 教师：确实，两个函数是同一函数的充要条件是它们的定义域相同且对应关系一致。

(3)函数概念辨析——对应关系的结果性

本研究在高一学生函数相关概念理解现状调研中发现，即使是经历了高一的函数学习仍有很多学生对 $f(x)=1$ 的理解存在认知障碍，究其原因还在于学生不能用“对应”的观点对其进行理解。为此，在本例题同一函数的判断中设置了问题(3)即判断 $f(x)=1$ 与 $g(x)=x^0$ 是否为同一函数。

01 教师：$f(x)=1$ 与 $g(x)=x^0$ 是同一函数吗?

(学生们讨论了起来。)

02 教师：同学 1 来说说你的观点。

03 学生 1：第一个的定义域是$\{1\}$，第二个是除 0 以外的所有实数。

(教师在黑板上写出学生 1 所说的定义域。)

04 教师：其他同学同意他的观点吗?

05 学生 2：我不同意，第一个函数的计算结果是 1，那$\{1\}$不就是值域吗?

06 学生 2：定义域应该是 x 的取值范围，是全体实数，就是 $\mathbf{R}$。

07 教师：为什么是全体实数?

(同学们自发讨论起来。)

08 学生 2：把图象画出来，不管 x 等于多少，y 都等于 1。

(教师根据同学 2 所说画出了函数的图象。)

09 教师：就像同学 2 所说，从图象可以看出自变量 x 能够取到全体实数。此外，对于一个函数而言，如果不具备实际背景，只有一个解析式，那么函数的定义域应该是使解析式有意义的自变量的取值范围。那么 $f(x)=1$ 的自变量是 x，而且解析式 $y=1$，是不是在自变量取任何实数时解析式都要有意义?

10 学生们：是。

11 教师：由此也可得出该函数的定义域应该是全体实数构成的集合吧?

12 学生们：是。

(教师板书定义域：$\mathbf{R}$。)

13 教师：那它的值域是什么?

14 学生们：是$\{1\}$。

(教师板书出值域：$\{1\}$。)

15 教师：由此它俩是同一函数吗?

16 学生们：不是，定义域不同。

17 教师：我还想问问这两个函数的对应关系相同吗？

18 学生 3：对应关系不相同啊！

（学生 3 声音很大，其他学生小声嘟囔。）

19 教师：我们看 $g(x)=x^0$ 化简结果是 $g(x)=x^0=1$ 吧？

20 学生们：对！

21 教师：也就是只要 x 不等于 0，函数值都得 1 吧？

22 学生们：对！

23 教师：那么 $g(1)=$？

24 学生们：1。

25 教师：$g(5)=$？

26 学生们：1。

27 教师：对于任何一个不为 0 的数 a，$g(a)=$？

28 学生们：1。

29 教师：我们再来看函数 $f(x)=1$ 的图象。如果用函数的定义来描述这一函数关系：对于实数集中的任意一个数 x，按照对应关系 $f(x)=1$，都有唯一的实数 1 与之对应。同学们看这样对吗？

30 学生们：对。

31 教师：那这两个函数的对应关系一样不？

32 学生们：不一样！

33 教师：怎么还不一样？

（教师诧异！）

34 学生们：一个是全体实数，一个是不等于零。

35 教师：（指着黑板上的两个函数的解析）我们不考虑定义域，就只是说对应关系。

36 学生们：那一样。

37 教师：因此，它们不是同一函数是因为定义域不同所导致的，它们的对应关系是相同的。

（教师用 PPT 展示“对应关系一致，即相同的自变量对应的函数值也相同”这句话。）

38 教师：我们来理解一下什么是“两个对应关系一致”。大家看这句话表达的意思是什么？

39 学生 4：(坐在座位上大声表达自己的观点)定义域一样时，值域也一样。(下课铃响了……)

从上述教学片段中学生 1 的表现，可以了解到经过函数概念第一课时的学习，仍有学生不能正确运用对应的观点理解 $f(x)=1$ 是函数。在教学过程中，老师通过给 x 赋值的方式引导学生理解 $g(x)=x^0$ 的对应关系是将任意一个不等于 0 的实数对应到实数 1，而对于 $f(x)=1$ 则是利用其图象让学生直观地看到其是将任意一个实数也对应到实数 1。这样的目的在于进一步提升学生对"对应"这一抽象数学名词的理解，同时理解对应关系的"结果性"。

学生 4 对"两个对应关系一致"的理解显然是错误的。为了进一步了解导致其出现这种认知错误的原因，研究者对该生进行了追踪访谈。

对学生 4 的追踪访谈转录文本如下：

01 教师：怎么理解你所说"定义域一样时，值域也一样"？它与"相同的自变量对应的函数值也相同"表达的是同一个意思吗？

02 学生：就是两个函数在同一个定义域里，它的对应关系相同的话，它的值域也是相同的。

03 教师：那如果就像你当时所说"定义域一样时，值域也一样"能不能代表两个函数是同一函数？

04 学生：不能。因为它们的定义域和值域虽然边界是一样的，但是中间的值可能不一样。

05 教师：你能举例说明吗？

06 学生：这样的两个函数(他画出图 7-5 所示的函数)，它们的定义域和值域分别相同，但是它俩不是同一函数。

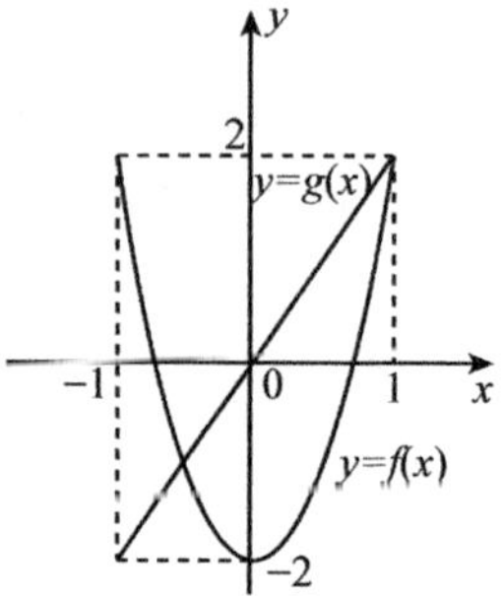

图 7-5

07 教师：你的意思是？

08 学生：就是这两个函数的定义域都是[−1，1]，值域都是[−2，2]。它们满足"定义域一样时，值域也一样"，但是和"相同的自变量对应的函数值也相同"不是一个意思。它有的就不相同，比如 $x=0$ 时，一个得 0，一个得−2。

09 教师：那你当时是怎么想的，还记得吗？

10 学生：当时想得没有那么细致，可能就根据它的定义域一样，对应的函数值也一样，就说出这句话了。

11 学生：当时就想着对应关系一样，当它俩的定义域重合的时候，它们的值域肯定一样啊！

12 教师：当时你是这样想的？但是你没有提及对应关系一样吧？

13 学生：当时就是脑子里想着对应关系一样，我表述的问题！还没想好就说出来了。

14 教师：那现在你觉得两句话"相同的自变量对应的函数值也相同"和"定义域一样时，值域也一样"表达的是同一个意思吗？

15 学生：不是。由第一句话能够推出第二句话，反过来不行。

上述访谈中的多个信息单元，特别是信息单元[06]与[08]中学生所画的函数图象和相应的解释能够反映出其对于"相同的自变量对应的函数值也相同"的理解是非常准确的。信息单元[15]表明，该学生能够用自己的语言清晰地解释出"定义域一样时，值域也一样"与"相同的自变量对应的函数值也相同"二者之间的关系，表明他对函数三要素之间的关系理解较为透彻。

通过以上三个教学片段以及第三个教学片段中学生 4 的追踪访谈能够反映出：学生们能够依据函数定义准确理解函数概念的本质特征，而函数用什么符号以及用什么形式表示是其非本质特征；能够正确从整体上理解函数的三要素及其之间的关系，并能够理解对应关系一致的本质。

三、研究团队的评价与自我反思

本研究中，教育设计研究团队的成员专家与老师在现场观摩或视频观看的过程中需要就以下几个方面做出评价或建议：

1. 您认为教学设计与实施过程中是否遵循了数学概念教学原则？主要体现在哪些方面？

2. 在观摩的过程中，您是否能够体会到遵循数学概念教学原则进行教学设计与实施对促进学生数学概念理解的作用？

3. 您认为本节课的具体教学活动的设计与实施有哪些优势与不足？

4. 您认为数学概念教学原则是否恰当，是否需要改进？

对于上述第 4 个问题，在第八章讨论。

(一)研究团队成员的评价

将研究成员对函数概念两课时的教学设计与实施做出的评价梳理如下：

1. 数学概念教学原则在设计中起到很重要的作用，在结合学情和活动安排上很有意义。

(1)第1课时的教学，通过引导学生从实际问题中抽象出函数关系，并用“对应”的观点来体会函数概念的本质，很有必要。特别是对于每一个函数关系都带领学生运用集合与对应的语言进行表述，这样有利于学生加深对函数概念整体性的理解。第2课时的教学紧紧抓住函数概念，通过求定义域理解“集合A”，通过求函数值理解“对应法则”，通过判断同一函数强调“两要素”，这些都是在完善函数概念的过程中，遵循完整过程原则。

(2)设计的问题与练习题抓住了让学生理解函数概念本质这个根本问题。突出强调的问题，如学生对对应关系的理解、对相同函数的理解，对学生建立正确的概念意象有明显的引导作用。对定义域及其求法、表示法的讨论一方面有助于学生对函数要素的理解，另一方面也避免学生实际解决问题中产生错误。

(3)对认知负荷的关注在教学设计中能感受到。特别是，为了控制负荷有将实际问题情境和例题进行替换或调整的情况。

2. 教学实施流畅，能抓住课堂生成顺势达成教学目标。

3. 教学设计与实施有待进一步优化的方面主要有：

(1)像人教A版普通高中数学教科书必修第一册中64页第3题中集合A、B与对应关系f的表达是用集合语言与对应关系表述的函数的典型题目，体现概念本质，比较直观，对丰富概念意象也有帮助，可以选用。

(2)在概念辨析时，建议选用不同形式表征的函数，教学中都选用了图象，形式较为单一。

(3)相信还是有同学对$f(x)=1$与$g(x)=x^0$是相同的对应关系不理解，这一点需要在后续的教学中给予补救。

(4)建议对于为什么学生初中学习了函数，而高中还要学习这个问题，用学生可以理解的语言做出解释，以解决学生的困惑。

(二)自我反思

在团队研讨的基础上，研究者本人也认真地回看了上课的视频，并结合团队成员的感受与建议对函数概念两课时的教学设计与实施有以下几点反思：

1. 遵循本研究提出的数学概念教学原则，结合前期研究所发现的学生函数概念理解的认知障碍等进行教学设计与实施，整个过程始终将学生建立“对应观”下的函数概念、理解函数概念的本质特征作为核心目标。从以下两个方面可以看到教学效果：

(1)学生在教学活动的参与中完整地经历了函数概念的抽象过程，而且其间通过多次运用集合与对应的语言表述函数关系(从最初的难以模仿表述，到尝试模仿表述，再到尝试类比表述，再到较为轻松地表述），最终顺利地理解了用集合与对应语言所表述的一般化的函数概念。这一过程对学生内化概念起到了较好的支撑作用。

(2)各教学片段中学生的表现能够反映出：他们不但能够用自己的语言来解释函数概念的本质特征与非本质特征，以及从整体上理解函数三要素之间的关系，而且可以较为顺利地运用集合与对应的语言判断和解释具体函数关系、判断同一函数等。

(3)学生原来所持有的一些片面或错误的概念意象在一定程度上得到了纠正，正确的概念意象在不断丰富，主要表现在：理解了函数的对应关系可以有不同的形式，解析式的、列表的、图象的等，而且不是每一个函数都能用以上方法表示；决定函数的关键要素是定义域与对应关系，即使表示两个函数的变量不同它们也可能是同一函数，即使两个函数的解析式一样也可能是不同的函数；函数图象可以是不连续的或不规则的；等等。

2. 不足主要体现在：

(1)虽然教学设计与实施中都关注了学生学习认知负荷的管理，但仍旧存在不足。例如，在学生经历从四个实际问题情境中抽象出函数关系，并用集合与对应语言表述每一个函数的过程中，板书也随之形成。接下来，在引导学生抽象函数本质特征的时候，直接安排学生观察板书即可，而本人却在 PPT 上也展示出了与黑板上类似的内容。仅从这一点看，就出现了冗余效应，增加了学生的外在认知负荷，不利于学生学习的顺利进行。

(2)由于过于关注以往学生可能出现的认知障碍，在教学中希望涉及的内容略多，致使教学时间有些紧张，对个别问题没有给学生留有充分思考的时间。

结合自我反思与团队研讨的意见与建议，本研究在后续的教学设计与实施中需要关注以下问题：

(1)教学中需要进一步关注学生对函数概念理解的巩固与发展。虽然函数概念两课时的教学反映出学生们能够较好地理解函数概念的本质、函数三要素之间的关系，但是这对于形成稳定且深入的理解还远远不够。

理解是学生主动地建构的过程，根据皮瑞(S. Pirie)和基伦(T. Kieren)所提出的关于理解的模型，即理解是分水平的，其发展不是线性的，而是一个动态的、往复循环、螺旋进行的过程。[1] 学生对函数概念的理解不可能一次性地

---

① 李士锜：《PME：数学教育心理学》，华东师范大学出版社，2001 年，第 64—87 页。

完成，其不但需要逐步提升理解水平，而且当受到之前形成的较为牢固的片面概念意象的影响时可能出现理解的倒退。因此，在后续的教学中，不但需要在运用概念解决问题中进一步巩固学生的现有理解，而且还需要通过设计适当的教学活动引导学生逐步建立函数概念与其他概念或知识之间的有效关联，从而逐步提高理解水平。

(2)总体来看，遵循数学概念教学原则进行教学设计与实施取得了一定的效果，因此，在后续概念的教学中需要进一步在原则的指导下进行教学设计与实施。既要引导学生在参与数学活动的过程中，不断积累数学活动经验、内化概念的理解、纠正片面的概念意象，而且还要给学生提供更多的表述或展示自己想法的机会。创造条件引导学生及时反馈他们随着学习的进行所形成的新的概念意象或原有概念意象的发展，以便教师能够更好地了解他们所建立的概念理解，从而及时调整教学。

(3)对学生学习认知负荷的有效管理需要进一步加强。

第二节　单调性与最大(小)值的教育设计案例

一、学习需求分析与教学目标的设计

(一)课程标准中的单调性与最大(小)值教学目标

《数学课程标准(2020)》中对函数概念的内容要求是：借助函数图象，会用符号语言表达函数的单调性、最大值、最小值，理解它们的作用和实际意义。①

(二)学情与教学内容分析

1. 学情分析

(1)研究对象对函数单调性与最大(小)值的原有知识基础

对于函数的单调性，学生在初中阶段已有初步的感性认识，能够用描述性语言对图象的变化趋势进行定性的描述，这为高中的学习奠定了一定的基础。但是，学习前测调研的结果表明，存在部分学生不能有效对坐标平面中的线与坐标轴表示的意义进行关联，这可能会成为学生单调性概念理解的障碍。对于

① 中华人民共和国教育部：《普通高中数学课程标准(2017 年版 2020 年修订)》，人民教育出版社，2020 年，第 19 页。

函数的最大(小)值，学生在初中阶段没有接触过用严谨的数学语言表述，但是对于给定的二次函数，他们知道什么是最大值或最小值，并能正确求出函数的最大值或最小值。

(2)学生函数相关概念理解现状调研结果

第一，学生对单调性的理解水平与认知障碍。

学生函数相关概念理解现状调研结果表明：学生对单调性的理解水平较低。对于非分段函数的单调性，学生理解水平的平均值是3.86，处于初级多点结构向高级多点结构过渡的水平，且更接近于高级多点结构水平。从中位数来看，至少有50％的学生对非分段函数单调性的理解能够达到初级关联结构水平；学生对分段函数单调性理解的平均水平则相对较低，平均值仅为1.52，还未达到单点结构水平。特别地，至少有50％的学生对分段函数单调性的理解处于前结构水平。

对学生单调性理解的认知障碍及其影响因素研究结果表明：

首先，学生们能够根据函数图象直观地确定函数的部分或全部单调区间，但是在单调区间的正确表征上存在一定的困难。其中除去部分因为区间与集合这些基础知识理解不完备导致单调区间表征错误的学生之外，还有部分学生因为对“任意性”的理解障碍，出现将两个单调递增(或递减)区间用“∪”符号连接的情况。

其次，学生能够通过模仿例题，从形式上运用定义进行具体函数单调性的证明，然而更多学生只是一种操作性地套用该模式或步骤，而没有理解单调性概念的本质。他们忽略或忽视对 x_1，x_2 任意性的强调与表达。而对“任意性”理解的障碍或对其意义与作用理解得不到位，正是导致他们在解决分段函数单调性时出现认知障碍的非常重要的原因之一，而另一个原因则是部分学生出现了过“高”的认知负荷。

最后，在访谈中发现，即使已经完成了高一函数单元的学习，学生们对于函数单调性的概念意象几乎依然停留在初中水平，也就是学生只会定性地描述出函数图象的变化趋势(上升或下降)，而不是既可以进行定性描述，也能够用精确的数学符号语言对其进行定量的刻画。

第二，学生对于最大值概念的理解水平与认知障碍。

一方面，就理解水平而言，学生对函数最大值概念理解的平均水平比较低，平均值只有2.73，处于单点结构与初级多点结构水平之间。至少有50％的学生对最大值的理解仅处于单点结构及以下水平；另一方面就认知障碍而言，学生的认知障碍主要存在以下两个方面：一是学生认为只要满足 $f(x)\leqslant M$，就代表函数 $f(x)$的最大值是 M，而不关注是否存在 x 的值使得等号成立，而这一点与不理解符号“$\leqslant$”的本质含义有一定的关系；二是在求函数在给定区间的最大(小)值时，不关注函数的单调性，直接通过代端点的方式求解。

2. 教学内容分析

在中学阶段，单调性不仅是函数最重要的性质，也是学生在高中阶段第一个系统研究的函数性质。因此，对单调性的学习既是函数概念学习的延续和拓展，又是后续学习指数函数、对数函数等内容的基础，对进一步求解函数的最大值和最小值等数学问题有着广泛作用。在初中阶段，学生只是依靠观察函数图象，直观归纳图象的变化规律，而高中阶段既可以通过观察和分析函数图象的特征归纳得到函数的性质，也可以利用解析式通过代数推理得出函数的一些性质。后者就是学生自单调性的学习才开始接触的。由于学生习惯于通过观察图象归纳性质，因此教学中需要注意不断渗透运用代数推理或代数运算研究函数性质的方法。教科书中对这部分的教学内容的安排是借助于代数运算和函数图象来研究函数的单调性与最大(小)值，遵循了从特殊到一般、从具体到抽象的研究函数性质的一般思路。其中对于函数单调性的具体研究过程是：具体函数—图象特征—数量刻画—符号语言—抽象定义—单调性判断；对于函数的最大(小)值则是借助于学生熟悉的二次函数的图象引出了定义。

二、单调性的教学设计与实施

根据《数学课程标准(2020)》对函数单调性与最大(小)值的教学目标要求，在对学生情况和教材内容进行深入分析的基础上，我们将函数的单调性与最大(小)值这一小单元的教学设定为 3 课时。

(一)单调性教学目标的设计

在对上述教学需求分析的基础上，将本节的教学目标确定为以下五个方面，其中前二个是单调性的教学目标，后两个是最大(小)值的教学目标。

1. 借助具体函数的图象，经历对单调性从定性描述到定量刻画，再到用精确的数学符号语言表达的完整过程，达到对单调性定义的本质理解。在此过程中提升数学抽象核心素养。

2. 会用符号语言表达函数的单调性，理解其作用与实际意义。

3. 会正确表示具体函数的单调区间，能够根据定义判断和证明简单函数的单调性。

4. 借助函数图象，会用符号语言表达函数的最大(小)值，理解其作用和几何意义。

5. 会利用函数图象和函数的单调性求解函数的最大(小)值。

(二)单调性与最大(小)值的具体教学设计与实施

1. 单调性两课时的教学设计与实施

函数单调性的教学重点是借助于具体函数，让学生在经历函数性质的形象描述到数量关系的刻画，再到严谨的符号语言表达的过程中理解概念的本质，并学会用符号语言表述单调性的方式。在单调性概念的教学中，首先创设情境，通过记忆保持量曲线图引出本节课要研究的问题，而后沿着“具体函数—图象直观特征—数量关系刻画—符号语言表达—抽象严谨定义”的研究思路引领学生逐步展开单调性概念的学习。其中从图象直观特征的观察到数量关系的刻画，再到符号语言表述，借助了几何画板教学软件。

(1)单调性概念的抽象——从形象描述到严格的数学符号语言

[教师展示出函数 $f(x)=x^2$ 的图象，请学生们描述图象的变化规律。]

01 学生1：当 $x<0$ 时，y 随着 x 的增大而减小；当 $x>0$ 时，y 随着 x 的增大而增大。

02 教师：很好，请坐！

(教师板书了学生的语言。)

03 教师：什么叫做“y 随着 x 的增大而减小”呢？

04 学生们：就是 x 越大，y 越小。

05 部分学生：在这个范围内。

06 教师：在哪个范围内？

07 学生们：在 $x<0$ 的范围。

08 教师：好！下面我们来直观感受一下“y 随着 x 的增大而减小”这一过程。

(老师使用几何画板进行演示，一边演示一边有了如下的师生间对话。)

09 教师：我们在函数 $f(x)=x^2$ 的 y 轴左侧的图象上任取一点 A，其横、纵坐标分别用 x_1 和 y_1 表示，此时满足 x_1 在小于 0 的范围内。下面老师来从左到右拖动点 A，它的横坐标 x_1 怎样变化？

10 学生们：增大。

11 教师：它的纵坐标值呢？

12 学生们：减小。

13 教师：我再演示一遍，请同学们再来体会什么是“y 随着 x 的增大而减小”。

（教师演示，学生们观察。）

14 教师：怎么用更加精确的数学语言从数量关系上来刻画“y 随着 x 的增大而减小”？

（教师板书出“精确的数学语言”几个字。）

（学生们沉默。）

15 教师：首先，我们来研究如何刻画“x 增大”？

16 学生 2：坐标系里 x 是横坐标，横坐标左边总比右边小，所以 x 从左到右就是增大。

17 教师：很好！从左到右就能体现出 x 增大，对吧？

18 学生们：是。

19 教师：但是我们不能总是讲从左到右，它不是一个精确的数学语言。怎么才能从数量上精确地刻画出“x 增大”这件事儿呢？

（学生沉默。）

20 教师：我们想，如果要表现出增大，是不是有比较才有增大？

21 学生们：是。

22 教师：要是有比较的话，至少需要几件事才能比较？

23 学生们：两件事儿。

24 教师：好！在这里老师给大家一个提示。我们可以在 y 轴左侧的图象上再取一个点 B，并始终保持点 B 在点 A 的右侧。此时点 A 的横坐标比点 B 的横坐标要？

25 学生们：小。

26 教师：那从 A 到 B 横坐标是在？

27 学生们：增大。

28 教师：为了更清晰地看到两个横坐标的大小关系，我们引入差的形式，通过观察 x_1-x_2 所得结果的正负来看二者大小。现在显示结果是负的，代表什么？

29 学生们：$x_1<x_2$。

30 教师：此时能够体现出从 A 到 B 横坐标在增大。那么“y 的减小”怎么体现？

31 学生：再做 y 的差。

[教师演示出 $f(x_1)-f(x_2)$，如图 7-6。]

32 教师：此时结果为正代表什么？

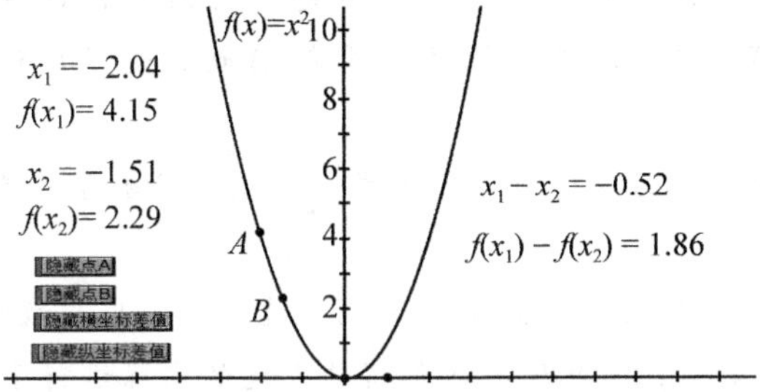

图 7-6　利用几何画板演示 x_1 与 x_2 的任意性

33 学生们：$f(x_1)>f(x_2)$，从 $f(x_1)$ 到 $f(x_2)$ 在减小。

34 教师：现在同学们来观察，如果始终保持点 B 在点 A 的右侧，任意改变点 A 或点 B 的位置，会有怎样的结果？

35 学生们：$x_1<x_2$，$f(x_1)>f(x_2)$。

(教师先保持点 A 不动，任意拖动点 B，而后又保持点 B 不动，任意拖动点 A，最后同时选中两个点并一起拖动。在此过程中引导学生观察两个差值的情况。)

36 教师：以上过程，能够表示"y 随着 x 的增大而减小"吗？

37 学生们：可以。

38 教师：那么怎么用更加精确的语言把"只要 $x_1<x_2$，都有 $f(x_1)>f(x_2)$"这件事情刻画出来呢？

39 学生 3：(在座位上主动发言)用全称量词表示。

(教师示意学生 3 起立来说明。)

40 学生 3：对于任意的 x_1，x_2，均属于区间 $(-\infty, 0]$ 且 $x_1<x_2$，就有 $f(x_1)>f(x_2)$。

(教师板书了学生 3 表述的内容。)

41 教师：学生 3 所说的"任意的 $x_1<x_2$，就有 $f(x_1)>f(x_2)$"能表达老师所说的"只要 $x_1<x_2$，都有 $f(x_1)>f(x_2)$"吗？

42 学生们：可以。

43 教师：为什么可以？

44 学生们：因为有"任意的 x_1，x_2"。

45 教师：很好！这个时候我们就说函数 $f(x)=x^2$ 在区间$(-\infty, 0]$上单调递减。

46 教师：同学们看，这样的表述是不是将我们最初这种描述性的语言“y 随着 x 的增大而减小”用数量之间的关系精确地表达了！这样的表达就很严谨了。

47 教师：请同学们仿照这种表述方式，尝试将函数图象在 y 轴右侧的情况表述一下。

（学生们放出声音来表达，同学间交流。过了一会儿，教师示意学生 4 进行表述。该生表达很完整，与此同时教师将其表述的内容进行了板书。）

48 教师：这样我们就得到了函数单调性的概念。

（教师板书了函数单调递增的定义，学生随之笔记；而后要求学生自己写出函数单调递减的定义，并进行交流。）

49 教师：我有个问题，如果定义中不用“任意的”，而是“有一些”，或者“部分”是否可以？

50 学生们：不行。

51 教师：无穷多个呢？

（学生沉默。）

52 学生 4：不行。无穷多就是很多很多，但是不能代表每一个。那个任意代表所有，就是万一它有一个不成立就不行。

在上述教学片段中，教师用了较多的时间按照“具体函数、图象直观特征、数量关系刻画、符号语言表达、抽象严谨定义”五个环节逐渐引导学生将他们所熟悉的单调性的描述性语言转化为严谨的数学符号语言。在这一过程中：一方面，教师借助于几何画板的演示功能，让学生直观感知 x 取值的“任意性”，并让学生经历了完整的概念抽象过程；另一方面，在获得了单调递减的精确表述以后，教师便安排学生类比其进行单调递增的表述，目的在于让学生熟悉这种符号语言的表达方式，并促进学生对概念的进一步内化。特别地，无论是概念的抽象过程还是后来的设问(信息单元[49]至[52])都在提升学生对“任意性”的理解。

(2)单调性概念的理解——举例与解释

在单调性的教学中，当教师带领学生抽象出单调性的定义之后，设计了一个学生举例的教学活动。活动要求学生举出一个单调递增函数和一个具有单调递增区间，但不是单调函数的例子。其意图是希望通过学生举例和运用概念解释说明来反馈他们对单调递增函数和单调递增区间的理解。

01 教师：请同学们尝试举出一个单调递增函数的例子。

（过了一会儿教师示意学生 1 举例。）

02 学生 1：$y=x$ 是增函数。

03 教师：好！还能举出一个具有单调递增区间，但不是单调函数的例子吗？

04 学生 1：$y=-x$。

05 教师：它有单调递增区间吗？

06 学生们：没有，它是减函数。

07 教师：你能重新举出一个函数吗？

08 学生 1：$y=x^2$。增区间是$(0, +\infty)$，但不是增函数。

09 教师：很好！其他同学呢？

10 学生 2：$y=-\dfrac{2}{x}$。

（教师用几何画板画出了该函数的图象。）

11 教师：同学们看这个函数有单调递增区间吗？

12 学生们：有。

13 教师：嗯，这个函数是单调递增函数吗？

（学生有的说不是，有的迟疑。）

14 教师：有的同学开始犹豫了，同学们交流交流。

（学生之间交流，声音越来越大。）

15 教师：哪位同学表达一下自己的看法？

16 学生 3：不是增函数。函数要是单调递增，应该满足对$\forall x_1, x_2\in(-\infty, 0)\cup(0, +\infty)$，当 $x_1<x_2$ 时，都有 $f(x_1)<f(x_2)$。

17 教师：那能满足不？

18 学生 3：不能，因为如果 x_1 取左边，x_2 取右边。这时 $f(x_2)<f(x_1)$，就不满足任意成立。

（教师用几何画板分别在图象的左右两支上各取一个点，并度量点的纵坐标，直观展示学生 3 所表述的理由。）

19 教师：同学 3 能够用增函数的定义进行判断是非常好的！

20 教师：我们来看这个函数的增区间除了$(-\infty, 0)$，还有$(0, +\infty)$吧？

21 学生们：嗯嗯！

22 教师：那这个函数的单调递增区间就写成$(-\infty,0)$和$(0,+\infty)$的形式。

23 教师：这里如果将单调增区间写成$(-\infty,0)\cup(0,+\infty)$可以不？

24 学生们：不行！

25 教师：为什么？

26 学生们：代表一个整体了，那不又成了在定义域里的增函数吗！

27 教师：很好！

在以往的教学中，$y=-\frac{2}{x}$这种类型函数的单调性一直是学生理解的难点，非常多的学生会认为这是增函数。而在上述教学片段中，学生不但能够将它们作为满足要求的函数表示出来，还能够根据单调函数的定义加以解释说明。这表明学生对单调性定义中"任意性"的理解还是比较透彻的。这也在一定意义上表明完整的概念抽象过程促进了学生对定义中x_1与x_2"任意性"的理解。

(3)单调性概念的理解——对"任意性"意义的理解

01 教师：请同学们回忆一下函数单调性的定义。

(教师示意学生1表达。)

02 学生1：设x_1，x_2属于函数定义域的某个区间D，应该有两种情况。一种是$x_1<x_2$时，$f(x_1)<f(x_2)$，那么就称函数$f(x)$在区间D上单调递增……

03 教师：好，她说的有问题吗？

04 学生2：应该是对所有的x_1，$x_2\in D$都满足条件。

05 教师：好的！这两位同学所说的有什么差异？

06 学生3：学生2说的是"所有的"，和定义里的"任意的"是一个意思。

07 教师：这个"任意的"有什么作用？

08 学生3：普遍性，就是对于任意的x_1，x_2属于区间D都得成立。

09 教师：好！那如果没有"任意的"会怎么样？

10 学生4：如果不带"任意的"，就会出现取某个值不成立，就是不满足定义的情况。

在上述教学片段中，学生1还是犯了以往学生经常出现的错误，即在定义的表述中缺少了"任意的"这一关键性条件。实际上，在前一个教学片段中，可以了解到学生们对单调性定义中的x_1与x_2的"任意性"的理解是比较好的。特别地，此处的学生1恰恰是上一教学片段中正确举出例子$y=-\frac{2}{x}$的学生3。为了深入了解该生在概念表述中出现错误的原因，研究者对其实施了追踪访谈。

以下是对教学片段 3 中学生 1 的追踪访谈转录文本：

01 教师：你现在能说出单调性的定义吗？

02 学生：一般地，设函数 $f(x)$ 的定义域为 I，区间 $D\subseteq I$……（正确表述了完整的定义。）

03 教师：你当时没有正确表述出定义，是没有复习，还是就没有关注到“任意的”？

04 学生：没有关注。

05 教师：在单调性这节课上给你印象最深的是什么？

06 学生：您在课上反复演示点 A、B 在曲线上移动。

07 教师：目的是什么？

08 学生：想体现出“任意”。

09 教师：在单调性定义中没有“任意”行不行？

10 学生：不行！

11 教师：为什么？

12 学生：就比如说我画一个二次函数（画出图 7-7），这里 $x_1<x_2$，同时也满足 $f(x_1)<f(x_2)$，但是它不是单调递增，因为这还有一段递减的呢。

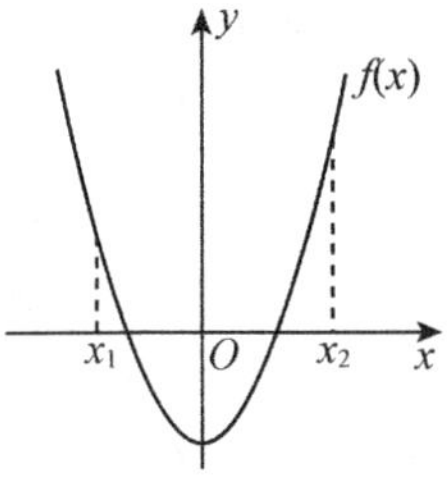

图 7-7

13 教师：你的意思是说仅仅有这样的点还不行，还得满足“任意”。那你当时在表述定义的时候，是你头脑中就没“任意”，还是有，但是没有表达出来？

14 学生：我就是默认了，就感觉是这样，就没说。

15 教师：你的意思是你的隐性思维里面有，但是没有表达？

16 学生：对。

从上述访谈信息与分析可知，该生非常清楚地理解函数的单调性定义，并能够恰当举出不满足“任意性”则不是单调函数的例子。然而，在课上回忆此概念时他却对“任意的”这个决定性的条件没有提及。其本人给出的原因是“头脑中默认了”这一条件的成立。

2. 函数最大(小)值概念的教学设计与实施

学生在初三年级二次函数的学习中，接触过求函数最大值与最小值的问题。当时只涉及最值在曲线顶点处的情况，而且只是根据图象直观地判断最大或最小值。此外，由于学生对最大(小)值的主要认知障碍之一是不能理解定义中等号的意义与作用。因此，本研究在最小值概念的教学中，设计引入学生熟悉的二次函数 $y=x^2$，并引导学生表述自己所理解的最小值。在此基础上，教师结合学生在表述中可能出现的问题或存在的误区引发学生的思考与讨论便会更有利于学生对概念的理解。

(1)最小值概念的抽象——理解定义中两个条件的意义与作用

(教师用 PPT 展示出函数 $y=x^2$ 的图象。)

01 教师：同学们观察函数 $y=x^2$ 的图象，能够发现这个函数的哪些特征?

(学生们思考，小声交流。过了一会儿，教师示意学生 1 回答。)

02 学生 1：单调性、对称性、值域和最小值。

03 教师：同学们能发现这么多性质，很不错啊！单调性和值域我们已经研究过了，对称性我们将在以后研究，今天我们先来研究最小值。

04 教师：学生 1 提到最小值，你觉得最小值是什么?

05 学生 1：顶点，就是(0，0)。

06 学生们：就是 0。

07 教师：你能解释一下你所理解的最小值吗?

08 学生 1：对于任意的 x 属于函数的定义域 $\mathbf{R}$，$f(x)\geqslant M$，且存在 x 属于 $\mathbf{R}$，使得 $f(x)=M$，M 是常数。

09 教师：你能结合这个函数来解释一下你刚才所讲的意思吗?

(学生 1 沉默。)

10 教师：没关系，你请坐，同学们可以讨论讨论。

(过了一会儿，教师示意学生 2 回答。)

11 学生 2：我就是套用学生 1 的。对于 $\forall x\in\mathbf{R}$，$f(x)\geqslant 0$ 且存在 $0\in\mathbf{R}$，使得 $f(0)=0$。

12 教师：那我想问，上述说法中第一个条件的作用是什么?

13 学生 2：函数值都大于或等于 0。

14 教师：嗯！也就是没有比 0 小的函数值了，对吧?

15 学生们：嗯，对！

16 教师：你们认为第二个条件的作用是什么?

(学生们沉默。)

17 教师：这里，比如限定 $x\neq 0$，也就是定义域中没有 0，函数图象只少了原点这一个点。那么这个时候他所说的第二个条件还成立不?

18 学生们：不成立。

19 教师：那能不能说函数的最小值是 0?

20 学生们：不行！

21 教师：为什么？

22 学生们：它取不到 0 了。

23 教师：也就是，此时函数值是一个无限接近于 0 的正数，它永远取不到 0。

24 教师：那第二个条件的作用是什么？

25 学生们：说明它能取到这个值。

26 教师：我举个生活中的例子。比如：咱们班所有学生的身高大于或等于 1 米，对吗？

27 学生们：对。

28 教师：那能否说咱班学生身高的最小值是 1 米呢？

（学生们笑了。）

29 学生们：不能，因为就没有人 1 米高。

30 教师：那同学们清楚两个条件各自的作用了吗？

31 学生们：嗯！嗯！

32 教师：哪位同学能表达一下两个条件的作用？

33 学生 3：我说吧！第一个条件说明函数值没有比 0 小的，第二个条件说明真的存在某个数的函数值等于 0，就是能取到 0。

（老师带领学生概括了最小值的定义，板书后又对等号成立的条件加以说明。）

这一教学片段反映出学生们确实能够根据已有经验确定具体函数 $y=x^2$ 的最小值，但是却不能正确解释最小值的含义。信息单元[08]表明，即使像学生 1 那样能够准确表述函数最小值的定义①，也不能真正理解最小值定义中两个条件各自的作用，这与老师所判断的一样。在后续的教学中，在教师的不断追问下，在师生的互动中，学生们逐步理解了函数最小值的本质含义，特别是定义中两个条件的意义与作用。此外，信息单元[26]至[30]中老师形象的举例，对学生理解第二个条件起到了重要作用，也给学生留下了深刻印象。

(2)类比获得最大值的概念——进一步理解定义中两个条件的意义与作用

当学生获得了最小值的定义后，最大值的教学是类比最小值的学习过程，在对具体函数 $y=-x^2$ 的最大值含义准确表述的基础上逐步抽象概括形成的。

（教师在黑板上画出函数 $y=-x^2$ 的图象。）

① 经过交流，学生 1 已经提前学习了函数的最大(小)值定义。

01 教师：请同学们仿照最小值的定义，说明函数 $y=-x^2$ 的最大值是什么，为什么？

（学生们尝试着表达。过了一会儿，教师请学生 1 尝试。）

02 学生 1：最大值是 0。设函数的定义域为 I。

（学生 1 模仿着最小值定义中的定义域 I 和最值 M 来表述。）

03 教师：不用设，就针对这个函数表述就可以。

04 学生 1：对任意的 x 属于 $\mathbf{R}$，都有 $f(x)\leqslant 0$，而且存在实数 0，使得 $f(0)=0$。

[教师将条件“对任意的 x 属于 $\mathbf{R}$，都有 $f(x)\leqslant 0$”和“存在实数 0，使得 $f(0)=0$”分别标记为条件①和②。]

05 教师：好！满足这两个条件就说明函数的最大值是 0。

06 教师：请同学思考这两个条件的作用分别是什么？

（学生思考、讨论。）

07 学生 2：条件①在理论上说明函数值在小于等于 0 的范围内；条件②说明能取到 0。

08 教师：其他同学什么意见？

09 学生 3：我觉得第一个是说明函数的值域。

10 教师：你认为说明值域？

11 教师：我有个问题，即如果写出 $f(x)\leqslant 0$ 能代表函数的值域是由小于或等于 0 的所有实数构成的集合吗？

12 学生 3：不一定。

13 教师：能举例说明吗？

14 学生 3：老师还用身高。比如咱们班所有学生的身高都小于或等于 2 米，但是身高的值域不是这个范围。

15 教师：很好！是不是只代表咱们班学生身高的值域是这个区间的子集？

16 学生们：嗯，嗯！

17 教师：那第一个条件的作用是什么？

18 学生 4：确定了函数值的上界。

19 教师：上界？

20 学生 4：也就是它不能超过 0。

21 教师：条件①的作用是说明函数值不会超过 0；条件②保证了函数值确实能够取到 0。同学们能理解了吗？

22 学生们：嗯嗯。

23 教师：下面请同学们仿照最小值的定义写出最大值的定义。

在这一教学片段中，师生之间的语言互动非常多，老师不断发问，引导学生们积极思考，在不断回答问题的过程中进一步理解概念中两个条件的意义与作用。教学设计的目的就是希望学生们在经历这样的思维过程后，深入理解概念，形成对最大值的正确概念意象。

(3)最大(小)值概念的理解——举例与解释

在学生获得了最大值与最小值的概念之后，教学中设计了让学生举例的环节，主要目的有两个：一是通过举例巩固学生对这两个概念的理解，并通过他们的举例与相应的解释说明展现他们所形成的理解(概念意象)；二是进一步提升他们对函数概念整体性的认识。

01 教师：请同学们举出一个既有最大值，又有最小值的例子和一个只有最大值，没有最小值的例子。

(学生思考，交流。)

02 教师：举好例子的同学可以写或画到黑板上去。

03 学生 1：$y=x$，$x\in[0,1]$。

04 学生 2：$y=x^2$，$x\in[0,5]$。

05 教师：前两个同学，你们举出的例子是哪一种？

06 学生 1：最大值和最小值分别是 0 和 1。

07 学生 2：我的最小值是 0，最大值是 25。

08 教师：学生 1 能解释一下为什么你所举函数的最大值与最小值分别是 0 和 1 吗？

09 学生 1：就是 x 在这个范围内，所有的函数值都大于或等于 0，而且能等于 0，就是能取到。然后，所有的函数值也都小于或等于 1，1 也能取到。

10 教师：解释得很好！哪位举出有最大值，无最小值的例子？

(学生示意，教师请他们写在黑板上。)

11 学生 3：$y=-x^2$，$x\in\mathbf{R}$。

12 学生 4：$y=-|x|$。

13 学生 5：$y=x$，$x\in(-\infty,1]$。

(教师带领学生画出学生 3、4、5 所举出例子的函数图象。)

14 教师：对于函数 $y=x$，$x\in(-\infty,1]$，学生 5 能来说明为什么这个函数有最大值吗？

15 学生 5：$\forall x \in (-\infty, 1]$，$f(x) \leqslant 1$，而且当 $x=1$ 时，$f(x)=f(1)=1$。

16 教师：好！学生 5 写出这样的函数，能给我们什么启示呢？也就是说在初中阶段我们只学习了一次、二次和反比例函数，当时我们只知道这三类函数。而到高中之后，当我们对定义域有了深刻的认识之后，就可以通过调整函数的定义域来构造满足要求的函数了！

17 教师：这又一次让我们理解了函数的概念实际上是定义域、对应关系和值域各要素构成的整体，它们共同确定了一个函数。

在这一教学片段中，学生们所举出的例子以及给出的解释，不但表明他们理解了最大值与最小值的概念，还反映出其能够通过恰当调整定义域来构造出满足要求的函数，这表明他们对函数概念整体性的理解有了进一步提升。

(4)求函数的最大(小)值——暴露问题，促进理解

由于学生对最大(小)值理解的另外一个认知障碍是：只要是求最值就直接通过代入区间端点来解决。为了避免学生形成类似的片面意象，在求最值的教学中，我们改变了以往直接由老师告诉学生“先证明单调性再代入区间端点”的教学方式。而是先放手学生求解，而后以教师反问的方式引发学生思考，从而引其关注只有函数在所给区间具有单调性的情况下才能通过代入端点的方式求函数的最值。

[教师用 PPT 展示例题：已知函数 $f(x)=\dfrac{2}{x-1}$，$x\in[2, 6]$，求函数的最大值和最小值.]

(学生思考，并尝试求解。)

01 学生 1：当 $x=2$ 时，函数取得最大值 $f(2)=2$，当 $x=6$ 时，函数的最小值 $f(6)=\dfrac{2}{5}$。

02 教师：你根据什么认定它们分别是最大值和最小值？

(学生们有小声儿的交流，反映出对老师的问题有疑惑。)

03 学生 1：它这个应该是个减函数。

04 教师：你根据什么说它是减函数？

05 学生 1：它像个反比例函数。在 $x\in[2, 6]$时，它是减函数。

06 教师：好！如果我们能够证明它是减函数，就能通过代端点来求最值。因此，这道题目，首先需要我们证明其是一个减函数。

(学生和老师一起利用函数单调性的定义证明了函数在所给区间上单调递

减，并完成了题目的求解。）

07 教师：同学们认为函数最大值与最小值的学习需要注意什么？

（学生交流。）

08 学生1：我觉得求最值先看是否有单调性，如果单调就可以通过代端点来求最值。

09 学生2：先求函数的定义域，看函数图象在定义域中是否有波折，然后确定最大值或最小值在不在端点取。

10 教师：图象有波折，代表什么？

11 学生们：是不是单调。

12 教师：函数图象如果一波折，就代表最值不在端点取了吗？

13 学生们：也不是。

14 教师：这里老师提醒大家：以求一个二次函数的最值为例，我们首先应该看函数在所给区间是不是单调，如果单调当然就可以通过代端点来求最值；如果不单调，就需要通过画图等方式看看最大（小）值到底在哪里取。

三、研究团队的评价与自我反思

（一）研究团队成员的评价

将研究团队的集中研讨中，各位成员专家与老师们对函数单调性与最大（小）值的教学设计与实施做出的评价或提出的建议梳理如下：

1. 遵循数学概念教学原则进行教学设计与实施取得了较好的教学效果。

（1）三课时都能够充分体现出在遵循数学概念教学原则进行教学设计与实施。教学非常注意突出概念的本质和形成过程。首先，学生经历观察、描述、抽象、概括的过程，实现从定性描述到定量刻画的跨越，再到举例辨析，体现完整过程原则。其次，利用图象直观、反比例函数解析式揭示概念中“任意”和“区间”的内涵，体现概念本质原则，也丰富了概念的意象。再次，教学引入等各个教学环节都体现了对学习认知负荷的管理。

（2）从学生的表现看，首先，他们对函数单调性的定义掌握得不错。最重要的是学生能够从定义出发判断函数的单调性。这不但说明学生能够很好地理解“任意性”，而且也说明教师在函数概念教学时充分、有效。其次，对最大（小）值的教学也是如此，学生不但能够充分理解定义中两个条件的作用，还能够结合具体函数用语言来解释这两个条件，很不错！此外，从学生的举例也说明之前函数概念教学的效果是很好的。

2. 教学设计与实施有待进一步优化的方面主要有：

(1)引例“记忆曲线”比较吸引学生，但是比较单一。引例可以再丰富一些，有增有减是不是更好？

(2)在学生获得概念之后，可以给他们提供再多一些机会表述自己对概念的理解。

(3)初中已经有了对函数图象上升与下降的印象，也能够理解单调上升和下降。为什么高中还要讲？必要性在教学中是否应有所体现？

此外，对于单调性概念抽象的环节是否需要多举一些例子，不同研究成员有不同的看法，即有的老师认为应该多举例，让学生概括其共同特征，而有的老师则认为，目前的教学中学生对单调性的文字语言理解得已经很好了，没必要举太多的例子，重点是从文字语言向符号语言的转化。

(二)自我反思

结合研究团队中各位专家与老师们的意见与建议，本人也认真回看了上课的视频，并对教学设计与实施的各个环节做了认真的反思，主要有以下几点感受：

1. 在理解课程标准对教学目标要求的基础上，认真分析并基于学情设计教学，会让每一个教学环节、教学活动，甚至教师的每一个小问题、每一句话有更强的目的性，从而使教学更加有效地指向学生对概念本质的理解。

2. 遵循数学概念教学原则进行教学设计与实施，让研究者较之前更加关注学生数学概念获得的完整过程，关注他们在思维过程中经验的积累；更加关注随着学习的进行，学生概念意象的形成与发展，似乎总有一种想听学生表达、解释的想法，但有时也会因为不舍得时间而产生纠结；对于认知负荷原则，除了关注概念本身与整节课的教学内容可能引发的认知负荷之外，教学中本人也很关注自己的语言表述以及 PPT 呈现材料的简洁性与清晰度，希望不会因为这些方面给学生造成过多的外在认知负荷。

3. 对于单调性概念的教学，让学生举例似乎是有些过早。如果将其安排在完整的定义表述与板书之后似乎更适合。但是，从教学活动的整体设计来看，本人并不赞同多举例子的建议。因为从学生的反馈来看，在教学过程中通过几何画板对“任意性”的演示并辅以教师对学生思维的引导和解说等，已经较好地达成了教学目标。而对于引入环节的函数仅有一个单调递减的情况，本人认为可以适当调整。

4. 在单调性与最大(小)值的教学中，通过学生对概念的表述与解释以及举例等活动，能够通过学生“输出”对概念的理解，促成他们自主地建立概念之间或概念与其他知识之间的关联，对提升理解水平很有帮助。与此同时，也有利于教师及时了解学生的概念意象，有利于及时诊断与调整教学。

第八章 函数相关概念教育设计研究效果与分析

为了进一步检验教育设计研究所研制的数学概念教学原则及相应教学策略在指导数学概念教学实践中的效果，本研究于教育设计研究实施后，以数学概念教学原则为指导对高一函数主题中后续单元(包含幂函数、指数函数、对数函数以及三角函数)的数学概念进行了教学设计与实施。

教育设计研究实施的效果将从定量与质性两个角度进行分析，具体包含：学生函数相关概念理解水平后测分析、教学效果的增值性评价以及对课堂教学片段视频转录的文本、学生作业与测试中的错误及追踪访谈的分析等方面。

第一节 函数相关概念理解水平测试结果分析

为了了解教育设计研究的实际教学效果，本研究于函数相关概念教育设计实施五周后对研究对象实施了函数相关概念理解水平测试。测试使用本研究所设计的学生函数相关概念理解水平测试问卷，测试时长为 60 分钟。测试下发问卷 85 份，回收有效问卷 83 份，有效率 97.65%。

研究中同样采用三角互证的方式对测试卷进行评阅。参与三角互证的人员与高一学生函数相关概念理解水平调研的评卷老师相同。评价标准中数学概念理解各个水平对应的量化分数也与高一学生函数理解现状调研分数一致。

表 8-1 呈现了测试的描述性统计分析结果。根据表中数据可以分析得到教学设计改进研究对象对相应数学概念的理解水平。

表 8-1 教学设计改进班级学生函数相关概念理解水平的描述性统计分析

		函数概念	定义域	表示法	值域	奇偶性	单调性 1	单调性 2	最大值	综合理解
N	有效	83	83	83	83	83	83	83	83	83
	缺失	0	0	0	0	0	0	0	0	0

续表

		函数概念	定义域	表示法	值域	奇偶性	单调性 1	单调性 2	最大值	综合理解
平均值		6.08	6.58	5.96	6.00	6.92	5.96	5.61	6.29	5.55
标准偏差		0.74	0.93	0.19	2.16	0.57	0.19	2.58	2.00	1.48
最小值		3.0	2.0	5.0	0.0	2.0	5.0	0.0	3.0	2.0
最大值		7.0	7.0	6.0	7.0	7.0	6.0	8.0	8.0	8.0
百分位数（P）	25	6.0	7.0	6.0	6.0	7.0	6.0	5.0	5.0	4.0
	50	6.0	7.0	6.0	7.0	7.0	6.0	7.0	7.0	6.0
	75	6.0	7.0	6.0	7.0	7.0	6.0	7.0	8.0	7.0

图 8-1 直观呈现了教学设计改进研究对象对函数相关概念理解的平均水平。

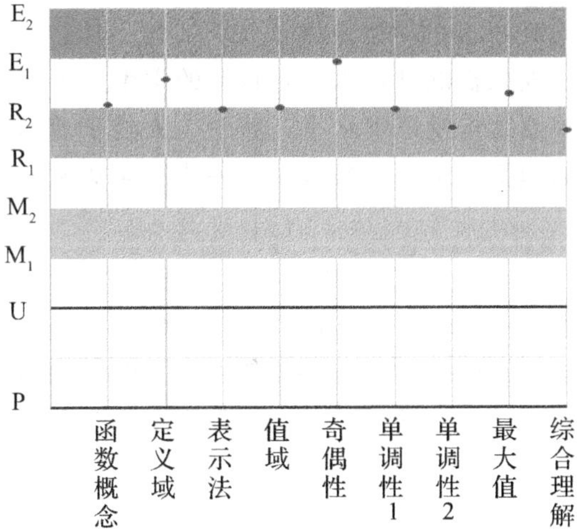

图 8-1　教学设计改进班级学生函数相关概念理解水平

1. 函数概念

研究对象对函数概念理解水平的平均值为 6.08，表明他们对这一数学概念的理解水平达到了高级关联结构水平 R_2，就研究对象整体而言这一理解水平较为理想。具体数据表明：有 94%的学生达到了关联结构及以上水平，其中 23%的学生处于抽象扩展结构水平，71%的学生处于关联结构水平；余下 6%的学生处于多点结构水平。

2. 定义域

由表 8-1 可知，研究对象对函数定义域理解水平的平均得分为 6.58，说明研究对象整体对定义域的理解水平处于高级关联结构水平 R_2 与初级抽象扩展结构水平 E_1 之间的过渡阶段。这一水平高于函数概念的理解水平。具体数据表明：有 99%的学生能够达到关联结构及以上水平，其中 80%的学生对定义域的理解处于抽象扩展结构水平，19%处于关联结构水平；只有 1 名学生对定义域的理解处于单点结构水平。

3. 表示法

研究对象对函数表示法的理解水平的平均值为 5.96 分，表明他们的平均理解水平接近于高级关联结构水平。在 83 名学生中有 3 人处于初级关联结构水平，其余 80 人均集中在高级关联结构水平。

4. 值域

研究对象对值域概念理解水平的平均值为 6.00，即达到了高级关联结构水平。具体数据表明：有 86%的学生达到了关联结构及以上水平，其中 74%的学生对值域的理解处于抽象扩展结构水平，12%的学生处于关联结构水平；余下 14%的学生则处于多点结构及以下水平，其中 1 人处于前结构水平。可见，不同学生对值域概念的理解水平差异较大，这一点也可以从表 8-1 中标准偏差为 2.16 反映出。

5. 奇偶性

研究对象对奇偶性概念理解水平的平均值为 6.92，是各数学概念理解水平得分最高的一个，接近于初级抽象扩展结构水平。由原始数据可知，有 80 名学生达到了抽象扩展结构水平，另有 2 人处于多点结构水平，1 人为单点结构水平。

6. 单调性

研究对象对于非分段函数单调性理解水平的平均值分别为 5.96，且原始数据表明 83 名学生均处丁初级或高级关联结构水平。学生对分段函数单调性理解水平的平均值为 5.61，低于非分段函数单调性的理解水平。具体数据表明：有 81%的学生对分段函数单调性的理解达到了关联结构及以上水平，其中 68%的学生处于抽象扩展结构水平，13%的学生处于关联结构水平；有 6%的学生处于单点结构水平；特别地，13%的学生处于前结构水平。由以上数据可知，学生对分段函数单调性的理解水平差异很大，而且其中有部分学生的理解水平过低。由标准偏差为 2.58(表 8-1)可知，在本研究所及的各个数学概念中，学生对分段函数单调性理解水平的差异最大。

7. 最大值

研究对象对函数最大值的理解水平的平均值为 6.29，达到了高级关联结构水平。具体数据表明：有 76%的学生达到了关联结构及以上水平，其中 70%的学生处于抽象扩展结构水平，6%的学生处于关联结构水平；另有 24%的学生处于多点结构水平。由标准偏差为 2.00(表 8-1)知，学生对最大值的理解水平差异也相对较大，仅次于分段函数单调性与值域。

8. 综合理解

学生对函数相关概念综合理解水平的平均值为 5.55，基本处于初级关联结构与高级关联结构水平之间的过渡阶段。具体数据表明：有 66%的学生达到了关联结构及以上水平，其中 35%的学生处于抽象扩展结构水平，31%的学生处于关联结构水平；有 31%的学生处于多点结构水平，另有 3%(2 人)的学生仅处于单点结构水平。

由以上分析可知，就研究对象整体对函数相关概念的理解水平而言，除了分段函数单调性与综合理解的水平处在从初级关联结构向高级关联结构水平的过渡阶段外，其他概念的理解水平都接近或超过了高级关联结构水平，整体较为理想。这表明在应用概念解决问题的过程中，研究对象整体不但能够对相应数学概念进行正确的解释与表征，而且能够正确建立概念之间或概念与其他知识或方法之间的关联。但是与此同时，也需要关注到不同学生对分段函数单调性、值域、最大值与综合理解的理解水平差异较大，亦即仍然存在一些学生不能有效建立起概念之间或概念与其他知识或方法之间的关联，甚至仍有个别学生对概念本身的理解存在认知障碍。

由于 SOLO 分类理论是一种根据学习者在解答特定问题时所表现出的学习结果的结构特征，即用学习结果的复杂程度来评价学习质量的方法，这使得学生学习理解的 SOLO 水平具有“绝对”分数的意义。① 根据 SOLO 分类理论：一方面，通过对学生在解决问题中所呈现的学习结果的特征对学生数学概念理解的水平评价具有“绝对”意义，对不同学习者的评价结果是等效的；另一方面，要获得高的 SOLO 层次只能靠教师提高教学质量、学生对知识的真正理解和不断发展的思维能力，而靠教师加重学生的学习负担或靠学生死记硬背等机械学

① 吴有昌等：《提升中学数学教学质量的评价——基于 SOLO 分类法的研究》，科学出版社，2018 年，第 4—6 页。

习方式则无法做到。①② 据此，由于本研究中教学设计改进的研究对象与函数相关概念理解水平现状调研的被试均为高一年级学生，根据皮亚杰的认知思维发展阶段理论，这两个群体的学生的认知思维发展水平当属于同一发展阶段，且他们均已经完成函数相关概念的学习，虽然教学设计改进研究对象是 T 区中上水平学校的学生，相较于函数相关概念理解水平现状调研被试的总体而言，以往学习成绩具有一定的优势，但是从测量所获得的函数相关概念理解水平结果对二者进行比较，仍具有一定的可比性。

由表 4-6 可知，参与函数相关概念理解水平现状调研的 2020 级高一学生对本研究所及的每个数学概念理解的平均水平中只有表示法的理解水平处于关联结构水平阶段，对其他概念理解的平均水平均处于多点结构及以下水平。特别地，对值域、最大值、分段函数单调性以及综合理解的平均水平只是在单点结构水平上下，即从 1A 到 2A 的范围内。而图 8-1 中学生对各概念的理解水平与之相比存在质的差异：教学设计改进研究对象整体对各概念的理解水平中，只有分段函数单调性与综合理解的平均水平处于从初级关联结构向高级关联结构过渡的水平，其他概念的平均理解水平均非常接近或超过高级关联结构水平。二者呈现出在函数相关概念理解水平的差异，在一定意义上说明教学设计改进的效果，即教学设计改进有效提升了学生对函数相关概念的理解。

第二节　教学效果的增值性评价

“增值”原本是一个经济学术语，用来指在一定投入情况下资产或商品的价值增加。20 世纪 80 年代，美国学者率先将“增值”的概念引入教育评价领域，“增值评价”(ValuE-Added Assessment)的概念由此而生。增值评价的目的是衡量和描述学生个体接受一段时间的学校教育之后自身所发生的变化③，它能够

---

① ［澳］约翰 B. 比格斯等著，高凌飚等译：《学习质量评价：SOLO 分类理论可观察的学习成果结构》，人民教育出版社，2019 年，第 24—32 页。

② 吴有昌等：《提升中学数学教学质量的评价——基于 SOLO 分类法的研究》，科学出版社，2018 年，第 4—6 页。

③ 罗潇：《何为增值？增什么值？如何测量增值？对增值评价的三点认识》，《今日教育》，2021 年第 1 期。

控制不随时间变化的干扰因素对结果产生的偏误。①

国内外不同学者对增值评价的含义持不同的观点：有研究者倾向于从学生学业成绩角度考查增值，即关注学生接受一定时间的教育之后学业成绩增进的幅度；有研究者倾向于全面考查增值，即关注学生接受一定阶段教育以后学生智力、情感和社会实践能力等方面全面发展、进步的幅度。② 现有中小学教师教学质量评价中普遍使用的指标之一是标准化测试成绩，它已经成为美国评价学校、教师和学生表现，实施各种教育政策等的重要基础(McCaffrey et al.，2009③)。根据研究者引入初试成绩的不同模式，增值评价模型被分为两种，分别是：协变量调整模型(Covariate Adjustment Model)和进步分数模型(Gain Score Model)。其中协变量调整模型，将学生前测成绩当作观测分数的协变量；进步分数模型是将后测与前测成绩的差异[被称为进步分数(Gain Score)]作为产出变量纳入模型，这一模型使用的前提是前测与后测处于同一评价量尺上(Rowan et al.，2002)④。

本研究中，增值性评价是指通过追踪研究设计，收集学生在一段时间内不同时间点上的标准化测验成绩，基于学生自身测验成绩的纵向比较，追踪学生在一段时间内学业成绩上的变化，利用学生在测验成绩上的增长或进步考查教师教学的效果。⑤⑥ 本研究的增值性评价关注学生学业成绩进步的增量而非学生成绩的绝对水平，进而分析教师运用设计研究改进教学对学生学业成绩增长的影响。这里所指的“增值”包含学生从月考到期中考试成绩的进步以及从月考到期末考试成绩的进步。研究中，首先利用进步分数模型分析了学生测试成绩(平均分数、优秀率与良好率)的增长情况，并通过与同一水平班级的横向比较

---

① 梁文艳：《中小学教师教学质量评价及其影响因素研究——基于增值模型的分析》，北京师范大学出版社，2017 年，第 12—13 页。

② 徐丹、牛月蕾：《行走于教育公正之途——美、英、中三国教育增值评价的研究与实践》，《当代教育论坛》，2013 年第 4 期。

③ McCaffrey，Daniel F.，et al. The intertemporal variability of teacher effect estimates. *Education finance and Policy* ，2009(4)：572—606.

④ 同①。

⑤ Tekwe，Carmen D，et al.，An empirical comparison of statistical models for valu E-added assessment of school performance. *Journal of Educational and Behavioral Statistics*，2004(28)：11—36.

⑥ 辛涛、张文静、李雪燕：《增值性评价的回顾与前瞻》，《中国教育学刊》，2009 年第 4 期。

看到了学生的明显进步。在此基础之上，又通过协变量调整模型，将学生的初始成绩(月考成绩)作为协变量，在剔除掉初始成绩差异的条件下对教学效果进行比较分析，从而研究教学设计改进的效果。

一、增值性评价测验成绩的选择与对比班的确定

本研究分别选择月考、期中考试和期末考试作为增值评价的节点。选择这三次测验成绩进行评价分析的原因主要有三个方面：

第一，截止到月考前，本研究所实施的课堂教学改进只进行了函数概念两课时的教学，其余概念的教学均在月考后与期中考试之间进行，而且月考试卷中基本不涉及函数知识的考查题目。因此，可以将月考成绩作为增值分析的初始数据。

第二，本研究在基于设计的数学概念课堂教学实施阶段完成了函数概念、表示法、单调性、奇偶性四个小单元教学设计与实施的迭代改进，可以将期中考试作为这一阶段的截止时间节点。而后在数学概念教学原则与策略进一步实践检验阶段，完成高一年级函数主题中余下全部概念的教学(包含幂函数、指数函数与对数函数以及三角函数的内容)。

第三，月考、期中与期末考试是学生高一入学以来进行的仅有的三次标准化统一测试。三次测试试卷的结构相同，满分均为 150 分。每次测试均由学校统一组织实施、网络阅卷，流程规范，能够保证测试成绩真实有效。因此，对上述三次测试成绩进行对比能够在一定程度上说明教学设计改进的效果。

鉴于期中与期末考试试卷中均包含了部分考查函数内容以外知识的题目，研究中为了增强对函数内容教学效果评价的针对性，在进行增值性评价时，仅将两次考试中与函数内容相关的题目总分作为参考数据。期中考试与期末考试中考查函数内容的题目总分分别为 85 和 133，研究中将它们均折合成 150 分，以便于数据分析。

R 学校高一年级的 13 个行政教学班中 A 层共有五个班，学生水平相近。这五个班的数学课由包括研究者在内的三位教师任教。除其中一位新入职的教师外，研究者和另一位教师各任教两个班。我们二人均是具有高级教师职称和 18 年以上教龄以及多次毕业班教学经历的女教师。本人运用教育设计研究法，另一位老师按常规的方法进行教学设计与实施，不进行任何刻意的改造。将研究者所任教的两个教学班的学生合在一起称为教学设计改进班(记为 S 班)，另一位老师所任教的两个教学班的学生合在一起称为常规教学班(记为 C 班)，对这

两个班的学生成绩进行对比分析具有一定的意义。

二、利用进步分数模型进行教学效果的增值性评价

本研究利用进步分数模型进行教学效果的增值性评价的指标有：学生测试成绩的平均分、优秀率和良好率(良好及以上)。由于三次测试题目的难易程度存在一定的差异(满分均为 150，月考、期中与期末考试的年级平均分分别为 91.93、100.31 和 88.49)，为了能够使增值性评价分析更加有效，本研究针对平均分的比较采用标准分数来研究教学效果的增值情况，对于优秀率和良好率两项指标的增值性评价，则引入了百分相对差①②进行分析比较。其中，标准分又称为 Z 分数，是原始分数与其所在集体的平均分之差除以标准差所得的商。标准分数用公式 $Z=\frac{x-\overline{x}}{s}$ 表示，其中 x 表示原始数据，$\overline{x}$ 表示原始数据的算数平均值，s 表示原始数据的标准差。标准分数是以标准差为单位，以算数平均值为参照点，表示每一个数据在其集体中的相对位置。原始数据离标准差有多远，表示该数据在平均数以上或以下几个标准位置。标准分数的绝对值越大，则表明原始数据距离平均数越远。由于标准分数表明每个研究对象在群体中的相对位置，因此较原始分数更加具有可比性。③ 百分相对差用来衡量测定结果对指定值的偏离程度。

(一)从月考到期中考试的增值性评价

1. 平均值的增值性评价

本研究中原始数据 x 是指，每名学生的测试所得原始成绩或折合为满分 150 分后的成绩；原始数据的算数平均数 $\overline{x}$ 和标准差 s 分别是指年级所有参与测试的学生相应成绩的平均值和标准差。

R 学校高一年级月考、期中考试和期末考试均参加的学生共有 513 人，实际参与评价人数为 511 人。

---

① 王桂花等：《山东省 2017 年辐射环境监测仪器比对结果分析》，《中国辐射卫生》，2018 年第 2 期。

② 李耀磊等：《药品中重金属及有害元素残留检测能力验证结果评价模式探讨》，《中国中药杂志》，2019 年第 8 期。

③ 马云鹏等：《数学教育测量与评价(第 2 版)》，北京师范大学出版社，2019 年，第 12—13 页。

(1)S班与C班的月考成绩的平均值与期中考试成绩的平均值的描述性统计分析

研究中，将每名学生的月考成绩和期中考试成绩分别转换为标准分数，并计算出相应班级标准分数的平均值。表8-2中的数据表明S班与C班学生的月考成绩及对应的标准分数的平均值，其中标准分数的平均值分别是0.81和0.52。

表8-2 S班与C班月考平均值比较

	人数/人	总平均分	标准差	标准分数平均值
年级	511	92.28	23.92	
S班	84	111.76	16.45	0.81
C班	86	104.69	18.45	0.52

表8-3中数据表明，S班与C班学生期中考试成绩标准分的平均值分别是0.94和0.47。

表8-3 S班与C班期中考试平均值比较

	人数/人	总平均分	标准差	标准分数平均值
年级	511	83.4	26.89	
S班	84	108.55	17.57	0.94
C班	86	96.05	22.62	0.47

对比表8-2与表8-3中的数据可知，从月考到期中考试S班学生的标准分数的平均值从0.81提升到0.94，C班则从0.52下降到0.47。

(2)S班与C班从月考到期中考试成绩的标准分的增值评价

研究中，计算出每一名学生从月考到期中考试成绩的增值，其中成绩增值＝期中考试成绩的标准分数减去月考成绩的标准分数①。经统计，S班和C班分别有50名学生与32名学生实现正增长；S班所有学生的平均涨幅为0.12，C班所有学生的平均涨幅－0.05(表8-4)。

① 曹健等:《两种增值评价方法在基础教育评价中的应用》,《教育测量与评价(理论版)》,2010年第8期。

表 8-4　S 班与 C 班从月考到期中考试每名学生标准分数增量的平均值

班级	学生标准分数增量的平均值
S 班	0.12
C 班	－0.05

从图 8-2 和图 8-3 可以直观了解到月考与期中考试 S 班与 C 班标准分数平均值以及增值的涨幅的对比情况。

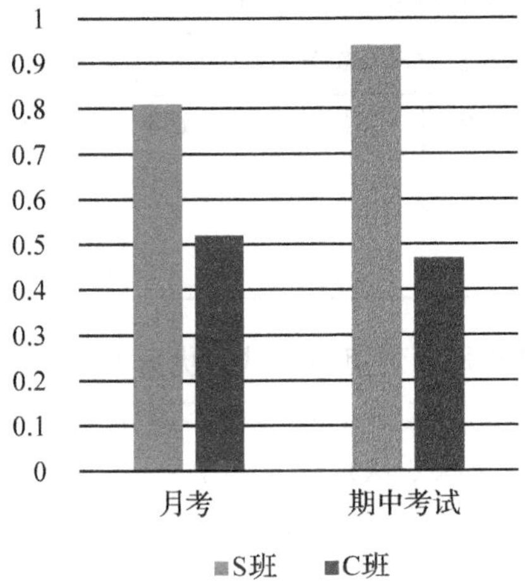

图 8-2　S 班与 C 班平均 Z 分数比较

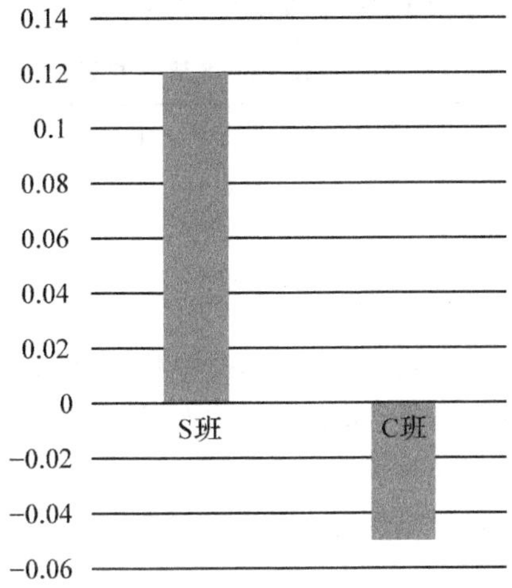

图 8-3　S 班与 C 班平均 Z 分数增量对比

2. 优秀率和良好率的增值性评价

本研究对于优秀率和良好率两项指标的增值性评价是通过比较 S 班与 C 班相对于年级全体学生相应指标的百分相对差①②进行分析。以优秀率为例，S 班的优秀率相对于年级全体学生优秀率的百分相对差计算公式为 $D=\frac{\text{S 班的优秀率}-\text{年级优秀率}}{\text{年级优秀率}}\times 100\%$。

① 王桂花等：《山东省 2017 年辐射环境监测仪器比对结果分析》，《中国辐射卫生》，2018 年第 2 期。

② 李耀磊等：《药品中重金属及有害元素残留检测能力验证结果评价模式探讨》，《中国中药杂志》，2019 年第 8 期。

(1) S 班与 C 班月考成绩优秀率与良好率的百分相对差比较

表 8-5　S 班与 C 班月考成绩优秀率及良好率比较

	人数	优秀率	优秀率百分相对差	良好率	良好率百分相对差
年级	511	5.87%		34.25%	
S 班	84	17.86%	204.26%	70.24%	105.08%
C 班	86	11.63%	98.13%	53.49%	56.18%

(2)S 班与 C 班期中考试优秀率与良好率的百分相对差比较

表 8-6　S 班与 C 班期中考试成绩优秀率及良好率比较

	人数	优秀率	优秀率百分相对差	良好率	良好率百分相对差
年级	511	4.11%		21.72%	
S 班	84	14.29%	247.69%	54.76%	152.12%
C 班	86	4.65%	13.14%	36.06%	66.02%

对比表 8-5 与表 8-6 中数据可知：S 班从月考到期中考试，优秀率的百分相对差提高了 43.43%，良好率提升了 47.04%；C 班的优秀率下降了 84.99%，良好率提升了 9.84%。图 8-4 与图 8-5 直观反映了从月考到期中考试，S 班与 C 班良好率与优秀率的变化情况。

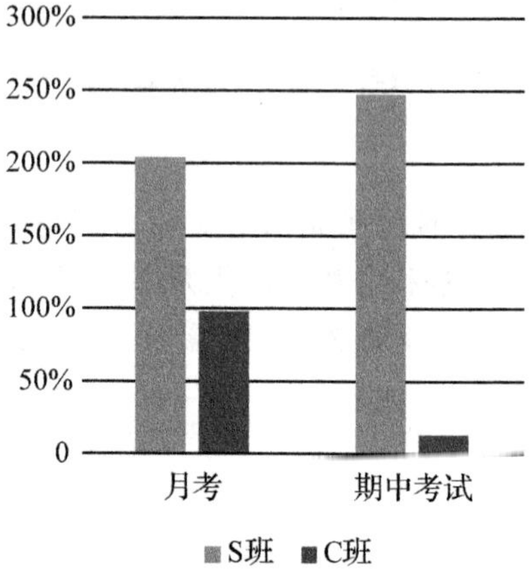

图 8-4　S 班与 C 班优秀率百分相对差比较

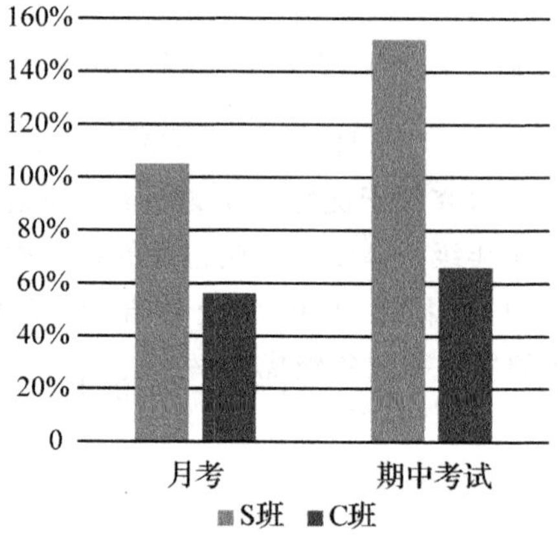

图 8-5　S 班与 C 班良好率百分相对差比较

(3) S 班与 C 班两次考试优秀率与良好率的百分相对差增值分析

研究中，用 S 班与 C 班的相应指标(优秀率、良好率)的百分相对差的差值来更加直观地说明两个班对应指标的增值情况，例如：月考优秀率百分相对差的差值等于班优秀率的百分相对差减去C班优秀率的百分相对差。

由表8-7中数据可知：对于优秀率百分相对差而言，S班与C班的差值从月考的106.13%提升到了期中考试的234.55%，增长了128.42%；与此同时，良好率S班与C班的差值从月考的48.90%提升到期中考试的86.10%，增长了37.20%。这在一定意义上说明教学设计改进的效果，其中优秀率提升的幅度更加突出。

表8-7　期中考试与月考S班和C班优秀率及良好率百分相对差的差值分析

	优秀率百分相对差的差值	良好率百分相对差的差值
月考	106.13%	48.90%
期中考试	234.55%	86.10%
期中相对于月考的增量	128.42%	37.20%

(二)从月考到期末考试的增值性评价

1. 平均值的增值性评价

(1)S班与C班月考平均值与期末考试平均值的描述性统计分析

用同样的方法将每名学生的期末考试成绩也转换为标准分数，并计算出相应班级标准分数的平均值。表8-8中数据表明S班与C班学生期末考试成绩标准分的平均值分别是0.96和0.31。

表8-8　S班与C班期末考试平均值比较

	人数/人	总平均分	标准差	标准分数平均值
年级	511	87.07	25.65	
S班	84	111.61	17.16	0.96
C班	86	95.14	21.99	0.31

对比表8-2与表8-8中的数据可知：从月考到期末考试，S班所有学生标准分的平均值从0.81提升到0.96，C班从0.52下降到0.31。

(2)S班与C班从月考到期末考试标准分的增值评价

研究中，同样计算出每一名学生从月考到期末考试成绩的增值，其中“成绩增值＝期末考试成绩的标准分数－月考成绩的标准分数”。经统计，S班和C班分别有49名学生和33名学生实现正增长；S班所有学生的平均涨幅为0.14，C班所有学生的平均涨幅－0.20(表8-9)。

表 8-9　月考到期末考试每名学生标准分数增量的平均值

班级	学生标准分数增量的平均值
S 班	0.14
C 班	−0.20

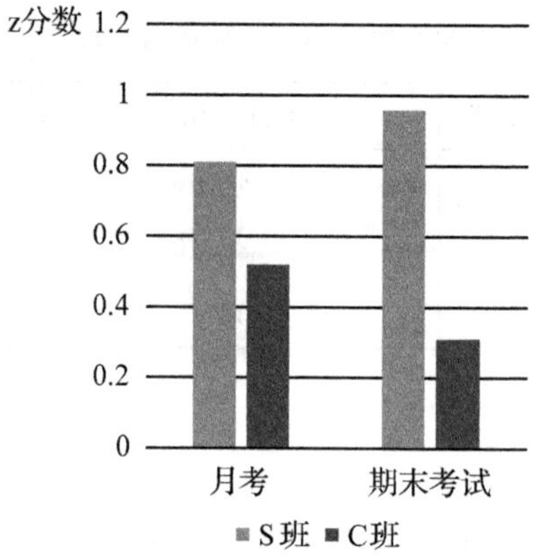

图 8-6　月考与期末平均 Z 分数比较

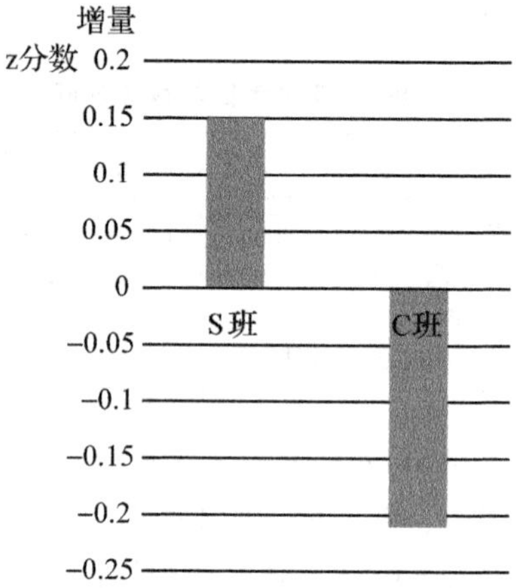

图 8-7　月考到期末平均 Z 分数增量比较

从图 8-6 和图 8-7 可以直观了解到月考与期末考试 S 班与 C 班标准分数平均值以及增值的涨幅的比较情况。

2. 优秀率和良好率增值性评价

对于优秀率和良好率两项指标的增值性评价，运用了与前述月考与期中考试对比同样的方法，得到表 8-10 所示 S 班与 C 班期末考试优秀率与良好率的百分相对差比较。

(1)S 班与 C 班期末考试成绩优秀率与良好率的百分相对差比较

表 8-10　S 班与 C 班期末考试成绩优秀率及良好率比较

	人数/人	优秀率	优秀率百分相对差	良好率	良好率百分相对差
年级	511	3.91%		26.03%	
S 班	84	15.48%	295.91%	70.24%	169.84%
C 班	86	3.49%	−10.74%	39.53%	51.86%

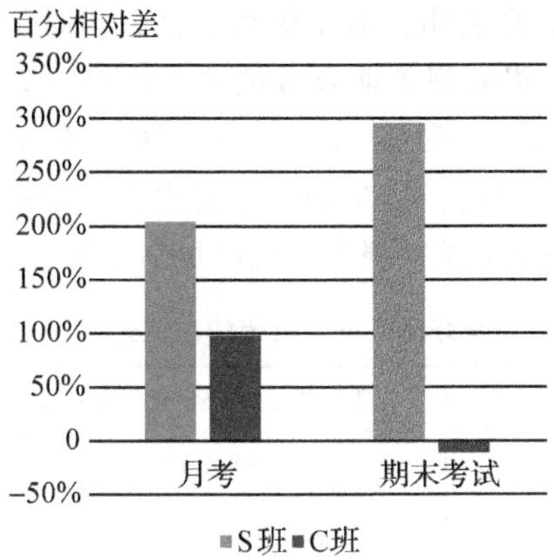

图 8-8　月考与期末优秀率百分相对差比较

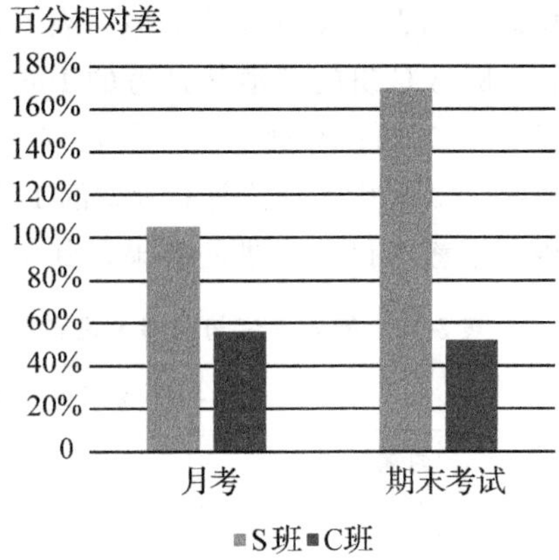

图 8-9　月考与期末良好率百分相对差比较

图 8-8 与图 8-9 直观反映了从月考到期末考试 S 班与 C 班良好率与优秀率的对比情况。

(2)S 班与 C 班两次考试优秀率与良好率的百分相对差增值分析

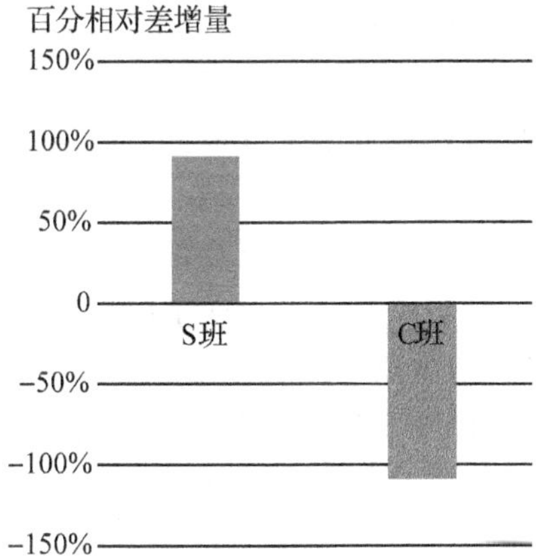

图 8-10　月考到期末优秀率百分相对差增量比较

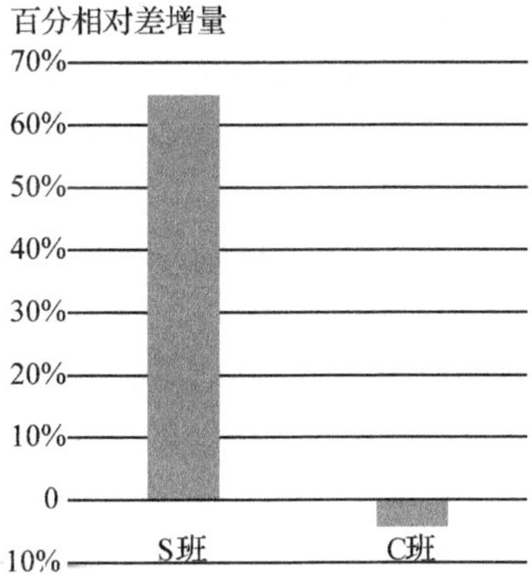

图 8-11　月考到期末良好率百分相对差增量比较

对比表 8-5 与表 8-10 中数据可知：S 班从月考到期末考试，优秀率与良好率的百分相对差分别提高了 91.65％与 64.76％；C 班对应分别下降了 108.87％和 4.32％。这能够在一定意义上说明教学设计改进取得了比较显著的效果。图 8-10 与图 8-11 直观呈现了此对比情况。

与表 8-7 相似，表 8-11 中的数据呈现了 S 班与 C 班从月考到期末的优秀率与良好率的百分相对差的差值。表 8-11 中数据表明：对于优秀率百分相对差而言，S 班与 C 班的差值从月考的 106.13%，提升到了期末考试的 306.65%，增长了 200.52%；与此同时，就良好率百分相对差而言，S 班与 C 班的差值从月考的 48.90%提升到了期末考试的 117.98%，增长了 69.08%。这也在一定意义上说明了教学设计改进的效果，其中同样表明优秀率提升的幅度更加突出。

表 8-11　期末考试与月考 S 班和 C 班优秀率及良好率百分相对差的差值分析

	优秀率百分相对差的差值	良好率百分相对差的差值
月考	106.13%	48.90%
期末考试	306.65%	117.98%
期末相对于月考的增量	200.52%	69.08%

三、利用协变量调整模型进行教学效果的增值性评价

研究中发现，S 班与 C 班学生的初始学习成绩，即月考成绩存在一定的差异，这种差异可能会对研究结果产生一定的影响。也就是说，虽然运用进步分数模型进行增值性评价的结果表明 S 班的教学效果明显好于 C 班，然而，导致这一结果的关键因素是学生的初始成绩差异，还是教学设计改进，需要做进一步的研究。

由于学生初始成绩的差异不是本研究所关心的主要研究变量，也不能被有效控制，这表明其是研究中的一个协变量。对于涉及一个自变量(教学方法)和一个协变量(月考成绩)的研究，由于因变量(期中成绩或期末考试成绩)的总变异既包括“自身变异”又包含“协同变异”(即由协变量所引起的变异)，此时须采用协方差分析法(analysis of covariance)进行数据分析，才能获得自变量对因变量影响的准确结论。①

由于本研究中的协变量是可测量的，如果能够满足其与因变量之间存在线性回归关系，就可以利用这种线性回归关系将因变量的各观测值都矫正到初始条件相同时的结果，从而使得比较能够在相同的基础上进行，从而得出正确结论。基于此，本研究将在检验假设的基础上，通过协方差分析法将月考成绩的差异对期中考试与期末考试成绩的影响分离出去，从而更加有效地分析教学方

① 颜虹：《中华医学统计百科全书单变量推断统计分册》，中国统计出版社，2011 年，第 97 页。

法对学生学习成绩的影响。

(一)对数据进行单因素协方差分析的假设检验

根据已有相关研究文献，运用单因素协方差分析法需要满足以下检验假设①②：

假设 1：因变量是连续变量；

假设 2：自变量存在 2 个或多个分组；

假设 3：协变量是连续变量；

假设 4：各研究对象之间具有相互独立的观测值；

假设 5：因变量没有显著异常值；

假设 6：各组内协变量和因变量之间存在线性关系；

假设 7：各组间协变量和因变量的回归直线平行；

假设 8：各组内因变量的残差近似服从正态分布；

假设 9：各组内因变量的残差具有等方差性；

假设 10：各组间因变量的残差方差齐性。

本研究显然满足以上假设 1 至 4。为了确保研究结果的有效性，在数据分析的准备阶段，需要对上述假设 5 至 10 逐一进行验证。

研究中发现，当运用标准分数进行检验时，数据不满足各组间因变量的残差方差齐性，即不满足假设 10(表 8-12)。

表 8-12　误差方差等同性的 Levene's 检验[a]

F	df1	df2	Sig.
5.482	1	168	0.020

检验零假设，即在所有组中因变量的误差方差均相等。

a. 设计：截距＋班级＋月考 Z 分数

因变量：期中考试 Z 分数

方差齐性要求各总体要有相同的方差，即要求它们的分布一致。如果满足方差齐性，那么差异原因必然是研究因素导致；如果方差不齐，则差异原因除了研究因素之外，还有一部分要归结于二者总体分布的不同，这样将导致无法

① 张文彤：《SPSS 统计分析基础教程(第 3 版)》，高等教育出版社，2017 年，第 261 页。

② 张文彤、董伟：《SPSS 统计分析高级教程(第 3 版)》，高等教育出版社，2019 年，第 47 页。

判断造成差异的具体原因是什么。为了确保研究结果的准确性，对于这一问题绝大多数研究文献都建议将方差不齐的数据转换至满足或者近似满足方差分析的要求。一般认为，通过变量变换后能够满足方差齐性的数据，其正态性问题也会有所改善。常用的变换有对数变换、平方根转换、平方根反正弦转换、平方变换、倒数变换等。此外，由于有时候并不能很容易地找到一种合适的变换方式，Box 和 Cox 于 1964 年提出一类变换(称为 Box—Cox 变换)：

$$f(y)=\begin{cases} y^{\lambda}, & \lambda \neq 0 \\ \ln(y), & \lambda = 0 \end{cases}$$

研究者需要根据原始数据尝试不同的 λ 值。实际上 λ 分别为 -1，0，0.5 和 2 时，Box—Cox 变换分别为倒数变换、对数变换、平方根变换和平方变换。①

在上述变换中，平方变换是将原始数据的平方作为分析数据，其常用于方差与均值呈反比或资料呈左偏的情况下。由表 8-13 中数据可知，两个班级的均值与方差呈现反比(均值变小的同时方差增大)，于是本研究选择平方变换。

表 8-13　S 班与 C 班均值与方差

班级	S	C
均值	118.2352941	96.05335157
方差	17.56927019	22.62282283

为了验证平方变换的可靠性，在对原始数据进行平方变换后，还须逐一验证前述的 10 个检验假设。以下是利用平方变换后的数据进行假设检验的过程，其中假设 1 至 4 是显然满足的，下面将对假设 5 至 10 逐一进行验证。

1. 检验假设 5：因变量没有显著异常值

研究中利用标准化残差来判断因变量是否存在显著异常值。在计算出原始数据平方的预测值(PRE _ 1)和标准化残差(ZRE _ 1)后，分析发现在数据 ZRE _ 1 中出现了 1 个大于 3 的离群值(图 8-12)，并对其进行了剔除。剔除后的样本容量为 169。

---

① 张文彤：《SPSS 统计分析基础教程(第 3 版)》，高等教育出版社，2017 年，第 231—232 页。

期中考试成绩	期中考试Z分数	期中PRE_1	期中ZRE_1
128	0.982183160	119.95	0.94
117	0.203926360	118.88	-0.22
125	0.770749500	119.95	0.59
92	-1.555020900	100.19	-0.96
102	-0.850242000	111.94	-1.17
111	-0.215940980	115.68	-0.55
72	-2.964578900	98.59	-3.12
119	0.347882150	114.08	0.58
105	-0.638808300	110.34	-0.63
104	-0.709286200	114.08	-1.18
101	-0.920719900	108.74	-0.91

图 8-12　ZRE _ 1 数据中大于 3 的离群值

2. 检验假设 6：各组内协变量和因变量之间存在线性关系

图 8-13 呈现了所绘制的协变量与因变量在不同组内的散点图。从该图可以看出，各组内协变量和因变量存在线性相关关系，满足假设 6。

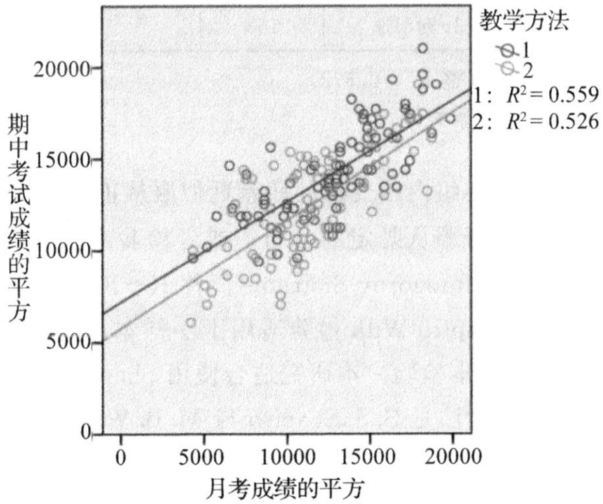

图 8-13　各组内协变量和因变量的线性相关关系图

3. 检验假设 7：组内协变量和因变量的回归直线平行

为检验各组内协变量和因变量的回归直线是否平行，即要检验回归方程中自变量(教学方法，即班级)与协变量(月考成绩)之间是否存在交互作用。如果自变量与协变量的交互项具有统计学意义，那么就说明各组间回归直线的斜率不同；若自变量与协变量的交互项没有统计学意义，就说明各组间回归直线斜率相同。由表 8-14 中分析结果知：本研究中班级与月考成绩变量交互项的 $P=0.634>0.050$，表明各组内协变量和因变量的回归直线平行，即自变量(教学方法，即班级)与协变量之间不存在交互作用，满足假设 7。

表 8-14 主体间效应的检验

源	Ⅲ 型平方和	df	均方	F	Sig.
校正模型	7.811E8	3	2.604E8	75.737	0.000
截距	5.417E8	1	5.417E8	157.573	0.000
教学方法(班级)	6546813.080	1	6546813.080	1.904	0.169
月考成绩平方	6.677E8	1	6.677E8	194.220	0.000
教学方法 * 月平方	781712.148	1	781712.148	0.227	0.634
误差	5.672E8	165	3437683.438		
总计	3.158E10	169			
校正的总计	1.348E9	168			

注：a. $R^2=0.579$(调整 $R^2=0.572$)

因变量：期中考试成绩平方

4. 检验假设 8：各组内因变量的残差近似服从正态分布

检验一个样本是否服从既定的分布，或者检验两个样本是否来自同一个分布时，一般可以用 Kolmogorov-Smirnov(简称 K－S)检验或 Shapiro-Wilk(简称 S－W)检验。其中 Shapiro-Wilk 检验适用于小样本，而 K－S 检验则适用于样本容量大于 5000 的样本检验。本研究适合使用 Shapiro-Wilk 检验①。

Shapiro-Wilk 检验法是 S. S. Shapiro 与 M. B. Wilk 提出的用顺序统计量 W 来检验分布的正态性的方法。该检验先提出原假设，即认为研究总体服从正态分布，然后将样本量为 n 的样本按大小顺序排列编秩，并确定显著性水平 α，进而根据对应的系数 α，依据特定公式计算出检验统计量 W。S－W 检验法会

① 颜虹：《中华医学统计百科全书单变量推断统计分册》，中国统计出版社，2011 年，第 157 页。

通过检查特定的正态性 W 检验临界值表，得出相应的结论，即满足条件则接受假设，认为总体服从正态分布，否则拒绝假设，认为总体不服从正态分布。一般而言，如果数据接近正态分布，那么 Shapiro-Wilk 检验的 P 值就大于 0.05；反之则小于 0.05。

表 8-15 中的 S—W 检验法分析结果表明：C 班和 S 班的 P 值分别为 $P=0.218$ 和 $P=0.594$，均大于 0.05，满足原假设。因此，各组内因变量的残差接近于正态分布，满足假设 8。

表 8-15　正态性检验

	数学方法	Shapiro-Wilk		
		统计量	df	Sig.
期中成绩平方的标准化残差	S 班	0.988	85	0.594
	C 班	0.980	84	0.218

a. Lilliefors 显著水平修正

*. 这是真实显著水平的下限。

5. 检验假设 9：各组内因变量的残差具有等方差性

因变量的残差具有等方差性，即因变量的残差不随自变量的变化而变化，此时在两者组成的散点图上，表现为因变量的残差均匀地分布在其均值的上下两侧，不随自变量取值的变化而变化。如果残差分布不均匀，形成漏斗或者扇形(图 8-14)，那么就不具有等方差性。①

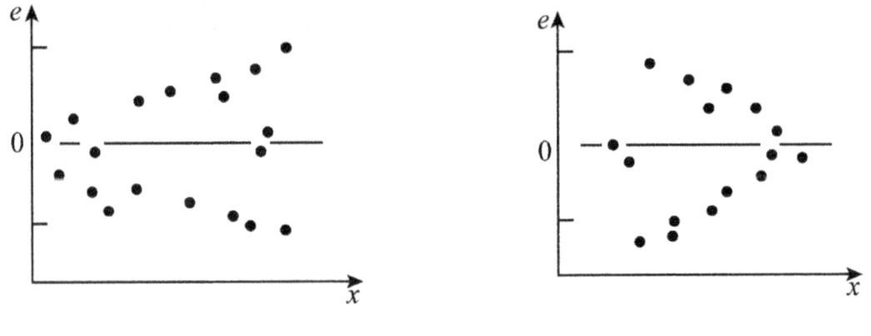

图 8-14　因变量的预测值与标准化残差分布不均示例图

① 薛薇：《统计分析与 SPSS 的应用(第五版)》，中国人民大学出版社，2018 年，第 238—239 页。

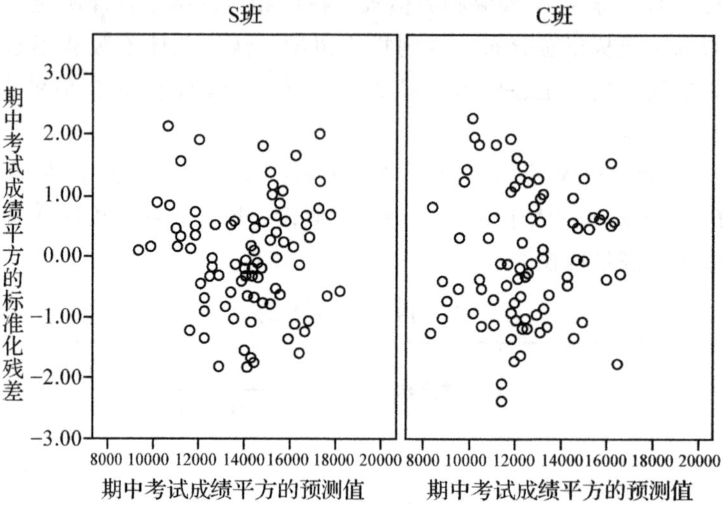

图 8-15　各组内因变量的预测值与标准化残差的散点图

本研究中，经过平方转换后各组内因变量的预测值与标准化残差的散点图(图 8-15)中各点均匀分布，没有特殊形状。因此可以认为，各组内因变量的残差具有等方差性，满足假设 9。

6. 检验假设 10：各组间因变量的残差方差齐性

由表 8-16 的分析结果可知：Levene's 检验得到 $P=0.071>0.05$，说明各组间因变量的残差方差齐性，满足假设 10。

表 8-16　误差方差等同性的 Levene's 检验[a]

F	df1	df2	Sig.
3.291	1	167	0.071

检验零假设，即在所有组中因变量的误差方差均相等。

a. 设计：截距＋月平方＋教学方法

因变量：期中成绩平方

至此，经过以上分析，经过平方变换后的数据均满足以上运用协方差分析法须满足的全部 10 个假设检验。因此，可以运用单因素协方差分析法分析本设计研究实施的效果。

(二)从月考到期中考试的协变量调整模型的增值性评价

从月考到期中考试的增值性评价研究中，自变量是教学方法(即班级)，因变量是期中考试成绩平方，协变量是月考成绩平方。

表 8-17 是 S 班与 C 班的期中成绩平方的描述性统计分析结果，其中 S 班的期中考试成绩平方的平均值为 12088.1982，标准偏差为 3864.6913；C 班的期中考试成绩平方的平均值为 9732.0874，标准偏差为 4141.1308。

表 8-17　S 班与 C 班期中考试成绩的描述性统计量

教学方法(班级)	均值	标准偏差	N
S 班	12088.1982	3864.6913	84
C 班	9732.0874	4141.1308	86
总计	10896.2833	4166.1019	170

因变量：期中成绩平方

S 班与 C 班期中成绩平方的主体间效应的检验结果表明(表 8-18)：教学方法之间存在非常显著的差异($P=0.006<0.05$)。由期中考试成绩平方的成对比较结果可知(表 8-19)，S 班的教学效果显著优于 C 班。

表 8-18　S 班与 C 班期中考试成绩的主体间效应的检验

源	Ⅲ 型平方和	df	均方	F	Sig.
校正模型	1737518981.382[a]	2	868759490.691	121.336	0.000
截距	14937179.155	1	14937179.155	2.086	0.151
教学方法(班级)	54431305.725	1	54431305.725	7.602	0.006
月考成绩平方	1501623160.484	1	1501623160.484	209.725	0.000
误差	1195713454.126	167	7159960.803		
总计	23117160804.588	170			
校正的总计	2933232435.509	169			

a. $R^2=0.592$(调整的 $R^2=0.587$)

因变量：期中成绩平方

表 8-19　S 班与 C 班期中考试成绩的成对比较

(I)班级	(J)班级	均值差值 (I−J)	标准 误差	Sig.[a]	差分的 95% 置信区间[a]	
					下限	上限
S 班	C 班	1154.659*	418.779	0.006	327.876	1981.442
C 班	S 班	−1154.659*	418.779	0.006	−1981.442	−327.876

基于估算边际均值

*. 均值差异在 0.05 级别上较显著

a. 对多个比较的调整：事后多重比较

因变量：期中成绩平方

综合分析表 8-17 至表 8-19 中的数据可知：在剔除掉学生原有成绩差异，即月考成绩差异对研究结果影响的情况下，S 班的期中考试成绩非常显著地优于 C 班，说明教学设计改进取得了较好的效果。

(三)从月考到期末考试的协变量调整模型的增值性评价

本研究在进行从月考到期末考试的协变量调整模型的增值性评价前，也先进行了 10 个假设的检验，检验结果表明期末成绩的平方数据满足前述 10 个假设，可以进行协方差分析。其中自变量(控制变量)也是教学方法(班级)，因变量是期末考试成绩的平方，协变量是月考成绩的平方。由于假设检验的程序与对期中成绩的检验程序相同，检验假设的结果相一致，这里不再赘述。

表 8-20 呈现了 S 班与 C 班期末考试成绩平方的描述性统计分析结果。S 班的期末考试成绩平方的平均值为 12747.0070，标准差为 3688.1685；C 班的平均值为 9528.9154，标准偏差为 3885.4552。

表 8-20　S 班与 C 班期末考试成绩的描述性统计量

班级	均值	标准偏差	N
S 班	12747.0070	3688.1685	84
C 班	9528.9154	3885.4552	86
总计	11119.0313	4108.2350	170

因变量：期末成绩平方

由 S 班与 C 班的期末成绩的主体间效应的检验结果可知(表 8-21)：在剔除掉月考成绩差异的条件下，S 班与 C 班的期末成绩平方存在非常显著的差异($P=0.000<0.05$)。表 8-22 所呈现的 S 班与 C 班的期末成绩平方的成对比较

结果表明：S 班的成绩显著高于 C 班。

表 8-21　S 班与 C 班期末考试成绩的主体间效应的检验

源	Ⅲ 型平方和	df	均方	*F*	Sig.
校正模型	1377978339.415[a]	2	688989169.708	78.043	0.000
截距	156289684.142	1	156289684.142	17.703	0.000
教学方法(班级)	210109319.260	1	210109319.260	23.799	0.000
月考成绩平方	937904405.560	1	937904405.560	106.238	0.000
误差	1474335116.171	167	8828353.989		
总计	23869899037.022	170			
校正的总计	2852313455.586	169			

a. $R^2 = 0.483$(调整的 $R^2 = 0.477$)

因变量：期末成绩平方

表 8-22　S 班与 C 班期末考试成绩的成对比较

(I)班级	(J)班级	均值差值(I—J)	标准 误差	Sig.[a]	差分的 95% 置信区间[a]	
					下限	上限
S 班	C 班	2268.570*	465.018	0.000	1350.499	3186.640
C 班	S 班	−2268.570*	465.018	0.000	−3186.640	−1350.499

基于估算边际均值

*. 均值差异在 0.05 级别上较显著

a. 对多个比较的调整：事后多重比较

因变量：期末成绩平方

综合表 8-20 至表 8-22 中的分析结果可知：在剔除学生的原有成绩差异，即月考成绩差异对研究结果影响的情况下，S 班的期末考试成绩非常显著地优于 C 班，说明教学设计改进取得了较好的效果。

(四)增值性评价综合分析

本研究分别采用进步分数模型和协变量调整模型(单因素协方差分析模型)对教学效果进行了增值性评价。在增值性评价中，将学生的月考成绩作为起始成绩，分别进行了学生从月考到期中考试和月考到期末考试的增值性评价。两种不同的增值性评价模型的分析结果均表明：本研究基于设计的教学取得了较好的效果，即无论是平均成绩还是优秀率、良好率，设计改进班级的教学效果均显著好于常规教学班级。特别地，协变量调整模型是在剔除掉学生的起始成绩差异影响的条件下对学生的成绩进行分析，其结果更加明确了教学设计改进是导致教学效果的关键因素。

如果将月考到期中考试与月考到期末考试的分析结果做进一步的对比，还可以发现一些更细微的变化。

首先，从学生标准分的平均增量看，通过将表 8-4 与表 8-9 的数据进行比较，可以发现：教学设计改进班级学生标准分的平均增量从月考到期中考试为 0.12，从月考到期末考试为 0.14，有了一定幅度的增加。相比之下，教学常规班级相应的标准分平均值的增量分别为－0.05 和－0.20，反而有所降低。可见随着教学改进时间的增加，基于设计的教学效果更加明显。

其次，从 S 班与 C 班优秀率和良好率的百分相对差的差值来看，通过将表 8-7 与表 8-11 中数据进行对比，可以发现：就优秀率的百分相对差而言，期中考试 S 班与 C 班的差值为 234.55％，而期末考试的对应差值增加到 306.65％。与此同时，良好率的差值也从 86.10％增加到了 117.98％。同样，通过对比表 8-19 与表 8-22 中的均值差值同样能够发现，随着教学改进时间的增加，基于设计的教学效果更加明显。

上述分析结果均能够在一定意义上说明，教学设计改进的效果越来越凸显，而且优秀率的优势更加突出。

第三节　学生数学概念理解的定性分析

根据本章前两节中学生函数相关概念理解水平评价与增值性评价的结果可知：无论是学生对相应概念的理解水平，还是与常规教学班级的对比结果，都反映出教学设计改进取得了较好的效果。特别地，对于除表示法之外的其他概念的理解，均有部分学生能够达到抽象扩展结构水平，如：对于定义域、值域、奇偶性、最大值的理解都有 70％及以上的学生能够达到抽象扩展结构水平；对于单调性的理解有 68％的学生达到抽象扩展结构水平；对于函数概念的理解也有 23％的学生能够达到这一水平。然而，与此同时，研究者也关注到存在部分学生对某些概念的理解水平相对较低，甚至个别学生处于单点结构或初级多点结构水平。

为了更深入地分析在设计改进研究实施过程中，学生对相应数学概念理解的发展情况以及仍旧存在的认知障碍与困难等，研究者在上述定量研究的基础之上，运用交互分析的方法对课堂教学和学生追踪访谈中与学生数学概念学习理解相关的内容进行了定性分析。分析中重点关注了学生对相应数学概念所持有的概念意象及其变化对学生数学概念理解的影响。分析的目的是为教学搜集更深入的反馈数据，为教师改进教学提供信息，使学生的数学概念学习有更好的效果。

研究中运用交互分析法分析教学设计改进班学生对相应数学概念的理解，包括：真实课堂教学中师生、生生之间交互活动的分析；针对课堂中与学生数学概念理解关系密切的语言或行为的追踪访谈分析；针对学生作业或测试中解题错误的追踪访谈分析。

一、学生对函数概念理解的发展与不足

(一)基于课堂教学实录与追踪访谈的分析

为了从整体上分析学生对函数概念理解的发展与不足，将函数概念以及概念中涉及的子概念，即定义域、值域、表示法都纳入到本小节的课堂教学片段与学生追踪访谈的分析之中。研究分析的视角聚焦于通过学生的表述和行为等剖析学生对相应概念的理解(既包含学生的原有理解，也包含随着学习的进行形成的新的理解)，以及学生的概念意象对学习理解相应概念的影响。

在第九章函数概念教学设计案例的呈现中，能够反映出学生对函数概念理解的发展。在此基础之上，本节将通过 2 个课堂教学片段和对 7 名学生的访谈及分析进一步呈现学生对函数概念理解的发展与存在的不足。本节中学生的编号从 1 依次排序。

1. 用三种方法表示函数的教学片段与追踪访谈

以下呈现了函数表示法第 1 课时教学中用三种方法表示函数的教学片段。其中括号内是教师或学生的非语言行为。

01 教师：(用 PPT 呈现例题，并带领学生阅读题目。)某种笔记本的单价是 5 元，买 x 个笔记本需要 y 元，其中 $x\in\{1, 2, 3, 4, 5\}$。试用函数的三种表示法表示函数 $y=f(x)$。请同学们独立思考，并完成解答。

(学生们独立思考，并作答。教师在巡视之后，安排将函数图象画成线段的学生 1 进行展示。学生 1 在展示之前将图象修改正确，并展示。)

02 老师：哦，你什么时候修改了图象？你能解释一下最初为什么将这个函

数的图象画成一条线段吗？(教师笑了。)

03 学生 1：没看好。

04 教师：没看好什么？

05 学生：没看好 x 的取值是整数。

在上述教学片段中，学生 1 自己认为出现错误的原因是没看好定义域。但事实上，题目和问题背景简单且定义域明确。为了更好地了解导致学生错误的真实原因，研究者对其实施了追踪访谈。对学生 1 的访谈转录文本如下：

01 教师：你当时画成直线(没画成点函数)时是怎么思考的？

02 学生：因为初中画图象时习惯了每次描完点都连线。审题没审好，我就把线连上了。

03 教师：你当时修改的时候，是看见别人的，还是自己发现不对然后改的呢？

04 学生：我后来看见"**Z**(整数集)"了，然后感觉不对了，所以就改了。

05 教师：你觉得函数的定义域对于函数来说重要吗？

06 学生：特别重要！

07 教师：怎么理解？

08 学生：就比如刚才那个买本的问题，如果 x 取小数，它根本就不成立；还有分母是 x 的，x 要是取 0，它也不成立。

从以上对学生 1 的访谈信息可以了解到：他清楚地知道定义域对函数的重要性，然而却由于受到初中阶段已经形成的画函数图象的固定程序，即"列表，描点，然后连线"的影响，导致了思维定势。

2. 函数表示法中分段函数的教学片段与追踪访谈

《普通高中教科书数学必修(第一册)》在"3.1.2 函数的表示法"这一节中，通过一道例题引出了分段函数，并在后续的两个例题中对其进行了简单的应用。分段函数是学生进入高中阶段才接触到的一类函数。教学过程反映出学生在刚刚接触分段函数时，产生了较大的认知冲突与障碍。

教学中，教师首先带领学生求解了函数 $y=|x|$①的定义域，并将解析式化简为 $y=\begin{cases}x, & x>0\\ -x, & x\leqslant 0\end{cases}$ 的形式，而后画出其图象。以下呈现了接下来的(函数表

① 中学数学课程教材研究开发中心：《普通高中教科书数学必修第一册(A 版)》，人民教育出版社，2019 年，第 67 页。

示法之分段函数)教学片段。

01 教师：同学们画的这个是一个函数，还是两个函数？

02 学生们：一个函数啊！

03 教师：对！一个函数。

04 教师：(指着黑板上 $x \geqslant 0$ 时的函数解析式)请同学们思考一下，在定义域的这一部分函数的对应关系是什么？

05 学生们：$y=x$。

06 教师：(指着黑板上 $x<0$ 时所对应的函数解析式)而在这一部分呢？

07 学生们：$y=-x$。

08 教师：(一边板书概念，一边读出声音)我们把这样的函数叫做分段函数。如果一个函数在其定义域内，对于自变量的不同取值区间，有不同的对应方式，则称其为分段函数。① (学生们记笔记)

09 教师：下面请每位同学自己构造一个分段函数。

10 学生 2：二次函数(老师话音刚落，学生 2 脱口而出)。

11 教师：先不要交流，请同学们自己构造函数。

(学生独立构造分段函数。教师巡视并示意不同学生将所构造的函数写在黑板上。)

12 学生 3：写出 $y=x^2$。

13 学生 4：写出 $f(x)=\dfrac{1}{x}$ 。

14 学生 5：写出 $f(x)=-|x|$。

15 学生 6：写出 $f(x)=|4x|$。

16 学生 7：写出 $f(x)=\begin{cases} x, & 0 \leqslant x \leqslant 5 \\ 2x, & x>5 \end{cases}$ 。

17 学生 8：写出 $b(x)=\min\{f(x), m(x)\}$，其中 $f(x)=x$，且 $m(x)=|x-2|$。

(随着同学板书，其他部分同学自发地开始交流。)

18 教师：刚才在下面交流时，部分同学认为 $y=x^2$ 在 y 轴左、右两侧的图象看起来不同……

---

① 中学数学课程教材研究开发中心：《普通高中教科书数学必修第一册(B版)》，人民教育出版社，2019 年，第 90 页。

19 学生 8：(打断了老师的话)对应关系一样啊！

20 教师：怎么一样呢？

21 学生 9：在 y 轴左侧的对应关系是平方，右侧也是。

(部分学生仍有疑惑的表情。)

22 教师：非常好！也就是这个函数在整个定义域上的对应关系始终是将自变量对应到其平方，因此不是分段函数。

23 教师：(用手指着黑板上学生 4 所写的这个函数)那么 $f(x)=\frac{1}{x}$ 是不是分段函数呢？

24 部分学生：不是。

25 学生 10：是(他的声音与其他同学的声音混在一起，但是很清晰)。

26 教师：(在黑板上画出这个函数的图象)这个函数的图象确实被分成了两部分。那它是不是分段函数呢？

27 学生们：不是。

28 教师：为什么？

29 学生们：对应关系都是 $\frac{1}{x}$，倒数。

30 教师：对！两侧的对应关系都是一样的，都是将自变量对应到其倒数，所以它不是分段函数。因此，同学们应该紧扣定义进行判断。

31 教师：[指着 $f(x)=-|x|$ 和 $f(x)=|4x|$]我们来看另外两名同学构造的函数，是不是分段函数。

32 学生们：是。

33 教师：我们来看概念，就是说在不同的区间，应该有不同的对应关系。那么涉及绝对值了，就像刚才的例题，我们需要对式子中的绝对值符号进行化简。

(教师带领学生将函数的解析式化简为没有绝对值的形式。)

34 教师：这样可以看出，函数在这一部分输出的是自变量，在另一部分输出的是自变量的相反数，显然对应关系不同。而 $y=x^2$ 和 $f(x)=\frac{1}{x}$ 不管在定义域的哪一部分，对应关系都一样。

从上面的教学片段可以发现，尽管教师结合具体的函数图象，对分段函数的概念进行了清楚的介绍，但还是有相当一部分学生并没有依据教师所讲解的定义，而是根据意象来理解分段函数。在教学后研究者分别对学生 2、学生 3

和学生 4 进行了访谈。以下是对学生 2 的访谈转录文本：

01 教师：课上老师让同学们自己构造分段函数。你当时脱口而出“二次函数”。老师想了解一下你当时是怎么想的？

02 学生：可能是将分段函数 $y=|x|$ 两个段中间的点和二次函数 $y=x^2$ 对称轴联系在一起了。就是觉得 $y=|x|$ 与二次函数 $y=x^2$ 的图象很像！

03 教师：你就是觉得两个图象很像？

04 学生：我也不知道当时怎么想的(笑了)。可能就是有一个明显的分段的标志，就是一条线(对称轴)两边的图象不一样，有很大的差别。

05 教师：那后来你就一直坚持这样的看法了吗？

06 学生：没有(笑了)！后来稍微一想就想明白了(笑)。

07 教师：你现在认为什么是分段函数？

08 学生：分段函数是一个函数。分段函数在定义域的不同的范围有不同的对应关系。

09 教师：二次函数 $y=x^2$ 是分段函数吗？

10 学生：不是，它在整个定义域中是一个对应关系。

11 教师：(画出图 8-16)比如这个函数是不是分段函数？

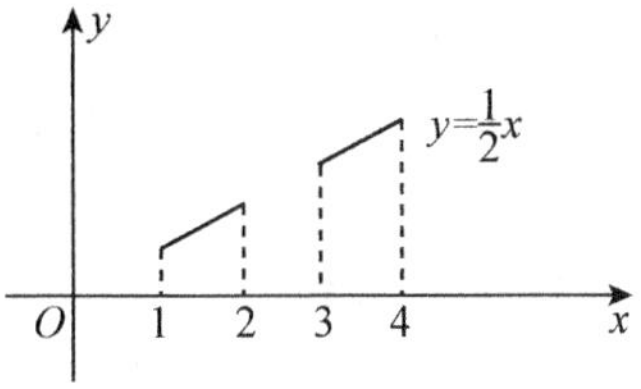

图 8-16

12 学生：不是，因为它的对应关系没变。

从以上对学生 2 的访谈可以了解到：由于看到 $y=|x|$ 图象在 $x=0$ 两侧具有对称性，使得学生 2 联想到了 $y=x^2$ 的图象。也就是这两个函数图象在直观上的相似，导致了其将“有一个明显的分段的标志，就是一条线(对称轴)两边的图象不一样，有很大的差别”作为分段函数的本质特征。而在后续的学习中，他能够正确理解分段函数的本质，即“分段函数是一个函数。分段函数在定义域的不同的范围有不同的对应关系”，并能够用对应关系解释为什么 $y=x^2$ 不是分段函数。

与学生 2 类似，学生 3 表示“当时我就看分段函数是这样的(画出课上的示例 $y=|x|$ 的图象)。它这两边是对称的，然后我就觉得 $y=x^2$ 跟它很像，我就觉得它是了”。与他们不同的是，学生 4 是从“分段函数”名称上理解，认为函数图象分段的就是分段函数。访谈中，他表示“刚开始学嘛，不太理解，我就是以为把它分成几段了，就是分段函数了。”“$f(x)=\dfrac{1}{x}$ 是初中接触过的，断开了的

函数。”不过，可喜的是访谈中三名学生都能准确解释分段函数的概念。这表明，经过本节课的学习，学生们都对分段函数有了正确的理解。

3. 单元教学后的学生访谈与分析

为了了解学生们在函数的概念与性质单元学习完成后所形成的概念意象，本人在教学设计研究实施结束一周后，通过随机抽样的方式对部分学生实施了半开放式访谈。以下是对其中 3 名学生的访谈实录与分析。

(1)对学生 5 的访谈与分析

01 教师：依照你现在的理解，什么是函数？

02 学生：函数就是在一个变化过程中，一个数对应于另一个数，或者从集合的角度说就是一个集合在另一个集合中有某种特殊的对应关系。函数有一定的取值范围和它所对应的值域。函数就是一种特殊的对应关系。

03 教师：一种特殊的对应关系？

04 学生：从集合的角度说，书上的定义就是：如果在集合 A 中的任意一个数，在集合 B 中都有唯一确定的数和它对应，就是 A 到 B 的函数。

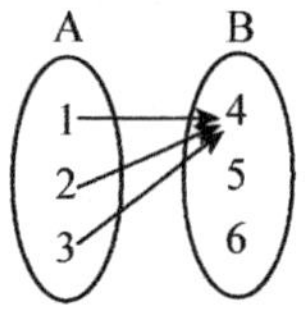

图 8-17

05 教师：(画出图 8-17)这样的对应是不是 A 到 B 的函数？

06 学生：是 A 到 B 的函数，是一条线。哦！不是，是三个点。

07 教师：你认为判断函数的标准是什么？

08 学生：就看是不是在 B 中有唯一的数与它对应。

09 教师：你觉得初、高中所学函数有什么区别吗？

10 学生：初中所学的函数都是连续的线，就是它没有这种点的函数。高中就可以定义函数不一定是连续的，还有那些抽象的函数。初中没有定义域这个概念。高中的因变量可以不变化，就是一个常数，就是它满足对应。

11 教师：定义域对于一个函数有什么作用？

12 学生：只有有定义域，这个函数才有意义。

13 教师：怎么理解你的话？

14 学生：就是一个特定的函数在它应用的范围里才能发挥它应有的作用。比如一个实际问题，当没有定义域的时候它可能没有意义。

15 教师：当提到函数的时候，你首先想到的会是什么？

16 学生：对应关系。

17 教师：什么是对应关系？是解析式吗？

18 学生：不是。它可以是描述的，可以是图象、列表。它不一定是解析式的。因为有的函数写不出解析式。

19 教师：你刚才说每当提到函数首先会想到对应关系，之前也说定义域很重要。那提到函数的时候你是既要想到定义域又要想到对应关系，还是就是先想到对应关系？

20 学生：怎么说呢？就是有定义域才能考虑对应关系。

对学生 5 的上述访谈信息，能够反映出经过前一阶段的函数学习该生对函数概念的理解表现出以下特征：

首先，在信息单元[02]中，他表示函数是“一种特殊的对应关系”，而且具体表述中反映出他能用“对应”来理解函数。特别地，从信息单元[18]可以了解到，他理解的对应关系比较全面，表述中提到了描述的、解析式的、图象的和列表的，而且理解不是所有函数都可以用解析法表示。

其次，他能够从函数有定义域、对应关系和值域三个要素来整体理解函数，信息单元[20]则更清晰地反映出他理解对于一个函数而言，定义域与对应关系是不能割裂开的。

再次，对于初、高中函数的差异，他不但提到初中的函数都是连续的线，高中有点函数以及抽象函数等之外，他还提到高中的因变量可以不变化，只要满足“对应”就可以。这表明他曾经认为函数的因变量必须变化，而经过高中函数的学习，这一片面的概念意象已经发生变化。

(2)对学生 6 的访谈与分析

01 教师：依照你的理解什么是函数？

02 学生：我感觉就是对于定义域内的每一个值，按照某个规律，有且只有一个 y 值与之对应。

03 教师：嗯，当提到函数定义时，你都会想到什么？

04 学生：x 与 y 根据某种关系对应，然后每个 x 只能对应一个 y，然后定义域，值域。

05 教师：到高中还会用 $y=f(x)$ 表示函数，你认为这个符号的意义是什么？

06 学生：我觉得 f 就代表对应关系，x 就代表那个数，$f(x)$是 x 对应的函数值。

07 教师：代表哪个数？

08 学生：就是自变量。

09 教师：嗯，你认为 $f(x)$一定代表一个解析式吗？

10 学生：可能等于一个数，一个固定的值，还可以用几个式子分段表示的。

11 教师：那有没有不能用解析式表示的函数？

12 学生：有吧！比如有的是用表格给出的。

13 教师：有没有既不能用解析式表示也不能用表格表示的函数？

14 学生：我觉得有，比如函数没有规律可循的，有无穷多个点的，就不能用解析式表示。

上述访谈信息反映出学生 6 在以下三个方面对函数概念的正确理解：

首先，该学生能够从定义域、对应关系与值域三个要素形成对函数整体的理解，而且他在表述中明确指出，对应关系具有“单值对应”的特征(信息单元[04])。

其次，他能够正确理解符号 $y=f(x)$的含义(信息单元[06])。

再次，他理解并不是所有函数都能用解析式或都能用表格表示(信息单元[12]和[14])。

但是，从信息单元[09]和[10]也反映出，他对函数的解析式仍旧存在片面的理解，即他认为 $f(x)$等于一个常数的形式不是解析式，这也从侧面反映出他所理解的函数解析式中应该体现出含有自变量。

(3)对学生 7 的访谈与分析

01 教师：从定义角度，你认为初、高中所学函数有什么不同吗？

02 学生：之前所接触的大部分函数都默认定义域是 **R**，除了反比例函数以外。给出一个函数就默认定义域是 **R**，除非它要求的。感觉实际应用问题也少。感觉割裂一点的意思。

03 教师：你所说的割裂是指什么？

04 学生：就是在最后一问才是综合问题。现在函数可以和基本不等式等很多知识结合。

05 教师：定义域对于一个函数的意义或者作用是什么？

06 学生：首先是规定了自变量的范围。比如，即使表达式一样，定义域不同也不是同一个函数。初中时，如果两个函数的解析式一样就是同一个函数，现在就不是了。

07 教师：在初中研究一个函数时，你首先要看它的什么？

08 学生：解析式和它的图象。高中首先要看的就是它的定义域了。就是它能取到哪儿，不能取哪儿。

09 教师：现在提到函数，你首先想到什么？

10 学生：就是它的三要素。

11 教师：你觉得符号 $f(x)$的含义是什么？

12 学生：就是它的因变量吧！当时不是给你一个公式，你不就把数套进去吗，就跟给你规定的一个模子似的。

13 教师：那它一定是解析式吗？

14 学生：它也可以画出一个任意的图象出来，不一定都能写成式子。

15 教师：那 $f(x)$的含义是什么呢？

16 学生：代表自变量是 x 的一个对应关系，每给一个 x 的值都有唯一的对应的 y 值，$f(x)$就是 y。

从以上对学生 7 的访谈信息可以了解到：

首先，每当提到函数的时候，该生首先想到的是三要素，而且理解“即使表达式一样，定义域不同也不是同一个函数”。然而，在初中阶段，他认为只要解析式一样的就是同一个函数，而且那时候研究函数首先要看解析式和图象，而高中首先要关注定义域。

其次，他对符号 $f(x)$本身的理解是正确的，但从信息单元[12]可以了解到让他印象深刻的是 $f(x)$等于的是一个公式，这反映出他对对应关系的正确概念意象还不够丰富。

通过对上述三名学生的访谈可以了解到，经过前一阶段函数知识的学习，学生们对函数概念的理解，在初中基础上有了很大的发展。他们都能够从定义域、对应关系和值域这三个要素整体理解函数概念；能够正确理解符号 $y=f(x)$的意义；能够理解对应关系的本质；能够深入理解定义域对于一个函数的决定性作用。但是也存在对函数对应关系的广泛性理解不足的现象，这需要在后续的学习中不断丰富。

(二)基于测试中的错误及追踪访谈的分析

在期中考试中，有一道题目学生的错误率略高。本人对部分学生的出错原因进行了追踪访谈，希望从中分析出学生对函数概念理解仍旧存在的认知障碍。

题目为：已知函数 $y=f(x)$可表示为

x	$-4\leqslant x<-2$	-2	$-2<x<0$	0	$0<x<2$	2	$2<x\leqslant 4$
y	-4	-2	-1	0	-1	-2	-4

则下列结论中正确结论的序号是(　　)

①$f(x)$的值域是[-4，0]；②$f(x)$是偶函数；③$f(x)$在区间[0，4]上单调递减。

1. 对学生8的访谈与分析

01 教师：你能说一说当时选择①的想法吗？

02 学生：老师我就是看见表里的数，然后就把它们连起来了。

03 教师：连起来？你画出函数的图象了吗？

04 学生：我没画，但是画函数图象不是一般都是列表、描点、连线吗，我习惯了，脑子里就想着是连着的。

通过上述对学生8的访谈信息可知：由于他的头脑中固有的画函数图象的程序是在列表、描点后要连线，因此导致他直接在头脑中将函数图象想象成一条连续的曲线，从而出现错误。由此可见，其出现了认知的思维定势障碍。

2. 对学生9的访谈与分析

01 教师：这个题目你选择了①，能说说你当时是怎么思考的吗？

02 学生：老师我这个题当时真是粗心了！我图都画出来了，基本和正确的一模一样。

03 教师：你的图画对了怎么还会选了①？你是看着自己画的图解题的，还是自己头脑中有一条连续的曲线？

04 学生：就是看自己画的图解的题。

05 教师：你能仔细回忆一下当时是怎么思考的吗？

06 学生：我是从两个角度，一个是图，一个是看这个表。我想①不是说值域是[-4，0]吗？然后表里-4，-2，-1，0都有了，这就是根据表的判断。图呢，我就大致看了一下，好像确实都有了。

07 教师：怎么叫确实都有？

08 学生：图上我当时满脑子里就默认为它是实线，其实它应该是虚线，但我认为它是实线了。

09 教师：哪是实线？你能把当时画的图再画一次吗？

10 学生：(画出图8-18)用手指向图中线段AB部分，说这里应该是虚线，我画成实线了。

11 教师：噢？你这里为什么要连上呢？

12 学生：我也不知道当时怎么想的。

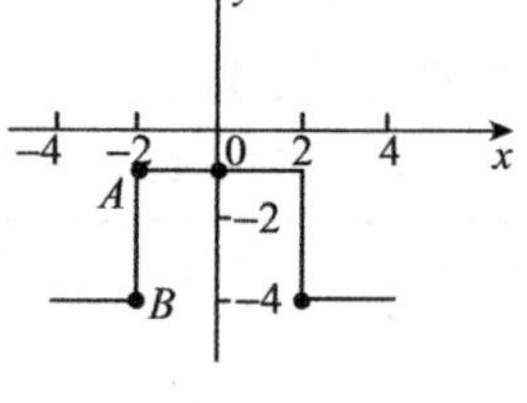

图 8-18

13 教师：你连上以后它是不是函数？

14 学生：不是啊！

15 教师：为什么呢？

16 学生：不是每一个 x 只有唯一对应的 y 吗，这里（指着图中线段 AB）不是唯一对应的。

17 教师：你考试的时候有没有考虑这个问题呢？

18 学生：没有啊（笑）！

19 教师：你当时为什么会把图中的点连起来，你能挖掘一下是怎么思考的吗？

20 学生：就是掌握知识不扎实，潜意识。

21 教师：你是认为函数图象都应该是连起来的吗？

22 学生：我倒是没这么认为，就是潜意识，不知怎么就连起来了。

上述访谈中学生 9 的错误，是所有访谈学生中非常典型的一种。在访谈的前三个话轮中他一直表示自己当时所画的图象是对的，认为“基本和正确的一模一样”，直到在老师的追问下，他画出图 8-18 后才发现自己“强行”将函数图象原有的各部分用线段连接了起来。这已经充分表明在该生的概念意象中函数图象就应该是连续的。在自述中，他也谈到“潜意识，不知怎么就连起来了”。然而，信息单元[13]至[18]表明，尽管他清楚地知道函数概念应该满足“单值对应”这一本质要求，但是在面对一个具体的新的问题时却没有运用其进行思考，思维被其头脑中固有的“函数图象都应该是连续的曲线”所制约。可见，他也是受到错误的概念意象的影响，认知上出现了思维定势障碍。

3. 对学生 10 的访谈与分析

01 教师：这道题目你选择了①，还记得怎么思考的吗？

02 学生：我把图画出来了，值域不是 y 的取值范围嘛，虽然图分段，我大概一看 -4 和 0，然后我就选上了。

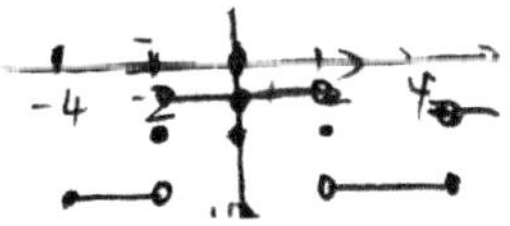

图 8-19

03 教师：你图画对了吗？

04 学生：图是对的（图 8-19 是该学生考试卷上留下的图）。然后我一看 -4 到 0 之间好像都有，我就给它连一块儿了。

05 教师：怎么叫 -4 到 0 之间好像都有呢？

06 学生：因为有等于 -4 的时候，也有等于 0 的时候，然后中间还有一些零散的点和线。

07 教师：你认为区间[－4，0]的意义是什么？

08 学生：就是从－4 到 0 中间都有，是连续的。

09 教师：说明你对于值域和区间的概念都理解，但还是选错了。

10 教师：你认为导致出现错误的原因是什么呢？

11 学生：我就是看定义域里 x 取值是连着的，就认为函数值也是连续的了。

根据上述访谈可知：学生 10 能够正确地画出函数的图象，也理解了函数值域的概念以及区间的含义，然而当她看到函数的定义域在一个区间内连续取值时，自然而然地就认为函数的值域也应该是一个连续的区间，从而导致其出现错误。

4. 对学生 11 的访谈与分析

01 学生：我看最大值是 0，最小值是－4，我就直接选择了①。

02 教师：你的思维过程是什么？你还能回忆起当时是怎么想的吗？

03 学生：因为范围在它俩之间吗，所以就直接选了。

04 教师：什么会影响你这样想呢？

05 学生：说不好！可能是之前求值域就是在最大值和最小值之间。没多想，其实这里还有好多取不到的。

由上述对学生 11 的访谈信息可知：导致他出现错误的原因，是他认为函数的值域就是函数最小值与最大值之间的部分，也就是他认为有了最大值和最小值之后，值域也就随之确定了。显然，这也是因为对值域的错误概念意象导致其出现了思维定势。

本研究还发现有的学生会根据题目已知中的某些信息，例如函数的对称性，直接认为该函数就是一个二次函数。以下对两位学生的访谈反映出他们出现了这种错误关联的现象。

5. 对学生 12 与学生 13 的访谈与分析

对学生 12 的访谈转录文本如下：

01 学生：我没画图，我一看那些数：－4，－2，－1，0，然后我以为是二次函数。我就直接写了①。

02 教师：你怎么会想到二次函数了呢？

03 学生：因为两边是对称的！

04 教师：为什么两边对称就导致你联想到了二次函数呢？

05 学生：因为初中时二次函数的图象是对称的，印象太深了！就是一看数是对称的就认为是了。

对学生 13 的访谈转录文本如下：

01 学生：当时我画了图，没画对。

02 教师：你画的图什么样？

03 学生：就是一个圆润的函数。

04 教师：你能把所说的图再画出来吗？

（学生画出了一条开口向下的抛物线。）

05 教师：哦！你画成了这个二次函数？

06 学生：对！我没注意它是一段一段的。

07 教师：你是描点画的吗？

08 学生：我没有准确地描点，也没有弄单位长度。

09 教师：嗯，如果你画成这个函数图象，你怎么没有选择①呢？（该生选择了②③）

10 学生：因为题目列表就列出了这么一点儿，但是实际上 $y=-x^2$ 图象是可以无限延伸的，所以值域可以到 $-\infty$。

11 教师：你的意思是？

12 学生：列表只列出了一部分，函数的定义域应该是 **R**。就像初中画函数图象似的，只列出一部分，可以画出一条完整的曲线。

上述两名学生都根据表格中的数值具有对称的特点，直接将函数想象成了一个二次函数。特别地，学生 13 还认为画函数图象时，列表只列出函数的部分取值，而由于二次函数的定义域应该是全体实数，所以①不对。

通过对上述 6 名学生对函数理解的认知障碍进行分析能够发现：他们都能正确理解和表述函数的值域和区间等概念，但是在具体问题解决中却明显受到了之前所形成的概念意象的影响，导致出现思维定势或错误关联等认知障碍。如：受到画函数图象的"固定程序"的影响；受到"函数图象是一条连续的线"的影响；受到"函数值域就是由最小值与最大值构成的区间"的影响；受到"函数的定义域如果是连续取值的，则值域也应该是连续的"的影响；甚至会自发地将研究的范围缩小到初中所学习的三类函数等。

综合以上对教学片段和访谈信息的分析所获得的结论，本研究发现，就对函数概念本身的理解而言，学生们在初中阶段学习的基础上有了很大的发展。特别是在访谈中，学生们都能准确表述函数概念的本质、三要素及其之间的关系；对一些特殊的函数，如：常值函数、点函数、分段函数等也能够正确理解。

然而，从个别学生在测试中出现的错误来看，当面对一个具体问题，特别是一个“新”的问题情境时，他们会更多地受到初中函数学习所形成的片面或错误的概念意象的影响，形成思维定势或错误关联等认知障碍。可见，学生之前已经形成的那些稳定的概念意象在较短时间内很难彻底得到修正。在新的学习中所建立的对概念的正确理解以及正确的概念意象，还需要在后期学习中通过不断地应用才能进一步巩固，并逐渐修正先前的那些不正确的理解。

二、学生对单调性理解的发展与不足

(一)基于课堂教学实录与追踪访谈的分析

在第九章函数单调性的教学设计案例中，通过三个教学片段和一个学生访谈，呈现了学生单调性概念的形成与发展过程，本小节将再通过一个访谈与一个课堂教学片段来进一步说明学生对 x_1，x_2 取值“任意性”的理解。

1. 学生对单调性定义中“任意性”的理解访谈

以下学生 14 在受访中的表述，反映出其对“任意性”有着较为清晰的理解。

01 教师：你认为什么是增函数?

02 学生：就是对 $\forall x_1$，x_2 属于一个区间，当 $x_1<x_2$ 时，都有 $f(x_1)<f(x_2)$，就说它在区间上是增函数。

03 教师：这个“$\forall$”有用吗?

04 学生：有用，有用!

05 教师：有什么用啊?

06 学生：就是规定这个函数上的任何点都满足这个关系才能是增函数。

07 教师：如果没有它呢?

08 学生：就是可能有某些点满足增函数，有些点不满足。而你如果找的都恰好是增的那些点，你可能就以为它是增函数，其实不是。

2. 函数的单调性第 2 课时的教学片段

函数的单调性第 2 课时的教学片段中学生 15(该生平时成绩很好)因为生病，在单调性第 1 课时的教学中没能来校上课。在单调性第 2 课时的教学中，当他主动回答问题时犯了以往学生容易出现的错误，即将函数的两个以上增区间用并集符号“$\cup$”联结。下面是这一教学片段的实录。

01：教师：(展示问题)观察这个函数图象(图 8-20)，写出函数的单调递增区间。

(学生们独立作答。学生 15 主动示意要回答此问题。)

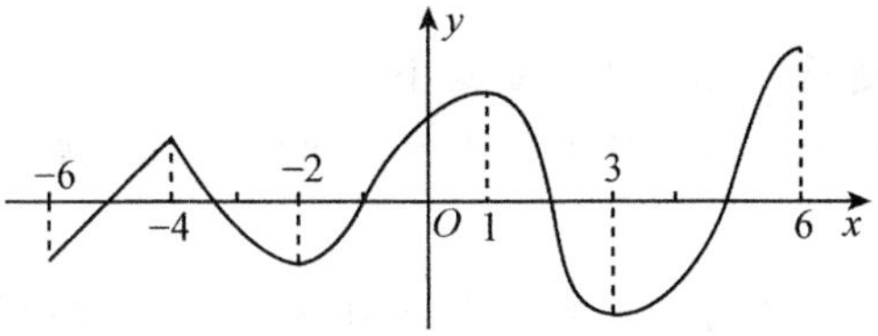

图 8-20

02 学生 15：[−6，−4]∪[−2，1]∪[3，6]。

03 教师：他的回答对不对？

04 学生 16：应该是[−6，−4]和[−2，1]和[3，6]。

05 教师：为什么？

（教师示意学生 16 在黑板上画图解释原因。）

06 学生 16：（画出图 8-21）把这三个区间并起来就代表一个整个儿的大区间了。如果函数是我画的图象这样的，就是函数在−2 处的函数值比在−4 的函数值大才能用并集形式写。所以这个题不能写并集。

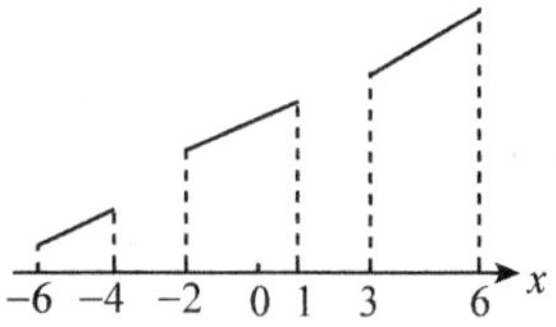

图 8-21

上述信息单元[04]与[06]反映出学生 16 对单调性概念中的"任意性"理解得非常准确。

（二）基于测试中错误及追踪访谈的分析

对于前述期中考试中的同一道题目，有一些学生错选了③，即他们表现出单调性理解的认知障碍。研究中，通过访谈挖掘了导致他们错误的原因，以下是访谈转录文本与分析。

1. 对学生 17 的访谈与分析

01 教师：这道题你选择的是？

02 学生：我选择了②③。那个③，我那时候理解就是单调递减。因为它的图象和楼梯差不多。它也是越来越低的，所以我认为它是减的。

03 教师：你认为它是单调递减的？

04 学生：嗯，我这个也是画图之后看它长得和减的一样的。

05 教师：你的图画对了吗？

06 学生：对了。老师我想问一下，单调递减和单调递增是它的图象就得是连续的吗？

07 教师：我先问你一个问题吧。你觉得什么叫函数在区间[0，4]上单调递减？

08 学生：就是随着 x 值增大，y 减小。

09 教师：你说得对。你看这个函数在区间(0，2)上满足"随着 x 值增大，y 减小"吗？

10 学生：不满足。那时候我就看函数在区间(0，2)的图，y 等于−1，然后依次是 y 等于−2、−4。这个−1，−2，−4 它是减的，所以我就认为它是减的了。

11 教师：你在解题时，没想到你刚才说的定义是吗？

12 学生：嗯，就是看着那个值越来越小。

13 教师：单调性的定义除了你刚才描述的，还有别的定义方式吗？

14 学生：就是在一个区间里只能是上升或下降的。

15 教师：高中所学的单调性的定义你能复述吗？

16 学生：我不能了。我当时就看着图是一段一段的越来越低了，但是没有考虑 x 增大。

17 教师：你刚才问我一个什么问题？

18 学生：就是单调递减或单调递增要求函数的图象必须是连续的吗？

19 教师：你觉得是吗？

20 学生：我觉得应该不是一定的吧？比如：$x=1$ 时，$y=1$；$x=2$ 时，$y=2$；$x=3$ 时，$y=3$。

21 教师：你举的例子，函数只有三个点吗？

22 学生：嗯。

23 教师：那你认为它是增函数吗？

24 学生：应该是。

25 教师：高中我们学习的函数单调性的定义是……你看定义里有要求函数必须是连续的吗？

26 学生：嗯，没有。老师如果在解答题里让用单调性定义证明我就会证，但是在这种小题里我就想不起来。

在上述访谈中，根据信息单元[08]可知，学生 17 能够用描述性的语言来表述什么是函数单调递减。然而，根据信息单元[02]、[10]和[16]，其在解决具体问题时，却根据"图象和楼梯差不多。它也是越来越低"和函数值"−1，−2，−4(它是减的)"去判断函数单调递减，而不是依据"随着 x 值增大，y 减小"这一定义去分析问题。其中明显地反映出他只是关注到了 y 的值在减小，而没有

考虑应该伴随着 x 值增大，y 减小。此外，从信息单元[06]、[18]和[20]可知，该学生对于函数具有单调性与是否要求其必须连续是不能完全确定的。特别地，在访谈的最后其表示，他会在解答题中运用定义证明函数的单调性，但是在小题中却“想不起来”运用定义解决问题。这说明：该学生可以根据定义，程序化、操作性地对简单函数的单调性进行证明，然而灵活运用定义思考问题还存在明显的不足。根据上面的分析，能够在一定程度上了解到，学生之所以在“小题”中“想不起来运用定义”，关键在于他头脑中那些活跃的、片面的单调性的概念意象影响着他对概念的正确理解与对问题的分析。

2. 对学生 18 的访谈与分析

01 教师：这道题你选择了什么？

02 学生：我第一次选③，后来我改了，觉得肯定不对。

03 教师：为什么觉得③肯定不对？

04 学生：我想起您讲过的高斯取整函数。高斯取整函数不是单调递增的，也不是单调递减的，所以③肯定不对。

05 教师：是吗？

06 学生：比如对于这一段，x 增大，y 没变。它不符合单调递减的定义。

07 教师：你能说说单调递减函数的定义吗？

08 学生：就是函数在它的整个儿定义域上都减。就对任意的 x_1，x_2 属于定义域，当……(表述正确，但不是很熟练。)

09 教师：好！定义是对的。你在做这道题的时候是直接想到运用单调递减的定义吗？

10 学生：不！我就想到高斯取整函数。

上述访谈信息反映出，学生 18 能够正确表述函数单调递减的定义(信息单元[08])，然而，由信息单元[04]和[10]可知该生并没有运用定义解决问题。由于图象的相似，他将此函数与高斯取整函数建立了关联，并凭借所记忆的“高斯取整函数不是单调递增的，也不是单调递减的”对问题做出了正确的判断。不过，值得高兴的是，他能够运用定义来说明高斯取整函数为什么不是单调函数(信息单元[06])。

3. 对学生 19 的访谈与分析

01 教师：你认为什么是减函数？

02 学生：就是 x 大一点儿，y 就得变小。

03 教师：对于③你是怎么思考的？

04 学生：我就从图象看右边的比左边的低。

从上述学生 19 的表述中能够了解到：该学生在理解概念时，已经将单调递减函数的定义做了错误替代，即把“随着 x 的增大，y 减小”理解为“x 大一点儿，y 就得变小”、“从图象看右边的比左边的低”，而“大一点儿”和“左边”这些模糊(或含糊)的生活语言已经改变了单调性概念的本质。

通过上述关于学生对函数单调性理解的发展与不足的分析可知：与函数概念类似，虽然绝大多数学生能够正确理解并表述单调性的定义，但是他们却常常根据自己头脑中所构建的概念意象解决问题，而非概念的定义。

虽然从整体来看，学生们能够较好地理解单调性定义中 x_1，x_2 取值“任意性”的意义，能够将单调性的描述性语言转化为用数量关系精确地进行表述，然而，从一些学生的错误中仍旧能够了解到他们的认知障碍。这些障碍要么是仅仅关注了定义中的部分条件，如：前提条件“随着 x 的增大”被“默认”或忽略，导致“y 随着 x 的增大而减小”被理解为“函数值越来越小”；要么将函数单调递减用“函数图象一段一段的越来越低”，或者就是“x 大一点儿，y 就得变小”等进行了错误替代等；还有学生受到初中学习的影响，会将函数具有单调性与函数是否连续进行关联。

三、学生对奇偶性理解的发展与不足

(一)基于课堂教学实录与追踪访谈的分析

相对于函数的单调性和最大(小)值，学生对于奇偶性定义的理解要容易得多。通过以下两个教学片段可以发现，学生们容易根据具体函数图象，直观地概括出奇函数和偶函数图象所具有的几何特征，并进一步发现它们所对应的数量关系分别是“自变量互为相反数时，函数值相等”和“自变量互为相反数时，函数值也互为相反数”。特别地，学生还理解了函数的定义域关于原点对称是其具有奇偶性的一个必要条件。

下面是偶函数定义抽象过程的教学片段。

[学生们观察发现函数 $f(x)=x^2$ 和 $g(x)=2-|x|$ 的图象具有关于 y 轴对称的共同特征。]

01 教师：类比单调性，同学们能将“函数图象关于 y 轴对称”转化为数量关系，并用符号语言表示吗？

(学生们独立探究。过了一段时间，在老师的引导下开始交流。)

02 教师：哪位同学来表达一下自己的探究结果？

03 学生 20：$\forall x_1>0$，$x_2<0$，当 $x_1+x_2=0$ 时，$f(x_1)=f(x_2)$。

04 教师：他的表达能够反映出函数图象关于 y 轴对称吗？

05 学生们：可以。

06 教师：这里 $x_1+x_2=0$ 说明 x_1 与 x_2 之间是什么关系？

07 学生们：互为相反数。

08 教师：这样的话，如果 $\forall x_1>0$，必然有 $x_2<0$ 吧？

09 学生们：对！

10 教师：那 $x_2<0$ 的条件就……

11 学生们：不用写了。

12 教师：(在黑板上画出示意图)在数轴上互为相反数的两个点关于 y 轴对称，若它们的函数值相等，是不是代表对应的点关于 y 轴对称？

13 学生：对。

14 教师：很好！还有其他方式表达吗？

(学生间交流自己的想法；教师示意学生 21 表达。)

15 学生 21：$\forall x\in\mathbf{R}$，都有 $-x\in\mathbf{R}$，然后算出 $f(x)=x^2$，$f(-x)=(-x)^2=x^2$，所以 $f(x)=f(-x)$。

16 教师：很好！这个推理说明什么？

17 学生 21：自变量互为相反数时，它们的函数值相等。

18 教师：我看同学们所表达的也基本上与学生 20 或学生 21 相同。请同学思考，这两种表述是同一回事儿吗？二者有什么区别吗？

(学生们：思考，沉默。)

19 教师：同学们可以商量商量。

20 学生 21：(在交流的过程中提出问题)老师，第一个能不规定 $x>0$ 不？

21 教师：同学们觉得呢？

22 学生 22：我觉得可以，因为只要 $x_1=-x_2$ 就行。

23 教师：其他同学觉得是吗？

24 学生们：可以，因为 $\forall x_1>0$，就有 $x_2<0$；$x_2>0$，就有 $x_1<0$。

25 教师：很好！那我们可以把 $x_1>0$ 的条件去掉。

26 教师：这里如果我们不说“任意的”，而是通过给自变量 x 取几对值，比如说 4 对、5 对，甚至无穷多对互为相反数的值，计算出它们的函数值对应相等，那么能不能和他们俩所说的等价？

27 学生们：不能，任意的！

28 教师：谁能画个图象来说明一下？

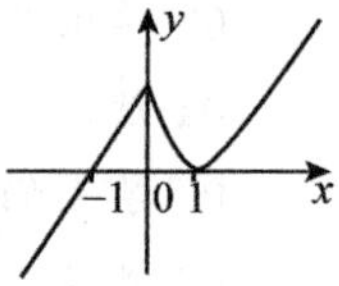

图 8-22

29 学生 23：（走上讲台画出图 8-22）这个函数图象就满足有无穷多对互为相反数的自变量的值对应的函数值相等，但是整个函数图象不关于 y 轴对称。

30 教师：非常好！这说明两位同学所表达的“任意的”都很准确。

31 教师：在把 $x_1>0$ 这一条件去掉后，他们两个表达的意思相同吗？

32 学生们：嗯，一样！

33 教师：那他们表达的本质是什么？

（学生们思考，交流。）

34 学生 23：当自变量互为相反数时，函数值相等。

35 教师：很好！两位同学的表达，哪个更简捷一些？

36 学生们：第二个。

37 教师：确实！我们把具有上述性质的函数叫作偶函数。下面用第二种方式给出偶函数的定义。

在上述教学片段之后，老师又引导学生通过类比的方式抽象出了奇函数的定义。整个教学过程中，学生们在独立思考的基础上，经过师生、生生之间的交流，充分理解了奇函数与偶函数各自的图象与数量关系特征，并对必要条件，即函数的定义域关于原点对称有了清晰的认识。这一点可以从下面简短的教学片段中获悉。

01 教师：根据刚才的研究，同学们认为偶函数所表达的数量关系是什么？

02 学生们：自变量互为相反数时，函数值相等。

03 教师：奇函数呢？

04 学生们：自变量互为相反数时，它们的函数值也互为相反数。

05 教师：函数 $f(x)=\sqrt{x}$ 是奇函数还是偶函数？

06 学生们：都不是。

07 教师：为什么？

08 学生们：定义域不关于原点对称。

（二）基于作业中的错误及追踪访谈的分析

奇函数与偶函数的定义是学生在本单元学习中遇到的较为容易理解的数学概念。尽管从上述两个教学片段中能够反映出学生们对奇偶性概念的本质理解得较为透彻，但是在后续的判断函数奇偶性的作业中仍然发现了一些典型错误。

在一次作业中，本人布置了这一作业题：已知函数 $f(x)=\frac{1}{x^2+1}$，$x\in[-1,2]$，判断 $f(x)$的奇偶性。希望以此题考查在解决实际问题中，学生是否关注函数具备奇偶性需要定义域关于原点对称这一必要条件。反馈结果表明：除了 5 名学生出错之外，余下的学生们都能根据定义正确地做出判断。出错的 5 名学生中有 2 人直接套用“$f(-x)=f(x)$”这一条件，而忽略定义域的要求。另外 3 名学生则出现了下面的特殊解题过程。研究者在访谈的基础上对这三种特殊的解题错误情况进行了分析。

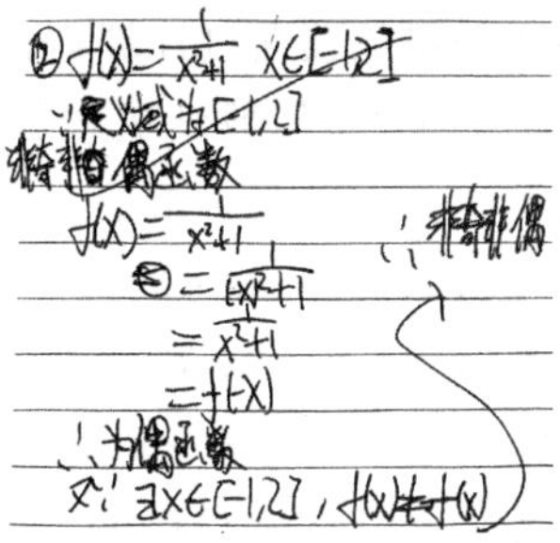

图 8-23　学生 24 的解答过程

首先图 8-23 中是学生 24 的作答过程。下面是对该学生解答情况的追踪访谈文本与分析。

01 老师：你在前面写出“因为定义域是[−1，2]，非奇非偶函数”是什么意思？

02 学生：就是函数的定义域不关于原点对称，所以是非奇非偶函数。

03 老师：这说明你已经得出结论了，那接下来所写的内容是想表达什么？

04 学生：我还是想看看解析式是不是满足定义的 $f(x)$与 $f(-x)$的关系。

05 老师：你的目的是什么？

06 学生：就是不放心，想再看看。

07 老师：那定义域关于原点对称是一个函数是偶函数的什么条件？充分？必要？还是充要？

08 学生：嗯……必要吧！

09 老师：必要说明什么？

10 学生：就是，嗯……要是不对称，就不可能是偶函数还有奇函数。

11 老师：对啊！那你觉得有必要出现你说的所谓不放心吗？

12 学生：不用写，应该不用写了。

13 老师：你做题时是怎么想的呢？能挖掘一下思路吗？

14 学生：我应该就觉得仿照上课的过程写的，我以为都写出来才行。

通过分析学生 24 的解答过程和上述访谈中的信息单元[02]和[08]可以清晰地了解到：该学生完全理解定义域关于原点对称是一个函数成为偶函数的必要条件，也能据此做出函数非奇非偶的判断。然而他却“不放心”，还要进一步判断解析式是否满足条件“$f(-x)=f(x)$”。当发现解析式满足此条件之后，他又通过推理的方式说明存在定义域中的 x 不满足此条件，从而最终得出非奇非偶函数的结论。其实，无论是解答过程还是上述访谈信息都能充分表明该学生对奇偶性定义的理解是正确的。那么他的“不放心”到底是不放心什么呢？本研究认为：其一，是该学生确实对刚刚学习的概念不能做到非常透彻地理解；其二，是该学生认为应该完整地模仿老师在课上书写的判断过程，即判断定义域关于原点对称之后，再判断函数是否满足“$f(-x)=f(x)$”或“$f(-x)=-f(x)$”，似乎模仿得不全面就不放心；其三，也可能是学生从心理上更信任甚至是更依赖通过计算得出的结果。

学生 25 的数学成绩较好，但是他在图 8-24 中的第一行却写出了让人费解的过程。在以下对该学生的追踪访谈信息中能够得到解释。

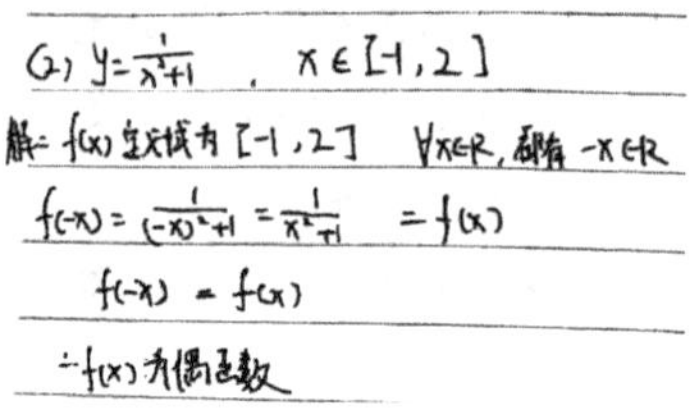

图 8-24　学生 25 的作答过程

01 教师：在这道题目的解答过程中，你首先写出“定义域是[-1，2]”，然后又写出“$\forall x\in\mathbf{R}$，都有 $-x\in\mathbf{R}$”。这里的 **R** 和前面的定义域[-1，2]之间是什么关系呢？

02 学生：我把定义域写上去，但是我没有用它，就是直接用的 **R**。

03 教师：为什么直接写 **R** 呢？

04 学生：因为这道题，如果忽略它那个范围[-1，2]，单独看解析式，它的定义域应该是 **R** 的。然后我就把自己求的这个定义域写上去了。

05 教师：你写这句话是什么目的呢？

06 学生：我是确保它的 x 和 $-x$ 都在定义域的范围内。

07 教师：确保它的目的是什么？

08 学生：因为奇函数和偶函数是分别满足 $f(-x)=-f(x)$ 和 $f(-x)=f(x)$，只有 x 和 $-x$ 都在范围内才能保证这个式子有意义。

09 教师：现在的问题是函数的定义域是[-1，2]，而且你清晰地将其写了出来，然后又写出“$\forall x\in\mathbf{R}$，都有 $-x\in\mathbf{R}$”，能说说你到底想表达什么吗？

10 学生：就是我没有考虑题目给的定义域的限制。

11 教师：如果根据定义域是[-1，2]，满不满足“$\forall x\in[-1,2]$，都有 $-x\in[-1,2]$”？

12 学生：就不满足了，比如 $x=2$。

13 教师：你认为你的问题出在哪里？

14 学生：我当时第一次做这种判断奇偶性的题目时就是模仿例题，因为例题都是自己求出定义域，然后判断。例题这么写我就没考虑就直接仿照写上了。

从以上访谈中的信息单元[06]和[12]能够知道，学生 25 完全理解奇函数与偶函数的概念以及判断方法，而其出错的原因基本上有两个：第一，由信息单元[02]、[04]和[10]可知，他可能对函数的定义域进行人为限定的意义不理解；第二，信息单元[14]表明该生在第一次解决判断奇偶性的题目时，完全模仿例题的过程进行。他说"例题这么写我就没考虑就直接仿照写上了"。由于例题都是自己求出定义域，然后判断，所以他也自己求定义域而忽略题目的限定条件。根据研究者本人对这名学生平时学习的观察，该生不可能出现不理解人为限定定义域的意义，而第二种原因，也就是"过度"模仿例题是极有可能的。

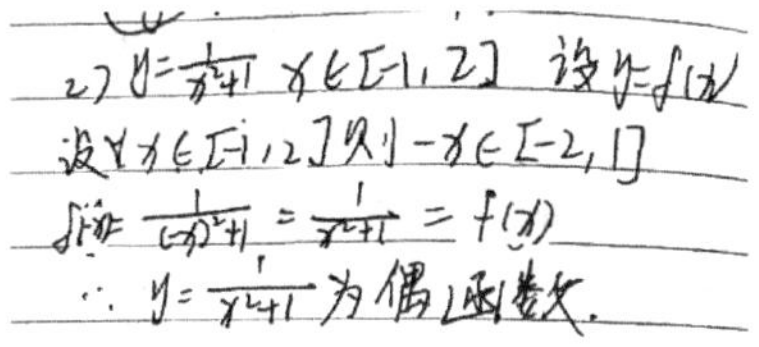

图 8-25　学生 26 的解答过程

图 8-25 是学生 26 的解答过程，以下是针对这一解答过程对该学生追踪访谈。

01 老师：你在这道题的求解中写出"$\forall x\in[-1, 2]$，则 $-x\in[-2, 1]$"，然后去判断，你还记得当时是怎么想的吗?

02 学生：判断奇偶性不是要看 $f(x)$ 符不符合那两条吗？当时教的证明就是设 $\forall x$ 属于它那个区间，然后 $-x$ 属于它那个区间。

03 学生：当时我想，要是 $\forall x\in[-1, 2]$，则就有 $-x\in[-2, 1]$。

04 老师：$\forall x\in[-1, 2]$，确实有 $-x\in[-2, 1]$，你的推理没问题。那么它与你要判断奇偶性有什么关系吗?

05 学生：因为它不是需要一个 $-x$ 吗？就是判断 $f(-x)=-f(x)$ 或 $f(-x)=f(x)$ 的时候往式子里代入。

06 教师：然后呢?

07 学生：然后我就往式子里代入。

08 教师：再然后呢?

09 学生：然后我就按照套路去证明它这个事儿。我把 $-x$ 代入到式子里，化简后得到的就是 $f(x)$。

10 教师：这里单独看"$\forall x\in[-1, 2]$，有 $-x\in[-2, 1]$ "是对的；单独看将 $f(-x)$ 化简后等于 $f(x)$ 也是对的，但是整个题目的求解却错了。你知道错在哪里了吗?

11 学生：哦！所以老师我这里 $-x\in[-2, 1]$没算错啊?

12 教师：对，孤立地看这一步推理，你没有错。那你错在哪里了呢？

13 学生：噢，老师 x 和 $-x$ 所属的区间是不一样的，代入到式子里，它俩的值域肯定也是不一样的。

14 教师：怎么不一样？

15 学生：因为它俩的区间不一样。它俩各有一部分是对方没有的。它俩的交集是在中间的。

16 教师：好！这里将 $-x$ 往 $f(x)$ 的解析式里代入有没有问题呢？

17 学生：也有问题。

18 教师：什么问题？

19 学生：就是……就是它俩的区间不一样。就是如果 $-x$ 不属于区间 $[-1, 2]$，就不能往解析式里代入。

20 教师：为什么？

21 学生：因为这里的 $x \in [-1, 2]$，才能用对应的解析式，$-x$ 不在那个区间里。

22 教师：是的！你认为定义域对于判断函数的奇偶性重要吗？

23 学生：重要。

24 教师：怎么重要？

25 学生：就是它的定义域得能构成奇函数或者偶函数。

26 教师：怎么理解？

27 学生：您看它的定义域都不构成奇函数或者偶函数。

28 教师：怎么叫定义域不构成偶函数？

29 学生：就是 $x=2$ 时，$-x$ 不属于 $[-1, 2]$。

30 教师：你是想表达什么？

31 学生：就是定义域本身不关于原点对称。

32 教师：定义域为什么要关于原点对称？

33 学生：定义域不对称就不能判断。

34 教师：为什么呢？

35 学生：不然 $-x$ 就不能往式子里面代入，它不符合要求，没有意义。

36 老师：是的。你做题的时候，没有考虑这方面吗？

37 学生：当时我就想着套公式，第一眼我就没有意识到定义域本身不对称，它就不可能是奇函数或者偶函数，肯定是非奇非偶函数。

从上述访谈信息可以了解到，该学生清楚判断函数奇偶性的依据和一般程序，也基本理解奇函数与偶函数为什么需要定义域关于原点对称。但是从[02]、[05]、[07]、[09]、[37]五个信息单元可以反映出，该学生在进行函数奇偶性判断时主要是模仿例题、套用定义。他将运用定义判断奇偶性转化为纯操作性的程序来记忆，而不是真正用定义进行分析。这便是当他遇到与常规例题不一致的题目时出现错误的主要原因。

事实上，以上三名同学的错误表面上不同，但导致其错误的原因是相同的，即学生解题时过度地依赖与模仿例题的书写模式，而不是运用自己已经理解的概念去思考和解决问题。

四、学生函数相关概念理解研究结果总述

(一)教学设计改进研究取得了较为理想的效果

1. 研究对象的函数相关概念理解达到了较为理想的水平

根据 SOLO 分类理论对各个理解水平发展阶段及其特征的分析，一般情况下，学生对概念理解水平发展的一个周期内，会按照从前结构到单点结构，再到多点结构以及关联结构水平的顺序逐步提高，而抽象扩展结构将是下一个更高水平周期的起点。根据表 8-1 中各数学概念理解水平的平均值，进一步计算得到研究对象对各数学概念理解水平的总平均值为 6.10。这表明从总体来看，研究对象对函数相关概念的理解到达了较为理想的水平，即高级关联结构水平。相比较而言，虽然学生对分段函数的单调性和概念的综合理解略显不足，但也已经处于关联结构水平阶段，正在由初级关联结构水平向高级关联结构水平过渡。

通过课堂观察与学生访谈可以了解到，研究对象不但能够用自己的语言对函数相关概念进行正确的说明，选择或构造适当的反例对概念进行解释，而且能够根据需要选择较为适当的形式对相应数学概念进行表征。特别地，研究对象对函数相关概念理解水平的总平均值达到 6.10 能够说明，他们能够有效建立概念之间以及概念与其他知识或方法之间的联系。以上这些均表明，研究对象能够对函数相关概念建立起了适当的心理表征，形成了较好的理解。

2. 教学效果的增值性评价结果表明教育设计实施的效果显著

本研究首先利用进步分数模型对教学设计改进的效果进行了增值性评价，评价结果表明：相较于常规班，教学改进班级的教学效果具有明显的优势。特别地，随着教学改进实施时间的增长，这种优势越发明显。在此基础之上，本研究又进一步运用协变量调整模型，在剔除了教学改进班与常规班学生原有差

异的条件下，检验了教学改进的效果。协变量调整模型的增值性评价结果同样表明，教学改进班级取得了更好的教学效果，且二者存在非常显著的差异。

3. 随着学习的不断深入，学生正确的概念意象在不断丰富

本研究通过课堂观察与学生访谈，从学生对相应概念的表述与解释以及运用中都能够了解到，学生对各数学概念正确的概念意象在不断丰富，这些正确的概念意象对学生相应概念的进一步理解与运用具有重要的作用。

（二）学生概念理解与发展的发现和再思考

虽然本设计研究取得了较为理想的教学效果，在研究中发现：

一方面，在新授课的学习过程中，学生们在具体情境中通过问题的提出、分析与解决，认识到了原有函数概念的局限性，也能够理解集合与对应语言表述的函数概念的内涵并认识到其合理性，而且还能有效地将其运用到问题的解决之中，这些说明学生对函数概念已经有了转变。另一方面，当在作业与测试中面对某些新的问题情境时，部分学生又会出现运用旧概念思考和解决问题从而导致认知障碍的现象。这又说明部分学生还没有真正完成函数概念的转变或者说处于概念转变的过程之中。

概念转变（conceptual change）指个体原有某种知识经验，由于受到与此不一致的新经验的影响而发生的重大改变。① 一般认为概念转变有两种类型："同化"（assimilation）与"顺应"（accommodation）。其中"同化"是运用已有概念解释新现象，"顺应"是为成功地理解新现象进行核心概念的重构，是根本性的转变。② 前一种转变较容易实现，而后一种转变则会遇到较大的阻力。对学生而言，函数概念从初中阶段到高中的发展便属于后者。学生经过初中阶段函数的学习，形成其个人的概念意象，包括概念的内部存储、表征与加工过程等与函数相关的整个认知结构。而在高中阶段，随着函数概念的发展，出现了与其原有意象不一致的信息，因而需要新经验对已有经验进行改造，于是便出现新旧概念意象之间的相互作用。在相互作用中，原有概念意象既对新概念意象的形成有促进作用，同时也会产生很大的阻力。

本研究发现学生的原有概念意象具有一定的"抗变性"，而这种抗变性反映在不同个体身上又存在一定差异。

理解一个数学概念，是指学生运用自己已有的知识结构对其建立适当的心

① 张建伟：《概念转变模型及其发展》，《心理学动态》，1998 年第 3 期。

② 吴娴等：《概念转变理论及其发展述评》，《心理科学进展》，2008 年第 6 期。

理表征，并使之成为自己认知结构中的一部分的思维过程。不仅表现为能够用适当的形式对概念进行表征，而且还需要建立概念自身不同表征之间以及与相关知识之间的联系。也就是学生理解一个数学概念需要围绕这个概念逐步建立一个概念网络，这个网络越丰富越复杂，对概念理解越深刻(Hiebert & Carpenter，1992)。①

一方面，原有概念在概念网络中的联结导致了"抗变性"的出现。

学生自初二年级正式学习函数至高中函数学习前，其认知结构中原有函数概念的不同表征之间以及与其他知识之间已经形成相对牢固、联系丰富的认知图式。而在概念转变初期，新概念还没能较好地构建起这些关联，往往表现为相对孤立。根据已有研究结论，概念联系具有灵活性、稳定性等特征。概念联系的灵活性表现为对"熟悉"的概念能够迅速建立起联系，而对"陌生"的概念则采取"回避"的态度。这导致在遇到相关情境时，原有的概念意象会更加活跃，更易于从长时记忆中被提取并参与认知加工。如果在运用过程中没有出现认知障碍，则会进一步强化原有概念意象而忽视新概念的有效性，如此便会使得概念转变的进程更加漫长甚至难以顺利完成。与此同时，原有函数概念联系的稳定性也容易使得原有定势不易被打破，就会带来概念发展中的阻力，影响新概念的学习。② 由此可知，学生的概念意象具有一定的"抗变性"或曰"顽固性"，它可能需要较长一段时间才能被新的概念意象所取代，甚至会一直存在于个体的认知结构之中。本研究中，无论是对教学设计改进研究对象的访谈，还是对函数相关概念理解水平现状调研被试学生认知障碍的追踪访谈都充分证实了这一点。

在对学生的访谈中发现，即使已经经历了高一阶段的函数学习，学生们在集合与对应语言表述的函数概念学习的基础上，已经接触了较为丰富的函数类型，如幂函数、指数函数、对数函数、分段函数、常值函数、点函数；等等。然而当遇到一个新的问题情境时，仍旧有相当一部分学生在其认知结构中首先被激活的是初中阶段学习所形成的"熟悉"的函数概念意象。如：在遇到判断一天中气温是否为时间的函数这一实际问题时，有学生首先想到的是"函数都是 x，y 什么的"，或者用"函数都能用式子表示出来""图象不能随意变动"等作为

① 鲍建生、周超：《数学学习的心理基础与过程》，上海教育出版社，2009 年，第 116 页。

② 李善良：《现代认知观下的数学概念学习与教学理论研究》，南京师范大学博士学位论文，2002 年，第 70 页。

判断函数的标准。相比之下，他们对高中所学的函数定义则比较“陌生”，因此不容易被激活并运用于问题解决。又如：本章中对学生 15 的访谈结果表明，该学生在与老师交流中能够清晰地表述出函数应该满足“单值对应”这一本质特征。然而当面对一个陌生的问题情境时，他却强行将函数图象的各个部分用线段连接起来(连接后已经不再满足“单值对应”)，这表明他将函数图象与连续的(曲)线之间建立了稳定的联系，即他认为只要是函数图象，就应该是连续不断的线。对于同一问题，当学生 18 看到表格中的数值具有对称性时，便直接将对称性与二次函数联系起来。而原因在于初中阶段学习的函数中具有这种对称性的只有二次函数。与学生 18 类似，图 5-19 中学生 20 的作答和相应的访谈结果则表明，该生一看到题目已知中所给的函数值中没有负数，则直接将其与二次函数建立联系，原因在于初中所学的三类函数中，函数值没有负数的只可能是二次函数。由此可见，学生们在初中阶段所形成的片面或错误的函数概念意象依然顽固地存在着，并被他们运用于问题解决之中。有些学生将原有错误或片面的概念意象与新的概念意象同时存储于其认知结构之中，有时会选择性地使用，有时会因为同时使用出现矛盾而导致认知障碍；也有些学生将原有概念意象与新意象进行整合形成由两种或多种概念意象混合的概念意象。例如，第五章中学生 39 就将函数的解析式中应该含有 x 与函数的定义同时运用于问题解决之中产生了认知障碍，并让其感到“难受”。

另一方面，“抗变性”反映在不同学生个体身上又存在一定差异。

虽然学生原有概念在认知结构中构建的各种联结导致了“抗变性”的出现，但是反映到不同学习个体，其强弱以及个体对认知结构调节主导作用的强弱都存在一定的差异。这与不同学习主体的学习特征有着密切的联系。已有研究表明，学生的元认知意识与监控以及内部动机和自我调节等非智力因素的参与会更有利于概念转变的实现。① 如果学生具有一定(或者较强的)元认知监控意识与能力，而且在新概念的学习中自身积极建构概念的心理意义，主动形成概念的各种联结，则新概念会获得更多的意义建构。在这一过程中，学生对概念本质的理解会更加深刻，对概念与其他知识之间联系的意义的理解会更加透彻。此时，反映到该学生身上，原有概念意象的这种“抗变性”就会变弱，概念的转

---

① Pintrich, Paul R., Gale M. Sinatra. Future Directions for Theory and Research on Intentional Conceptual Change: Paul R. Pintrich and Gale M. Sinatra. *Intentional conceptual change*. London: Routledge, 2003: 423—434.

变也会变得较为顺利；反之，则原有概念意象就会表现出很强的“抗变性”，成为概念转变的阻力，致使概念的转变需要较长甚至很长时间，影响概念理解水平的提升。

结　　语

本研究基于高中数学概念教学实践中存在的问题与不足、新课程改革对高中数学教学的目标要求等，研究了"如何基于学生的理解改进数学概念教学，进而提升高中数学概念教学质量"这一核心问题。研究中运用文献研究、调查研究、访谈研究以及指向教学实践改进的教育设计研究法等，通过对逻辑递进的三个具体问题的研究获得了对核心问题的有效回答，并获得了一定的研究结论。

一、研究获得的主要结论

1. 研制了高中学生数学概念理解水平评价标准

本研究以 SOLO 分类理论为基础，结合数学概念的特征，在经历了两轮专家咨询以及修订的基础上研制了高中学生数学概念理解水平评价标准。该标准将 SOLO 分类理论中的"多点结构水平""关联结构水平"以及"抽象扩展结构水平"各进一步细化为两个水平，最终形成了含有 8 个细化水平，即：前结构水平、单点结构水平、初级多点结构水平、高级多点结构水平、初级关联结构水平、高级关联结构水平、初级抽象扩展结构水平以及高级抽象扩展结构水平的高中学生数学概念理解水平评价标准。该标准能够通过学生运用数学概念解决问题作答中思维过程的呈现，从质的角度评价学生的数学概念理解水平，以帮助教师诊断和改进教学。

2. 调研了高中学生函数相关概念的理解水平现状

研制了高一学生函数相关概念理解水平测试问卷，并根据所研制的高中数学概念理解水平评价标准制定了测试问卷中每道题目具体的评价标准。对北京市 T 区 4 所不同水平的高中学校共 1038 名高一学生实施了有效测评。经过对测评数据的收集与分析，获得如下结果：

被试学生对函数相关概念的整体理解处于中等偏低水平，具体而言：函数表示法的理解平均水平在本研究所及各数学概念中最高，处于关联结构水平；定义域的理解平均水平处在多点结构水平向关联结构水平的过渡阶段；函数概念、奇偶性和非分段函数单调性的理解均同处于多点结构水平；值域和最大值的理解水平处在单点结构水平向多点结构水平的过渡阶段；分段函数单调性的理解水平是所有概念理解水平中最低的一个，没有达到单点结构水平；综合理解基本接近单点结构水平。

3. 揭示了高中学生函数相关概念理解的认知障碍及其影响因素

本研究发现高中学生函数相关概念理解主要存在四类认知障碍，分别是：概念表征与解释障碍、抽象数学符号或语言理解障碍、思维定势以及关联障碍。在深入访谈的基础上进一步分析提炼出学生概念理解认知障碍的主要影响因素有：学生的认知发展水平、原有知识与经验、学生的概念意象与学习认知负荷，而教师因素与学习材料的特征也会影响到学生的概念意象与学习认知负荷。

4. 提出数学概念教学原则，并进行了函数相关概念的教学设计与实践改进

本研究基于认知学习理论，采用教育设计研究方法通过三轮教学实践的迭代改进，形成了数学概念教学原则，并阐述了每一条原则的教学策略与运用建议。数学概念教学原则明确了数学概念教学的核心任务是：促进学生理解数学概念的本质，感悟数学概念所蕴含的数学思想与方法，在概念获得过程中提升数学学科核心素养。数学概念教学原则，包含完整过程原则、概念意象原则以及认知负荷原则。

研究将所提出的教学原则及与之相应的教学策略进一步运用于高一函数主题中的概念教学设计研究之中。教学效果的增值性评价结果表明，教学设计与实施改进研究取得了较好的效果。

5. 发现并论述了学生数学概念意象具有一定的“抗变性”特征

郑毓信先生认为数学概念意象具有丰富性、个体性、相关性和可变性等特征。① 李善良研究认为，数学概念意象具有不一致性、变化性、整体性、可分性、歪曲性、直觉性以及不精确性(模糊性)的特征。②③ 本研究在实证的基础上进一步研究发现并论述了数学概念意象还具有抗变性特征。学生一旦形成了对某一数学概念的概念意象，且该意象又在认知结构中与其他知识或方法之间建立了联结，便具有了一定的抗变性。但是，抗变并非不可变且这种抗变性的强弱又与不同学习主体的学习特征有着密切的联系。

---

① 郑毓信：《数学教育的现代发展》，江苏教育出版社，1999 年，第 108－115 页。

② 李善良：《关于数学概念意象的研究》，《数学教育学报》，2004 年第 3 期。

③ 李善良：《现代认知观下的数学概念学习与教学理论研究》，南京师范大学博士学位论文，2002 年，第 70 页。

二、研究建议

1. 数学教学评价既要关注学习结果“量”的积累，更要关注“质”的提升

本研究在基于SOLO理论研制高中学生数学概念理解水平评价标准以及运用其进行学生概念理解水平评价的过程中，深刻感受到通过对学生作答问题过程中所呈现的思维过程，从“质”的角度评价学生数学概念理解水平的重要性。它不但能够对学生的学习结果进行评价，更重要的是能够通过评价准确把脉学生概念理解存在的障碍及其原因，能够为“教”与“学”提供更加精准的反馈信息，据此可以更好地改进教学。此外，以往数学教学更多从“量”的角度进行评价，这会导致教师在教学中更加关注学习的“量”。本研究中，参与学生数学概念理解水平评价的老师们都深刻感受到这种评价的优势。以下是参与测试问卷评阅三角互证的两位教师的部分阅卷感受：

YW：我认为这种考查学生是否对相关的知识点掌握了的方式非常好。这种想法特别有利于我们知道学生对这部分知识掌握的情况。而这种掌握情况，是剔除了其他知识的干扰因素之后的，所以更能清晰地了解学生对单一概念掌握的情况。

RJ：一方面，这种评价打破了传统数学教学评价分数制，把结果简单地划分为对或错两种结果或者简单的几个采分点的情况。同样的分数出现的问题往往千差万别，这种评价方法更加关注学生学习过程和思维方式，尤其对进行教学诊断很有帮助。通过深入了解学生的认知水平和综合能力的具体差异，才算是真正深入了解了学情。这一评价方法按照由低到高、由简单到复杂分为几个层次，能够找到学生真正的薄弱环节。教师可以更好地因材施教，更准确地确定教学目标和学习目标，有针对性地改进教学。另一方面，它打破了做数学题就是算题的惯性思维，更专注于学生的思维能力与思维过程，而不再单纯地关注答案。我们阅卷的时候常常看到一个孩子思路清晰又正确，但是因为一个数算错了，结果满盘皆输，常常特别替他惋惜。有了新的评价方法我们就不会大笔一挥给这样的孩子全盘否定了。学生也不必只追求一个正确的答案，而是更侧重于如何去思考，发现每个错误深层次的原因，透过问题抓住本质。

可见，如果数学评价在原有主要关注“量”的基础上，注重对“质”的评价，无论是对教师的“教”还是学生的“学”都有着重要的意义。特别是对转变教师的教学质量观，有效促进以育人为目标的教学改革具有重要意义。

2. 教师备课既要做好教学目标与教材分析，还要落实有效的学情分析

奥苏伯尔指出：影响学习唯一最重要的因素，就是学习者已经知道了什么。① 作为教师，我们也常常将“学是教的基础”挂在嘴边，然而这个“学”到底是指什么？可能不同的人会有不同的理解。本研究认为，其中一个非常重要的方面不只是学生知道了什么，还要了解学生知道的这个“什么”与教师想象的、期望他知道的之间的差异有哪些，什么导致了学生形成这样的理解。只有如此，教师才能真正理解学生为什么会出错，为什么会反复出错！

学生概念学习中的认知障碍与学生个体所持有的概念意象密切相关。学生们坐在同一间教室里，听同一位教师讲同一句话，由于每个人所具有的原有知识与经验不同，甚至他们的经历不同，都会形成不同的理解，这往往就是概念意象影响的结果。因此，教师在教学准备阶段不仅要做好课程与教学目标分析、教材分析等，还要有效做好学情分析。特别地，在学情分析中，要关注不同学生所持有的概念意象，并对导致学生形成这些概念意象的影响因素进行分析。此外，数学概念教学过程中，当学生获得了数学概念之后，需要给他们创设输出概念(意象)的机会。教师只有及时关注学生随着学习形成的概念意象或原有概念意象的发展，才能更加有效的调整教学，为促进学生的概念理解而努力。

3. 教师教学既要关注讲清楚，更要引导学生积极参与和有效调控概念意义的建构

由于学生所建构的概念理解是其个体思维的产物，既不完全来自于外部提供的信息，也不完全基于其原有知识与经验。② 由此，在数学概念学习过程中，学生自身积极参与概念心理意义的建构，并有效监督与调控概念学习与理解的过程，会有利于实现概念的顺利转变。因此，教师在数学概念教学过程中，不仅要关注自己是否讲解得清楚，更要关注并有效调动学生学习的积极性与主动性，关注并指导学生元认知监控意识与能力的培养。

4. 数学概念教学设计与实施的全过程都要关注学生学习认知负荷的有效管理

由于学生学习的认知负荷既包含由学习材料(外因)所引发的内在认知负荷，也包含由学生内因(包含学生认知发展水平、工作记忆广度与原有知识经验等)

---

① ［美］D. P. 奥苏伯尔著，佘星南、宋钧译：《教育心理学——认知观点》，人民教育出版社，1994 年，第 194 页。

② 曹才翰、章建跃：《数学教育心理学(第二版)》，北京师范大学出版社，2006 年，第 113—114 页。

所引发的内在认知负荷，还包含由教师的教学组织与实施所引发的外在认知负荷。如果在学习过程中，学生的学习认知负荷总量超过了个体的认知资源总量，则会出现认知资源不足，从而影响学习的有效进行。由此，教师在教学中需要关注并有效控制学生学习认知负荷的总量，即在充分做好学情分析的基础上，不但要关注数学概念本身与相关学习资源可能引发的认知负荷的大小，而且要有效控制教学过程中因教师对教学材料的组织与呈现等可能引发的外在认知负荷。

三、研究展望

由于受条件所限，本研究在研究对象的代表性、研究内容的广度以及研究视角的全面性等方面存在一定的不足。因此，后续研究可以从以下三个方面进一步展开：

其一，在后续的研究中，可以进一步增强研究内容的广度，逐步将函数主题中的其他概念以及其他主题中的数学概念纳入到研究之中，而且研究的对象可以扩展到整个高中学段。

其二，对本研究未能涉及的影响学生数学概念理解的非认知因素可以逐步纳入到后续的研究之中，使研究的视角更加丰富。

其三，由于受到多种因素的影响，本研究中教学实践的研究与改进，即教育设计研究的时间相对较短，在今后的研究中可以根据实际条件增长研究迭代循环的周期，以进一步提升研究改进的教学效果。

参考文献

一、中文文献

[1]彼格斯，科利斯. 学习质量评价：SOLO分类理论(可观察的学习成果结构)[M]. 高凌飚，张洪岩，译. 北京：人民教育出版社，2019.
[2]蔡金法. 数学教育研究手册[M]. 北京：人民教育出版社，2021.
[3]D. P. 奥苏伯尔. 教育心理学——认知观点[M]. 佘星南，宋钧，译. 北京：人民教育出版社，1994.
[4]格劳斯. 数学教与学研究手册[M]. 陈昌平，等译. 上海：上海教育出版社，1999.
[5]凯洛夫. 教育学[M]. 北京：人民教育出版社出版，1953.
[6]约翰·桑切克. 教育心理学[M]. 周冠英，等译. 北京：世界图书出版公司，2007.
[7]弗赖登塔尔. 作为教育任务的数学[M]. 陈昌平，唐瑞芬，等译. 上海：上海教育出版社，1995.
[8]符·伊·孜科娃. 掌握初等几何知识的心理概论[M]. 孙以芾，译. 北京：人民教育出版社，1959.
[9]洛林·W. 安德森，等. 布鲁姆教育目标分类学(修订版)[M]. 蒋小平，等译. 北京：外语教学与研究出版社，2011.
[10]Paul Ernest. 数学教育哲学[M]. 齐建华，译. 上海：上海教育出版社，1998.
[11]R. 基思·索耶. 剑桥学习科学手册[M]. 徐晓东，等译. 北京：教育科学出版社，2010.
[12]斯涅普坎. 数学教学心理学[M]. 时勘，译. 重庆：重庆出版社，1987.
[13]鲍建生，周超. 数学学习的心理基础与过程[M]. 上海：上海教育出版，2009.
[14]曹才翰，章建跃. 中学数学教学概论[M]. 北京：北京师范大学出版社，2008.
[15]曹才翰，章建跃. 数学教育心理学(第二版)[M]. 北京：北京师范大学出版社，2006.
[16]顾明远. 教育大辞典(第1卷)[M]. 上海：上海教育出版社，1990.
[17]黄荣金，李业平. 数学课堂教学研究[M]. 上海：上海教育出版社，2010.
[18]李金波. 认知负荷的评估与变化预测研究——以E-learning为例[M]. 湖北：武汉大学出版社，2009：5-7.
[19]李士锜，吴颖康. 数学教学心理学[M]. 上海：华东师范大学出版社，2011.
[20]李玉琪. 数学教育概论[M]. 北京：中国科学技术出版社，1994.
[21]梁文艳. 中小学教师教学质量评价及其影响因素研究——基于增值模型的分析[M]. 北

京：北京师范大学出版社，2017.
[22]梁宗巨，王青建，张宏安. 世界数学通史[M]. 沈阳：辽宁教育出版社，1999.
[23]刘晓玫，等. 中学数学教学研究[M]. 北京：教育科学出版社，2016.
[24]刘月霞，郭华. 深度学习：走向核心素养(理论普及读本)[M]. 北京：教育科学出版社，2018.
[25]罗伯特·J. 马扎诺，等. 教育目标的新分类学[M]. 高凌飚，等译. 北京：教育科学出版社，2020.
[26]马云鹏，孔凡哲，张春莉. 数学教育测量与评价(第 2 版)[M]. 北京：北京师范大学出版社，2019.
[27]宁虹. 教育研究导论[M]. 北京：北京师范大学出版社，2018.
[28]齐建芳. 学科教育心理学[M]. 北京：北京师范大学出版社，2012.
[29]十三院校协编组. 中学数学教材教法(总论)[M]. 北京：人民教育出版社，1980.
[30]孙崇勇，李淑莲. 认知负荷理论及其在教学设计中的运用[M]. 北京：清华大学出版社，2017.
[31]王甦，汪安圣. 认知心理学[M]. 北京：北京大学出版社，2003.
[32]王策三. 教学论稿[M]. 北京：人民教育出版社，1985.
[33]王其云，祝智庭，顾小清. 教育设计研究理论与案例[M]. 上海：华东师范大学出版社，2017.
[34]王文静. 创新的教育研究范式——基于设计的研究[M]. 上海：华东师范大学出版社，2010.
[35]吴有昌，等. 提升中学数学教学质量的评价——基于 SOLO 分类法的研究[M]. 北京：科学出版社，2018.
[36]薛薇. 统计分析与 SPSS 的应用(第五版)[M]. 北京：中国人民大学出版社，2018.
[37]辛自强. 问题解决与知识建构[M]. 北京：教育科学出版社，2005.
[38]颜虹. 中华医学统计百科全书单变量推断统计分册[M]. 北京：中国统计出版社，2011.
[39]叶立军，斯海霞. 数学课程与教学论[M]. 杭州：浙江大学出版社，2016.
[40]喻平. 数学教学心理学[M]. 北京：北京师范大学出版社，2018.
[41]张楚廷. 教学原则今论[M]. 湖南：湖南师范大学出版社，1993.
[42]张奠宙，李士锜，李俊. 数学教育学导论[M]. 北京：高等教育出版社，2002.
[43]张文彤，董伟. SPSS 统计分析高级教程(第 3 版)[M]. 北京：高等教育出版社，2019.
[44]张燕镜. 教育学新编[M]. 北京：首都师范大学出版社，1996.
[45]章建跃. 数学学习论与学习指导[M]. 北京：人民教育出版社，2001.
[46]郑毓信. 数学教育的现代发展[M]. 南京：江苏教育出版社，1999.
[47]赵俊峰. 解密学业负担学习过程中的认知负荷研究[M]. 北京：科学出版社，2011.

[48]辞书编辑委员会. 辞海[M]. 上海：上海辞书出版社，1979.
[49]商务国际辞书编辑部. 商务国际现代汉语词典(彩色插图版)[M]. 北京：商务印书馆国际有限公司，2016.
[50]中华人民共和国教育部. 普通高中课程方案(2017年版2020年修订)[M]. 北京：人民教育出版社，2020.
[51]中华人民共和国教育部. 普通高中数学课程标准(2017年版2020年修订)[M]. 北京：人民教育出版社，2020.
[52]中学数学课程教材开发研究中心. 普通高中数学教科书必修第一册(A版)[M]. 北京：人民教育出版社，2020.
[53]中学数学课程教材开发研究中心. 普通高中数学教科书必修第一册(B版)[M]. 北京：人民教育出版社，2020.
[54]北京教育科学研究院. 义务教育教科书数学八年级下册[M]. 北京：北京出版社，2020.
[55]曹健，惠善康，李庆龙. 两种增值评价方法在基础教育评价中的应用[J]. 教育测量与评价(理论版)，2010(8)：4-7.
[56]曹宝龙，刘慧娟，林崇德. 认知负荷对小学生工作记忆资源分配策略的影响[J]. 心理发展与教育，2005(1)：36-42.
[57]曾国光. 中学生函数概念认知发展研究[J]. 数学教育学报，2002(2)：99-102.
[58]陈蓓. 利用SOLO分类法探究学生函数概念理解水平[J]. 数学教育学报，2009，18(2)：35-38.
[59]陈琼，翁凯庆. 试论数学学习中的理解学习[J]. 数学教育学报，2003(1)：17-19.
[60]陈燕，罗增儒，赵建斌. 从认知负荷理论看数学错误[J]. 数学教育学报，2009，18(4)：19-22.
[61]崔允漷，周文叶，等. 课堂观察20问答[J]. 当代教育科学，2007(24)：6-16.
[62]代钦，邹岩. 中国中学数学函数概念百年演变考[J]. 数学通报，2011，50(7)：13-17.
[63]丁福珍. 整体观指导下的初中函数单元总复习实践研究[J]. 数学通报，2020(4)：47-51.
[64]丁银凯. "先行组织者"在高中函数概念教学中的应用："同化""化归"与"再识"[J]. 数学教育学报，2017(12)：33-35.
[65]杜澜·巴尔. 在中学中讲函数概念的经验介绍[J]. 数学通报，1954(9)：1-5.
[66]郜舒竹，薛涟霞. 学生错误研究之文献综述[J]. 数学教育学报，2009，18(1)：75-78.
[67]顾泠沅，周卫. 课堂教学的观察与研究——学会观察[J]. 上海教育，1999(5)：14-18.
[68]韩诗贵. 概念意象与概念定义的教学思考[J]. 中学数学杂志，2020(12)：4-6.
[69]郝妍琴. 关于中职生函数概念理解的调查研究[J]. 教育与职业，2006(17)：114-115.
[70]胡卫平，刘建伟. 概念转变模型：理论基础、主要内容、发展与修正[J]. 学科教育，

2004(12)：34-38.
[71]黄险峰，昌明．高一函数教学中“关键节点”的处置[J]．数学通报，2013，52(3)：26-30.
[72]黄燕玲，喻平．对数学理解的再认识[J]．数学教育学报，2002(8)：40-43.
[73]贾丕珠．函数学习中的六个认知层次[J]．数学教育学报，2004，13(3)：79-80.
[74]贾随军．函数概念的演变及其对高中函数教学的启示[J]．课程教材教法，2008(7)：49-52.
[75]简冬梅．函数概念的演进与函数教学[J]．四川师范大学学报(自然科学版)，2004(3)：313-315.
[76]焦建利．基于设计的研究：教育技术学研究的新取向[J]．现代教育技术，2008(5)：5-11.
[77]李吉宝．有关函数概念教学的若干问题[J]．数学教育学报，2003(2)：95-98.
[78]李家清，梁秀华，朱丹．核心素养背景下以SOLO分类为基础的学习质量评价——以地理综合思维的单元测试为例[J]．教育测量与评价，2018(8)：11-17.
[79]李欧．函数[J]．数学通报，1985(4)：31-34+44.
[80]李新成．现代认知心理学关于理解过程的研究[J]．教育理论与实践，1997(2)：46-50.
[81]李耀磊，金红宇，项新华，等．药品中重金属及有害元素残留检测能力验证结果评价模式探讨[J]．中国中药杂志，2019，44(8)：1724-1728.
[82]李祎．生成性教学资源调查研究——以数学学科教学为例[J]．中国教育学刊，2007(3)：60-62+68.
[83]李卓，鲍建生．论设计研究："内涵""类型""过程"与"应用"[J]．数学教育学报，2020(5)：52-57.
[84]梁文鑫，余胜泉．基于设计的研究的过程与特征[J]．电化教育研究，2006，27(7)：19-21.
[85]刘京莉．以SOLO分类为基础的学生学习质量评价初探[J]．教育学报，2005(8)：41-45.
[86]罗潇．何为增值？增什么值？如何测量增值？对增值评价的三点认识[J]．今日教育，2021(1)：10-13.
[87]吕林海．错误分析与数学理解：基于心智表征的分析[J]．全球教育展望，2004，33(11)：66-70.
[88]吕世虎，王尚志．高中数学新课程中函数设计思路及其教学[J]．课程·教材·教法，2008(2)：49-52+86.
[89]马淑杰，张景斌．高中学生数学原有知识水平和学习认知负荷对数学课堂学习效率的影响研究[J]．数学教育学报，2021，30(2)：26-31.
[90]孟世才．基于APOS理论的中学函数概念的教学研究[J]．教学与管理，2011(21)：

95-96.
[91]闽杭．谈谈中学数学教学中的函数和函数概念的教学[J]．数学通报，1962(7)：11-15.
[92]倪小鹏．基于设计的研究方法、实例和应用[J]．中国电化教育，2007(8)：13-16.
[93]潘超．数学概念深度教学须“五理解”——以人教版“一次函数”为例[J]．数学通报，2021(4)：25-29.
[94]濮安山，丁嘉雯．基于 APOS 理论的高中数学概念教学案例设计——以“任意角”的概念教学为例[J]．中学数学研究(华南师范大学版)，2018(2)：19-21.
[95]濮安山，史宁中．从 APOS 理论看高中生对函数概念的理解[J]．数学教育学报，2007(2)：48-50.
[96]乔连全．APOS：一种建构主义的数学学习理论[J]．全球教育展望，2001(3)：16-18.
[97]任明俊，汪晓勤．中学生对函数概念的理解——历史相似性初探[J]．数学教育学报，2007(4)：84-87.
[98]阮征．SPSS 软件操作中的单因素方差分析[J]．中国校外教育，2020(24)：25＋101.
[99]苏洪雨，章建跃，郭慧清．数学学科核心素养视野下的高中函数概念教学“再创造”[J]．数学通报，2020，59(8)：25-31＋35.
[100]孙崇勇，刘电芝．认知负荷理论及其对小学数学教育的启示[J]．江苏教育，2015(21)：8-11.
[101]索云旺，张启华，廖爽，等．高效数学教学行为特征指导下的数学课堂教学设计——以“函数概念”教学设计为例[J]．数学教育学报，2013，22(5)：91-96.
[102]汤服成，王兄．图式理论与函数概念学习[J]．辽宁师范大学学报(自然科学版)，2001(3)：263-265.
[103]王桂花，于美香，王欣欣．山东省 2017 年辐射环境监测仪器比对结果分析[J]．中国辐射卫生，2018，27(2)：153-155.
[104]王晓芳，杜静．澳大利亚新南威尔士州“以学为中心”课堂观察范式及其特征——基于“优质教学巡课”的考察[J]．比较教育研究，2021，43(10)：70-77.
[105]吴娴，罗星凯，辛涛．概念转变理论及其发展述评[J]．心理科学进展，2008(6)：880-886.
[106]辛涛，张文静，李雪燕．增值性评价的回顾与前瞻[J]．中国教育学刊，2009(4)：40-43.
[107]辛自强．问题解决中图式的建构：一项应用题分类研究[J]．心理发展与教育，2005(1)：69-73.
[108]辛自强，林崇德．认知负荷与认知技能和图式获得的关系及其教学意义[J]．华东师范大学学报(教育科学版)，2002(4)：55-60＋77.
[109]徐丹，牛月蕾．行走于教育公正之途——美、英、中三国教育增值评价的研究与实践[J]．当代教育论坛，2013(4)：71-76.

[110]杨翠丽. 理解性错误分析与教学策略研究——以初中生代数学习为例[J]. 上海教育科研，2018(5)：77-80.
[111]杨南昌. “设计研究”纷杂概念的界定及与相关方法的比较——学习研究的原初视角[J]. 远程教育杂志，2009(1)：13-17.
[112]姚怡明，姜长青，马辛，等. 北京居民心理健康量表的内容效度检验[J]. 中国健康心理学杂志，2017，25(6)：873-877.
[113]易树湘. 基于 APOS 的函数性质教学研究[J]. 湘潭师范学院学报(自然科学版)，2009(9)：111-113.
[114]张建伟. 概念转变模型及其发展[J]. 心理学动态，1998(3)：34-38.
[115]张文辉，王光明. 数学认知理解的研究综述[J]. 曲阜师范大学学报(自然科学版)，2005(1)：120-124.
[116]张文兰，刘俊生. 基于设计的研究——教育技术学研究的一种新范式[J]. 电化教育研究，2007，28(10)：13-17.
[117]章建跃，陶维林. 注重学生思维参与和感悟的函数概念教学[J]. 数学通报，2009，48(6)：19-24+30.
[118]郑翔. 数学概念学习过程中的心理障碍分析[J]. 中国成人教育，2005(4)：78-79.
[119]钟志敏，李士锜. 高一学生函数对应关系的理解的研究[J]. 数学教育学报，2010，19(1)：33-36.
[120]朱成万. 函数概念的教学解构与建构[J]. 数学教育学报，2011，20(4)：100-102.
[121]朱文芳，林崇德. 初中生函数概念发展的特点[J]. 心理科学，2000(5)：517-521+636.
[122]朱文芳. 函数概念学习的心理分析[J]. 数学教育学报，1999(4)：23-25+44.
[123]祝智庭. 设计研究作为教育技术的创新研究范式[J]. 电化教育研究，2008，29(10)：30-31.
[124]曹二磊. 高校预科生的数学核心概念理解水平及其教学策略研究[D]. 陕西：陕西师范大学，2016.
[125]陈晓. 基于 APOS 理论的大学生极限概念理解水平的探究[D]. 福建：闽南师范大学，2020.
[126]高雪芬. 一元微积分概念教学的设计研究[D]. 上海：华东师范大学，2013.
[127]贾菲菲. 高一学生对函数概念理解的调查研究[D]. 黑龙江：哈尔滨师范大学，2014.
[128]李善良. 现代认知观下的数学概念学习与教学理论研究[D]. 江苏：南京师范大学，2002.
[129]吕林海. 数学理解性学习与教学研究[D]. 上海：华东师范大学，2005：104.
[130]马文杰. 高一函数教学中学生数学解题错误的实证研究[D]. 上海：华东师范大学，2014.
[131]濮安山. 初中生函数概念发展研究[D]. 吉林：东北师范大学，2011.

[132]秦德生. 学生对导数的理解水平及其发展规律研究[D]. 吉林：东北师范大学，2007.
[133]王煜秀. 高一学生函数概念理解状况的调查研究[D]. 湖北：华中师范大学，2018.
[134]叶舒琳. 基于 APOS 理论下高中生学习函数零点的认知分析[D]. 福建：闽南师范大学，2019.
[135]于丹丹. 函数奇偶性概念理解评价的研究[D]. 江苏：扬州大学，2020.
[136]张越. 基于 APOS 理论的二次函数概念理解水平的调查研究[D]. 辽宁：渤海大学，2020.
[137]赵立影. 媒体学习中的知识反转效应研究[D]. 上海：华东师范大学，2014.
[138]钟志华. 理解性数学教学论[D]. 江苏：南京师范大学，2007.
[139]朱丽颖. 基于 APOS 理论的圆锥曲线概念教学设计研究[D]. 山东：鲁东大学，2018.
[140]朱琳. 基于发生教学法的线性空间概念的教学研究[D]. 上海：华东师范大学，2017.
[141]北京市教育委员会网站. 北京市深化考试招生制度改革的实施方案[EB/OL]. http：//jw. beijing. gov. cn/.

二、英文文献

[1]Anderson K R. Cognitive psychology and itsimplications [M]. San Francisco：Free man，1980.
[2]Arnon I，Cottrill J，Dubinsky E，et al. APOS theory：A framework for research and curriculum development in mathematics education [M]. New York：Springer Science & Business Media，2013.
[3]Carlson M P. A cross-sectional investigation of the development of the function concept [M]. Lawrence：University of Kansas，1995.
[4]Collins，Allan. Toward a design science of education[M]. Berlin：Springer，1992.
[5]Confrey，Jere. The evolution of design studies as methodology[M]. New York：Cambridge University Press，2006.
[6]Dubinsky E. Reflective abstraction in advanced mathematical thinking，in Advanced mathematical thinking[M]. Dordrecht：Springer Press，1991.
[7]Ilana Arnon，et al. APOS theory a framework for research and curriculum development in mathematics education [M]. New York：Springer，2014.
[8]NCTM. Principles and standards for school mathematics[M]. VA：Reston，2000.
[9]Barab，Sasha. Design-based research：A methodological toolkit for the learning scientist [M]. Cambridge：Cambridge University Press，2006.
[10]Panizzon D L. Senior secondary and early tertiary science students' developmental understandings of diffusion and osmosis：A neo-Piagetian approach[M]. Amidal：University of New England，1999.

[11]Youschkevitch A P. The concept of function up to the middle of the 19th century [J]. Archive for History of Exact Sciences, 1976, 16(1): 37-85.

[12]Adams J W, Hitch G J. Working memory and children's mental addition [J]. Journal of Experimental Child Psychology, 1997, 67(1): 21-38.

[13]Anderson T, Shattuck J. Design-based research: A decade of progress in education research? [J]. Educational Researcher, 2012, 41(1): 16-25.

[14]Anderson T. Design-based research and its application to a call centre innovation in distance education[J]. Canadian Journal of Learning and Technology/La revue canadienne de l'apprentissage et de la technologie, 2005, 31(2): 69-84.

[15]Athanasios Gagatsis, Myria Shiakalli. Ability to translate from one representation of the concept of function to another and mathematical problem solving [J]. Educational Psychology, 2004, 24(5): 645-657.

[16]Ayers T, Davis G, Dubinsky E, et al. Computer experiences in learning composition of functions[J]. Journal for Research in Mathematics Education, 1988, 19(3): 246-259.

[17]Ayres P L. Why goal-free problems can facilitate learning[J]. Contemporary Educational Psychology, 1993, 18(3): 376-381.

[18]Ayres P. Systematic mathematical errors and cognitive load [J]. Contemporary Education Psychology, 2001(26): 227-248.

[19] Ball D L. With an eye on the mathematical horizon: Dilemmas of teaching elementary school mathematics[J]. The Elementary School Journal, 1993, 93(4): 373-397.

[20] Biggs J, Collis K. Towards a model of school-based curriculum development and assessment using the SOLO taxonomy [J]. Australian Journal of Education, 1989, 33(2): 151-163.

[21] Brousseau G. The crucial role of the didactical contract in the analysis and construction of situations in teaching and learning mathematics[J]. Theory of Mathematics Education, 1984(54): 110-119.

[22]Brown A L. Design experiments: Theoretical and methodological challenges in creating complex interventions in classroom settings[J]. The Journal of the Learning Sciences, 1992, 2(2): 141-178.

[23]Clement L. What do students really know about functions [J]. Mathematics Teacher, 2001, 94(9): 745-748.

[24]Cobb P, Confrey J, DiSessa A, et al. Design experiments in educational research[J]. Educational Researcher, 2003, 32(1): 9-13.

[25]Collins A, Joseph D, Bielaczyc K. Design research: Theoretical and methodological issues [J]. The Journal of the Learning Sciences, 2004, 13(1): 15-42.

[26] Cooper G. Cognitive load theory as an aid for instructional design [J]. Australia Journal of Educational Technology, 1990, 6(1): 108-113.

[27]Cottrill J, Dubinsky E, Nichols D, et al. Understanding the limit concept: Beginning with a coordinated process schema [J]. Journal of Mathematical Behavior, 1996, 15(2): 167-192.

[28]Dahlberg R P, Housman D L. Facilitating learning events through example generation [J]. Educational Studies in Mathematics, 1997, 33(3): 283-299.

[29]Daniel Breidenbach, et al. Development of the process conception of function [J]. Educational Studies in Mathematics, 1992, 23(3): 247-285.

[30]David Tall, Shlomo Vinner. Concept image and concept definition in mathematics with particular reference to limits and continuity [J]. Educational Studies in Mathematics, 1981, 12(2): 151-169.

[31]Researcher D B. Design-based research: An emerging paradigm for educational inquiry[J]. Educational Research, 2003, 32(1): 5-8.

[32]Groth R E, Bergner J A. Preservice elementary teachers' conceptual and procedural knowledge of mean, median, and mode [J]. Mathematical Thinking and Learning, 2006, 8(1): 37-63.

[33]Kalchman M, Case R. Teaching mathematical functions in primary and middle school: An approach based on neo-Piagetian theory[J]. Scientia Paedagogica Experimentalis, 1998, 35 (1): 7-54.

[34]Lim Hooi Lian, Noraini Idris. Assessing algebraic solving ability of form four students [J]. International Electronic Journal of Mathematics Education, 2006, 1(1): 55.

[35]Marcus N, Cooper M, Sweller J. Understanding instructions[J]. Journal of Educational Psychology, 1996, 88(1): 49-63.

[36]Mayer R E. Models for understanding [J]. Review of Educational Research, 1989, 59(1): 43 64.

[37]McCaffrey D F, Sass T R, Lockwood J R, et al. The intertemporal variability of teacher effect estimates[J]. Education Finance and Policy, 2009, 4(4): 572-606.

[38]Mohan Chinnappan. Schemas and mental models in geometry problem [J]. Educational Studies in Mathematics, 1998(36): 201-217.

[39]Osterlind S J. Establishing criteria for meritorious test items[J]. Educational Research Quarterly, 1990(14): 26-30.

[40]Paas F. Renkl A, Sweller J. Cognitive load theory and instructional design: Recent developments [J]. Educational Psychologist, 2003, 38(1): 1-4.

[41]Paas F, Van Merienboer J J G. Instructional control of cognitive load in the training of

complex cognitivetasks [J]. Educational Psychology Review, 1994, 6(4): 351-371.

[42]Plomp T. Educational design research: An introduction[J]. Educational design research, 2013: 11-50.

[43] Posner G J, Strike K A, Hewson P W, et al. Toward a theory of conceptual change[J]. Science education, 1982, 66(2): 211-227.

[44]Even R. Factors involved in linking representations of functions[J]. The Journal of Mathematical Behavior, 1998, 17(1): 105-121.

[45]Stein M K, Smith M S. Mathematical tasks as a framework for reflection: From research to practice[J]. Mathematics Teaching in the Middle School, 1998, 3(4): 268-275.

[46] Stylianides G J, Stylianides A J. Facilitating the transition from empirical arguments to proof [J]. Journal for Research in Mathematics Education, 2009, 40(3): 315-352.

[47]Sweller J, Cooper G A. The use of worked examples as a substitute for problem solving in learning algebra [J]. Cognition & Instruction, 1985, 2(1): 59-89.

[48]Sweller J, van Merriënboer J J G, Paas F. Cognitive architecture and instructional design: 20 years later [J]. Educational Psychology Review, 2019, 31(2): 261-292.

[49]Sweller J. Cognitive load during problem solving: Effects on learning [J]. Cognitive Science, 1988, 12(2): 257-285.

[50]Sweller J. Cognitive load theory, learning difficulty, and instructional design [J]. Leaning and Instruction, 1994, 4(3): 295-312.

[51]Sweller J, Van Merrienboer J J G, Paas F. Cognitive architecture and instructional design [J]. Educational Psychology Review, 1998, 10(3): 251-296.

[52]Tall D, Vinner S. Concept image and concept definition in mathematics with particular reference to limits and continuity[J]. Educational Studies in Mathematics, 1981, 12(2): 151-169.

[53]Tekwe C D, Carter R L, Ma C X, et al. An empirical comparison of statistical models for value-added assessment of school performance[J]. Journal of Educational and Behavioral Statistics, 2004, 29(1): 11-36.

[54]Valcke M. Cognitive load: updating the theory? [J]. Learning and Instruction, 2002, 12(1): 147-154.

[55]Vinner S, Deryfus T. Images and definitions for the concept of function [J]. Journal for Research in Mathematics Education, 1989, 20(4): 356-366.

[56]Vinner S. The role of definitions in the teaching and learning of mathematics[J]. Advanced mathematical thinking, 1991: 65-81.

[57]Vosniadou S, Brewer W F. Mental models of the earth: A study of conceptual change [J]. Cognitive Psychology, 1992(24): 535-585.

[58]Wang F, Hannafin M J. Design-based research and technology-enhanced learning environ-

ments [J]. Educational Technology Research and Development, 2005(4): 5-23.

[59]Zvia Markovits, Bat-Sheva Eylon, Maxim Bruckheimer. Functions today and yesterday [J]. For the Learning of Mathematics, 1986, 6(2): 18-28.

[60]Vinner S, Hershkowitz R. Concept images and common cognitive paths in the development of some simple geometrical concepts[C]. Proceedings of the fourth international conference for the psychology of mathematics education. 1980: 177-184.

[61]NGA & CCSSO. Common Core State Standards for Mathematics [EB/OL]. [2020-04-01]. http://www.corestandards.org/Math/Content/HSF/LE/.

后　　记

高中数学概念教学实践中存在的现实问题以及学生数学概念理解水平有效提升的教学方法与策略是本人多年来一直关注的问题。在博士学习期间，在导师张景斌教授的指导下，本人从认知学习的视角对基于学生理解的高中数学概念教学实施了较为深入的研究。研究以函数相关概念为载体，经历了从学生数学概念理解水平的评价，到学生概念理解认知障碍及其影响因素的深入探析，再到运用教育设计研究法对教学设计与实践的迭代改进，以及最终通过定量与定性的评价来检验教学改进效果的完整研究过程。

在研究过程中，本人既是实践者也是研究者。作为实践者，我能够深入到学生对每一个概念学习的细微过程之中，去倾听他们对概念理解的“独特”解释，去观察他们暴露出的每一个错误的细节；作为研究者，则能够在相关理论的指导下，通过访谈等方式从学生们的视角深入分析“所闻”与“所见”，研究他们的每一个困惑、认知障碍与影响因素，进而不断探索促进其概念理解的有效教学方法。整个研究过程本人全身心投入其中，倍感兴奋！这段研究经历可谓终生难忘！

研究中，令本人感受最深的有以下三个方面：

其一，研究学生的概念意象对数学概念教学具有重要意义。在之前的教学实践中，很多时候会对学生们的错误不理解，甚至有时候会有抱怨。在研究中，通过对学生错误原因与理解认知障碍的大量访谈，本人深刻感受到学生的诸多错误都源于其个人所持有的错误或片面的概念意象。作为教师，如果能够深入了解学生的概念意象，将会对有效改进自己的教学实践，提高数学概念教学水平具有重要意义。

其二，当以 SOLO 分类理论为基础来研究学生对数学概念的理解时，在很大程度上转变了研究者对学生学习理解的评价观念。它让本人不仅关注学生解答题目的对与错，而且会不自觉地去深入分析学生是错在了哪一个“点”，还是哪些知识间的“关联”。

第三，在高中数学概念教学，特别是像函数这类抽象程度较高的概念教学中，更加需要做好学生学习认知负荷的管理。研究过程中，在根据认知负荷理论与相关文献，计算并对比初高中两种函数定义可能引发的认知负荷的过程中，才深刻意识到高中所学函数定义本身所包含的元素数量以及元素间关系的数量之多！也是在那一刻才深刻体会到学生为什么对其理解与记忆会是如此之困难！因此，在数学概念教学中，关注并通过适当的方式有效管理学生学习的认知负荷，将对学生理解数学概念具有重要意义。

最后，在这里衷心感谢恩师张景斌教授对我的启迪、引领与悉心指导！特别感谢在研究过程中给予我诸多指导与帮助的北京师范大学綦春霞教授、李琼教授，首都师范大学刘晓玫教授、王尚志教授、蔡春教授、张增田教授、孙素英教授等！感谢在研究中参与调研与访谈的首都师范大学李延林老师、王瑞霖老师、胡凤娟老师、宋爽老师、杜宵丰老师等，北京师范大学付钰博士，北京教育科学研究院基础教育研究中心李青霞老师，海淀区教师进修学校邵文武老师、李大永老师、张鹤老师、薛钟俊老师、马萍老师、张晓东老师，北京市景山学校远洋分校刘永江老师，北京市通州区潞河中学张如意老师、白志峰老师，通州区教师研究中心王学一老师、王辉老师，通州区永乐店中学李龙强老师等各位专家！感谢教育设计研究团队的王京滔老师、鞠宏伟老师、陈福印老师、乔虹老师、常雯雯老师、王杰老师、钟世红老师等！感谢在数据分析方面对本研究给予诸多指导与帮助的首都师范大学王东老师、北京学校王杰老师和钟世红老师！此外，还要感谢首都师范大学出版社编辑的细心审阅，真心地谢谢你们。

附　　录

附录一：高一学生函数相关概念理解水平测试问卷

说明：本试卷共有 10 道题目，大约需要 60 分钟的时间。请同学们认真完成每道题目的作答。请详细写清每道题目的解题思路或解答过程。

1. (1)求函数 $f(x)=\dfrac{\sqrt{4-x}}{x-1}$ 的定义域。

(2)你能构造一个定义域为 $(-1, 1]$ 的函数吗？如果能，请写出所构造函数的解析式。

2. 设集合 $M=\{x \mid -2\leqslant x\leqslant 2\}$，$N=\{y \mid 0\leqslant y\leqslant 2\}$，函数 $f(x)$ 的定义域为 M，值域为 N. 请就下面①②③④四幅图，是否可以作为函数 $f(x)$ 的图象做出判断，并说明理由。

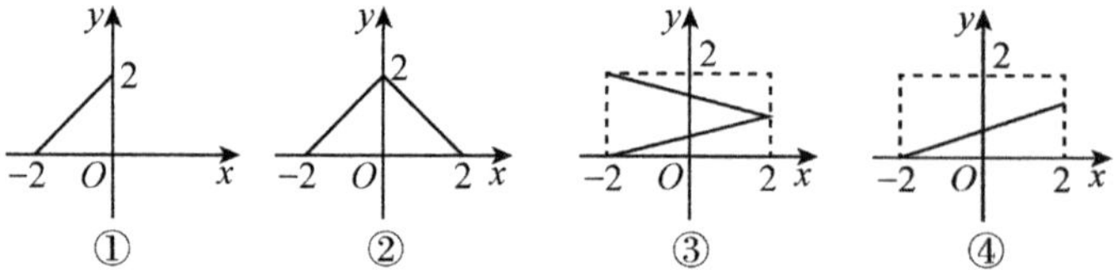

2 题图

题号	可否作为 $f(x)$ 的图象 (填写“是”或“否”)	理由
①		
②		
③		
④		

3. 下图为函数 $f(x)$ 的图象，请根据图象写出其单调区间。

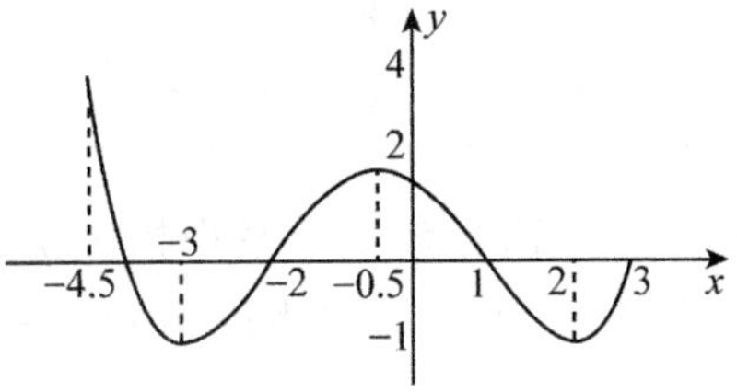

3 题图

4. 已知函数 $f(x)=\begin{cases}2x，x\in(-\infty，1)\\x^2-2x+1，x\in[1，3]\end{cases}$

(1)求 $f(-2)$ 的值；

(2)若 $f(t)=1$，求实数 t 的值；

(3)请你构造一个函数，使其与函数 $f(x)$ 有相同的值域。

5. (1)判断函数 $f(x)=\sqrt{1-x}+\sqrt{1+x}$ 的奇偶性，并写出判断过程。

(2)请你举出一个非奇非偶函数的例子，并说明理由。

6. 已知定义在区间$[2，7]$上的函数 $f(x)=\dfrac{3}{x-1}$。

(1)运用单调性的定义，证明 $f(x)$ 是单调递减函数；

(2)求 $f(x)$ 的最大值和最小值。

7. (1)若 $f(x)=\begin{cases}(a-1)x+3a，x<1\\\dfrac{a}{x}，x\geqslant 1\end{cases}$ 是 **R** 上的单调递减函数，求实数 a 的取值范围。

(2)一般地，一个分段函数 $H(x)=\begin{cases}f(x)，x\in[a，b]\\g(x)，x\in(b，c]\end{cases}$$(a<b<c)$ 在定义域内是单调函数需要满足哪些条件？请写出。

8. 如图，矩形的面积为 1，长为 x，宽为 y，对角线长为 d，周长为 l，你能发现关于这些量的哪些函数？请将你发现的函数关系都写出来，并指出相应函数的自变量和因变量。

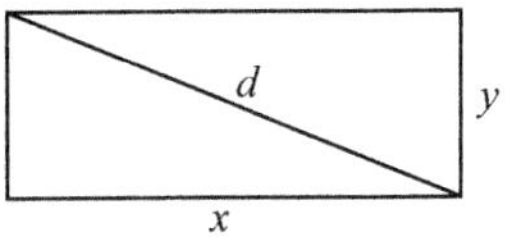

8 题图

9. 某大学生参与学校组织的自主创业活动，销售一

批每件进价为 16 元的商品，在试销售过程中他收集到如下数据(销售单价为 x 元，日销售量为 y 件)。

x	20	30	35	40
y	60	30	15	0

(1)根据表中的数据，在平面直角坐标系中描出实数对(x，y)的对应点，结合所描点的位置特征建立 y 与 x 的适当的函数关系，并写出一个函数解析式。

(2)如果设此商品的日均销售利润为 p(单位：元)，请根据(1)中所得关系，写出 p 关于 x 的函数解析式，并求销售单价为多少元时，能获得最大日销售利润。

10. 已知函数 $f(x)=\dfrac{1}{x^2}$。

(1)请根据函数 $f(x)$ 的解析式探究其性质，写出你探究的过程和得到的结论，并画出 $f(x)$ 的图象。

(2)请你概括出根据函数的解析式探究函数性质的一般思路或方法。

附录二：学生函数学习前测调查问卷

同学你好！本测试是为了了解你的函数知识学习基础，以便更好地进行教学，测试的结果对同学们的平时和期末成绩没有影响，请放心、认真地回答问题。

1. 你认为什么是函数？请举出一个函数的例子，并指明其自变量和因变量。

2. 函数有哪些表示方法？

3. 请分别判断以下 8 幅图形是否可以作为以 x 为自变量的函数的图象，并说明理由。

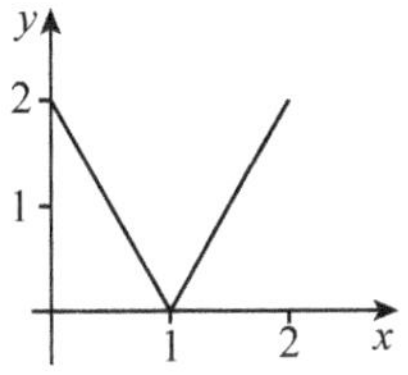

①

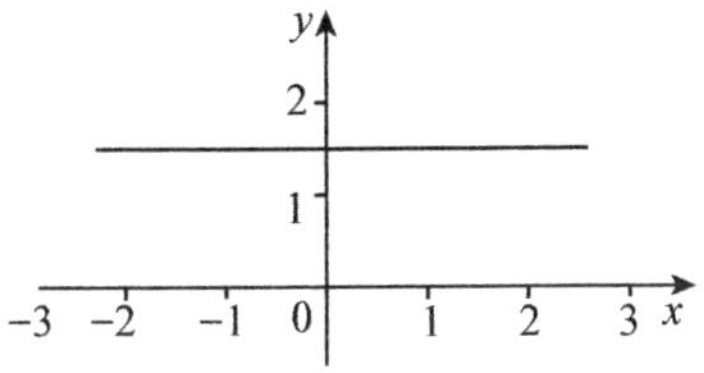

②

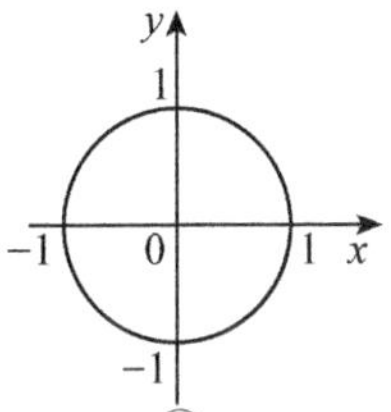

③

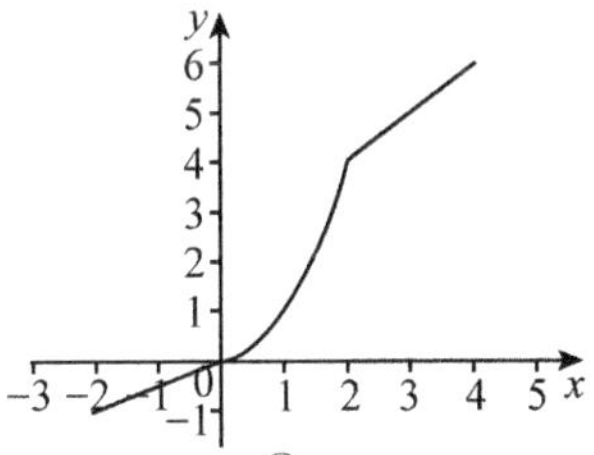

④

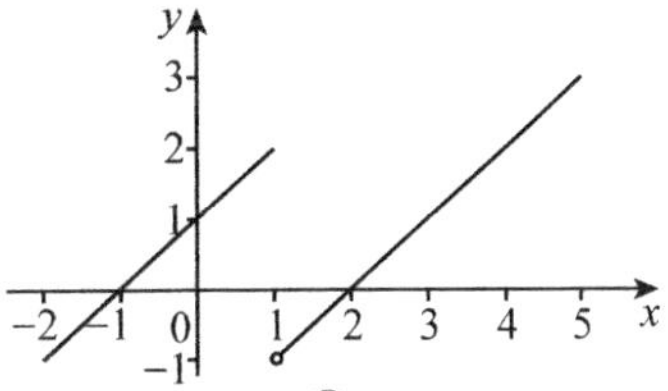

⑤

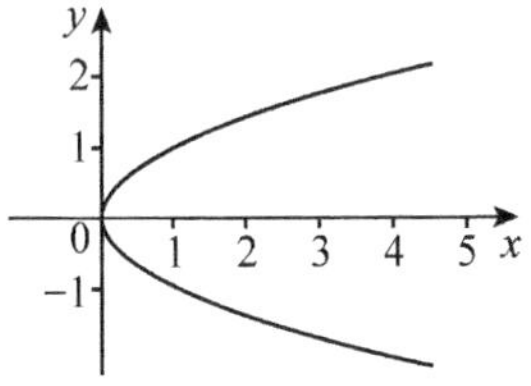

⑥

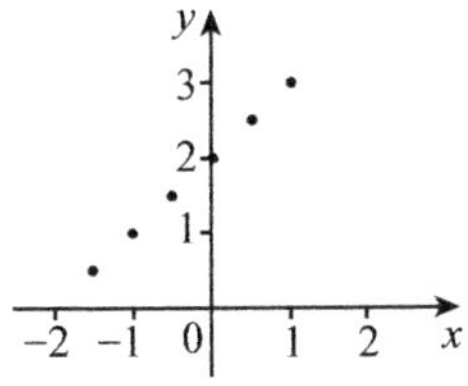

⑦

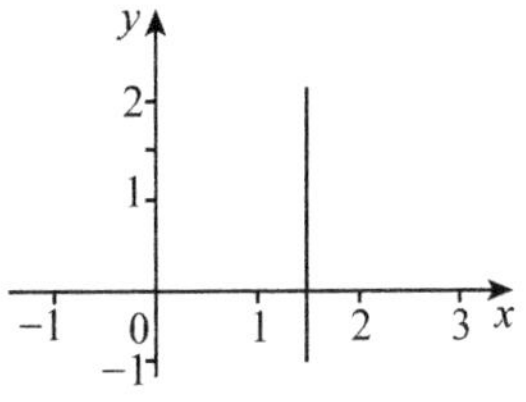

⑧

4. 请指出下列哪个图象代表了旅行，并描述相应图象所代表旅行实际发生的情况是怎样的？

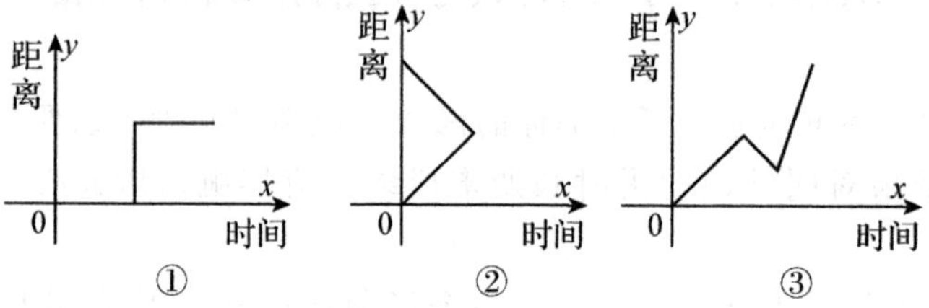

附录三：中学数学教师函数概念理解调查问卷

尊敬的老师您好！

无论您现在任教初中还是高中数学，都曾经学习或教授过中学阶段的函数。我们想就以下问题了解您的看法，请您结合自己的理解进行作答，真诚地感谢您的参与，谢谢！

一、基本信息

1. 您的姓名
2. 教龄(年)
3. 学历
4. 您任教过的学段有(含现在)(请在对应的□中画√)：□初中□高中 □小学 □其他

二、问题

1. 依照您的见解，什么是函数？
2. 在您看来，函数与方程有着怎样的联系或区别？
3. 您如何理解符号“$f(x)$”？
4. 对于“$f(x)=1$”学生出现了如下两种看法，您怎么理解学生的看法，请分别写出。

(1)看法一：$f(x)=1$ 不是函数，因为因变量不随自变量的变化而变化。

(2)看法二：$f(x)=1$ 是函数，因为它可以写成“$y=0\cdot x+1$”的形式。

5. 就函数概念而言，您认为高中与初中有哪些不同之处？

附录四：概念意象对学生函数学习的影响访谈提纲

在初中和高中数学中都学习了函数，我想就函数相关知识的学习和你交流几个问题：

1. 如果一名还没学习过函数的初中学生想让你给他介绍一下什么是函数，初中都学习函数的哪些知识，你会怎么向他介绍？

2. 如果一名高一新生问：高中学的函数和初中的有什么联系或区别？你会怎么向他介绍？

必要时做以下提示：

(1)经过初中的函数知识学习，你认为什么是函数？

(2)在高一学习了函数及其相关知识之后，你认为什么是函数？

(3)你认为函数都可以用哪些方法表示？根据学生的回答进一步追问以下问题：

①是否所有的函数都能用解析法表示？

②是否所有的函数都能用图象法表示？

③是否所有的函数都能用列表法表示？

(4)初中用"$y=$"来表示一个函数，高中不仅可以这样表示，还会用"$f(x)=$"来表示，你认为二者有什么区别？你怎样理解符号 $f(x)$？

(5)你认为初中研究函数的性质吗？例如：一次函数、二次函数等。

(6)你认为什么是函数的单调性？奇偶性？值域？定义域？最大(小)值？

3. 请你回忆一下高中学习函数时，是否有过因与初中所学不一致而让你感到困惑的经历？[必要时可以提出如下问题：$f(x)=1$ 是函数吗？为什么？$x=1$ 呢？]